海纳百川　取则行远

中国海洋大学史

规章卷

主　　编　蒋秋飚

副 主 编　杜军华

参编人员　（以姓氏笔画为序）

王小峰　　闫学聪　　杜军华

李星锐　　李康丽　　林　鑫

依丽娜　　陶晓玲　　蒋秋飚

中国海洋大学出版社

·青岛·

图书在版编目（CIP）数据

中国海洋大学史. 规章卷 / 蒋秋飚主编. —青岛：中国海洋大学出版社，2024.8

ISBN 978-7-5670-3857-8

Ⅰ.①中…　Ⅱ.①蒋…　Ⅲ.①中国海洋大学—校史
Ⅳ.①G649.285.23

中国国家版本馆CIP数据核字（2024）第096036号

ZHONGGUO HAIYANG DAXUE SHI　GUIZHANG JUAN

中国海洋大学史　规章卷

出版发行	中国海洋大学出版社
社　　址	青岛市香港东路 23 号　　邮政编码　266071
网　　址	http://pub.ouc.edu.cn
出版人	刘文菁
责任编辑	王　慧　　　　　电　　话　0532-85901092
电子信箱	shirley_0325@163.com
印　　制	青岛海蓝印刷有限责任公司
版　　次	2024年8月第1版
印　　次	2024年8月第1次印刷
成品尺寸	185 mm × 260 mm
印　　张	26.5
字　　数	600千
印　　数	1 ~ 1400
定　　价	168.00 元
订购电话	0532-82032573（传真）

发现印装质量问题，请致电 0532-88786655，由印刷厂负责调换。

《中国海洋大学史》编委会

（2024年6月）

主　任　田　辉　张峻峰　于志刚

副主任　张　静　卢光志　魏世江　陈　鷟　蒋秋飚

委　员　（以姓氏笔画为序）

丁　杕　于　利　于淑华　山广恕　王　昕　王　琪　王　震

王　毅　王卫栋　王元忠　王庆仁　王明泉　王剑敏　王哲强

王雪鹏　王滋然　文圣常　方奇志　史宏达　冉祥熙　包振民

冯士筰　冯瑞龙　权锡鉴　毕芳芳　刘　勇　刘　健　刘文菁

刘永平　刘召芳　刘贵聚　刘惠荣　闫　菊　许志昂　麦康森

李　岩　李　萍　李广雪　李华军　李建平　李春雷　李耀臻

李巍然　杨立敏　杨茂椿　杨桂朋　吴立新　吴成斌　吴强明

吴德星　邹积玥　宋文红　宋志远　宋微波　张永胜　张全启

陈　戈　陈忠红　范其伟　林　洪　林旭升　罗　轶　金天宇

周珊珊　赵　昕　荆　莹　段善利　侯家龙　施正铿　秦启仁

秦尚海　顾郁翘　徐天真　徐家振　徐葆良　高　艳　高会旺

崔晓雁　董士军　董双林　董效臣　谢树森　褚东升　蔡勤禹

管长龙　管华诗　潘克厚　薛长湖　鞠红梅　魏　军

总　序

世纪海大　谋海济国

中国海洋大学是一所具有鲜明红色基因、优良革命传统、执着蓝色梦想的国家重点建设的综合性研究型大学，是国家"世界一流大学建设高校"（A类）。民国时期，学校筚路蓝缕，于艰难之中图存图兴；新中国成立后，学校坚持把党的全面领导作为根本保证，坚持把服务国家作为最高追求，坚持把改革创新作为强大动力，坚持把特色一流作为必由之路，奋力建设特色显著的世界一流大学，在科教兴国、海洋强国建设中勇立潮头、走在前列，引领推动着我国海洋高等教育创新发展，为国家海洋事业作出了应有的历史贡献，谱写了一曲不懈奋斗、向海图强的蓝色华章。

为了铭本记源，资政育人，让大家更好地了解中国海大，也让明天的中国海大人能够立足百年基业，持续树人立新、谋海济国，我们编修了这部校史。

一、坚持把党的全面领导作为根本保证

红色基因贯通了世纪海大。新中国成立后，坚持和加强党的全面领导，始终给学校以正确的方向和强大的精神与组织力量。

1. 红色基因与生俱来

从首届学生中走出的中华人民共和国元帅罗荣桓、革命英烈彭明晶（罗荣桓的入党介绍人）、中共第一本无线电通信密码编制者张沈川等中国共产党早期优秀分子，到1932年成立的山东省最早红色学生社团"海鸥剧社"，到1937年在此成立、由在校学生李欣任书记的中共青岛特别支部，到抗战期间由中共青岛特别支部改组成立、由学生陈振麓任书记的中共青岛市委，到解放战争时期爆发的师生反对美国士兵暴行和"六二"反

饥饿、反内战、反迫害运动。旧中国暗夜中,红色基因不断激发师生团结奋进,救亡图存,追寻光明。

2.党的领导把握方向

新中国成立后,学校坚持党的领导,全面贯彻党的教育方针,把牢社会主义办学方向,坚持马克思主义指导地位,落实立德树人根本任务。靠党的领导强化制度建设,建立健全党委领导下的校长负责制、民主集中制等各项制度,确保党管办学方向、党管干部、党管人才,全面落实党的教育方针;靠党的领导擘画事业蓝图,坚持将党建与事业发展深度融合,凝聚师生智慧,始终把服务国家作为最高追求,做好战略规划;靠党的领导汇聚发展动能,坚持党的宗旨和群众路线,始终把广大师生作为坚强依靠,汇聚团结奋斗的强大合力,推进科学发展。

3.党建领航争创一流

进入新时代,学校第十一次党代会深入贯彻落实习近平新时代中国特色社会主义思想,提出实施新时代党建领航工程、新时代奋进海大工程、新时代卓越海大工程、新时代创新海大工程、新时代幸福海大工程,着力发展提速、着力改革突破、着力建设攻坚、着力防范风险,全面开创特色显著的世界一流大学建设新局面,为以中国式现代化全面推进强国建设、民族复兴伟业作出新的历史贡献。

二、坚持把服务国家作为最高追求

坚持把服务国家作为最高追求,是世纪海大始终坚守的价值取向。

1.救国之需,应时而生

1924年10月,私立青岛大学在今中国海洋大学鱼山校区创立,是国人在齐鲁大地上创立的第一所本科起点的现代高等学府。校纲办学宗旨对接《大学令》:"教授高深学术,养成硕学宏材,应国家需要。"开办当年就开设了工科和商科,次年增设铁路管理科,学科设置和培养要求与当时经济社会发展需求高度契合。齐鲁大地、黄海之滨,一所大学以现代高等教育之光和革命星火点亮了神州一隅,与19世纪末20世纪初应教育救国之需而诞生的一批中国现代大学遥相辉映,联袂担当起教育救国的责任。

2. 兴国之需，与时偕行

新中国成立后，1951年学校与华东大学合并，定名为山东大学，实施"文史见长，加强理科，发展生物，开拓海洋"的办学方针，既保持了一定的综合实力，也孕育了鲜明的特色优势。以"中国克隆之父"童第周为代表的一大批理工科名家巨匠带动学校理科水平处于国内前列；1951年《文史哲》创刊，学校呈现人文兴盛之势。1952年全国高校进行院系调整，厦门大学海洋系理化组部分师生北迁青岛，与学校海洋物理研究所一起组建成立了海洋系；1953年9月，河北水产专科学校部分师生和仪器并入学校水产系，水产学科力量进一步增强，成为学校重点发展系科，为最终发展成为一所综合性海洋大学夯实了基础。

1958年秋，遵山东省委指令，山东大学大部迁至济南，时称山东大学（济南）。海洋系、水产系、地质系以及生物系的海洋生物专业、物理系和化学系的部分教研室及直属教研室部分人员留在青岛，时称山东大学（青岛）。1959年3月，经中共中央批准，以山东大学（青岛）为基础成立了山东海洋学院，中国第一所海洋高等学府由此诞生。

3. 强国之需，谋海济国

学校不断应国家经济社会发展，特别是海洋事业和高等教育发展之需，强化特色，加快发展，成为海洋强国建设的中流砥柱。学校师生作为主力参与新中国首次大规模海洋综合调查，制定我国海洋调查规范，摸清我国近海资源家底；赫崇本教授牵头联合海洋界同仁倡建国家海洋局，完善国家海洋治理体系；文圣常院士提出"普遍风浪谱"理论（文氏风浪谱），新型海浪计算方法被纳入我国《海港水文规范》，结束了我国建港规范长期依赖国外海浪谱的历史；管华诗院士及其团队研制上市我国第一个现代海洋药物藻酸双酯钠（PSS），获得了我国海洋和水产领域迄今为止唯一的国家技术发明一等奖，开辟了我国海洋药物研究新领域；海大人引领和推动了藻、虾、贝、鱼、海珍品海水养殖业的"五次浪潮"，为推进深远海立体养殖新领域、推动我国成为世界第一水产大国、推进国家海洋经济繁荣，作出了不可替代的贡献；自20世纪80年代初期中国极地科学考察起步开始，中国海大人作为主力积极参与，为我国成为南北极科考大国作出了积极贡献；进入新时代，学校先后提出"透明海洋""蓝色药库""蓝色粮仓"等重大科技计划，成为我国海洋领域重大科技项目的重要发起和承担单位，为我国挺进深蓝，引领国际海洋科技进步展开了新的时代画卷。

建校百年来，学校先后为国家培养了36万余栋梁之材。他们遍及神州，远及海外，成为各行各业特别是我国海洋、水产行业的骨干和中坚。其中16人成长为中国科学院或中国工程院院士、4人先后担任国家海洋局局长，我国海洋领域、水产领域1/3以上的博士从这里毕业。"神舟"飞天、"嫦娥"奔月、"蛟龙"探海、极地科考、巡洋护航、守礁戍边、观风测云、海浪预报、架桥通隧、乡村振兴、探究"透明海洋"、建设"蓝色粮仓"……无不有中国海大人的身影。

三、坚持把改革创新作为强大动力

坚持把改革创新作为强大动力，是世纪海大不断前进的制胜法宝。

1. 不断推进立德树人

学校始终遵循党的教育方针，以培养德智体美劳全面发展、具有民族精神和社会责任感、具有国际视野和合作竞争意识、具有科学精神和人文素养、具有创新意识和实践能力的高素质创新型人才为目标，以造就国家海洋事业的领军人才和骨干力量为特殊使命，形成了"五育并举"的人才培养格局。德育方面，坚持以立德树人为根本，以社会主义核心价值观为指导，突出"海味"特色，充分发挥课堂主渠道、社会实践和校园文化等的综合育人功能，构建思政工作体系。长期坚持学生思政工作考核评估，实施"时代新人铸魂工程"和"海之子成长计划"，深化"三全育人"综合改革，培育学生对党忠实、为人诚实、学识扎实、干事踏实、作风朴实、进取求实的"六实"特质，教育引导学生厚植家国情怀、矢志谋海济国。智育方面，学校提出"通识为体，专业为用"的本科教育理念，建立"有限条件下的自主选课制"和"学业与毕业专业识别确认制"为核心的本科教育运行体系，帮助学生形成通专结合的知识构架和自我培养、自主学习的能力，促进学生适应经济社会的快速发展。学校实施以"3+1+1+4"本硕博贯通培养为核心的研究生教育综合改革，实现了博士生思政课实践教学的全覆盖，构建了以一级学科硕博贯通培养方案为统领、以高水平科学研究为支撑、以提升科研创新和实践创新能力为重点的研究生分类培养体系，打造以培养海洋特色拔尖创新人才为导向的人才培养的海大模式。体育、美育、劳育方面，学校均出台了专门的工作方案，着力提升学生的综合素质，赢得了学习在海大、创新在海大、成才在海大的美誉。

2. 不断完善治理体系

新中国成立初期，党的坚强领导和以华岗校长的政治大课为代表的马克思主义教育，较好地促进了红与专的统一，学校很快步入社会主义大学正轨。改革开放之后，学校以改革为动力，以发展为目的，以稳定为前提，很好地处理了三者之间的关系，确保学校行稳致远。世纪之交，学校坚持"重特色、求质量，先做强、再做大"的发展策略，稳慎扩展办学规模，率先举起高水平特色大学旗帜，较好地处理了内涵与外延的关系。学校始终重视教学，通过质量保障机制、职称评审制度、改革分配制度等多方面引导促进教学工作，积极推动科研与教学相结合，让科研最新成果进课堂，较好地处理了教学与科研的关系，促进了研究型大学的建设。在世纪之交中国高等教育大改革、大发展的背景下，学校科学研判国家经济社会发展战略需求和自身特点，提出并实施"强化发展特色、协调发展综合，以特色带动综合、以综合强化特色"的学科发展思路，科学处理了特色与综合的辩证关系。积极推进以《中国海洋大学章程》为代表的管理制度体系建设，探索以分配制度改革为核心的人事制度改革，探索适应时代要求的教育教学改革、破除"五唯"的教育评价改革、科研体制改革，探索大部制改革、校院两级管理体制改革，因地制宜地推进综合改革、优化多校区运行管理机制，不断完善中国特色的现代大学制度。

3. 不断弘扬崇尚学术

创校之始，《私立青岛大学暂行大纲》开宗明义，教授高深学术。此后，国立青岛大学筹委会确定学校的定位与目标时强调"大学是造成最高学术的机构"。1963年9月，山东海洋学院成立学术委员会并制定了工作条例。新世纪，学校明确提出了"崇尚学术，谋海济国"的价值追求，"治学严谨、执教严明、要求严格"的教风，"求是、求博、求精、求新"的学风。学校的"大先生"们以崇高的境界、丰厚的学识、执着的精神，引领着一代代海大人孜孜以求。弘扬崇尚学术的治学执教之道，成就严谨而又活泼的学术风气，日久而弥坚。

4. 不断拓展开放合作

学校始终与青岛市、山东省和国家海洋局系统密切合作。特别是世纪之交，学校积极推进办学体制改革，在全国高校中率先开启省部共建，开启教育部、山东省人民政府、国家海洋局和青岛市人民政府四家共建。新世纪，学校积极开展行业合作，牵头集成青岛海洋科教力量建设青岛海洋科学与技术试点国家实验室（现崂山实验室），推进学校与实验室融合发展。积极开展校地合作，与海南、云南、黑龙江、广西等省（自治区）和山东沿海各市签署合作协议，在海南三亚、广东深圳等地共建海洋研究院。积极开展校企合作，与华为、海尔、海信、山东港口集团、58同城等大型企业签署战略合作协议，开展深度科研和人才培养合作。实施国际化战略，发起成立国际涉海大学联盟、中国–挪威海洋大学联盟，开展中美、中澳、中英、中德、中法等务实合作，与来自50多个国家和地区的300余个合作伙伴共建全球海洋科教合作协同创新平台与网络，积极助力国家对外开放战略实施和"一带一路"及海洋命运共同体建设。

四、坚持把特色一流作为必由之路

坚持把特色一流作为必由之路，是世纪海大追求卓越的战略选择。

1. 建成综合性海洋学科体系

学校的海洋学科体系，以海洋为线索，贯通了理、工、农、医、文、经、管、法、历史、教育等学科，涵盖了物理海洋、海洋化学、海洋地质、海洋生物、水产、海洋食品、海洋医药、海洋工程、海洋技术、海洋环境、海洋管理、海洋法学、海洋经济、海洋文化等方面，对复合型海洋人才培养和大跨度重大海洋科研与社会服务，都能提供强力支撑。

2. 打造高水平人才队伍

学校目前有全职两院院士8人，国家杰青等国家级人才164人，泰山学者等省部级人才446人，学校"筑峰""繁荣""名师""英才"等高层次人才和优秀青年人才436人。正是这一大批涉海高层次人才的强力支撑，学校海洋、水产两个学科在国家历次学科评估中始终位列第一，迈进世界一流学科前列，若干研究方向处于世界领跑地位。

3. 建成高层次人才培养体系

学校以培养国家海洋事业的领军人才和骨干力量为特殊使命，建成了覆盖我国所有涉海本科专业、硕博士点和博士后流动站，发挥海洋科技优势，加强科教融汇、产教融合，系统性、整体性、协调性地建设有组织人才培养的海洋人才培养体系。有涉海本科专业24个，国家基础学科拔尖学生培养计划2.0基地2个，国家基础科学研究和教学人才培养基地2个，国家生命科学与技术人才培养基地1个，国家级人才培养模式创新试验区2个，国家级特色专业12个，国家级一流专业38个。制定了海洋科学类专业教学质量国家标准（2016）、海洋科学类专业实践教学标准（2017），成为50多所高校近百个海洋科学类专业办学的重要依据。

4. 建成一系列高水平科技平台和新型研发机构

学校建立起自近岸、近海至深远海的海洋调查船队平台。其中5000吨级"东方红3"是世界上同类科考船中最先进、科考功能最完备的静音科考船。构建了国际上规模最大的区域海洋观测系统——"南海－西太潜标观测网"、全球首个西北太平洋黑潮延伸体定点观测系统和马里亚纳海沟万米深渊综合观测阵列。建有青岛海洋生物医药研究院、三亚海洋研究院和深圳研究院等高水平新型研发机构。

5. 建成服务海洋强国建设的高端"蓝色智库"

学校充分发挥海洋综合学科优势，成立海洋发展研究院，中国海洋发展研究中心落户学校，积极服务海洋强国和"一带一路"建设，为我国制定海洋战略、立法、规划、标准及参与全球治理提供全方位智力支持。

2022年4月10日，习近平总书记在视察学校三亚海洋研究院时强调："建设海洋强国是实现中华民族伟大复兴的重大战略任务。"党的二十大报告强调要加快建设教育强国、科技强国、人才强国、文化强国和海洋强国。习近平总书记的重要讲话和党的二十大赋予海洋强国建设新的更高的历史地位，赋予科教事业新的更重的时代责任，赋予中国海大新的更大的光荣使命。站在历史新起点，面向百年新跨越，学校正面临着前所未有的发展期待、前所未有的发展机遇和前所未有的发展挑战。我们必须深入学习贯彻习近平新时代中国特色社会主义思想，勇担使命，踔厉奋发，以前所未有的责任担当精神、干事创业精神、改革创新精神、勇于斗争精神和自我革命精神，着力打造人才培养的海大模式、科学研究的海大学派、服务社会的海大经验、文化传承的海大精神、开放合作的海大格局，奋力谱写高质量发展新篇章，确保实现到2030年建成世界一流的综合性海洋大学、到本世纪中叶建成特色显著的世界一流大学的"两步走"战略，为强国建设和民族复兴伟业作出中国海大新的历史贡献。

　　世纪海大，谋海济国。

　　世纪海大，再创辉煌。

2024年6月

前　言

2024年10月，中国海洋大学将迎来百年华诞。

近百年来，中国海洋大学与中华民族兴衰相伴，与祖国命运休戚与共。民国时期，艰难图存，尽其在我；新中国成立后，图兴图强，谋海济国。其间，从海大园走出了众多各行各业的栋梁之才和国家海洋事业的领军人才及骨干力量，奉献了一批一流的学术成果，建立起较为完备的治校理学规章制度体系，形成了独特的精神文化，在中华民族追求复兴、建设海洋强国的伟大征程上留下了深刻的印迹，也为研究中国现代高等教育史提供了一个有着鲜明特征的典型案例。

为了总结学校百年办学经验，弘扬优良办学传统，鉴往知来，启迪后人，学校于2018年正式启动《中国海洋大学史》编纂工作。本卷为《规章卷》。

回顾学校近百年的办学历程，订立规则、建章立制既是办学治校的重要方略，也是各项事业健康发展的重要保证。经多渠道查询档案，编写组搜集整理学校各个历史时期制定的规章制度1400余项，并全部予以电子化，形成规章制度数据库。在此基础上，秉承突出重点、详略相宜的原则，精选出300余项规章制度，并加以提取和凝练，以学校历史的不同时期为经，以办学治校的各个方面为纬，连缀成一条清晰的历史脉络，编成本卷。因篇幅有限，只对部分规章制度全文照录，而对其他入卷规章制度提炼了主要内容。

本卷是从规章制度的角度，对学校发展过程中尤其是新中国成立以来办学活动的总结和回顾，重点展现了学校在我国高等教育改革发展的大背景下，坚持党的领导，推进依规办学、依法治校的实践探索和规章制度成果。

近百年来，学校坚持将制度建设贯穿事业发展全过程，着力建立健全规范统一、分类科学、层次清晰、运行高效的规章制度体系，积累了宝贵经验，取得了显著成果。站在新的起点上，加快建设特色显著的世界一流大学，必须进一步完善和发展中国特色现代大学规章制度，积极推进治理体系和治理能力现代化，从而更好地保障和促进学校事业高质量发展。

目 录 | CONTENTS

第一篇
私立青岛大学时期
（1924—1929）

　　中国海洋大学的前身是私立青岛大学，由曾任北洋政府交通总长兼教育总长、时任胶澳商埠督办的高恩洪倡办。1924年5月29日在发起会上成立了校董会，之后，完成了校址选择、经费落实、教师选聘、招生等筹建工作。8月21日，校董会举行会议，公推高恩洪为校长，私立青岛大学正式成立。10月25日，私立青岛大学举行开学典礼并定该日为成立纪念日。

　　1924年10月，《私立青岛大学暂行大纲》颁行，对办学宗旨、学科设置、入学资格、修业年限、学位授予、组织、校董、会议等作了规定，这是学校历史上第一项典章，其"教授高深学术，养成硕学宏材，应国家需要"的办学宗旨影响至今。1925年的《私立青岛大学一览》，进一步明确了学校的宗旨、组织、学制、入学、转学、升级留级、休学复学、退学、改科、费用、毕业及修业、学业成绩考查、补考、操行成绩考查、学生通则、奖励、惩戒等，还订立了教员会、职员会、请假、实习、教室、实验室、制图室、打字室、操场、试场、自习室、食堂、寄宿舍、图书室规则等。私立青岛大学办学时间较短，但其规章制度涵盖了办学的方方面面，在当时的时代背景下实属不易，也为学校形成了重视制度建设的优良传统。

第一章
重要章程

私立青岛大学暂行大纲[1]
1924年

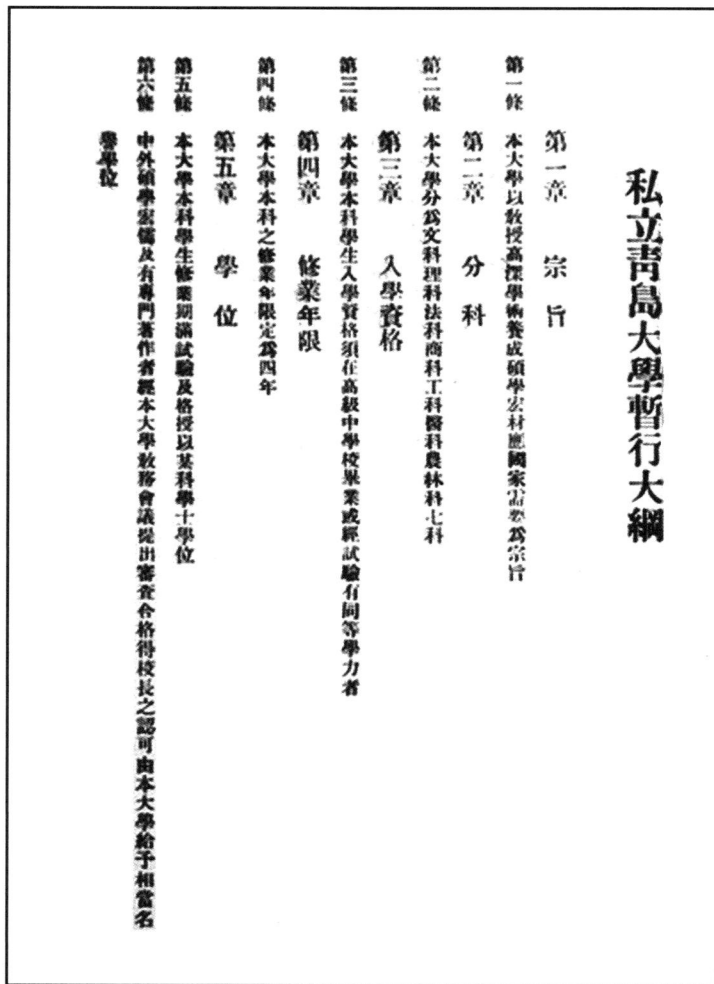

私立青島大學暫行大綱

第一章 宗旨

第一條 本大學以教授高深學術養成碩學宏材應國家需要為宗旨

第二章 分科

第二條 本大學分為文科理科法科商科工科醫科農林科七科

第三章 入學資格

第三條 本大學本科學生入學資格須在高級中學校畢業或經試驗有同等學力者

第四章 修業年限

第四條 本大學本科之修業年限定為四年

第五章 學位

第五條 本大學本科學生修業期滿試驗及格授以某科學士學位

第六條 中外領學宏儒及有專門著作者經本大學教務會議提出審查合格得校長之認可由本大學給予相當名譽學位

图 1-1 《私立青岛大学暂行大纲》部分内容

---

[1] 山东省档案馆藏，全宗10目录1卷号211。

第一章　宗旨

第一条　本大学以教授高深学术，养成硕学宏材，应国家需要为宗旨。

第二章　分科

第二条　本大学分为文科、理科、法科、商科、工科、医科、农林科七科。

第三章　入学资格

第三条　本大学本科学生入学资格须在高级中学校毕业或经试验有同等学力者。

第四章　修业年限

第四条　本大学本科之修业年限定为四年。

第五章　学位

第五条　本大学本科学生修业期满试验及格，授以某科学士学位。

第六条　中外硕学宏儒及有专门著作者，经本大学教务会议提出，审查合格得校长之认可，由本大学给予相当名誉学位。

第六章　组织

第七条　本大学设校长一人，总辖全校校务。

第八条　本大学设校务主任一人，商承校长管理全校校务。

第九条　本大学设教务处主任一人，事务处主任一人，教员若干人，教务员、事务员、会计员、图书员、舍务员、校医、书记等若干人，分掌各部事务。

第十条　本大学设训育委员会、体育委员会、编辑委员会、图书委员会、仪器委员会及各种临时委员会，各委员长均由校长聘任之。

第七章　校董

第十一条　本大学校董暂由倡办人及校长聘请之，筹划本大学经费保管、基金审查、预算及决算。

第十二条　对本大学有殊勋者，得由本大学聘为名誉校董。

第八章　会议

第十三条　本大学校董会分为定期及临时二种，定期会议于每年二月及七月举行，临时会议由校长临时招集。

第十四条　本大学行政会议分为校务会议、教务会议、事务会议及各委员会会议。

第九章　附则

第十五条　本大学之详章细则另定之。

第二章
教务及学生事务

私立青岛大学一览 ①
1925年

主要内容

组织：设校长一人，总辖本校一切校务。设校务主任一人，襄助校长办理一切校务及校长委托事件。设教务主任一人及各科主任，庶务一人，会计一人，学监、舍监各一人，文牍一人，设司事、录事，名额无一定限制。

入学转学：入学资格计分两项，新制高级中学毕业或大学预科毕业，均得毕业证书报考本校入学试验而及格者，本校预科生肄业满期毕业考试而及格者。考生需通过入学试验，履行报名手续并按各科规定科目进行考试。凡欲转入本校肄业学生，须由前校校长或教务长具函证明，并附该生各科成绩送达本校以凭核查。

学生类别：凡经入学试验及格或本校预科毕业升入本科之学生为本科生。凡经入学试验而被试科目有二门以下不及格，得本校许可入校随班上课者，为补习生。各大学预科毕业或新制高级中学毕业学生，如未受本校入学试验而请求入校听讲，经本校许可者，为旁听生。凡欲入本校选修一种或数种科目，受本校许可者，为选科生。

费用：学费本科生每学期每人十五元，预科生每学期每人十二元；宿费每学期每人六元；电灯及自来水费每学期每人三元；预偿费每学期每人三元；体育费每学期每人三元；制服费每袭约十五元；膳费约计每月每人五元左右；各科试验费应按照科目之类别按数交纳；书籍费概归自备。除膳费、制服费、书籍费外，其他各费均须于每学期开学前全数缴纳。

入学手续：本校于每学期开学前三日内为报到期间，如逾二星期不到，即行取消入学资格。报到时须亲至校内缴纳各费，领取收据。

修业要则：凡本科生习毕所规定之单位或学分并考试及格者方得毕业。无论何种学科，每星期授课一小时，习满一学期者为一学分，试验、实习每三小时或二小时为一学分。凡本科预科及补习科各生皆须应月考及年考。学科试验成绩在六十分以下者，或因重病未得与试者，补考一次，补考仍不及格者，须重习此门功课。凡任何课目考试成绩在四十分以下者，须重习该门功课。每学年之内，学生于所学之学科至少须有二十四学分及格，否则令其退学。

预科：本校暂设工预科、商预科。凡旧制中学毕业或有同等学力者，得投考本校预科。

学业成绩之考查：学生之学业成绩分平时成绩与考试成绩。平时成绩由教员查看学生勤惰与在班回课之优劣及月考之分数等判定。考试分月考与期考两种。学期考试成绩之评定

① 山东大学档案馆藏，档号：XS·ZL-1-8。

为一学期内每科目月考分数之总平均与学期考试之分数相加折半为该科目一学期之考试成绩，再按科目之类别及授课之多寡规定学分。考试成绩分A、B、C、D、E五等。

操行成绩之考查：学监处须备学生操行考查簿，由职教员并学监随时考查学生之行为，记入簿内，于学期之末按照事实汇集评定分数，列为考试成绩之一。

奖励：学生于一学期中无告假、迟到、早退等情者，可酌量增加学期试验总平均分数。学生对于所习科目有所发明或著述确有心得切于实用者，得酌给以相当奖品或褒状。学生自第一次学期试验起至毕业试验完毕后，皆习满学科单位总数而总平均成绩列在九十分以上并品行纯粹者，得由教务长及主任呈请校长于毕业时另给褒状。

惩戒：学生有违背校章之行为时，施以劝诫、记小过、记大过、除名四类惩戒。

学生通则：学生应敦品力学，以期深造而养成高尚健全之人格。学生应恪守本校之规则，不得怠忽蔑视。学生对于本校教职员须当恭谨，对于同学须当谦让，即对于夫役亦须自重，勿得嘲笑或凌辱。学生敬礼分最敬礼（三鞠躬）和敬礼（一鞠躬）。学生在校应常穿制服。学生于授课余暇得设演说、音乐、游艺、体育暨一切有益身心等会，但须禀承校长许可，并由职员督率。在办公时间内，各生除有要事须与教职员接洽外，不得在各办公室内逗留或任意闲谈。

第二篇
国立青岛大学时期
（1929—1932）

1928年8月，国民政府教育部批准组成国立山东大学筹备委员会，1929年6月，又改为国立青岛大学筹备委员会，在青岛筹建国立青岛大学。筹委会接收省立山东大学、私立青岛大学校舍校产，确定系科设置、院系人选、教师选聘、行政组织、经费筹措、招生、开学日期等重要事宜。1930年4月，国民政府任命杨振声为国立青岛大学校长。9月20日，杨振声宣誓就职。

1930年5月，制定《国立青岛大学组织规程》，确定校址、校名、办学宗旨、学院设置等；制定《国立青岛大学学则》，对入学、学分、学费、成绩、毕业等作出规定。此外，学校还制定了《国立青岛大学校务会议议事章程》《国立青岛大学教务处办事细则（暂行）》，教职员待遇、助学金、补习班、旁听生、图书借阅、出版、文物征集等的规则，以及《国立青岛大学反日救国会组织大纲》《国立青岛大学青年义勇军及救护队组织章程》等，共20余项规章制度。

第一章
重要章程

国立青岛大学组织规程①
1931年

國立青島大學組織規程（民國二十年七月）

第一章　總則

第一條　本大學設於青島定名爲國立青島大學但於必要時得設學院學系專科及工廠試驗場於濟南

第二條　本大學根據中華民國教育宗旨以提高民族文化研究高深學術養成健全品格及專門人才爲宗旨

第二章　學院

第三條　本大學設左列各學院

（一）文學院　內設中國文學系外國文學系歷史學系及其他學系

（二）理學院　內設數學系物理學系化學系生物學系及其他學系

（三）教育學院　內設教育心理學系教育行政系鄉村教育系及其他學系

第四條　本大學得設工學院農學院及其他學院或試驗場其組織由校務會議議定之

第五條　本大學得設研究院與專修科

第六條　本大學設校長一人總理校務由國民政府任命之

第七條　本大學設祕書一人處理祕書室事宜由校長聘任之

第三章　教員及職員

組織規程

七

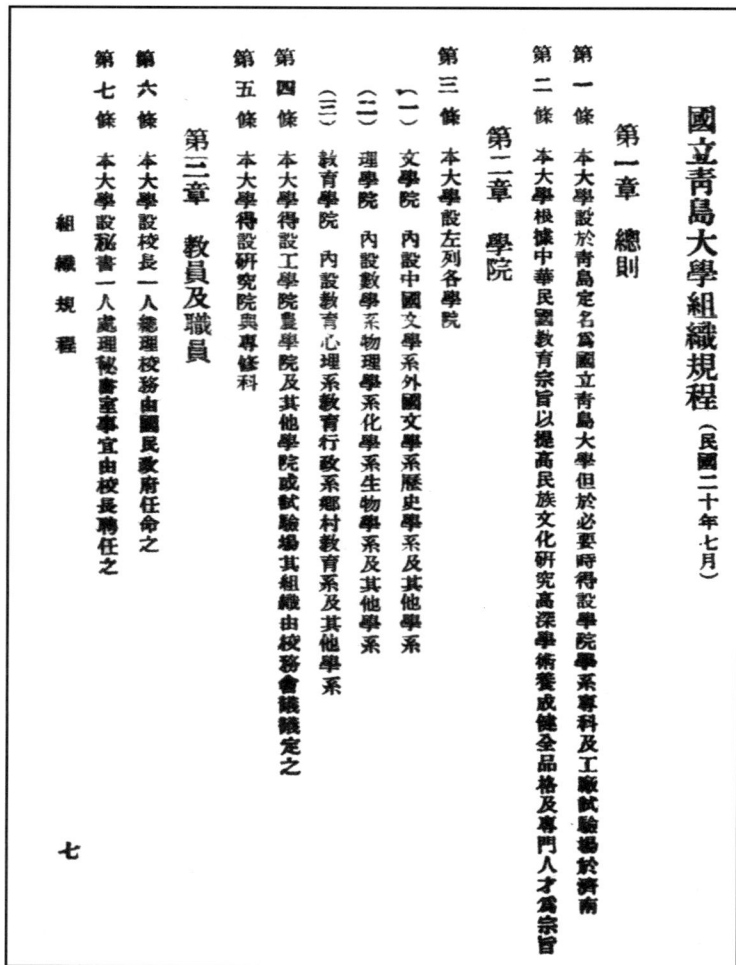

图2-1　《国立青岛大学组织规程》部分内容

① 张研、孙燕京主编：《民国史料丛刊1090文教·高等教育》，大象出版社2009年版，第165-168页。

第一章　总则

第一条　本大学设于青岛，定名为国立青岛大学，但于必要时得设学院、学系、专科及工厂、试验场于济南。

第二条　本大学根据中华民国教育宗旨，以提高民族文化、研究高深学术、养戒健全品格及专门人才为宗旨。

第二章　学院

第三条　本大学设下[①]列各学院：

（一）文学院　内设中国文学系、外国文学系、历史学系及其他学系。

（二）理学院　内设数学系、物理学系、化学系、生物学系及其他学系。

（三）教育学院　内设教育心理系、教育行政系、乡村教育系及其他学系。

第四条　本大学得设工学院、农学院及其他学院或试验场，其组织由校务会议议定之。

第五条　本大学得设研究院与专修科。

第三章　教员及职员

第六条　本大学设校长一人总理校务，由国民政府任命之。

第七条　本大学设秘书一人处理秘书室事宜，由校长聘任之。

第八条　本大学设教务长一人处理全校教务，管辖注册部、军事训练部、体育部等机关，由校长聘任之。

第九条　本大学各学院各设院长一人，由校长聘任之。

第十条　各学系各设主任一人，由院长商请校长聘任之。

第十一条　各学系教授、副教授、讲师、助教由院长商请校长聘任之。

第十二条　本大学设总务长一人，商承校长处理全校事务，管辖庶务课、会计误、校医室等机关，由校长聘任之。

第十三条　本大学设图书馆馆长一人，由校长就教授中聘请兼任之。

第十四条　本大学各机关得设主任事务员及助理员，由校长聘任或委任之。

第四章　学生

第十五条　本大学学生入学资格及毕业年限，均依大学组织法及大学规程办理。

第十六条　本大学毕业学生由本大学给予毕业证书，得称某学士。

第五章　会议及委员会

第十七条　本大学设校务会议，以全体教授、副教授选出之代表若干人及校长、教务长、总务长、秘书、图书馆馆长、各学院院长、各学系主任组织之，校长为主席，秘书为记录。

第十八条　校务会议审议下列事项：

一、重要章则；

二、本大学预算；

三、学院及学系之设立与废止；

四、本大学课程；

五、各种学则；

---

① 按照行文习惯，将原文中的"左"改为"下"，全书均按此处理。

六、关于学生试验事项；

七、关于学生训育事项；

八、校长交议事项。

校务会议开会时得由校长依大学组织法之规定邀请专家列席。

第十九条　本大学各学院设院务会议，以院长、系主任组织之，院长为主席。

第二十条　院务会议审议下列事项：

一、该学院之预算；

二、该学院之课程；

三、该学院学生试验及成绩；

四、该学院学术设备及出版；

五、校长或院长交议事项。

第二十一条　本大学依校务上之需要得设各种委员会，其委员由校长就教职员中聘任之，于必要时得由校长邀请校外专家列席。

第二十二条　以上各种会议及委员会其规则于集会之始，由各该会议及委员会拟定，提交校务会议核定之。

第六章　附则

第二十三条　本规程自呈经教育部核准后公布施行。

第二十四条　本规程得由校务会议议决修改，但须呈经教育部核准备案。

国立青岛大学校务会议议事章程 [①]

1931年

第一条　本会议依据本大学组织规程第十七条之规定组织之。

第二条　本会议每两星期开常会一次，由主席召集之，遇必要时，得由主席或本会全体会员三分之一以上之联署召集临时会议。

第三条　本会议主席，如因故不能出席会议，得委托本会其他会员代理。

第四条　本会议审议事项，依本大学组织规程第十八条之规定。

第五条　本会议议事日程，须于开会前送达各会员。

第六条　本会议须有过半数会员出席，方得开会；须有出席会员过半数通过，方得决议。

第七条　本会议决议案，送由校长分别执行之；如有窒碍，得由校长提交本会覆议。

第八条　本规程如有未尽事宜，由本会议议决修改之。

第九条　本规程经本会议通过后施行。

① 张研、孙燕京主编：《民国史料丛刊1090文教·高等教育》，大象出版社2009年版，第303页。

第二章
教务及学生事务

国立青岛大学学生自治会组织大纲施行细则①
1930年

主要内容

　　学生自治会发起人领得许可证书后，须于四星期内成立筹备会，拟定学生自治会章程草案，呈请当地高级党部核准。筹备会进行组织时，须请学校派员指导。筹备会应于当地高级党部核准章程草案后六星期内登记会员，召开大会，通过章程，选定职员，成立学生自治会。学生自治会组织完成时，须具备章程、职员履历表、会员名册，经核准后呈报学校及主管官署备案。

　　学生自治会举行会员大会或代表大会时，须呈请当地高级党部及学校派员指导。学生自治会如设立合作社及特种委员会时，须经全员大会之决议并经学校同意后，呈报当地高级党部备案。学生自治会关于学术、体育、游艺及合作社，须呈请学校派员指导。学生自治会会员关于选举、罢免、创制、复决四权，其使用方法另定之。

国立青岛大学教务处办事细则（暂行）②
1931年

　　第一条　本细则依据本大学规程制定之。

　　第二条　本处设教务长一人，综理处务并监督图书馆、注册部、军事训练部、体育部等机关。

　　第三条　本处设处员一人至二人助理处务，注册部设主任一人，办事员若干人，图书馆设馆长一人，馆员若干人，其办事细则另定之。

　　第四条　教务长之职务如下：

　　1.秉承校长会商各院院长，处理一切教务事项。

　　2.考核本处职员及所属注册部、图书馆各职员，承办事务及其工作成绩。

　　3.会核总务处草拟关于教务一切出文。

---

① 山东省档案馆藏，档号：J110-01-0293-006。
② 山东省档案馆藏，档号：J110-01-0353-006。

4. 核阅总务处所交关于教务上之条文，草拟办法。

5. 建议关于教务上改革及设备等事宜。

6. 出席本大学各种重要会议。

7. 考察本处职员，各学院教员及所属部馆职员请假事宜。

8. 核准学生请假一周以上者。

9. 于教务上予学生以相当指导。

10. 会同总务长签核关于教务上支款凭单。

11. 审查本大学出版刊物。

12. 会同总务长、各院院长审核购置图书、仪器及其他教务上之设备、用品。

13. 办理其他属于教务范围内之事项。

第五条　凡到本处有事接洽者，遇重大事宜须取本处备用记录，将姓名、年月、事由填入，以便详细酌核办理，并存查备案。

第六条　本处收到来文应分别性质，交由各主管部办理，对外文件由教务长批交总务处文牍课办理。

第七条　凡各学院教职员聘书聘函，经校长审议后，本处检阅转收信员分别发送外，其应聘书均由本处保存。

第八条　本处收掌文书及处理事件，应备来文笔记簿、应聘书笔记簿、教职员请假登记簿、学生请假考查簿，登记备查。

第九条　本细则自校长核实施行，如有未尽事宜，得随时由教务长陈请校长酌核修改之。

国立青岛大学助学金规则 ①

1931年

第一条　本大学为补助学行优良、家境贫寒之学生起见，设助学金。

第二条　每学期助学金定为每名五十元。其名额由校务会议先期决定之。

第三条　本大学本科正式学生，肄业满一学期，家境确系贫寒，各科成绩平均为乙等，或乙等以上，体育、军事训练及格，品行优良者，得给予助学金。

第四条　学生请求助学金，须于本学期内，以书面述明经济困难之确实状况，附具本籍最高教育机关之证明文件，向本校呈请之。

第五条　学生续请助学金时，得免缴证明文件。

第六条　学生依第四条之规定请求助学金者，经本校调查属实，提交校务会议审定后，于下学期开学四星期后公布之；但于公布时，不在本校继续肄业者，不得领受助学金。

第七条　凡经准给助学金之学金，须于一切校费缴清后，方得具领。

第八条　学生所领助学金，及校内外他项奖金或津贴，每学期总额不得过一百五十元，

① 张研、孙燕京主编：《民国史料丛刊1090文教·高等教育》，大象出版社2009年版，第307—308页。

其超过之数，应于发款时扣除。

第九条　本规则自公布之日起施行。

国立青岛大学旁听生规则[①]
1931年

主要内容

为推广求学机会起见，各项学科得酌收旁听生。旁听生不限资格，但以品行端正，有志向学，具有中学毕业相当程度，而听讲无困难者为合格。旁听生需缴费。旁听生于所选学科修业期满，并曾参与临时及学期考试成绩及格者，本大学给予该学科之成绩证明书。旁听生具有高中毕业资格，经本大学入学试验及格者，得改为正式生，其在旁听期内所修学科成绩优异者，并得由所属系主任核准，分别免予重习，但毕业年限不得缩减。旁听生须恪守本大学一切规则。

国立青岛大学反日救国会组织大纲[②]
1931年

第一条　本会定名为国立青岛大学反日救国会。

第二条　本会以反抗日本暴行，恢复我国主权为宗旨。

第三条　凡国立青岛大学人员皆得为本会会员。

第四条　本会设执行委员十五人，处理本会一切事宜，由全体大会选任之。

第五条　全体大会无定期，遇必要时得由执行委员会召集之。

第六条　执行委员会组织章程另订之。

第七条　本会经费由会员负担，但遇必要时，得随时募集之。

第八条　本会会员须遵守本会一切章程及决议案。

第九条　本组织大纲由执行委员会提请大会通过施行。

第十条　本大纲有未尽事宜经会员十人以上之建议，得由执行委员会提请大会修改之。

---

① 张研、孙燕京主编：《民国史料丛刊1090文教·高等教育》，大象出版社2009年版，第309-310页。

② 《国立青岛大学周刊》1931年第2期，第3页。

国立青岛大学青年义勇军及救护队组织章程 ①

1931年

总则

一、本校设义勇军及救护队，定名为国立青岛大学青年义勇军及国立青岛大学青年义勇军救护队。

二、本校义勇军及救护队以发扬民族武德，献身国家、巩固国防为目的。

组织

三、凡本校男生、女生及一切人员俱得分别加入义勇军或救护队。凡志愿加入义勇军者，须受体格检验，不合格者不得加入。

四、本校义勇军及救护队为永久之组织，既经加入，不得随意退出。

五、本校义勇军以队为单位，每队分三区队，每区队分三分队，每分队除分队长外，至少须十人，各队直属于本校军事训练部。

六、本校义勇军设队长队，附教练各一人，由本校军事教官、助教分任之，区队长、分队长俱由义勇军中选充之。

七、本校救护队设队长、副队长各一人，由看护队员选充之。

纪律

八、本校义勇军应一律军队化，严守纪律，服从命令，若有违犯军风纪者，须受相当处分，其惩处法另定之。

九、学生如有学期成绩不及格或违犯校规者，取消其军士或队员资格。

训练

十、本校义勇军每日至少须受二小时以上之军事训练，其课程时间另定之。

十一、本校救护队须学习救护技术，其学习时间另定之。

---

① 《国立青岛大学周刊》1931年第24期，第1页。

国立青岛大学学则[1]

1932年

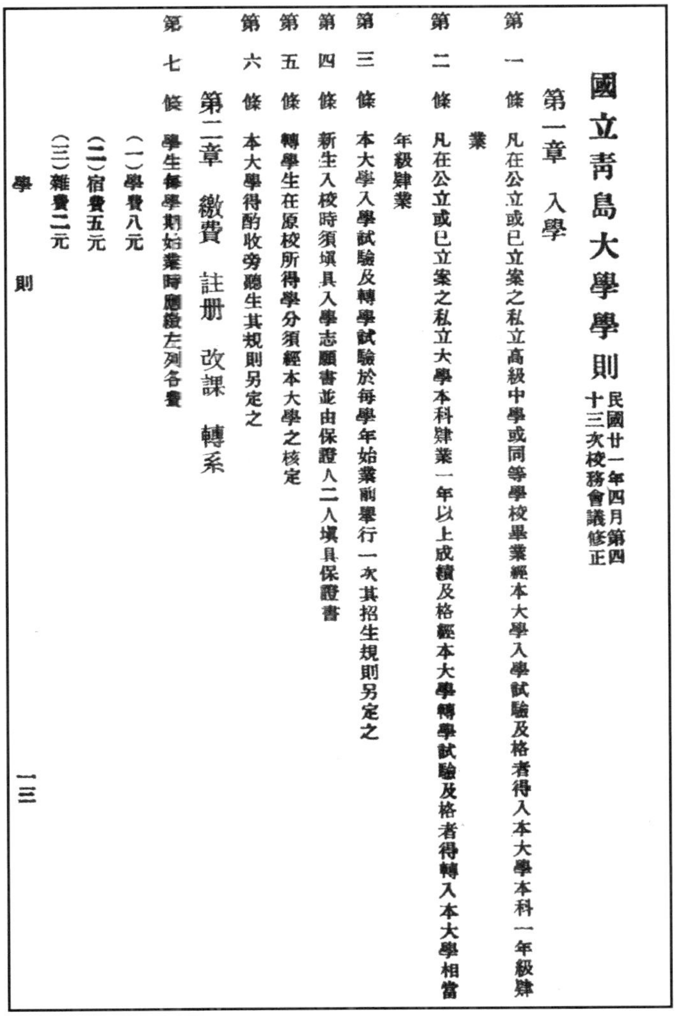

國立青島大學學則　民國廿一年四月第四十三次校務會議修正

第一章　入學

第一條　凡在公立或已立案之私立高級中學或同等學校畢業經本大學入學試驗及格者得入本大學本科一年級肄業

第二條　凡在公立或已立案之私立大學本科肄業一年以上成績及格經本大學轉學試驗及格者得轉入本大學相當年級肄業

第三條　本大學入學試驗及轉學試驗於每學年始業前舉行一次其招生規則另定之

第四條　新生入校時須填具入學志願書並由保證人二人填具保證書

第五條　轉學生在原校所得學分須經本大學之核定

第六條　本大學得酌收旁聽生其規則另定之

第二章　繳費　註冊　改課　轉系

第七條　學生每學期始業時應繳左列各費
（一）學費八元
（二）宿費五元
（三）雜費二元

學　則

一三

图2-2　《国立青岛大学学则》部分内容

① 张研、孙燕京主编：《民国史料丛刊1090文教·高等教育》，大象出版社2009年版，第171-176页。

第一章　入学

第一条　凡在公立或已立案之私立高级中学或同等学校毕业，经本大学入学试验及格者，得入本大学本科一年级肄业。

第二条　凡在公立或已立案之私立大学本科肄业一年以上，成绩及格，经本大学转学试验及格者，得转入本大学相当年级肄业。

第三条　本大学入学试验及转学试验于每学年始业前举行一次，其招生规则另定之。

第四条　新生入校时须填具入学志愿书并由保证人二人填具保证书。

第五条　转学生在原校所得学分须经本大学之核定。

第六条　本大学得酌收旁听生，其规则另定之。

第二章　缴费　注册　改课　转系

第七条　学生每学期始业时，应缴下列各费：

（一）学费八元；

（二）宿费五元；

（三）杂费二元；

（四）科学实验费五元（无科学实验者免缴）；

（五）体育费二元；

（六）预存赔偿费五元（于学期终了时有余退还，不足补缴）；

（七）制服费十五元（于第一年入学时缴纳）。

第八条　学生须依限期到校注册，逾期每日罚金一元，至开课后三日犹未注册者，新生即予除名，旧生令休学一年。

第九条　学生选课须依照各学院学程指导书之规定，并经系主任之核准。

第十条　改课（改选、退选及加选学程）于每学期开课后二星期内行之，须经各关系教员及所属系主任核准。

第十一条　转院及转系于学年始业后两星期内行之，须经各关系院长及系主任核准，必要时并须经过试验。

第十二条　转院或转系以入本科一、二年级为限。

第十三条　学生转院或转系后，其所得学分须重经核定。

第十四条　转院及转系概以一次为限。

第三章　学程及学分

第十五条　本大学各学院学生修业年限至少四年，转学生至少二年。

第十六条　本大学各项学程均按学分计算，每学期每周授课一小时为一学分，实验及无须课外自习之学程以二小时至三小时为一学分。

第十七条　本大学各学院学生应修学分依各学院学则之规定，但至少须修满一百三十八学分方得毕业，其有未满四年，而已修足规定之学分者，得选习特种学科，毕业年限不得提前。

第十八条　本大学各学院学生除第一年级外，每学期所修学程不得超过二十一学分。

第十九条　本大学各学系共同必修学程如下：

（一）国文　四学分；

（二）英文　十二学分；

（三）第二外国语　十六学分；

（四）自然科学　六学分；

（五）社会科学　六学分；

（六）党义　四学分；

（七）体育　八学分；

（八）军事训练　六学分。

（六）（七）（八）三项不在一百三十八学分之内，不及格者仍不得毕业。

第四章　试验及成绩

第二十条　本大学试验分下列三种：

（一）临时试验　由教员随时举行之；

（二）学期试验　于学期终举行之；

（三）毕业试验　于修业期满时举行之。

第二十一条　学生学业之成绩列为五等如下：

甲等　九十分以上；

乙等　八十分以上；

丙等　七十分以上；

丁等　六十分以上；

戊等　不满六十分。

第二十二条　凡某学程成绩列戊等者为不及格，不给学分，如系必修科须重修之。

第二十三条　各学程学期成绩参酌平时成绩与学期试验成绩计算之。

第二十四条　各学程学年成绩以该学程第一、第二两学期之成绩依下列方法计算之：

第一学期成绩占学年成绩三分之一；

第二学期成绩占学年成绩三分之二。

第二十五条　各学程成绩总平均依下列方法计算之：

（一）以学程之学分数乘该学程所得之成绩分数为绩分；

（二）所修各学程学分之总和为学分总数；

（三）各学程绩分之总和为绩分总数；

（四）以学分总数除绩分总数为成绩总平均；

（五）成绩总平均之计算包括戊等在内，戊等成绩分数作为零。

第二十六条　学生学期成绩平均列乙等以上者，得请领本大学助学金，其规则另定之。

第二十七条　学生因亲丧疾病请假不获参与学期试验者，须预经教务长之核准方得补考。

第二十八条　凡未经准假而不与学期试验之学程以不及格论，不给学分。

第二十九条　补考限于每学期始业后两星期内行之。

第五章　缺课　休学　退学

第三十条　学生缺课，无论曾否请假，均由教员登记并报告注册部。

第三十一条　学生因故不能上课者，须先期向注册部请假。

第三十二条　学生因病请假者须经校医之证明。

第三十三条　学生请假逾三日者须经教务长核准。

第三十四条　凡未经准假或假期已满而缺课者作旷课论。

第三十五条　凡一学期中于某学程缺课逾三分之一或旷课满五小时者不得参与该学程之学期试验，并不得补考。

第三十六条　凡一学期中缺课逾所修各学程总时数三分之一或旷课满二十小时者，即令休学一年。

第三十七条　学生因病经医生检查有长期休养之必要者，得令其休学。

第三十八条　学生自请休学，须向教务长陈明理由，请求核准。

第三十九条　学生入学之第一年内不得自请休学。

第四十条　学生休学概以年计并不得连续休学两年。

第四十一条　学生休学期内如在他校得有学分，不得作为转学学分。

第四十二条　学生休学期满延不到校者作为退学。

第四十三条　学生全年学程有三种不及格或必修学程二种不及格者，令其退学。

第四十四条　学生如有品行不端或违犯校章者分别记过或令退学，记过满三次者，令其退学。

第四十五条　凡自请退学之学生须在校肄业满一学年始得请求发给修业证明书。

第六章　毕业

第四十六条　学生肄业期满合于下列各项之规定者，经毕业试验审查委员会审查通过后准予毕业。

（一）修满本大学规定学程及学分；

（二）党义、体育、军事训练及格；

（三）毕业论文审查及格。

第四十七条　本大学毕业学生依照所属学院及学系给予毕业证书并得称某学士。

第七章　附则

第四十八条　本学则如有未尽事宜，得由校务会议修正之。

第四十九条　本学则自公布之日起施行。

第三章
服务保障

国立青岛大学教职员待遇规则[①]
1931年

主要内容

本大学教员薪俸规定：教授，月薪三百元至五百元；讲师，月薪一百五十元至三百元；助教，月薪六十元至一百五十元。

本大学职员薪俸规定：教务长总务长秘书，月薪三百元至五百元；主任及校医，月薪一百五十元至三百元；事务员，月薪六十元至一百五十元；助理员，月薪四十元至八十元；书记及助手，月薪二十五元至五十元。

在教职员有连续服务五年以上死亡者，由本大学支其最后年俸之四分之一为一次抚恤金；连续服务十年以上死亡者，支其最后年俸之二分之一为一次抚恤金。

国立青岛大学图书委员会规程[②]
1931年

一、本委员会以教务长、各院院长、图书馆馆长、主任及教授若干人，经校长聘请组织之，以图书馆馆长为主席。

二、本委员会职权如下：

1. 拟定各院及图书馆图书经费之分配，并编制全部图书之总预算。

2. 添购普通图书之审查。

3. 拟定本校图书馆发展之计划。

三、本委员会每两星期开会一次，由主席委员召集之。

四、开会以过半数为法定人数，决议以多数为通过。

五、本规程由校务会议审定通过后施行之。

---

① 张研、孙燕京主编：《民国史料丛刊1090文教·高等教育》，大象出版社2009年版，第305-307页。
② 张研、孙燕京主编：《民国史料丛刊1090文教·高等教育》，大象出版社2009年版，第304页。

国立青岛大学图书馆借阅图书规则[①]
1931年

主要内容

总则：本馆图书系供本校教职员及学生应用，其他经介绍请求借阅者，其办法另有规定。借阅图书，须先向本馆领取借书证及阅览证。无论借阅何书，须先查明目录，将该书号码抄下，交出纳员核取，俟登记后方可携出馆外。本馆书库未经本馆馆长、主任之许可，不得擅入。

借书规则：规定借书时间。部分图书不得借出馆外。限定学生借书二本，每本限期二十一天，逾期不还，每日每本罚洋一角。教职员借书以两月为限，如欲展期，须得本馆同意，册数不限。借出图书如有污毁遗失等情，须照时价赔偿，如系整套中之一册而无从补充者，须照该整套时价赔偿。借出图书限于每学期放假前一星期内，一律交还。

阅览规则：规定阅览室开放时间。阅览室陈列各种字典、辞书、革命文章、杂志，阅毕即须归还原处。阅览室内应保持秩序，不得吐痰、吸烟、高声、重步，妨害公众利益。

国立青岛大学出版委员会规程[②]
1931年

第一条　本委员会设委员五人，由校长聘请组织之。

第二条　本委员会职责如下：

一、计划本大学关于学术刊物出版事宜；

二、审定本大学关于学术之刊物。

第三条　本委员会得请校内外专家参加审定事宜。

第四条　关于各项刊物之印刷发行等事宜，由出版部办理之。在出版部未成立以前，于庶务课中设立出版部。

第五条　本委员会月开常会一次，必要时得召集临时会议。

第六条　开会以过半数为法定人数，决议以多数为通过。

第七条　本规程由校务会议审定通过后施行之。

① 张研、孙燕京主编：《民国史料丛刊1090文教·高等教育》，大象出版社2009年版，第310—313页。
② 张研、孙燕京主编：《民国史料丛刊1090文教·高等教育》，大象出版社2009年版，第303—304页。

第三篇
国立山东大学时期
（1932—1949）

　　1932年9月，国民政府行政院会议决议，将国立青岛大学更名为国立山东大学，任命赵太侔为校长。随后几年，学校外部环境稳定，内部人才荟萃，办学规模有所扩大，办学条件大为改善，学生培养质量很高，学校驰誉全国。1937年全民族抗日战争爆发后，学校奉命内迁，到1945年抗战胜利，学校实际处于停办状态。1946年春，国立山东大学在青岛复校，系科设置作了较大调整，学校规模再次扩大。

　　1932年，学校颁行《国立山东大学组织规程》，明确了校址、校名、办学宗旨、学院设置、教员配置、各类会议规则等，颁行《国立山东大学学则》，对入学、转系、学分、成绩、毕业等作出规定，这两项制度基本沿用国立青岛大学时期的相应制度。1932—1937年，学校制定了办公总则、学院学则、部处规程、教员服务及待遇规程、学期考试规则、旁听生规则、免费学额及公费学额规则、学生作工给酬办法、学期试验办法、毕业论文及毕业试验规则、自习室规则、寝室规则、体育馆规则、农场管理规则、生活指导委员会章程、职业指导委员会规则、图书馆组织规程、借阅图书规则、出版委员会规程、会计规程等制度。1937年，学校内迁安徽安庆。1938年，学校停办，国民政府教育部颁发《国立山东大学校产保管办法》，规定了学校停办期间校产如何保管。1946年国立山东大学复校后，又对《国立山东大学组织规程》《国立山东大学学则》等重要制度进行了修订，还颁布了涉及机构设置、教二管理、学生管理、后勤保障等方面的制度，为学校的良好运行提供了重要的制度保障。

第一章
重要章程

国立山东大学组织规程[①]
1948年

第一章　总则

第一条　本大学定名为国立山东大学。

第二条　本大学依据中华民国教育宗旨，及其实施方针，以研究高深学术，养成专门人才，陶融健全品格为目的。

第三条　本大学设于青岛市。

第二章　院系

第四条　本大学现设文、理、农、工、医五学院。分置学系如下：

一、文学院　中国文学系、外国语文学系

二、理学院　数学系、物理学系、化学系、动物学系、植物学系、地质矿物学系

三、农学院　农艺学系、园艺学系、水产学系

四、工学院　土木工程学系、机械工程学系、电机工程学系

五、医学院　医学系

第五条　本大学得呈准增设其他学院及学系。

第六条　本大学得呈准设研究所。

第七条　本大学因教学实习及研究之需要，得呈准设农场、工厂、医院、学校等附属机构。其组织分别另定之。

第三章　行政组织

第八条　本大学置校长一人，综理校务，由国民政府任命之。

第九条　本大学各学院各置院长一人，掌理院务，由校长就教授中聘任之。

第十条　本大学各学系各置主任一人，掌理系务，由校长就教授中聘任之。

第十一条　本大学各研究所主任，由有关学系系主任兼任之。

第十二条　本大学置教授、副教授、讲师及助教若干人，由各学院院长及各学系主任，提经聘任委员会通过后聘任之。聘任委员会之组织另定之。

第十三条　本大学设教务处，置教务长一人，掌理全校教务，由院长就教授中聘任之。

第十四条　教务处设注册、出版二组，及图书馆，各置主任一人，组员及馆员若干人，由

---

① 张研、孙燕京主编：《民国史料丛刊1089文教·高等教育》，大象出版社2009年版，第8—9页。学校于1932年制定《国立山东大学组织规程》，内容基本沿用《国立青岛大学组织规程》。1946年国立山东大学复校后，于1948年对规程进行了修订，此处选取1948年版本。

校长聘用之。

第十五条　本大学设训导处，置训导长一人，掌理全校训导事宜，由校长就教授中聘任之。

第十六条　训导处设生活管理、课外活动、体育卫生等组，各置主任一人，并分别设训导员、体育指导员、医师、护士若干人，由校长聘用之。

第十七条　本大学设总务处，置总务长一人，掌理全校总务事宜，由校长就教授中聘任之。

第十八条　总务处设文书、庶务、出纳等组，各置主任一人，组员若干人，由校长聘用之。

第十九条　校长办公室置秘书一人至二人，由校长聘任之。

第二十条　本大学设会计室，置会计主任一人，佐理员、雇员若干人，依国民政府主计处设置各机关岁计、会计、统计人员条例及有关法规之规定，并依法受校长之指挥，教育部会计长之指挥监督，办理全校岁计、会计事宜。

第四章　会议

第二十一条　本大学设校务会议，由校长、教务长、训导长、总务长及各学院院长、各学系主任、教授代表及会计主任组织之。教授每十人选代表一人，选举办法另定之。

第二十二条　校务会议决议下列事项：

一、本大学重要方策。

二、本大学学位之授予。

三、本大学预算。

四、各种重要章则。

五、学院学系之设立、变更及废止。

六、校务改进事项。

七、校长交议事项。

第二十三条　本大学设行政会议，以校长、教务长、训导长、总务长及各学院院长组织之，校长为主席。

第二十四条　行政会议之职权如下：

一、编制全校概算。

二、拟定重要章则。

三、议定校舍之建筑及分配事项。

四、拟具校务进行计划。

五、校长或校务会议交议事项。

六、处理其他重要事项。

第二十五条　本大学设教务会议，以教务长、各学院院长、各系主任及教务处所属各组馆主任组织之，教务长为主席，讨论教务重要事项。

第二十六条　本大学设总务会议，由总务长及总务处各组主任组织之，总务长为主席，讨论总务事项。

第二十七条　本大学设训育委员会，以校长、教务长、训导长、总务长及各学院院长为当然委员，并由校长选聘专任教授三人至十五人组织之，校长为主任委员，训导长为秘书，规划训导重要事项。

第二十八条　本大学各学院设院务会议，以院长及各学系主任组织之，院长为主席，讨论本学院学术设备，及其他重要事项。各学系设系务会议，由系主任及本学系全体教员组织之，系主任为主席，讨论本学系教学研究，及其他重要事项。

第五章　学生

第二十九条　本大学入学资格，须曾在公立或已立案之私立高级中学或同等学校毕业，经入学试验及格者。

第三十条　本大学修业年限，医学院五年，余均四年，但医工学生及师范生，须另加实习一年。

第三十一条　本大学学生修业期满，经考核成绩及格，发给毕业证书，并分别授予学士学位。

第三十二条　本大学研究所入学资格，须曾在公立或已立案之私立大学毕业，经入学试验及格者。

第三十三条　本大学研究所学生修业期限，至少二年，期满经考核成绩及格者，发给毕业证书，并依法授予硕士学位。

第六章　附则

第三十四条　本规程经校务会议议决，呈准教育部备案后，公布施行。修改时同。

第二章
教务及学生事务

国立山东大学暑期军训暂行办法[①]

1935年

主要内容

依据学校军事教育方案规定．每年暑假期间，应连续实施三星期军事训练。以学校或公有房屋作为临时营房，一切起居出入、军风纪及内务等照陆军军队内务规则办理。同地应受军训学生集中一处混合编制，以国民军事训练委员会主任委员或当地所驻陆军高级长官或省保安队高级长官为司令官，军事教官为队长，驻军优良下级干部或学生为干部，以各校庶务人员或学生为特务长。

训练科目分学科和术科。学科每日二小时，十五天共三十小时；术科含战斗教练、阵中要务、筑城实施、实弹射击、夜间教育，每日四小时，十五天共六十小时，夜间除有夜间演习者外，酌行自习或书面作业。暑期训练应行野营演习三天，教官须商承司令官作成详细计划呈报备案，绵密实施。凡一地有两大队以上时，第三天应行联合演习，由司令官或国民军事训练委员会主任委员或总教官指挥统裁之。训练期间学生膳食应比照平时膳食办法纳费。暑训之查阅除训练总监部、教育部、教育厅为国民军事训练委员会直接办理外，得委托当地军警保安长官代行之。

国立山东大学毕业论文规则[②]

1936年

一、学生于毕业学年内，应按学则第四十六条之规定，提出论文一篇，经毕业试验委员会审查及格后，方准予毕业。

二、各学系学生之毕业论文，应由各该学系教员负责指导。

三、毕业论文题目，应于毕业学年第一学期开始后一个月内，由学生自由选定，并须送请系主任核准。

四、毕业论文纲要，应于毕业学年第二学期开始后一个月内作成，并开列重要参考书目

---

① 《国立山东大学周刊》1935年第103期，第一版。
② 山东大学档案馆藏，档号：1-XS·ZL-41.2。

及应用材料,送请系主任审核。

五、毕业论文引用之参考书籍,应注明章节。

六、毕业论文之文字,以国文为主,但必要时得用外国文,其用国文者,无论文言白话,应一律加以标点符号。

七、毕业论文应使用本校规定之纸张,誊写清楚。

八、毕业论文得以译书代之,但原文应一并送请系主任备查。

九、毕业论文由负责指导之教员评定,并经系主任核准后,提交毕业试验委员会审查之。

十、毕业论文或译书,经毕业试验委员会认为有疑问者,得举行口试。

十一、毕业论文至迟应于毕业学年五月三十一日以前提出。

十二、本规则经校务会议通过后,公布施行。

国立山东大学毕业试验规则 [①]
1936年

一、本大学毕业试验,遵照教育部大学规程第十七条之规定,由毕业试验委员会办理之。

二、毕业试验委员会,由教育部指派校内教授、副教授,及校外专门学者组织之,校长为委员长。

三、四年级学生最后一学期之学期试验,即为毕业试验,但试验至少须在四种以上,并须有两种以上包含全学年之学程。

四、毕业试验,应于每届毕业学年六月中旬举行之。

五、毕业试验各学程,除制图、实习、体育、军训术科等,得随班举行外,其余应一律在会考试场举行。

六、应届毕业学生因故呈经准假,不能参加毕业试验者,得于下届毕业试验时,补行考试。

七、毕业试验成绩及第四学年第一学期之成绩平均及格后,方准予毕业;但毕业论文不及格者,仍不得毕业。

八、本规则由校务会议通过后,公布施行。

---

① 山东大学档案馆藏,档号:1-XS·ZL-41.2。

国立山东大学免费学额及公费学额规则 [①]

1936年

主要内容

为奖助家境清贫、体格健全、资禀颖异、学行优良之学生，依照教育部有关规程刓定本校免费学额及公费学额规则。学校设置免费及公费学额委员会，由校长遴聘教职员五人至七人组织之。

免费生得免缴学费、体育费、杂费及实验费等；公费生除免收学费、体育费、杂费及实验费外，每名给予膳宿、制服、书籍等费，每学年一百六十元，分两次发给，每学期开始时各发给八十元。免费生或公费生如领受他种省、市、县奖金或津贴时，其所领金额连同此项免费或公费总额，每年不得超过二百六十元。免费生或公费生之给予期至多不得超过四年。

免费学额及公费学额人数：依照教育部有关规定，暂设免费生二十名，公费生八名，按照上级规定逐年增设。如请求免费及公费学生之成绩未及标准不满定额时，得保留不足之学额于次年度增设之。免费生或公费生如有休学、退学、向其他大学借读等情事者，得停止其免费或公费待遇。

国立山东大学职业指导委员会规则 [②]

1936年

主要内容

本大学为谋学生毕业后服务之便利设职业指导委员会。设委员五人，由校长聘任之，并指定一人为主任委员；设秘书一人，由本校职员兼任。职责为调查职业供求状况，考察在校学生平日之学业、操行及性情、能力，调查并登记每届毕业学生职业志趣及工作技能，调查并登记毕业学生服务状况，指导并介绍毕业学生职业工作。学生请求介绍职业者，应于将届毕业之学期开始时自向职业指导委员会填具请求表式。毕业学生经介绍就业后，应即将职业状况及待遇等报告于职业指导委员会。

---

① 《国立山东大学周刊》1936年第165期，第二版。
② 山东大学档案馆藏，档号：1-XS·ZL-1-41.2。

国立山东大学学生作工给酬办法①
1936年

主要内容

本校为奖励劳动,补助清寒起见,特定学生作工给酬办法。工作种类分日常工作和临时工作。日常工作分管理校园（每日一次,每月五元）,管理校舍（每周一次,每月五元）;临时工作分种植花木、修砌道路园圃、缮写或校对文件等,工作及报酬临时定之。学生志愿工作者,应函秘书处接洽。各项工作由秘书处派员监督指导之。工作不力者,秘书处得随时停止之。因故请假者,须请人替工;无替工者,须先期通知事务课派人工作,并酌扣其酬资。

国立山东大学学生生活指导委员会章程②
1937年

本委员会以校长、院长、秘书长、训育主任、体育部主任、军训部主任、教官注册课主任、女生指导校医及聘请之教授、讲师二人组织之。委员会会议每两星期举行一次,由校长主持,训育主任召集,必要时得召集临时会。

本委员会之职责为决定本校训导方针,指导学生思想,指导学生个别生活,指导学生团体生活,指导学生课外活动。本委员会之决议由训育主任执行或提请校长交校务会议核定执行之。本委员会以全体委员过半数之出席为法定人数,决议以多数为通过。

国立山东大学学则③
1947年

第一章　入学

第一条　凡在公立或已立案之私立高级中学或同等学校毕业,经本大学入学试验录取者,得入本大学本科一年级肄业。

第二条　凡在公立或已立案之私立大学本科肄业一年以上成绩及格,经本大学转学试验

---

① 山东大学档案馆藏,档号:1-XS·ZL-1-41.2。
② 《国立山东大学周刊》1937年第180期,第一版。
③ 山东省档案馆藏,档号:J110-01-0982-004。学校于1932年制定《国立山东大学学则》,内容基本沿用《国立青岛大学学则》。1946年国立山东大学复校后,于1947年、1948年先后对学则进行了修订,因1947年版本较1948年版本在内容上更为完善具体,此处选取1947年版本。

录取者,得转入本大学相当年级肄业。

第三条 本大学入学试验及转学试验于每学年始业前举行一次,其招生规则另定之。

第四条 新生入校时,须填具入学志愿书,并由保证人二人填具保证书。

第五条 转学生在原校所得学分须经本大学之核定。

第六条 本大学研究生入学规则另定之。

第七条 本大学先修班招生规则另定之。

第二章 缴费 注册 改课 转系

第八条 学生每学期始业时应缴学费、杂费、宿费、赔偿费、实习材料费,其数额于每学期开学前公布之。

第九条 学生须依限期到校注册,逾期者,新生即予除名,旧生依其曾否请假分别以缺课、旷课论,开课后两周犹未到校注册者,令其休学一年。

第十条 学生选课须依照各学院科目指导书之规定,并经系主任之核准。

第十一条 改课（改选、退选及加选科目）于每学期开课后二星期内申请,须经各关系教员及所属系主任之核准。

第十二条 转院及转系于学年始业注册时,向注册组申请须经各关系院长及系主任核准之,必要时并须经过试验。

第十三条 转院或转系以入本科一、二年级为限。

第十四条 学生转院或转系后,其已得之学分须重经核定。

第十五条 转院及转系概以一次为限。

第三章 修业年限、科目及学分

第十六条 本大学各学院学生修业年限至少四年,转学生至少二年。

第十七条 本大学各学院除医学院科目另有规定外,其他科目均按学分计算,每学期每周授课一小时为一学分,实验及无须课外自习之科目以二小时至三小时为一学分。

第十八条 本大学各学院学生应修科目及学分之细则由各学院分别规定之。

第十九条 本大学各学院学生除第一年级外,每学期所修科目以不超过二十一学分为原则。

第四章 试验及成绩

第二十条 本大学试验分下列四种:

临时试验 由教员随时举行之;

学期试验 于学期终举行之;

前期试验 医学院于前期课程授完时举行之;

毕业试验 于修业期满时举行之。

第二十一条 学生学业之成绩列为五等如下:

甲等 九十分以上;乙等 八十分以上;丙等 七十分以上;丁等 六十分以上;戊等 不满六十分。

第二十二条 凡某科目成绩列戊等者为不及格,不给学分,如系必修科须重修之。

第二十三条 各科目学期成绩参酌平时成绩与学期试验成绩计算之。

第二十四条 各科目学年依该科目第一、第二两学期之成绩依下列方法计算之:

第一学期成绩占学年成绩三分之一;

第二学期成绩占学年成绩三分之二。

第二十五条　各科目成绩总平均依下列方法计算之：

（一）以科目之学分乘该科目所得之成绩分数为绩分；

（二）所修各科目学分之总和为学分总数；

（三）各科目绩分之总和为绩分总数；

（四）以学分总数除绩分总数为成绩总平均；

（五）成绩总平均之计算包括戊等在内，戊等成绩分数作为零。

第二十六条　学生因亲丧疾病请假不获参与学期试验者，须经教务长之核准，方得补考。

第二十七条　凡未经准假而不参与学期试验之科目，其成绩以零分论，不给学分。

第二十八条　补考限于次学期始业后两星期内行之，逾期不得再行请求。

第五章　缺课　旷课　休学　退学

第二十九条　学生缺课无论曾否请假均由教员登记并报告注册组。

第三十条　学生因故不能上课者，须先期向训导处请假。

第三十一条　学生因病请假者，须经合格医师之证明。

第三十二条　学生请假逾三日者，须经训导长核准。

第三十三条　凡未经准假或假期已满而缺课者，作旷课论。

第三十四条　凡一学期中于某科目缺课逾三分之一或旷课逾十分之一者，不得参与该科目之学期试验并不得补考。

第三十五条　凡一学期中缺课逾所修各科目总时数三分之一或旷课满二十小时者，即令休学一年。

第三十六条　学生因病经医师检查有长期休养之必要者，得令其休学。

第三十七条　学生自请休学须向教务长陈明理由，请求核准后向注册组办理休学手续。

第三十八条　学生休学概以年计，连续休学不得超过两年。

第三十九条　学生休学期内如在他校得有学分，不得作为转学学分。

第四十条　学生休学期满，延不到校者，作为退学。

第四十一条　学生全年科目有三种不及格或必修科目有两种不及格者令退学。

第四十二条　学生如有行为失检或违犯校章者，分别记过或令退学，记大过满三次者，令其退学。

第四十三条　凡自请退学之学生，须在校肄业满一年，始得请求发给修业证明书或转学证明书，但离校前须向注册组办理退学手续。

第六章　毕业

第四十四条　学生肄业期满合于下列各项之规定者，经毕业试验委员会审查通过后准予毕业：

（一）修满本大学规定科目及学分；

（二）体育及格；

（三）毕业考试及格；

（四）毕业论文审查及格。

第四十五条　本大学毕业学生经呈报教育部复核无异者，由学校给予毕业证书并依照所属学院及学系分别授予学位。

<h2 style="text-align:center">第七章　附则</h2>

第四十六条　本学则如有未尽事宜，得由校务会议修正之。

第四十七条　本学则自公布之日施行。

第三章
服务保障

国立山东大学图书馆组织规程[①]
1933年

一、本馆设主任一人，秉承校长、教务长，综理馆内一切事宜。

二、本馆设总务、编目两股，每股得设股长一人，事务员及助理员若干人，分任该股一切事宜。

1. 总务股：办理文牍、庶务、出纳、阅览、采购、装订、典藏及其他不属于他股事宜。

2. 编目股：办理图书、杂志之登记、分类、编目及缮制卡片、排架等事宜。

三、本规程经校务会议通过后，公布施行。

国立山东大学教员服务及待遇规则[②]
1935年

主要内容

本大学教员分教授、专任讲师、兼任讲师及助教。教授须具有下列资格之一：在学术上有贡献或发明，曾在国内外大学担任教授二年以上。讲师须具有下列资格之一：于所任之学科有专门著述，曾在国内外大学担任教授或讲师，在国内外大学从事研究得有学位。助教须具有大学毕业资格而成绩优异。教授、讲师及助教须经聘任委员会审查资格通过后由校长聘任之。

教授月薪三百元至五百元，专任讲师月薪一百五十元至三百元，助教月薪六十元至一百五十元。兼任讲师薪俸以授课时数计算（实验时间每二小时作一小时计算）。教授、讲师及助教之薪俸每年以十二个月计算，兼任讲师之薪俸每年以十个月计算。教授每服务满二年者，加月薪二十元，最高加至四百元为限。讲师每服务满二年者，加月薪二十元，最高加至三百元为限。助教服务满一年，卓有成绩者，加月薪十元，最高加至一百五十元为限。

教授及专任讲师连续服务满五年者，得请求休假一年或半年。如欲在休假期内作研究工作者，经校务会议核准后，赴欧美研究者支给全薪，赴日本研究者支其薪额三分之二，赴国内各地研究者，除支半薪外酌量补助。

① 山东大学档案馆藏，档号：1-XS·ZL-1-41.2。
② 山东大学档案馆藏，档号：1-XS·ZL-1-41.2。

连续任职十二年以上之专任教员年逾六十而退职者，得以退职时所领薪俸之三分之一月给养老金。连续服务五年以上死亡者，支其最后年俸之四分之一；连续服务十年以上死亡者，支其最后年俸之二分之一。

国立山东大学会计规程[①]

1936年

主要内容

总则：会计年度，以每年七月一日开始，至次年六月三十日终止。出纳事务人员，如遇水火盗难及其他意外事故，致有遗矢毁损时，非以不可免之事实，证明于审计机关，得有解除责任之许可者，不得免除其责任。

预算：各系部于每年度九月二十日以前，编造次年度岁出概算书及意见书，送交会计课汇编第一级岁入岁出概算草案，十月五日前，送呈校长核阅后，经校务会议确定后，由会计课照编岁入概算书、岁出概算书及岁入概算书提要、岁出概算书提要，十月三十日前呈送教育部核转。如数目较原预算有增减时，应由校长查核，交校务会议审查各系部实际情形，另行分配。会计课编造收入月份预算分配表、支出月份预算分配表呈报教育部核转。预算核定后，如有不可免之必需支出，致经费不足时，须依法呈请教育部核准追加预算后，始得支付。

会计程序：凡各系部需要购置物品时，应填具请求购置单，数额在二十元以上者，应由会计课送呈秘书长核签；其超过一千元者，并应送呈校长核签。购置事项，除图书得由图书馆订购外，其余悉归事务课办理之。凡购置或工程需款数额在千元以上者，应由事务课公告标决。事务课根据发票或作业单，登记财产登记簿，或物品登记簿，并随时将凭证单据及原系部存查之请求购置单或工程单，交由收款人持向会计课支领款项。另有工资发放、学校收入以及领款等详细程序。

簿记通则：根据各项原始凭证单据，编制收入传票、支出传票、转账传票、各种记账凭证，或直接过入各项辅助账；根据各种记账凭证，登记各项序时账簿，或直接过入有关系之各项辅助账；根据各项序时账簿，过入总账；根据总账与各项辅助账，编制各种报表。呈报之报表，除自留一份存查外，并应分别录送教育部、审计部、主计处、财政部各一份备核。各种报表，均应分别由编制人员、事务课主任、会计课主任及校长加盖私章，以明责任。

报表之编制：依实际需要，分别规定日旬月各种定期报表。每月由会计课编制支出计算书、收入计算书、总平准表、暂记明细表、保留数准备明细表，并送呈教育部核转。每旬编制甲种收支报告与乙种收支报告，并汇送教育部核转。每日编制日记表与库存表，并送呈校长核阅。事务课与图书馆每月编制财产增加表与财产减损表，事务课每月编制现存物品表，送呈校长核签，并送交会计课。事务课每月编制领用物品计算表、领用财产计算表，送会计课作原始凭证。

[①] 山东大学档案馆藏，档号：1-XS·ZL-41.2。

决算：每一会计年度办理一次。于岁计整理终了后，应由会计课编造第一级岁入决算书、岁出决算书、收支对照表，送呈校长核签，并呈送教育部核转。事务课与图书馆须于每一年度终了后，编制财产目录一次，送呈校长核签并送由会计课，随同决算书类汇报。每年度根据系部支出分类账，编制系部支出决算书，送呈校长备核。

国立山东大学出版委员会规程 [①]
1936年

第一条　本委员会设委员若干人，由校长聘请组织之。

第二条　本委员会职责如下：

一、计划本大学关于学术刊物出版事宜。

二、审定本大学关于学术之刊物。

第三条　本委员会得请校内外专家参加审定事宜。

第四条　关于各项刊物之印刷、发行等事宜，由出版课办理之。

第五条　本委员会月开常会一次，必要时得召集临时会议。

第六条　开会以过半数为法定人数，决议以多数为通过。

第七条　本规程由校务会议审定通过后施行之。

国立山东大学校产保管办法 [②]
1938年

一、国立山东大学在暂行停办期间，所有教具、校具等校产，由教育部（以下简称本部）置保管委员保管之。

二、保管处暂设四川万县该校原租校址内。

三、保管委员暂设三人，由本部令派（内一人由本部职员兼充，二人就该校原任职教员中选派），并于委员中指一人为主任委员。

四、保管委员之职务，暂定如下：

（一）盘查校产；

（二）编造校产详册；

（三）保管校产；

（四）其他受本部委托办理有关校产事项。

五、盘查校产及编造校产详册两项工作，应于六月底前完成。保管处得酌请原任职教员

---

① 山东大学档案馆藏，档号：1-XS·ZL-1-41.2。

② 山东大学档案馆藏，档号：XS·ZL-1-16。

数人协助办理，其图书仪器（包括标本药品）机械等学科设备部分，须尽先查造。校产羊册除见次条规定者外，应缮具同样两份，一份由保管处自存，一份送部备查。

六、图书仪器机械等设备，经本部指定暂行拨借其他国立学校或国立图书馆保管使用者，应由保管委员详核点交会同各暂接管机关造具交接清册三份，除交接双方各存一份外，应会呈一份送部备查。

七、前条暂行拨借保管使用之各项设备，各暂接机关，应负切实保管之责，使用后所有消耗损失，应于将来山东大学恢复时偿还。

八、现有教具、校具，除由本部核准拨借他校暂行保管使用者外，应一律在保管处为集中保管，其由青迁出寄存他校之教具、校具，得照第六、第七两条暂行拨借所寄存学校保管使用，或由保管处集中保管，均应照第六、第七两条造具详册，分别存报备查。

九、保管委员由原任该校职教员担任者，其薪给暂依各员原薪六折支给，部员兼充保管委员者，不另支薪。

十、保管处每月所需经临用费，应俟编制详细概算，呈部核定后发给。

第四篇

山东大学时期

（1949—1958）

　　1949年6月2日，青岛解放，国立山东大学获得新生。1951年3月，在济南的华东大学奉命迁至青岛，与国立山东大学合并，定名为山东大学，华岗任校长兼党委书记。

　　山东大学时期，学校制定《山东大学暂行规程草案》，对院系所、学生、课程、考试、毕业、教学组织、行政组织、社团等方面作出规定；制定《山东大学暂行学则》《山东大学转院转系学生暂行条例》《山东大学关于培养和管理研究生暂行若干规定》《山东大学毕业论文暂行条例（草案）》《山东大学学年论文暂行条例》《山东大学学生守则》《山东大学优秀生、优秀班级奖励办法》等规范教学工作；还制定《山东大学行政工作条例》《山东大学行政会议规程》《山东大学人事工作暂行条例》《山东大学教职工劳动纪律暂行办法》《山东大学科学研究工作条例（草案）》《山东大学学术审议委员会组织规程》《文史哲编委会组织条例》等，共计30余项，从各个方面规范办学活动。

第一章

重要章程

山东大学暂行规程草案 [①]

1955年

第一章　总纲

第一条　本校定名为山东大学,由中央人民政府教育部(简称中央教育部)领导;目前由华东军政委员会教育部(简称华东教育部)直接领导。

第二条　本校宗旨为:以理论与实际一致的教育方法,培养具有高级文化水平,掌握现代科学和技术的成就,全心全意为人民服务的高级建设人才。

第三条　本校以马列主义毛泽东思想为指导思想,以理论与实际一致为教学总原则。

第二章　院系所

第四条　本校暂设六院十八系如下:

一、社会科学院

1. 政治系

2. 历史系

二、文艺学院

1. 中国语文系

2. 外国语文系

3. 艺术系

三、理学院

1. 数学系

2. 物理系

3. 化学系

4. 动物系

5. 植物系

6. 地质矿物系

四、工学院

1. 土木工程系

2. 机械工程系

3. 电机工程系

[①] 山东大学档案馆藏,档号:XB-55-1-24。1951年,学校制定了《山东大学暂行规程草案》,1955年进行了修订,此处选取1955年版本。

五、农学院

1. 农艺系

2. 园艺系

3. 病虫害系

4. 水产系

六、医学院

第五条　本校研究机构暂设两所：

1. 历史语文研究所

2. 海洋研究所

第六条　本校必要时得设专修科。

第三章　学生

第七条　凡年满十七岁，身体健康，在高级中学或同等学校毕业，或有同等学力，经入学考试及格者，不分性别、民族、宗教信仰，均得入学。

第八条　本校对于具有相当于高中毕业程度的下列学生，予以入学及学习的特别照顾：

（一）具有相当工作历史的革命干部；

（二）工农青年；

（三）少数民族学生；

（四）华侨学生。

第九条　凡大学毕业或有同等学力经考试及格者得为研究生。

第四章　课程　考试　毕业

第十条　本校各院系课程，根据国家建设的需要及理论与实际一致的原则，并依照高等学校课程草案制定之。

第十一条　本校各院系以社会发展史，新民主主义论及体育为共同必修课程。

第十二条　本校社会科学、文艺、理、工、农五学院学生修业年限为四年，医学院学生修业年限为五年。外国语文与艺术两系学生，修业以二年为一阶段，第一阶段期满后，得告一结束，就业或继续进修至第四年期满毕业。

第十三条　本校各院系学生须于最后一学年确定专题，经系主任核准，在指定的教师指导下，撰写毕业论文或专题报告，在特殊情形下，毕业论文得以他种工作成绩代替。

第十四条　本校考试，分为入学考试、平时考试、学期考试及毕业考试。

第十五条　本校学生依照规定课程，修业期满，成绩及格者，由学校报请华东教育部转报中央教育部核准，发给毕业证书。

第五章　教学组织

第十六条　本校教师暂分教授、副教授、讲师、讲员、助教五级，均由校长聘任并报请华东教育部转中央教育部备案。

第十七条　本校设各科教学研究指导组，为教学的基本组织，由一种课目或性质相近的几种课目之全体教师组成之，尚不具备成立教研组条件者，得因实际需要成立教学小组。各教研组设主任一人，由校长就教授中聘任，报请华东教育部转中央教育部备案，其职责如下：

（一）领导本组全体教师讨论及制定本组课目之教学计划与教学大纲；

（二）领导及检查本组的教学工作和研究工作；

（三）领导与组织本组学生的自习、实验及实习；

（四）指导研究生与助教进行研究及教学工作。

第六章　行政组织

第十八条　本校采校长负责制，设校长一人，由中央教育部呈经政务院提请中央人民政府委员会任命之，其职责如下：

（一）代表学校；

（二）领导全校一切教学研究及行政事宜；

（三）领导全校教师、学生、职员、工警的政治学习；

（四）任免全校教师、职员、工警；

（五）批准校务委员会的决议。

第十九条　本校设副校长一人或二人，协助校长处理校务，校长缺席时，代行其职务，由中央教育部呈经政务院提请中央人民政府委员会任命之。

第二十条　本校校长办公室，设主任一人、副主任一人，下分设秘书、人事两科，秉承校长指示，处理校长室日常工作。

第二十一条　本校在校长领导下设：（一）编译委员会，（二）学术审议委员会，其组织规程另定之。

第二十二条　本校设教务长一人、副教务长一人或二人，对校长负责。由校长就教授中遴选提请华东教育部转请中央教育部任命之，其职责如下：

（一）计划、组织、督导、检查全校各院系及各科教研组的教学工作；

（二）计划、组织、督导、检查全校的研究工作；

（三）校长及副校长均缺席时，代行其职务。

第二十三条　本校在教务长领导下设：（一）教学研究委员会，（二）仪器委员会，其组织规程另定之。

第二十四条　本校设教务处，处设处长一人，副处长一人或二人，在教务长领导下，进行教务行政工作，下设注册科、教导科、出版科、校刊编辑室。

第二十五条　本校设图书馆，馆设馆长一人，对教务长负责，主持图书馆一切事宜，由校长聘任报请华东教育部转中央教育部备案。

第二十六条　本校设体育室，室设主任一人，副主任一人，在教务长领导下，进行全校体育行政及教学工作。

第二十七条　本校设秘书长一人，副秘书长一人，对校长负责，主持全校行政事务工作，由校长提请华东教育部转请中央教育部任命之。

第二十八条　本校在秘书长领导下设生产管理委员会，其组织规程另定之。

第二十九条　本校设总务处，处设处长一人及副处长一人或二人，在秘书长领导下，进行行政事务工作。下设会计、庶务、校产管理、生产四科及医卫室。

第三十条　本校各学院各设院长一人，必要时得设副院长，对校长负责，由校长就教授中聘任报请华东教育部转中央教育部备案，其职责如下：

（一）计划并主持本院教学及行政工作；

（二）督导本院各系执行教学计划；

（三）督导本院各附属单位的教学及技术工作；

（四）提出本院各系主任及附属单位负责人人选的建议。

第三十一条　本校各学院所辖各系，为教学行政的基层组织，各设系主任一人，必要时得设副主任，受教务长及院长双重领导，由校长就教授中聘任报请华东教育部转中央教育部备案，其职责如下：

（一）计划并主持本系的教学行政工作；

（二）督导执行本系教学计划；

（三）领导并检查本系学生的自习、实验及实习；

（四）考核本系学生成绩；

（五）总结本系教学经验；

（六）提出有关本系教职员任免之建议。

第三十二条　本校研究所设所长一人，必要时得设副所长，对教务长负责，由校长就教授中聘任，报请华东教育部转报中央教育部备案。

第三十三条　本校在校长领导下，设校务委员会，由校长、副校长、教务长、副教务长，秘书长、副秘书长，各院院长，各系主任，各所所长，各处处长，图书馆长，体育室主任，工会代表四人至六人，及学生会代表二人组成之。校长为当然主席，校务委员会职权如下：

（一）审查各系及各教研组的教学计划、研究计划及工作报告；

（二）通过本校预算和决算；

（三）通过本校各种重要制度及规章；

（四）议决有关学生重大奖惩事项；

（五）议决全校重大兴革事项。

本校校务委员会设常务委员会及各种临时专门委员会。

第三十四条　本校在教务长领导下举行教务会议、教研组主任联席会议；在院长领导下举行院务会议；在秘书长领导下举行总务会议；在系主任领导下举行系务会议，其办法均另定之。

第七章　社团

第三十五条　本校工会、学生会等社团，应团结全校员工学生协助学校完成教学及行政计划，推动全校员工学生的政治、业务与文化学习，并增进员工学生的生活福利。

第三十六条　本校得成立各种学术团体，以促进科学文化的提高与普及。

第八章　附则

第三十七条　本规程报请华东教育部转报中央教育部批准后施行之。

关于调整机构、建立与健全工作制度、加强集体领导、改进工作作风的意见 ①
1956年

主要内容

为了贯彻党的八届二中全会的基本精神，发扬艰苦朴素、勤俭办校，反对铺张浪费、厉行增产节约的优良传统，结合学校当前情况，主要应切实改进行政工作，努力提高教学质量。一方面要合理调整组织机构，明确职责范围，加强集体领导，建立各项制度。另一方面要加强政治思想工作，贯彻全面发展、因材施教和百家争鸣的方针，以确保教学任务的胜利完成。为了达到以上的目的，特提出如下初步意见。

1. 调整组织机构，明确职责，克服拖拉、推诿和某些工作重复、牵扯及无人负责的现象。（1）校长办公室取消科级组织，秘书科与校长办公室合并，人事科独立建处。（2）取消政治辅导处，成立人事处，将政治辅导处青年科、组织科列入人事处领导。（3）加强教务处工作，配备专职教务主任。将科学研究委员会办公室改设为科学研究处，下面不分科，设秘书三至四人，受校长和科学研究委员会双重领导。将教学设备委员会办公室改设为教学设备科，受教务处领导。（4）适当加强和调整总务工作机构。设立房舍管理科，在总务处下设立基本建设办公室。（5）加强图书馆工作，设立专职馆长和副馆长，直接由校长或教务长领导。（6）校刊编辑室改由校长办公室领导。

2. 加强系的领导力量，设立专职系助理或系秘书，协助系主任处理教学行政工作和政治思想工作，使系主任集中更多的精力和时间，领导教学和科学研究工作。

3. 健全与建立各项工作制度，各单位根据工作需要，并结合实际情况，修订与制定切实可行的章则制度。将章则制度印发全校各有关单位进行讨论研究，以便取得广泛的群众基础，然后学校汇集编印，作为处理工作的依据。

---

① 山东大学档案馆藏，档号：XB-56-1-12。

第二章
人才培养及科学研究

山东大学学术审议委员会组织规程[①]
1951年5月25日

第一条　本大学为加强学术研究，提高学术水平和教学效率，特设学术审议委员会。

第二条　本会任务如下：

（1）审议教员等所提出之论著及其他有关学术研究之报告；

（2）审议学生申请奖励之有关学术的创造、发明、著作、调查报告等；

（3）审议各院系提出奖励有关特殊价值之毕业论文；

（4）审议各院、系、所以教学为主的学术编译计划及准备发刊之学术丛书；

（5）协助本校学报之编审工作。

第三条　本会遇必要时，得邀请校内外专家参加审议。

第四条　本会由教务长、副教务长，文、理、工、农、医各院院长，历史语文研究所所长，海洋研究所所长组成之。

第五条　本会设主席一人、副主席二人，由正副教务长分担之。

第六条　本会每两月开会一次，有必要时得召开临时会。

第七条　本规程经校长批准后施行。

山东大学毕业论文暂行条例（草案）[②]
1955年

一、毕业论文是高等学校学生学习结束阶段的工作，目的在于巩固、扩大和总结学生学得的理论知识，并培养学生理论联系实际，进行科学研究工作的能力。

二、毕业论文应带有一定的创造性。根据各专业的性质，毕业论文可以是评述性的论文；可以是实验性的论文；也可以是专题性的调查研究报告。如果毕业论文是重复别人已做过的工作，必须改变研究的对象或方法。

三、毕业论文题目先由有关教研组拟制（学生亦可提出意见供教研组参考），在第七学

---

① 山东大学档案馆藏，档号：XB-51-1-13。

② 山东大学档案馆藏，档号：XB-55-1-2。

期初向学生公布；然后由学生选择与教研组指定相结合的方式初步确定每个学生的题目；最后，由学校以指令方式确定每个学生的毕业论文题目。每个学生独立地作一个题目。

四、教研组在拟定毕业论文题目时，须根据下列原则：

（1）应符合专业教学计划的规格和毕业论文的目的；

（2）毕业论文的分量，应与专业教学计划所规定的时间和学生的程度相适合；

（3）毕业论文应尽可能地与生产实习工作联系，使之成为生产实习工作的继续和总结。

五、毕业论文指导教师由教研组分配，指导教师任务为：

（1）向学生说明题目的要求和主要参考文献；

（2）指导学生拟定毕业论文工作进度表（此项工作应在学生题目确定后两周内完成）；

（3）按进度表规定的时间系统和学生谈话，根据实际需要进行辅导；

（4）检查学生完成工作的情况；

（5）定期向教研组报告工作；

（6）审阅毕业论文，并帮助学生准备答辩。

六、学生在专业教学计划规定的时间内进行毕业论文工作。在答辩前两周学生应将论文呈交指导教师，论文经指导教师教研组主任签字同意后，交答辩委员会，并进行答辩的准备工作。毕业论文的审查和答辩办法另订之。

山东大学关于培养和管理研究生暂行若干规定[①]

1956年

主要内容

为了加强我校研究生的培养和管理工作，更好地贯彻高等教育部颁发的《高等学校培养研究生暂行办法（草案）》，特根据我校的具体情况，对我校研究生的培养和管理工作，作如下的规定：

一、关于培养工作

1. 研究生到校后由教研组根据高教部颁发的《高等学校培养研究生办法（草案）》及各科科学性质，拟订培养计划，经系务会议讨论并经系主任签注意见送教务处及科学研究委员会审查，经校长同意后，报高教部批准。教研组并应指定指导教师负责指导研究生的学习。

2. 每学年终了时，指导教师必须就研究生的能力和研究计划的执行情况作出年终鉴定，鉴定经教研组讨论，系主任签注意见后送教务处审查。

3. 为了加强培养研究生的工作，规定各级领导的职责与分工如下：

（1）教务处：

① 负责研究生的招考及入学手续等工作。

---

① 山东大学档案馆藏，档号：XB-56-1-12。1955年，学校制定了《山东大学关于培养和管理研究生暂行若干规定》，1956年进行了修订，此处选取1956年版本。

②与科学研究委员会共同审查研究生的培养计划。

③检查研究生的培养情况。

④审查研究生的学年鉴定。

⑤组织并与政治辅导处、科学研究委员会共同审查研究生的毕业鉴定工作。

⑥总结和介绍培养研究生的经验。

（2）科学研究委员会：

①与教务处共同审查研究生的培养计划。

②审查研究生的科学论文。

③与教务处、政治辅导处共同审查研究生的毕业鉴定。

（3）政治辅导处：

①参加研究生的招收工作。

②领导研究生的政治思想教育工作。

③参加研究生的毕业鉴定工作。

（4）系主任：

①提出招收研究生的意见。

②领导制订本系研究生的培养计划，并将培养计划报教务处及科学研究委员会审查。

③检查研究生的培养工作，并审查各项有关研究生的报告。

④办理有关培养研究生的日常行政工作。

（5）教研组及指导教师：

①具体制订和贯彻研究生的培养计划。

②全面掌握研究生的业务学习和思想教育工作。

③检查培养计划执行的情况。

④作出研究生的学年鉴定及毕业鉴定。

4. 研究生应参加教研组的下列会议：学术讨论、修订教学计划、工作总结、时事学习等，必要时，教研组可以分配研究生以一部分教学工作。

二、关于管理工作

1. 研究生的膳宿问题，由总务处膳宿科指定专人负责管理。研究生住学生宿舍，可以在学生食堂或干部食堂用餐。

2. 研究生的助学金及假期等其他待遇均按高教部颁发的《高等学校培养研究生办法（草案）》的规定办理。

山东大学科学研究工作条例（草案）[①]

1956年

主要内容

1. 在保证完成教学任务的前提下，学校应积极地开展科学研究工作，以促进教学质量和学术水平的提高。经教育部批准，学校也可以适当地承担国家科学研究任务和接受有关部门的委托，协助解决某些科学技术问题。

2. 学校有一位副校长分工领导科学研究工作；成立科学研究委员会，凡属计划、总结以及有关科学研究的重大事宜均交该会研究。各系有一位系主任或副系主任分工管理科学研究工作。

3. 教师是科学研究的主要力量。教师参加科学研究的时间一般应占全体教师工作时间的10%～30%。新开课和开新课的教师，可以少参加或不参加科学研究；如果有特殊需要，经过校长批准，可以抽出个别教师在一定时期集中进行科学研究。对部分学术上造诣较深的教授，可配备研究工作助手。

4. 科学研究基础较好、取得一定成就的学科，报教育部批准，成立研究室。对研究室的人力、物力等方面给予照顾，以促进其尽快取得成绩。国家分配的科学研究任务，应当作为重点，加以保证。

5. 各系的科学研究工作，力求稳定，定方向、定题目、定人员、定制度。系和教研室确定1～3个研究方向，根据方向确定研究题目，稳定下来，安排研究力量，深入地系统地进行工作。建立和健全各种规章制度，如工作责任制度、工作检查制度、成果鉴定制度等，并坚决执行。

6. 根据方向，从实际条件出发，实事求是，留有余地，制订切实可行、充分民主的科学研究计划，力求把教学需要、国家任务以及教师个人的专长结合起来，使不同学派和不同学术见解得到适当的反映。文科应兼顾理论、历史、现状三个方面；理科应兼顾基础理论、国民经济建设中的重大问题、新科学技术三个方面；理论的研究应放在重要地位。

7. 系和教研室应根据"百花齐放、百家争鸣"的方针，有计划地组织学术活动，活跃学术空气，提高学术水平。

8.《山东大学学报》和《文史哲》是促进我校对外学术交流的重要工具。各系应选送质量较高的论文和报告，积极推荐发表，编辑委员会必须加强编审、出版工作，以保证不断充实内容，提高质量。

9. 积极组织和领导学业特别优良的学生在课余进行科学研究工作，成立学生科学协会，由学生会领导，并聘请有关教师加以指导。科学研究小组活动是学生科协的基层组织，是学生进行科学研究活动的一种有效方式。

[①] 山东大学档案馆藏，档号：XB-56-1-12。

10. 加强情报资料工作,千方百计掌握国内外最新的科学技术情报资料和学术动态。制定切实可行的规章制度,使其有效地为教学与科学研究服务。

山东大学暂行学则 [①]

本学则经校长批准于1957年10月15日起施行

第一章　总则

1. 本校是一所综合大学。根据国家计划,培养适合国家建设需要,具有马克思列宁主义世界观,社会主义觉悟,在业务上掌握必要的基础理论知识和专业知识,具有一定的独立工作能力,身体健康,能够忠诚于祖国,忠诚于社会主义事业,全心全意为人民服务的劳动者。

本校具体任务是培养自然科学和社会科学的研究工作者和高等学校及中等学校的师资。

2. 本校贯彻全面发展的教育方针,实行理论联系实际的教育方法。各专业按照教学计划进行教学。

3. 学生坚决接受党的领导,努力学习马克思列宁主义,联系实际提高社会主义觉悟,改造思想,树立共产主义人生观;热爱专业,刻苦钻研,独立思考,能系统的掌握专业基础知识,提高科学技术水平;热爱劳动,自觉的遵守学校制度和纪律,尊敬教师和学校工作人员,对同学团结友爱,加强共产主义道德品质和文化的修养,争取在毕业时达到国家提出的要求。

第二章　入学和学籍

4. 本校招考新生于每年暑假举行,投考学生须依照招生规定（每年在暑假公布）参加考试,经录取后方准入学。

5. 新生入学须按规定缴纳证件,并须经过体格复查,审查合格后,始能取得学籍。

6. 招生考试结束后,本校不再个别吸收学生入学,亦不接受试读生。

7. 新生入学后,如发现系在校学生（包括休学生）,或已在高等学校毕业,或在职干部未办离职手续,以及冒名顶替、隐瞒重要历史情节蒙混投考入学者,取消学籍。

8. 本校得根据国家需要和学校条件,招收插班生。

第三章　注册和修课

9. 学生于每学期开始时,须在规定日期内到校注册上课,未到校者,不得请人代替注册。

10. 因故不能在规定日期到校注册者,须事先向系办公室（新生报到向教学行政科）请假,经准假后始得缓期注册,但请假期限不得超过四周,超过者休学一年。请假未准或无故不到校注册,超过规定注册日期一周者,取消学籍。

11. 凡教学计划内所规定课程,学生必须修习。对加选课程须在学期开始两周内办理加选或退选手续,并须经系主任批准;两周以后,不再予以办理。

[①] 山东大学档案馆藏,档号:XB-59-2-23。1952年,学校制定了《山东大学学则草案》,1957年进行了修订,此处选取1957年版本。

第四章　考试考查和成绩

12. 学生须在规定日期内参加考试考查。如因重病不能参加考试，经保健科证明、系主任批准后，得参加补考。未经准假不参加考试考查者，成绩作不及格论，给予纪律处分，准予参加补考。

13. 第一学期不及格课程的补考，在第二学期上课后一周内举行。第二学期不及格课程的补考，在下学年第一学期上课前两周内举行。

14. 凡应参加补考的学生，在寒暑假期间，一般应留校认真复习功课，并须按规定日期参加补考不得拖延。无故不参加补考者，成绩作不及格论，不得再申请补考。

15. 考试考查舞弊者，成绩作不及格论，给以纪律处分，由系主任根据其具体情况决定是否准予补考。

16. 补考舞弊者，成绩作不及格论，给予纪律处分，不再准予补考。

17. 学生考试考查成绩，四门不及格（第二学期按学年计算）或一学期全部课程均不及格者，不得补考，令其退学。

18. 不及格课程除第十七条规定的情况外，一律准予补考一次，第一学期补考后，如仍有不及格课程，随原班级上课；第二学期补考后如仍有一门不及格者，一般应予留级，处理时可根据课程性质（例如课程的前后衔接以及与其他课程关系等问题）及学生平日学习情况，由系务会议讨论呈教务长批准后决定留级或升级。其不及格课程必须补修及格方准毕业。补考后，有二门以上未达四门课程不及格者应予留级或退学。

19. 学年课程第一、二两学期均为考试，而两学期均不及格者，或第一学期考查第二学期考试均不及格者，学年补考时补考全年课程，补考及格时，两学期成绩均作为及格。

20. 留级学生，其上学年所修课程，考试成绩达【优等】【良好】者，免予修习；不达【优等】【良好】者，一律重修，原得成绩作废。考查及格课程是否重修，由系主任决定。

21. 各门课程平时应举行测验（不适于平时测验者例外），测验次数每学期最多二次。学期考试考查成绩，应参照平时测验成绩决定。课程包括理论实验或实习两部分者，如实验实习部分基本上未完成，不得参加该门课程的理论考试，亦不得参加补考；平时作业基本上未完成的，该门课程不得参加考试，作不及格论，但考试前或补考前补齐作业者，可以参加考试或补考。

22. 期考成绩教师须于该门课程考试完毕五日内送系办公室。学生毕业论文须于毕业考试前一周交齐。

第五章　缺课和请假

23. 学生须按时上课，因故不能上课时，须按以下规定办理请假手续：

（1）请假须事先提出，由系办公室核准发给准假单。

（2）如因重病不能亲自请假者，可由他人代为办理，病假超过三天者，须交验医生证明。

（3）除有正常理由或取得医生证明，经系办公室核准者外，一律不得补假。补假须在缺课后一天内办理。

24. 凡未经准假所缺之课，作旷课论。无故旷课者，给予纪律处分；一学期无故旷课累计达十五学时者，开除学籍。

25. 女生产假规定为五十六天。

26. 一学期请假累计达五周者（女生产假例外），令其休学。

第六章　休学

27. 学生有下列情况之一者，可准其或令其休学，发给休学证明书。

（1）患病经保健科证明必须长期休养者。

（2）家庭缺乏劳动力，必须本人暂时负担家庭生活，并取得区（乡）人民委员会证明者。

（3）一学期请假日期超过规定者。

（4）第一学期患病不能参加考试，补考又有困难者。

（5）有其他原因学校认为必须休学者。

28. 学生休学，不论自行申请或按学校规定应予休学处理者均须经系主任审查提出意见，教务长批准。

29. 休学以一年为限（为了课程衔接亦可休学一学期），期满后如仍不能复学，可继续申请休学一年，但前后休学期限不得超过两年，次数不得超过两次。

30. 休学一年期满，未经继续申请休学，或休学超过期限者，取消学籍。一年级学生第一学期未经学期考试者不得申请休学。

31. 休学须于五日内办理休学离校手续不得留住校内，不得中途复学亦不得另考他校。

第七章　复学

32. 休学期满，申请复学，按下列程序办理：

（1）缴验证件。

① 休学证明书。

② 公立医院体格检查证明（因病休学者，必须择要说明原病恢复的程度）。

③ 休学参加工作者，须缴工作单位同意复学证明。未经学校批准复学前不要离职。

（2）学校审查同意后，凭学校同意复学函件到校复学。

33. 申请复学须于开学前一个月提出。

34. 前本校参加军事干部学校的学生要求复学时，按国务院《关于妥善处理复员建设军人复学问题的规定》办理。

第八章　退学

35. 学生有下列情况之一者，经系主任提出，教务长批准，可准其或令其退学，发给退学证明书（退学学生须于五日内办理退学离校手续）。

（1）有实际困难在两年内无法学习者。

（2）本人坚持不愿在校学习经说服无效者。

（3）未经准假亦不到校注册超过一周者。

（4）不及格课程门数超过规定者。

（5）留级次数累计达两次者。

第九章　学业

36. 学生修业期满，历年应修课程（包括毕业论文、生产实习）均修习及格，经系务会议讨论通过，校长批准后准予毕业，发给毕业证书。

第十章 转学和转专业

37. 综合大学与独立学院、专科与本科，除有特别规定者外，均不得互相转学（水产系可与水产学院互转）。

38. 凡强调个人兴趣或以疾病为借口，要求转学或转专业，一律不予同意，应进行说服，使其安心学习。

39. 确有某种生理缺陷，不适于所学专业的学生（如化学系学生患色盲），或系主任认为在本专业确无培养前途者，得在本校转专业。转专业只限于一年级学生，须由本系系主任征得转入系系主任同意，报教务长批准，并经转入系测验合格者。可转系学习，转专业只办理一次。

40. 有特殊疾病或事故必须转学者（一般的照顾爱人及家庭不能作为理由要求转学），经系主任同意，教务长批准后，由学校与转入学校联系，转入学校同意时，可以转学。转学只能联系一次，如转学不成，本人坚持不愿在本校学者，可允许退学。

41. 申请转学和转专业，一律在学年考试前一月内向系办公室提出，由学校集中审查办理，其他时间不予处理。

第十一章 奖励和处分

42. 学生在校能全面发展，在政治上进步，学习成绩和道德品质优良，积极参加体育锻炼者，给予表扬或奖励。

43. 学生具有下列情况之一者，得视其性质情节轻重及对错误认识悔改的程度，给予纪律处分：

（1）违犯国家法律或政府法令，受刑事处分者。

（2）侵犯人权者。

（3）违犯学校章则、制度、纪律，情节严重者。

（4）以蛮横无理态度对待教师、职工及同学者。

（5）在生产实习中，违犯保密、保安制度或劳动纪律情节严重者。

（6）损坏学校仪器、设备、图书、家具等公共财物情节严重者。

（7）有偷盗或严重破坏公共秩序等恶劣行为者。

（8）其他。

44. 纪律处分分警告、记过、留校察看、开除学籍四种。

45. 处分学生时，由系主任提出书面意见，连同有关详细资料报送教务处审查请教务长批准，留校察看及开除学籍处分经教务长同意后转请校长决定。

46. 受到纪律处分的学生，自处分之日起，在一定期间内如未违反纪律且有显著进步的表现时，可由个人申请或由系主任提出（开除学籍处分除外）报送教务处审查，按决定处分的权限分别经教务长、校长批准后，得撤销其处分。

第十二章 附则

47. 本学则由校务会议讨论通过，经校长批准后施行，并报高教部备案。

48. 本学则如有未尽事宜，由教务处汇集修正意见经校务委员会讨论通过，校长批准后修改之。

49. 本学则如与高等教育部日后颁发的有关规定有抵触时，其抵触部分应按照高等教育部的规定执行。

第三章
人事工作与服务保障

关于高等学校教授副教授讲师助教升等问题的暂行办法（草案）[①]
1951年

一、为了提高教学效率和工作热情，在稳步改造原则下，改进教师等级关系，特做出下列关于教师升等的暂行办法。

二、助教升讲师具备下列四项条件：

1. 工作年资：

须具备下列条件之一：

（1）继续担任助教四年以上者。

（2）担任助教二年以上，曾在高中或同等学校担任与该系科直接有关课程，或在专门业务机关从事与该系科课程有关工作四年以上者。担任助教二年以上者其他有关工作年资视为与助教相等。

2. 工作精神：对新民主主义有正确的认识，在帮助同学，处理系务，协助教授工作上表现高度热忱与负责精神者。

3. 教学能力：具有单独担任一门课程之能力者。

4. 研究成绩：曾进行有计划的研究工作，研究成绩经所属教研组或系务会议之认可者。

三、讲师升副教授须具备下列四项条件：

1. 工作年资：

须具备下列条件之一：

（1）继续担任讲师四年以上者。

（2）担任讲师二年以上，曾在专门业务机关担任与该系科课程有关工作三年以上而有成绩者。

2. 工作精神：对新民主主义教育有正确的认识，在领导同学学习，改革教学内容与方法上表现高度热忱与负责精神者。

3. 教学能力：具有单独担任一门以上专门课程者。

4. 研究成绩：在其所担任课程方面有专门论著，或在研究工作上有贡献，经所属教研组或系务会议之推荐者。

[①] 山东大学档案馆藏，档号：XB-56-1-12。

四、副教授升教授须具备下列四项条件：

1. 工作年资：

须具备下列条件之一：

（1）继续担任副教授四年以上者。

（2）担任副教授二年以上，曾在专门业务机关担任与该系科课程有关专门工作三年以上而有发明或贡献者。

2. 工作精神：对新民主主义教育有正确的认识，在改革教学内容与方法和领导同学学习与助教或研究生进修上表现高度热忱与负责精神者。

3. 工作能力：具有领导教学并从事专门研究的能力。

4. 工作成绩：在其所担任课程方面有专门著作，或在研究工作上有贡献，经本校学术审议委员认可推荐者。

五、凡教师在研究工作上有特殊成就，学术上有特殊贡献或发明者不受上列条件限制。

六、升等程序：

由本人申请或由教学小组、教研组、系主任提出，经院务会议审查，教务长同意，提请校长审定，呈报教育部核准。

《文史哲》编委会组织条例[①]

1956年

一、本刊设编委29～31人，组成编委会，领导本刊工作。凡本刊编辑方针、任务，组织稿件计划，工作检查总结，经费预决算，对外签订合同等重大事宜，均须经编委会讨论决定。编委会每半年开会一次。

二、编委会设主任委员一人，副主任委员一至二人。主任委员的任务是：主持编委会及常委会会议、领导编辑部工作，保证编委会计划的执行。

三、由编委会推定九人至十一人为常委，组成常委会（主任委员为当然常委），常委会对编委会负责，其任务为：具体执行编委会计划，处理经常性重大事务，确定本刊每期内容，及领导其他日常工作。常委会每月开会一次。

四、编委会下设编辑部，办理日常工作。编辑部设主任编辑一人，由编委会主任委员兼任，专任编辑一人，兼任编辑六人，专任秘书一人，兼任秘书四人，办事员一人，工人一人。编辑部具体任务是：（1）负责本刊编辑工作；（2）处理征稿、审稿、退稿事宜；（3）办理稿件登记、送印、校对工作；（4）对外宣传、刊发广告、联系作者、联系读者；（5）编印丛书；（6）调查统计；（7）经费收支；（8）其他日常工作。编辑部工作人员应根据以上任务适当分工。编辑部每周开会一次。

编辑的具体职责为：（1）对来稿内容进行初审；（2）对确定采用的稿件分工进行复审，

---

① 山东大学档案馆藏，档号：XB-56-1-12。

以保证稿件质量；（3）负责征稿、催稿；（4）分工编辑本刊及丛书。

秘书的职责为：（1）负责日常行政事务及对外宣传联系工作；（2）协助编辑进行征稿、催稿等工作。兼任秘书的职责，除担负上述第二项工作外，并应负责本单位学术动态的报导，及协助进行某些稿件的校对工作。

第五篇
山东海洋学院时期
（1959—1987）

　　1959年3月，经中共中央批准，山东海洋学院成立，曲相升任院长兼党委书记，五系九个专业全部涉海。1960年，中共中共公布全国重点大学名单，山东海洋学院位列13所综合大学之中。1965年，学校划归国家海洋局领导，1978年重归教育部直属。这一时期，学校认真贯彻"高教六十条"，办学条件大为改善，师资力量得到充实，教学质量稳步提高。

　　学校先后制定了《山东海洋学院关于领导制度的几项规定》《中共山东海洋学院委员会关于学院党委员会工作的暂行规定（草案）》《山东海洋学院院务委员会暂行工作条例（草案）》《山东海洋学院暂行学则》等10余项规章制度，内容涉及党的建设、人才培养、服务保障等方面。20世纪60年代，学校陆续出台了120余项规章制度，包括领导制度、教育教学、科学研究等方面。20世纪80年代，学校进一步丰富完善制度体系，制定修订了140余项规章制度，各项工作进一步制度化、规范化。

第一章
党的建设

　　1959年8月11日，中共青岛市委同意成立中共山东海洋学院委员会，撤销中共山东大学（青岛）委员会。1961年、1962年，学校先后制定了关于领导制度的规定、党委会工作暂行规定、院务委员会暂行工作条例、行政会议暂行工作条例、院和系职权划分的规定等，对学校的领导体制作出规定。党的十一届三中全会召开后，学校党委就改进党委领导、加强思想政治工作、加强院系领导班子建设、改进马列主义理论课、加强政工队伍建设和思想政治工作领导、增强党性端正党风等，制定了一系列规章制度，从而保证党的教育方针在学校全面贯彻落实。

共青团山东海洋学院委员会关于团的领导方面的一些问题的规定（草案）[①]
1961年5月27日

主要内容

一、各级团组织的工作任务
　　团委会的工作任务：（1）在青年中认真正确地贯彻党委和上级团委的方针、政策、指示、决议；（2）协助党在青年中进行政治思想教育，当好助手；（3）引导学生学好功课，为提高教学质量而努力；（4）全面关心青年成长，积极领导青年开展长身体、长知识的业余活动；（5）加强团的组织建设，教育团员，接受新团员，管好团的组织生活；（6）密切与学生会关系，根据党委的指示委托指导学生会进行学生工作。

　　系团总支的工作任务：（1）贯彻执行党委（总支、支部）指示和上级团委的指示精神，根据党总支（支部）指示，参照上级团委指示、计划，安排本系团的工作；（2）协助党总支（支部）做好学生的政治思想工作，经常向党总支（支部）和上级团委汇报情况；（3）组织班级团支部开展长身体、长知识的活动，引导学生学好功课；（4）在党总支（支部）统一领导下，具体做好培养、挑选、调整、安排系、班的团干部和学生会的干部工作；（5）策划、组织本系团的组织生活，加强团员教育，发展新团员；（6）经常检查党总支（支部）和上级团委指示的贯彻情况，总结支部活动经验。

　　班级团支部的工作任务与经常工作：（1）在党支部统一领导下，具体组织各种政治、时事教育活动，向青年进行政治思想教育，学习与宣传马列主义毛泽东思想，贯彻执行党的方针政策和上级团组织的指示；（2）做好青年的思想工作，帮助青年政治进步；（3）组织同学学好功课，努力提高学习质量；（4）关心青年全面成长，组织开展长知识、长身体的活动；（5）及时正确地向团组织反映情况；（6）教育团员在各项中心工作和学习、劳动中起模范作用；（7）协助党支部做好助学金评定、思想劳动的鉴定等工作；（8）过好团的组织生活，学习讨论如何宣传党的方针、政策、党委决议、国内外大事等，讨论青年的意见、要求和团的工作，学习团章和有关青年修养的文章，根据学校党委的中心工作，及时作出决议，向团员提出要求，并检查团员的模范作用和团支部决议贯彻执行的情况。

二、各级学生会的工作任务

院学生会的工作任务：（1）协助行政为提高教学质量开展各种学习活动；（2）积极组织文、体、卫生活动，领导好文娱社团；（3）开展一般性的宣传工作；（4）协助行政管理好生产劳动；（5）加强与兄弟院校学生会的联系，举行院校之间的友谊活动。

系学生会的工作任务：（1）领导班级开展学习活动；（2）根据院学生会活动安排，积极组织本系学生的文、体、卫生活动；（3）办好系的黑板报，组织通讯报导；（4）协助系行政管好生产劳动。

班委会的工作任务：（1）组织各种学习活动，帮助同学学好功课，完成教学计划；（2）开展文、体、卫生活动；（3）组织同学积极生产劳动；（4）组织班内的通讯报导，办好班报；（5）完成行政临时布置的其他工作。

三、团组织与学生会的关系

团委对学生会具有领导作用，主要体现在工作上。学生会应参照团委工作计划制订学生会的工作计划，达到在党委的统一领导下，统一要求，统一行动。团委的一切活动均体现着党委的要求，团委对学生会的指导是通过团的建议和被选入学生会担任领导干部的团员来实现的，团不能命令学生会执行团的决议，也不能包办代替学生会的工作，以保持学生会组织上的独立性。团委与学生会的工作，在某一时期的工作计划，根据党委指示精神，可以通过一定会议研究，有所分工各有所侧重。系团总支与系学生会的工作活动，强调在党总支、支部统一领导下统一安排，密切配合，统一行动，团总支在工作中给以有力的指导、帮助。团支部与班委会强调统一安排班上的活动，统一行动，共同做好班级的工作。

四、团的系统领导与党的领导的关系

团组织是党组织的得力助手，各级团组织必须以接受同级党委（总支、支部）领导为主，团的系统领导是配合性的领导。各级团组织对工作的指导和组织的活动，应当在党组织的直接领导下进行，而以同级党委（总支、支部）领导为主，参照团委的指示制订自己的活动计划。上级团委的指示与党组织的指示如有矛盾时，应坚决执行同级党组织的指示，以保证党的绝对领导。有党支部的班级，团支部应在党支部密切领导下进行工作，根据党支部的计划策划自己的工作。尚未建立党支部的班级，团支部直接取得系党总支（支部）的领导，根据系党总支（支部）指示进行工作，系团总支的党员干部应通过团组织贯彻党的指示，以保证党的领导。

五、班级团支部委员会的分工及小组长的任务

支部委员会应贯彻集体领导与分工负责制。

支部书记的工作任务：负责掌握与了解支部情况；根据上级团组织的指示精神，主动地计划本支部工作，制订工作计划总结，检查工作；检查支部决议的贯彻情况，向支部委员会报告工作，提出工作意见和方案；传达上级指示决议；经常向党组织和团组织汇报支部情况；负责召开团员大会，主持支部委员会议；做好个别团员、青年的思想工作。

组织委员的工作任务：掌握团的组织发展工作和培养青年积极分子的工作；负责团员材料的管理、登记、统计等工作；收缴团费，发放团徽；安排组织生活，向支部和总支汇报组织生活情况；帮助个别团员、青年解决思想问题，掌握与了解团内外青年的思想情况、动态，向支部反映。

宣传委员的工作任务：负责组织检查、督促团员与青年的政治、业务学习并负责综合汇报学习的情况和问题；组织团内外的宣传教育活动；组织团课学习；配合班委会开展文体活动；帮助个别团员、青年解决思想问题，掌握与了解团内外青年思想情况，向支部反映。

小组长的工作任务：掌握了解本组团员的思想情况；经常向支部反映团内外青年的思想情况与意见、要求；帮助个别团员解决思想问题；与青年密切联系，做青年的知心朋友；组织团员、青年落实团支部、班委会的一切活动要求。

系党总支、支部工作细则（草案）①

1961年6月5日

主要内容

一、认真贯彻执行党的方针政策和院党委的指示，在师生员工中经常开展宣传和组织工作

对党的各项方针政策和党委的指示，先在系党总支、支部委员会讨论，并提出贯彻的意见，再召开党员大会传达讨论通过，贯彻执行。向师生员工宣传党的方针政策和党委的指示，并组织贯彻，促其实现。经常检查了解党内外对党的方针政策贯彻情况，及时总结经验，发现问题及时纠正，使党的方针政策得到正确贯彻。

二、做好群众工作，加强对各种组织的领导，充分发挥系委会、行政机关和共青团、工会、学生会等组织的作用

充分发挥系务委员会的作用，比较重大的问题事前应由系党总支、支部委员会讨论，再提交系务委员会讨论通过，切实尊重系务委员会和行政的职权。加强对各种组织的领导，根据每个时期党的中心任务和各项工作，提出任务和要求，经常关心他们的思想工作和组织工作，帮助这些组织教育、培养与选拔干部，定期讨论和检查这些组织的工作。认真贯彻党的统战政策，注意发挥与运用民主党派的作用，经常与他们联系。根据各个时期党的任务与要求，系党总支、支部书记出面向他们交待任务，提出要求，并经常了解他们的情况。

---

① 中国海洋大学档案馆藏，档号：HY-1961-DB-44-5。

三、做好思想政治工作，经常了解党内外的思想情况，加强思想政治教育，并对师生进行政治审查

经常深入群众，了解党内外群众的思想情况，研究师生的思想动向，加强党内外的思想政治教育。组织与领导党内外师生员工进行政治理论与时事政策的学习，提高党内外群众的政治理论水平和政策水平。对学生进行政治审查，并协助人事处对本系教师进行政治审查，定期给予鉴定，对新生进行政治审查，对毕业生进行鉴定。

四、根据院党委所确定的教学、生产劳动、科学研究等工作任务，结合本系情况，规划本系的工作，并保证贯彻执行

根据院党委的指示，制订学期工作计划。抓好各个教学环节，经常了解教师的备课情况、教学效果、辅导答疑情况以及学生的实习实验情况、学习情况。关心培养师资的工作，确定教师的培养发展方向和所任课程，检查了解所任课程是否胜任，并帮助解决困难问题。经常注意调整师生关系，加强尊师爱生教育，师生协作，搞好教学。加强对职员和教学辅助人员的培养提高工作，使之适应教学的要求。

五、做好党的组织工作，健全党的组织生活，发挥党的集体领导作用和党组织的核心作用

发挥党的集体领导作用，比较重大的事情要经过系党总支、支部委员会讨论决定，委员要有明确分工，使集体领导与分工负责结合起来。充分发挥党组织的核心作用，党的各项工作任务要先党内后党外，先在党内组织充分的讨论，统一思想认识，明确任务要求，以党的组织作用，保证实现。强调党员在各项工作和学习任务中起模范带头作用。经常注意发展新党员的工作，加强对预备党员的考察教育。健全党的组织生活，经常注意贯彻批评与自我批评，揭发和纠正党内缺点错误。发挥党组织的作用，加强保密保卫工作。

六、密切上下联系，加强请示报告制度

每周向党委写简报或专题报告一次，一事一报。每月写书面工作报告一次，期终写总结报告一次。每月初和学期初写工作计划各一次。凡属超越了系党总支、支部职责范围的事情或比较重大的方针政策性的问题，必须请示报告。

山东海洋学院关于领导制度的几项规定 ①

1961年7月11日

主要内容

院委会的主要任务：（1）贯彻执行党和政府的方针、政策、法规和院党委的决议；（2）讨论决定教学、生产劳动、科学研究及行政工作计划并检查执行情况；（3）讨论审查学校重要工作报告和总结；（4）讨论通过学校机构的设置和变动；（5）讨论通过教研组主任和科长以上行政干部的任免；（6）讨论通过学校预算、决算和重大的基本建设；（7）讨论

① 中国海洋大学档案馆藏，档号：HY-1961-XB-31-1。

批准重大奖惩事项；（8）制定修改全院性的规章制度。

系务委员会的主要任务：（1）贯彻执行院委会的决定和指示；（2）讨论和确定本系教学、生产劳动和科学研究及行政工作计划与总结；（3）讨论专业教育计划、教学大纲、教材的编写；（4）讨论本系经费预算、决算及其他重大设备购置计划；（5）讨论和通过系的各种规章制度；（6）讨论师资培养及教师的升级问题；（7）讨论和通过本系应届毕业生的名单；（8）讨论和通过本系学生的奖励和处分问题；（9）听取系主任和教研组的工作汇报；（10）检查各项工作的执行情况。

密切上下级联系，加强请示报告制度。各单位必须请示报告的问题：（1）有关贯彻执行党和国家的方针、政策和法令的重大问题；（2）关于教育计划的制订或修改及执行中的变动，生产实习计划，接受或派出进修教师计划，实验室建设计划，教学设备购置计划等；（3）牵涉全院性工作计划和安排的问题，接受校外生产劳动任务或者重要的科学研究任务等；（4）全院性规章制度的制定或者修改；（5）关于机构的设置或变动，干部人员的调配、任免、奖惩、处理和教师学生的调动、奖惩和处理；（6）基本建设和按规定须经批准的财务开支及物资调配等；（7）对上、对外行文、发电报，订立合同、契约等；（8）其他不属于各单位职权范围内的重要问题。报告形式：（1）总结报告，每学期结束后，各单位须将本学期主要工作情况，着重对工作中的经验教训作出总结，报告院长办公室；（2）专题报告，各单位在完成某一项重要任务或某一阶段的任务之后，要作专题报告。请示报告手续规定：（1）属全院性的，不由一个主管处、室掌管的问题，直送院长办公室，转领导处理；（2）属全院性的，由某一主管单位掌管的问题，先送有关主管单位，主管单位不能解决的，提出意见连同原文，一并呈送领导处理。

密切各单位之间的联系。院长办公室是院长的办事机构，为上下左右联系的枢纽，应密切联系各单位协助领导掌握情况，处理日常工作问题。各单位在执行任务中，涉及其他单位的问题，应主动与有关单位联系商讨，有关单位也应积极配合，共同完成任务。各行政部门不得向总支（支部）直接下达指示、布置任务。如有必要须经党委批准，经党的组织系统办理。

山东海洋学院院务委员会暂行工作条例（草案）[①]
1962年3月7日

根据《教育部直属高等学校暂行工作条例（草案）》第五十一条的规定，为了贯彻执行党委领导下的以院长为首的院务委员会负责制，健全院务委员会会议制度，特制定本条例。

院务委员会是学校行政工作的集体领导组织，学校工作中的重大问题，由院长提交院委

① 中国海洋大学档案馆藏，档号：HY-1962-XB-41-7。学校于1961年、1962年分别制定《山东海洋学院院务委员会暂行工作条例》，此处选取1962年版本。

会讨论，作出决定。院委会由院长、副院长、党委书记、教务长、总务长、系主任、系总支书记、若干教师和其他必要人员组成，我院院务委员会名额暂定为33人。正副院长担任院委会正副主任。院务委员会人选由院长商同院党委提出名单，报请教育部批准任命。院委会根据学校工作发展和人事变动情况，每年调整一次，调整人员名单，由院长商同院党委提出，报请教育部批准任命。

院委会在院长的主持下，讨论和决定学校工作中的重大问题：（1）学校的教学工作、生产劳动、研究生培养、科学研究、物资设备、生活管理和思想政治工作等计划和总结；（2）学校发展规划、机构的设置和调整问题；（3）招生计划、毕业生分配、师资培养、教师职务提升等工作；（4）制定和修改全院性的规章制度；（5）审查通过学校的预算、决算；（6）各系工作中的某些重大问题；（7）其他重大事项。

院委会每学期举行3～4次，必要时得召开临时会议。院务委员会开会之前，应做好准备工作，要在开会前3天到5天发出通知，并将会议有关的文件印发各委员，以便准备意见。院务委员会开会时要有记录，讨论的问题，要有明确的结论，以便贯彻执行。院委会会议的决议，由院长负责组织执行。

中共山东海洋学院委员会关于学院党委员会工作的暂行规定（草案）[①]

1962年5月27日

主要内容

学院党委员会是中国共产党在学院的基层组织，是本院的领导核心，对本院工作实行统一领导。主要任务：领导院务委员会，贯彻执行党的教育方针和其他各项方针政策；完成上级党委和行政领导机关布置的任务；做好思想政治工作；进行党的建设工作；讨论本院的人事问题，向上级和院务委员会提出建议；领导本院的共青团、工会、学生会和其他群众组织，团结全院师生员工。

学院党委员会会议的主要内容：学习和讨论党的方针政策；传达上级党委和行政领导机关的指示，讨论如何贯彻执行；讨论和制订年度和学期的工作计划；讨论一定时期的思想政治工作、党的建设工作、知识分子工作和教学工作、行政总务工作等重要问题；讨论重要的机构调整和人事任免；定期讨论共青团、工会、学生会等工作；讨论年度和学期的工作总结；开展批评与自我批评；其他须经党委员会讨论的重大问题。

设立常务委员会，由党委员会选举产生，代表党委员会处理党委会闭会期间的日常工作中的重要问题，并对党委员会负责。常务委员会会议的主要内容：讨论如何贯彻执行上级党委、院党委和行政领导机关的工作部署和指示；讨论和解决思想政治工作、党的建设问题、知识分子工作和教学工作、科学研究工作、行政总务工作等方面的重要问题；讨论机构调整和人事任免；讨论和制定一定时期的工作要点；讨论共青团、工会、学生会、民兵等工作中的重

[①] 中国海洋大学档案馆藏，档号：HY-1962-DB-5-6。

要问题；检查对党的方针、政策、指示和决议贯彻执行的情况；开展批评与自我批评；其他须经常委会讨论处理的重要问题。

为了传达和贯彻执行上级的指示和党委员会或者常委会的决议，部署与检查工作，讨论有关问题，可召开干部会议。

院党委员会和常委会要严格实行民主集中制，严格实行集体领导和分工负责相结合的原则。一切重大问题，必须经过集体讨论作出决定，决定问题时，实行少数服从多数的原则。

院党委员会为了加强对某一方面或某一项工作的领导，可视需要成立专门小组或者专门委员会，成员由党委员会或者常委会决定，对党委员会负责。

必须严格执行请示报告制度。院党委员会向上级党委的工作报告，按上级党委的规定执行，属于政策原则性的问题和非院党委员会所能决定的重大事项，须及时向上级请示。各党总支（支部）向院党委员会的请示报告：学期开始须报本学期的工作计划，学期末写综合报告一次；对某项工作进行的情况和取得的经验，或发生的重大问题，要向党委写专题报告，或者作口头汇报；属于政策性的问题和工作中的重大问题，必须及时向党委请示。

加强对共青团、工会、学生会和其他群众组织的领导，使他们真正发挥党联系群众的纽带作用。

院党委员会必须不断地改进领导作风和领导方法，摆脱行政事务，腾出手来抓工作中的重大问题，抓思想政治工作、党的建设工作和团结人的工作。必须真正深入群众、深入实际，调查研究，了解情况，发现问题同群众商量，提出解决问题的主张和办法。

中共山东海洋学院委员会关于系党总支（支部）委员会工作的暂行规定（草案）①
1962年5月27日

主要内容

系党总支（支部）委员会，是在学院党委员会的领导下，按系设立的党组织。主要任务：做好思想政治工作；进行党的建设工作；团结和教育全系人员正确地贯彻执行党的方针政策，认真执行院党委员会和院务委员会的决议，保证和监督系务委员会决议的执行和本系各项工作任务的完成；领导本系共青团、工会、学生会和其他群众组织，使他们真正发挥党联系群众的纽带作用。

思想政治工作：（1）认真组织马克思列宁主义和毛泽东著作的学习，不断提高全系人员的思想政治觉悟。（2）一切思想政治工作，都必须有利于形成又有集中又有民主，又有纪律又有自由，又有统一意志又有个人心情舒畅、生动活泼的政治局面。进行思想政治工作，是党总支委员会在系里进行各项工作时的首要任务。（3）正确地宣传党的总路线，认真地学习党的"教育为无产阶级政治服务，教育与生产劳动相结合"的方针，"百花齐放、百家争鸣"的方针和"团结、教育、改造"知识分子的政策，统一战线政策，以及勤俭办学的方针，保证各

① 中国海洋大学档案馆藏，档号：HY-1962-DB-58-7。

项工作任务的顺利完成。（4）适时地组织师生员工进行形势与任务的学习。（5）抓好活的思想教育，为培养合格人材而努力教、学，积极工作。关心教师在政治和业务上的进步，帮助他们正确处理业务与政治、理论与实践、继承与改革、学习与创造的关系，正确解决教学、科学研究、生产劳动、政治活动之间的关系，不断提高学术水平；教育学生正确处理红与专、学习与劳动、理论与实践、革命精神与科学态度相结合的关系，妥善安排读书、劳动、社会工作及课内课外的活动；加强对教辅人员与行政职工的教育。（6）有计划地进行共产主义道德品质教育。（7）既要管红又要管专。（8）严格区分不同性质的矛盾，处理人民内部矛盾要分清界限，一时难以区别是思想问题还是政治问题时，应先按思想问题看待，一时难以区别是学术问题还是思想问题时，应先按学术问题看待。凡属人民内部矛盾，必须根据团结—批评—团结的公式，采用民主的方法、自我教育的方法去解决。凡属学术性问题，则应贯彻"百花齐放、百家争鸣"的方针，自由探讨，自由争辩，不能用行政命令、少数服从多数的办法去处理。（9）坚持深入细致、精雕细刻、细水长流的工作方法，反对形式主义的做法。对一切思想问题，应坚持以说服教育、以理服人、和风细雨、启发自觉等方法去解决问题。对思想上有毛病的人，要运用正确的批评与自我批评的方法，促进其认识错误、修正错误。（10）加强组织纪律性，对重大的方针、政策、原则问题和马克思列宁主义的理论问题，必须严肃对待，不能采取自由主义的态度，乱说乱道或者各取所需。（11）必须坚持经常的调查研究和实事求是的态度，一切从实际出发，有的放矢地启发群众的觉悟程度。（12）协助人事部门做好人事、政治审查、政治认定和保卫、保密等工作。

进行党的建设工作：（1）健全党的组织生活，正确执行民主集中制，正确开展同志式的批评与自我批评，经常研究与总结经验，改进支部工作。（2）进行党员的教育工作，组织党员学好党课。（3）坚持更加严肃慎重的建党方针，认真挑选积极分子，做好对积极分子、预备党员的观察教育工作和审批新党员的工作。（4）负责审查与鉴定党员，教育党员自觉遵守党的纪律，执行党的纪律。

做好团结人的工作：（1）认真贯彻执行"团结、教育、改造"知识分子的政策，经常注意教育党团员和学生、职工正确认识知识分子的作用。（2）尊重非党同志的职权，搞好合作共事关系。（3）调整好党政关系、青老关系、师生关系。（4）了解知识分子的业务工作情况，主动地为他们安排工作条件。（5）妥善地安排知识分子的生活。（6）热情地帮助知识分子进行自我思想改造，了解他们的思想动态，帮助他们提高觉悟。

对系行政工作起保证监督作用：（1）经常在本系师生员工中，宣传党的方针政策和院党委会的决议和指示，参加系务委员会会议，与非党同志一起商量和研究问题，保证实现党的主张。（2）教育党员做好思想政治工作和群众工作，发挥党团支部的组织作用，模范地团结群众，保证本系各项工作任务的完成。（3）加强调查研究，及时向系主任提出建议，协助系主任做好工作。（4）在工作上意见有分歧时，应抱积极态度，充分协商解决问题，不得强制系行政接受自己的意见。在意见不能统一时，应报请党委或上级组织处理。（5）日常工作中尊重系主任的行政职权，不得包办代替行政事务。（6）对本系某些重大事项，系党总支委员会可以向院党委和系党委及时提出积极建议。

领导本系共青团、工会、学生会等群众组织，发挥各群众组织应有的作用：（1）善于发挥各群众组织的作用，调整各种组织之间的关系。向他们传达党的工作意图，分配他们以一定的工作任务。定期讨论他们的工作,听取他们的汇报。为他们配备和培养干部,帮助他们总结工作经验。(2)加强对共青团的领导,团结教育全体青年。(3)加强对工会工作的领导。(4)加强对学生会的领导,使其与共青团的组织密切配合,经常收集同学们的意见和要求,及时向党组织和行政领导反映。积极组织有益的业余活动。

工作方法与工作作风:(1)集中精力做好思想政治工作、党的建设工作和团结人的工作,对于行政工作要起保证监督作用,严格纠正包办代替行政事务的现象。(2)坚持实事求是、调查研究和走群众路线的方法。发扬民主作风,广泛征求意见,研究解决问题。(3)教育党员干部,模范地遵守党政干部"三大纪律,八项注意"。(4)党总支委员会,首先是党总支书记,一定要带头搞好同党外人士合作共事的关系。(5)严格执行党的民主集中制,一切重大原则问题必须经过集体讨论决定。加强工作中的组织性与纪律性。

山东海洋学院关于院、系职权划分的几项暂行规定(初稿)①
1962年7月10日

主要内容

为加强院行政集中统一领导和贯彻集中领导与分级管理相结合的原则,根据《教育部直属高等学校暂行工作条例(草案)》规定的精神并结合山东海洋学院情况,对相关工作中院、系职权的划分作如下几项规定。

一、教学工作

系的专业、专门组的设置、调整和发展规模,须经院务委员会讨论通过,报请教育部批准。教育方案、教学计划的制订和修订,由系务委员会讨论通过,经院委会审核同意,报请教育部批准。过渡性计划,由系委会讨论通过,经院长批准报教育部备案。每学年、每学期各专业教育计划的执行计划由系主任提出,经教务长审核,报请院长批准。凡教育部颁发教学大纲的课程,应按照部颁大纲讲授,没有部颁大纲的课程,应由教学研究室组织有关教师自订教学大纲,其中全院公共基础课的教学大纲,须经系主任、教务长审核,院长批准。专业和专门组主要课程的教学大纲,由系主任批准,其他课程的教学大纲,由教研室主任批准。修改大纲的审批手续与此相同。课程的与科学体系的重大改变,须由教研室主任、系主任和教务长审查,经院长审核同意,报请教育部批准。公共基础课选用何种教材,须由教研室主任、系主任审查,经教务长批准,专业和专门组主要课程选用何种教材,须经系主任批准,其他课程由教研室主任批准,政治理论课选用教材,须经党委批准。生产实习大纲和工作计划,由系主任提出,经教务长审核,报请院长批准,并报教育部备案。教学实习大纲和工作计划,由系主任提出,报教务长批准。各系教研室的设置和变动,由系委会提出建议,直属教研室的建立与变动,由教务长提出建议,报请院委会讨论通过,各系实验室和系属资料室的建立和变动,由系主任提出建议,报教务长或院长批准。

① 中国海洋大学档案馆藏,档号:HY-1962-XB-41-06。

二、科学研究工作

各系科学研究的方向、规划，由系委会讨论通过，报请院委会审核批准。系的科学研究重点项目与院外协作的项目，由系主任提出，经科委审核，报院长批准，有变动时，其审批手续与此相同。一般项目由系主任批准，报科委备案。毕业论文和学年论文的题目，一般由教研室讨论通过，经系主任审查批准，但属于参加集体编书、集体调查研究的项目和列入系科学研究重点的项目，尚须科委批准。凡是编写的教科书、交流讲义中牵涉国内外政治斗争和重大方针政策性问题者，出版时须经教研室主任、系主任审查，由教务长或院长批准，科学研究成果的发表涉及保密问题者，应根据保密条例的规定办理。

三、生产劳动

每学年和学期学生参加生产劳动的计划，各种劳动的安排比例以及劳动场所的确定，根据教学计划的执行计划，由总务处商同各系提出，教务长、总务长审核报院长决定。学生参加劳动的计划并报省教育厅批准。个别学生因病或其他原因减免劳动由系主任批准。校内各工厂（场）或车间的设置、调整以及发展规模、发展方向和主要产品品种的确定，由系委会或总务处讨论，提出意见，由院长批准，报教育部备案。校内各工厂（场）的劳动编制、生产计划，由总务处统一计划，报请院长批准；资金、设备和材料管理及分配工作，由总务处统一安排、统一调度。各系系主任对所领导的工厂（场），根据学校统一计划进行日常管理工作。

四、教师的培养和任务的安排

全院的师资培养计划，经院委会审查通过，重点培养教师的培养计划，由教研室拟定，经系委会提出，教务长审核，院长批准。一般教师的培养计划，由教学研究室提出，系主任批准。讲师、助教脱产进修，由教务长批准。教授、副教授的教学、科学研究、培养师资任务的安排和变动，由教研室提出意见，系主任、教务长审核，报请院长批准。讲师的任务安排和变动，由教研室提出意见，经系主任批准。助教的任务安排意见和变动，由教研室确定。教授、副教授外出讲学、兼课，须经院长批准，其他教师外出讲学、兼课，由教务长批准。

五、教学行政工作

每学期课程表的编排和调整，由系主任决定，但须经教务处根据教室情况统一平衡。学生转专业、留级、休学由系主任提出意见，报教务长批准，学生的转学、退学和纪律处分，由系主任提出意见，经教务长审核，报请院长批准。学生按教学计划规定加修、选修某些课程，由系主任批准，学生免修课程，由教务长批准。

六、人事工作

教授职务的确定和副教授提升为教授，由系委会提出建议，经院委会讨论通过，报请教育部批准。副教授职务的确定和讲师提升为副教授，由系委会提出建议，经院委会讨论通过，报请省教育厅批准。讲师职务的确定和助教提升为讲师，由系委会提出建议，经院委会讨论决定，报省教育厅备案。助教职务的确定，由系委会提出建议，经院委会讨论决定。院内科长以下的行政干部的调动，须由人事处商同有关各系提出建议，经院长批准，学校范围内一般工人的调动，由人事处商同有关单位办理。各系正、副主任的任免，由院长提出，院委会讨论通过，报教育部备案。教研室正、副主任的任免，由系主任提出，经院委会讨论决定。各系办公室秘书和系属实验室主任、资料室主任的任免，由系主任提出，报请院长批准。各系毕业生分配,由系主任根据上级指示和分配计划,作出具体方案,提交系委会讨论通过,经院委会审查,报请上级批准。各系每年度的财政预算,由系主任根据教育部和学校的规定加以编制,提交系委会讨论通过,经总务长审核,报请院长批准。

山东海洋学院领导制度的若干规定(草案)[①]

1962年9月6日

主要内容

山东海洋学院的领导制度是党委领导下的以院长为首的院务委员会负责制。院长是国家任命的学校行政负责人,对外代表学校,对内主持院务委员会和学校的经常工作。副院长协助院长分工领导教学、总务等方面的工作。院长、副院长应及时向院党委员会报告上级行政部门下达的任务、指示和学校行政工作中的重大问题;对于院党委员会关于学校行政工作的建议,应根据问题的性质提交院务委员会作出决定,或由院长作出决定,并领导全院各行政单位贯彻执行。

教务长、总务长在院长、副院长领导下分管教学、总务工作,在所分管的工作方面,贯彻执行院党委员会和院务委员会的决议以及院长和副院长的指示,检查执行情况,督促指导工作的进行,总结工作经验,处理职权范围内的日常工作的问题。教务长在院长、副院长领导下负责管理和组织学校的教学、科学研究、生产劳动和教学行政等方面的工作,并负责领导各直属教研室。总务长在院长、副院长领导下,负责管理和组织学校的总务、生活等方面的工作。教务长、总务长受院长、副院长的委托,可以召集有关的系主任或者副系主任开会布置和检查工作。

院务委员会是学校行政工作的集体领导组织,学校工作中的重大问题,应由院长提交院务委员会讨论,作出决定。院务委员会由院长、副院长、党委书记、教务长、总务长、系主任、若干教授和其他必要人员组成。人选由院长商同院党委员会提出名单,报请教育部批准任命。正、副院长担任院务委员会正、副主任。院务委员会成员,根据工作发展情况和人事变动情况,必要时得加以调整。院务委员会在院长的主持下,讨论和决定学校工作中的下列重大问题:学校的教学工作、生产劳动、研究生培养、科学研究、物资设备、生活管理和思想政治工作等,各系工作中的重大问题,招生计划、毕业生分配、师资培养、教师职务提升等工作,制定和修改全院性的规章制度,审查通过学校的预算、决算。院务委员会一般每月召开一次,必要时得临时召开会议。院务委员会根据工作情况,有计划地讨论问题,作出决定。根据工作需要,可召开院务委员会扩大会议。院务委员会会议的决议,由院长负责组织执行。

在院务委员会闭会期间,院长可以召集行政会议,讨论和处理本院的日常行政工作。院行政会议由院长、副院长、教务长、总务长、图书馆馆长、各处室负责人、各系主任和直属教

---

① 中国海洋大学档案馆藏,档号:HY-1962-XB-41-18。

研室主任参加。一般每半月开会一次，必要时可临时召开会议。院行政会议要做好准备工作。会议的决议由院长或副院长或者责成有关人员组织执行。

教务处、总务处、人事处、院长办公室、图书馆应在院长、副院长的领导下，坚决贯彻执行院党委员会和院务委员会、院行政会议的决议，以及院长、副院长的指示，具体组织执掌范围内工作的进行，处理日常工作中的问题，以保证工作任务的完成。各处室、图书馆在执掌的工作范围内，对各系和直属教研室的有关具体工作进行指导。各处处长（室主任、馆长）可召集有关的系秘书会议，布置和检查工作，研究工作中的问题。

院的行政领导，每年和每学期根据院党委的决议和指示，制订年度和学期的工作计划，每年和每学期要做工作总结。

加强工作的集中统一领导，坚决执行请示报告制度。

山东海洋学院关于系的领导制度的暂行规定（草案）[①]

1962年9月6日

主要内容

系是按专业性质设置的教学行政组织。系主任是系的行政负责人，在院长的领导下，主持系务委员会和系的经常工作。系主任的主要工作：（1）领导和组织全系贯彻执行院党委员会、院务委员会的决议和院长的指示，以及系务委员会的决议；（2）领导本系所属的教学研究室；（3）负责组织本系教学工作、科学研究工作、生产劳动、师资培养、研究生培养等计划的实施；（4）协同系党总支对本系师生员工进行思想政治工作；（5）负责掌握学则的贯彻执行；（6）领导系办公室及实验室、标本室、图书室、资料室、仪器室和工厂；（7）督促本系有关人员协同学校有关部门办理物资设备和生活管理等工作；（8）负责处理系的其他重要工作。系主任要和系党总支经常保持密切联系。

系务委员会是全系教学行政工作的集体领导组织。系内的重大工作问题，由系主任提交系务委员会讨论，作出决定，由系主任负责组织执行，并定期向院长汇报工作。系务委员会由正副系主任、系党总支（支部）书记、教学研究室主任及教师若干人组成，人选由系主任提名，报请院务委员会通过，由院长任命。系的正副主任担任系务委员会正副主任。系务委员会成员，根据工作需要和人事变动情况，必要时得进行调整。系务委员会负责执行院党委员会、院务委员会的决议和院长的指示，讨论或决定本系工作中的下列重大问题：（1）本系教学、生产劳动、科学研究、师资培养、研究生培养等计划；（2）本系各专业的设置、发展规模以及各专业的教学计划、教学大纲和选用教材；（3）本系科学研究的方向、规划以及全系性的科学研究讨论会和其他学术活动；（4）本系教学、科学研究、生活等方面的物质条件保证中的重大问题；（5）本系学生教学实习、生产实习的计划和组织实习活动；（6）本系学生的学年论文、毕业论文题目，审查与通过学生的学年论文、毕业论文成绩；（7）本系人员变动、教师升级和毕业生分配；（8）本系学生升级、留级、休学、转学、退学和奖惩等事项；（9）本系的各项规定和制度；（10）本系的财务计划；（11）本系的工作计划和总结；（12）其他重要事项。系务委员会应充分发挥集体领导作用，系主任应向系务委员会传达院党委员会、院务委员会的决议和院长的指示，向系务委员会汇报工作，听取意见和建议。系务委员会每月召开一次，必要时可临时召开，如有急需解决的问题，可由系主任直接处理，事后提请系务委员会审议。

系建立行政会议制度，在系务委员会闭会期间，系主任召集行政会议，讨论和处理系的日常工作，由正副系主任、党总支（支部）书记、系秘书、各教研室主任参加。系行政会议的主要内容：（1）检查系务委员会决议执行的情况；（2）筹备系务委员会会议；（3）讨论起草有关工作制度、工作计划、工作总结，汇报检查各项工作，布置与安排工作；（4）检查教职工的工作情况；（5）研究处理日常行政工作问题。系行政会议每周召开一次，必要时可临时召开。

系办公室是系行政的办事机构。系办公室设行政秘书、教务员。根据工作需要可设兼职系秘书若干名，在系主任的领导下，分管教学、科学研究和生产劳动等工作。

山东海洋学院行政会议暂行工作条例（草案）①

1962年

根据《教育部直属高等学校暂行工作条例（草案）》第五十一条的规定，在院务委员会闭会期间，院长可以召集行政会议，讨论和处理学校的日常行政工作。院行政会议分两种形式：一是由正副院长、教务长（处长）、总务长（处长）、人事处长、院长办公室主任及其他有关人员参加；一是除上述人员外，并由各系（直属教研室）主任参加。院行政会议由院长主持。院行政会议的主要内容，是讨论贯彻执行上级指示和院委会决议；布置和检查工作；讨论和处理日常工作中的重要问题。院行政会议每周召开一次（每星期二下午为院行政会议时间），必要时可召开临时会议。院长办公室于每周末将各处、室及各系（直属教研室）提出的须经行政会议讨论处理的重要问题汇总，报经院长审查后，提到下周行政会议讨论处理，或者根据院长的指示确定会议内容。会前要将讨论的问题，通知与会人员，以便准备。会议要有记录，会议决议由院长或责成有关单位组织执行。

---

① 中国海洋大学档案馆藏，档号：HY-1962-XB-41-16。

中共山东海洋学院委员会关于加强党的组织建设工作的意见 [①]

1963年4月19日

主要内容

　　根据中央组织、宣传、监察工作会议的精神和上级党委的指示，结合山东海洋学院具体情况，为了保证正确地贯彻执行党的教育方针和《教育部直属高等学校暂行工作条例（草案）》，进一步加强党的领导，贯彻民主集中制，使全党从思想上、组织上更巩固、更坚强、更有战斗力，特拟定本意见。

　　1. 关于党的组织建设工作：（1）做好重新教育党员的工作，不断用马克思列宁主义和毛泽东思想武装全党。一两年内在党内开展一次普遍而深入的教育运动，主要内容是形势、阶级、社会主义方向，党的政策，党的基本知识和党的优良传统三方面。教育中，必须贯彻理论联系实际的原则，把认真读书、座谈讨论、党的组织生活有机地结合起来，党委、总支、支部，必须将其作为主要工作之一来抓，从各个方面掀起学习热潮。（2）认真学习和试行《中国共产党地方各级组织工作条例（草案）》，进一步贯彻党委制定的《关于党委、总支、支部工作的若干规定（草案）》，认真总结经验教训，系党总支需特别注意总结如何发挥保证、监督作用的经验。（3）进一步加强灵主集中制，开好党的工作会议，过好党的组织生活，各级领导以身作则，在党内树立模范的民主作风。全体党员，以党的利益为第一，坚持真理，坚持原则，虚心听取群众意见，正确地对待批评与自我批评。健全党委制，开好党的委员会会议，加强集体领导，加强组织纪律性，严格遵守民主集中制，一切重大问题都必须经过委员会集体讨论决定。会议的决议，一经多数委员通过，必须付诸执行。严格地坚持党的组织生活制度，党委常委每学期一至二次，总支、支部每学期至少两次，党小组每月一次，会议内容主要检查工作和思想作风，开展批评与自我批评，研究与检查群众工作进行的情况，并提出加强工作的办法。（4）加强党的纪律监察工作，加强对党员的组织纪律教育，进一步明确个人服从组织、少数服从多数、下级服从上级、全党服从中央的组织原则。任何组织和个人，不得对上级指示和决议任意"顶""抗"，如有不同意见，应按党的组织原则办事，坚决反对既不请示又不报告，自己不通就自行其是的错误做法。必须抓紧对违反党纪、违反政策、违反共产主义道德和国家法律、法令的案件，进行严肃处理，以教育全党。必须对模范事迹及时表扬，对有缺点的同志要及时进行批评教育。为加强党的监察工作，党委确定由常委一人分管此项工作。（5）关于建党工作，当前重要问题在于提高党员质量。今后接收新党员必须切实保证质量并要严加控制，必须注意挑选和培养积极分子，经常地、切实地教育提高他们，要注意接收历史清楚、成份好、觉悟高，真正具备党员条件的同志参加到党的队伍里来。预备党员的转正是保证党员质量的最后一关，必须做好此项工作。总支、支部必须将此工作列入经常工作的议事日程。不但要有专人分工，进行考察教育，还要定期督促检查，总结经验。支委会要

[①] 中国海洋大学档案馆藏，档号：HY-1963-DB-60-6。

定期研究,不清楚的问题应及时请示党委。要建立健全考察了解制度,要做好政治审查,要严格履行转党手续。

2. 关于干部工作:(1)加强干部培养教育、考察监督工作。认真考察了解干部,建立定期考察了解干部的工作制度。对干部的培养主要是抓好思想政治工作,组织好政治理论学习和经常的思想教育,通过实际工作提高干部的政治素养和业务能力。搞好干部鉴定工作。(2)加强师资培养工作。必须培养出一支又红又专的师资队伍,使其能够胜任教学工作,并不断提高教学质量。对师资培养工作必须及时进行检查和总结。(3)改进与建立健全干部管理制度。划清院党委一级应管理的干部范围,建立健全并严格执行干部的提、调、任、免呈批手续制度。遵照管理干部的范围,将党委主管的干部管理起来,并协助上级党委管好干部。(4)精简干部。继续精简和调整各单位的干部和教师,进一步切实摸清情况,按照精简计划,抓紧完成整编任务。(5)做好干部的调整和调配,充实党、团政治工作干部。

3. 关于加强党的建设的领导:(1)贯彻"党委领导下以院长为首的院务委员会负责制",充分发挥行政组织的作用,使党委能够集中精力研究重大方针、政策的贯彻问题和党的建设工作。党的建设工作必须列入党委、总支、支部的议事日程,定期地研究党内思想倾向,提出工作计划,检查党的各项政策执行的情况,检查民主集中制贯彻执行的情况,讨论研究党的思想建设和组织建设问题,总结党的工作经验。(2)加强党委机构,按照"只能加强,不能削弱"的精神,不断充实与加强党的组织机构。(3)加强党的组织部门的工作,认真地、迅速地建立组织部门的经常工作,主要是管干部、管党员、管党的组织生活、检查民主集中制执行的情况。(4)抓几个支部、几个小组,系统地、深入地进行党的工作,取得支部、小组的工作经验,以便于指导一般。(5)加强党务干部的教育,除同全党一起参加学习外,尚须单独进行教育,努力提高工作的思想性和政策性,加强组织性和纪律性。

中共山东海洋学院委员会关于改进领导作风的几个具体意见①

1963年9月7日

主要内容

1. 领导分工,深入下层,除了按领导工作的分工,深入进行调查研究,加强对有关部门的领导外,并对各系分工,深入加强联系,了解情况,帮助工作。

2. 健全会议制度,精简会议。党委会、院委会一般每月召开一次。常委会每周一次会议的制度仍要坚持,但要适当精炼会议内容,提高质量。行政会议每周召开一次,会议要有计划、有准备,以利准确、迅速地处理问题。党委各部如需召开各总支、支部有关干部会议要经党委办公室同意。行政各处、室如需召开各系、各直属教研室的有关人员的会议要经院长办公室同意。召开党总支书记和支部书记会议由党委决定,召开系主任、直属教研室主任(包括副主任)会议由院长、副院长决定。

---

① 中国海洋大学档案馆藏,档号:HY-1963-DB-61-3。

3. 文件阅办要加强管理，迅速及时处理。需经领导审阅、批办的，传阅文件，办公室要适当控制和精简，不能拖拉积压。须经领导批办的都必须按文件处理运转路线送交领导同志批办，防止文件旅行。须经领导商量决定的问题尽量采取领导同志间当面（或用电话）商量的形式，以减少文件往来。牵涉两个部门以上的文件或问题，确定一个主办部门，商同有关部门办理。向下发文特别是表报，要适当加以控制。

4. 领导干部的政治学习，党委成立中心学习小组，以党委常委为主，吸收党委宣传部长、党委办公室和院长办公室副主任、团委书记参加，每周两个半天。业务学习，开设海洋知识讲座，每周一次，党政干部参加，提倡自学"海洋知识小丛书"类等著作。

5. 领导干部要参加教学活动。参加政治理论课的教学活动、听课和阅读研究有关书籍，参加一些业务课教学活动。

6. 建立接见群众来访的制度，每星期五下午为院领导接见群众来访时间。

7. 加强调查研究。每学期要有计划地对某一个问题或某几个问题进行调查研究。

8. 领导干部要参加劳动。

中共山东海洋学院委员会关于贯彻中央政治理论课工作会议精神的决定 [①]
1964年9月1日

主要内容

政治理论课的根本任务，是用毛泽东思想武装青年，培养又红又专的工人阶级知识分子，培养坚强的革命接班人；是配合学校中各种政治思想工作同资产阶级争夺青年一代。为了实现这一光荣任务，必须进一步加强对政治理论教育的领导，更好地发挥政治理论课在争夺青年一代、培养革命接班人中的战斗作用。

1. 继续深入地学习政治理论课工作会议文件和报告，检查理论脱离实际，只管教书不管教人的教条主义及其危害，改进教学工作。

2. 坚决贯彻理论和实际统一的教学方针，提倡"活学活用""带着问题学"。讲课之前，应作深入地调查研究，将学生存在的主要思想问题提高到理论原则上分析。要学会启发学生从理论和学术方面提出问题，展开自由讨论。对于学术性的问题应坚持"百花齐放、百家争鸣"的原则，允许保留不同意见。对学术上表现出来的资产阶级观点，应该仔细分析，引导学生提高认识，不要乱扣帽子。引导学生认真读书，带着问题读，就现实生活和思想认识中的问题，向马、恩、列、斯请教，向毛泽东著作请教。

3. 政治理论课程的设置和教材内容的安排应尽可能多地选用毛泽东著作作教材，要坚决贯彻"少而精"的原则。形势与任务课，由党委不定期地对全院师生员工讲解当前重大政策、报刊的重要社论和反对现代修正主义的文章。三门政治理论课，一年级中共党史、二年级政治经济学、三年级哲学，上课与自学的时间比例为1：1。不开三门政治理论课的四、五年级

学生,根据当时思想问题选读《毛泽东著作选读》(甲种本)的文章。

4. 防止注入式的教学方法,坚持启发式的教学方法。采用启发报告、读书、讨论、总结或解答报告四个教学环节。每个教师均应根据启发式教学法的精神和要求,创造性地进行教学。教研室应总结教师教学经验,不断改进教学。

5. 政治理论课教师应该加强思想修养和锻炼,使自己成为立场坚定、作风正派,为争夺青年一代斗争服务的马列主义、毛泽东思想宣传员。应当在自己的教学活动中,积极配合学校党、团组织对学生进行思想政治教育工作。党委安排教师适当地兼做些党、团、辅导员和班主任工作。政治理论课教师除了认真执行中央关于干部参加劳动的规定外,应积极参加三大革命运动。在五六年内有计划地组织教师从头到尾参加一两期社会主义教育运动,或者下放担任一定时期的基层工作。

6. 政治课教师要认真读书,努力提高理论水平。应当通读、精读毛泽东著作,认真学习党中央重要文件,同时也要选读一些马、恩、列、斯著作。养成好学深思、探讨学术理论问题的风气,关心和积极参加学术界的争论。教研室应有计划地组织座谈,讨论当前学术界争论的重大理论问题。

7. 根据政治理论课工作会议规定"政治课教师同学生的比例为1∶100"的要求,应逐步地充实政治理论课教师队伍。

8. 政治理论教育由党委统一领导,马列主义教研室在院党委直接领导下进行教学工作。党委着重抓教学方针、改进教学方法和教师队伍的培养问题。

中共山东海洋学院委员会关于建立健全三项制度的规定(讨论稿)[①]
1965年10月13日

主要内容

一、建立学习毛泽东著作的制度

学习毛泽东著作,用毛泽东思想武装全体师生员工,是思想政治工作的根本任务,各级领导必须将抓好毛泽东著作的学习放在各项工作的首位。党委要根据师生员工不同的对象,每学期选定不同的必读文章和参考读物,组织大家学习。每人自觉地遵守学习制度,保证学习时间。学习要强调理论联系实际,活学活用,学用结合,急用先学,讲究实效。要加强领导,做到领导抓,抓领导,院、系两级领导同志要带头学好,坚持四个同时(即是在研究、布置、检查、总结工作的同时,研究、布置、检查、总结学习),抓样板,树标兵,定期组织经验交流会,以推动学习的不断深入发展。

二、建立健全组织生活制度,开展批评与自我批评

党组织要坚持"三会一课"制度,每月要召开一次支部大会,一两次支部委员会,一次小组会,一次党课。每半年党委过一次组织生活,总支过两次组织生活。党的组织生活会要围

---

① 中国海洋大学档案馆藏,档号:HY-1965-DB-100-3。

绕着检查工作、检查思想、表扬成绩、批评缺点的精神来进行。共青团每月开一次支部大会，一次支部委员会，一次小组会，每次会不得超过两小时。工会每月开展两次活动，其中有一次是开小组会开展批评和自我批评，另一次是小组会或基层工会开会。民主党派可每月开一次支部（支社）大会，一次支部（社）委员会，一次小组会。每年年终要以小整风的精神，总结工作，检查思想，对党员和工作人员进行一次鉴定。

三、建立联系群众的制度

常委同志实行半日机关工作，半日深入基层，部、处、室的负责干部每周三个半天深入基层。领导干部深入基层后，要虚心向群众学习，倾听群众意见，遇事和群众商量。要经常向群众传达讲解党的方针政策，组织群众学习党的方针政策，使群众自觉的贯彻执行。党员要分工联系群众，经常了解他们思想情况和意见要求，及时向党组织反映，能够帮助他们解决的立即帮助他们解决。有关部门要规定时间，热情的接待来访群众，对来信来访提出的问题要及时处理，一般应在一周内作出处理。党员干部要带头参加集体劳动，通过劳动增进与群众的感情，关心群众的疾苦。

中共山东海洋学院委员会关于加强思想政治工作的意见 ①

1980年3月10日

主要内容

当前思想政治工作的主要任务：认真贯彻十一届五中全会精神，对全院教职工和学生有计划地进行马列主义、毛泽东思想的基本原理和社会主义方向道路的教育，继续批判林彪、"四人帮"的极左路线和谬论，肃清其流毒和影响，进一步端正思想政治路线，树立辩证唯物主义世界观，热爱党，热爱社会主义，坚持四项基本原则，恢复和发扬党的优良传统和作风，维护和发展安定团结的政治局面，同心同德，把工作与学习搞好，为四化培养又红又专的人才做出贡献。

当前思想政治工作的主要内容：（1）坚持马列主义、毛泽东思想基本原理教育，提高教职工和学生运用马列主义的立场、观点和方法分析问题和解决问题的能力。着重进行坚持四项基本原则教育。学生要学好三门政治理论课。教职工要有计划、有目的，联系实际系统地学习马列主义、毛泽东思想的基本原理。（2）形势任务教育。使教职工和学生认清当前国际、国内形势和担负的战斗任务，不断地提高执行党的路线、方针、政策的自觉性。要集中三个月的时间学习十一届五中全会公报及有关文件，并结合学习邓副主席《目前的形势和任务》的重要报告。（3）革命理想和共产主义道德品质教育。使全院教职工和学生养成良好的共产主义道德风尚，遵纪守法，自觉地为人民服务，为社会主义四个现代化服务，逐步地树立为共产主义而献身的精神。要树雄心，立壮志，刻苦读书，把聪明才智献给四化。要树立服从祖国需要光荣，坚持个人主义可耻的风尚，发扬艰苦奋斗的精神。教育学生热爱劳动，

---

① 中国海洋大学档案馆藏，档号：HY-1980-DB-52-4。

热爱集体,遵守纪律,助人为乐,讲礼貌,敬师长。继续开展"学雷锋,树新风,创三好"的活动。经常举办适合青年特点的读书报告会、小说、电影讨论会、参观、访问等活动,对青年进行教育。(4)加强对党员的教育。通过对新党章草案和党员政治生活若干准则的学习,使每个党员都懂得党的性质和任务以及怎样做一个合格的共产党员,恢复和发扬党的优良传统作风,在各项工作中起先锋模范作用。

建设一支能做思想政治工作,热爱本行,有战斗力的思想政治工作队伍:业务课教师要通过自己的教学、科研活动,有针对性地做学生的思想政治工作,做到既教书又教人。政工干部要充分认识新时期加强思想政治工作的必要性和重要性,重视自己的工作,做好自己的工作。各级党组织要热情具体地帮助政工干部做好工作。各系可选一个班级试行建立班主任制度。党委给政工干部创造做好工作的条件,看文件、听报告要给予照顾。政工干部的物质待遇应不低于同时期毕业的教学人员水平。对于有专业知识并担任一定教学任务的政工干部,应与专业教师同样评定职称。对于不担任教学任务的专职政工干部,应按照本人条件评为处级、科级,享受同级的待遇。

建立健全思想政治工作制度:严格遵守政治学习制度,严格党团组织生活制度,建立评选先进集体和先进个人的表彰先进制度,建立物质奖励制度。

加强党的统一领导:党组织要把思想政治工作列入党组织的重要议事日程,党委书记、系党总支书记都要抓思想政治工作,院、系两级党组织都要有一名副书记专管思想政治工作。党委要定期召开思想政治工作会议,研究教职工和学生的思想情况,及时解决带倾向性的问题,引导全院教职工和学生,沿着正确的道路前进。分管思想政治工作的院、系两级领导干部,要带头深入课堂、宿舍和课外活动中去,切实把思想政治工作做到教学、科研中去。要加强对政工干部的考核,注意培养典型,总结经验,不断推动思想政治工作的深入开展。

关于贯彻五中全会精神改进党委领导的若干规定(草案)[①]
1980年4月25日

主要内容

一、认真贯彻党的路线方针政策

对中央及省、市委的重要指示,院党委必须在常委会上认真学习,结合实际情况商定具体贯彻意见,确定专人和部门按规定范围及时向下传达贯彻。当前应特别注意对工作着重点转移和"八字方针"的深入贯彻。要进一步促进安定团结的局面,把工作着重点转移到培养为四化服务的人才上来。在计划制订上,要贯彻既解放思想又实事求是,既要尽力而为又要量力而行的精神,一切从实际出发。在财力、物力使用上,要统筹安排,克服分散自流,严防超支滥用。

二、严格执行民主集中制和党委统一领导下的院长分工负责制

凡属重大问题都必须经常委会集体讨论决定,一经集体决定的问题,都要口径一致地执

① 中国海洋大学档案馆藏,档号:HY-1980-DB-152-5。

行，禁止将会上的分歧意见和未公布的决议对外泄露。院党委成员的分工要更加科学和明确，要充分发挥职能部门作用。

党委的会议主要讨论决定：对党的路线、方针、政策的贯彻执行问题，思想政治工作中的重大问题，本院教学、科研、基建的长远规划和年度计划，重大工作任务的实施，党的建设，机构编制，干部任免与纪律处分。对于行政业务经常工作中的问题，应由院长或副院长召开行政会议去讨论解决，尤其在教学、科研工作上，要充分发挥专家副院长的重要作用，使其有职有权有责。对一般性的工作，要由职能部门按照职权范围发挥主动性去负责办理。

要改进会议：少开会、开短会，未经预先统一安排的议题不准在会上乱插；院党委每半月召开常委会和集体办公会各一次，常委会上主要讨论决定全院较重大的问题，集体办公会上主要汇报和商定党群工作执行中的问题；院务会议每月初召开一次，商讨教学、科研及其他行政业务工作方面的重大问题；院长集体办公会每周一下午召开一次，商定和协调行政业务工作进行中遇到的一般性问题。

三、要抓好对教职员工的思想政治教育

从今年四月份开始举办党员轮训班，每期学习半月，以《关于党内政治生活的若干准则》和新党章修改草案为基本教材，在两年内对全院党员轮训一遍。宣传部、工会、团委和各系党总支对学生、青年职工进行多种形式的思想政治教育，保证沿着又红又专方向健康成长。

四、要以身作则，深入下层，关心群众生活，听取群众意见

所有领导干部都要严于律己，自觉地遵守党规国法和学校的各项制度，不准利用职权搞特殊化和不正之风，非为公事不得动用公家的汽车，偶因私事用车必须自觉照章交费；要对各自分工抓的工作和单位保持密切联系，不得只分工不管事；院党委的成员都要自觉地置身于党和群众的监督之下，坚持参加党小组会，过组织生活。常委每半年要召开一次政治生活会，检查对《关于党内政治生活的若干准则》的执行情况，开展批评和自我批评，不定期召开有关师生职工座谈会，征求对领导工作的批评与建议，不断改进领导工作和作风。

五、要勤奋学习，努力变外行为内行

领导干部一方面要坚持学习马列主义、毛泽东思想，另一方面还必须有计划地学习海洋专业知识和学校管理知识，都要自修《海洋学》，每学期要组织几次海洋科技和学校管理内容的讲座。

中共山东海洋学院委员会关于院系领导班子建设的几点意见 [①]
1981年11月25日

主要内容

为了认真贯彻十一届六中全会精神，抓紧选拔优秀年轻干部，逐步实现院系两级领导班

---

① 中国海洋大学档案馆藏，档号：HY-1981-ZZ-82-3。

子的革命化、年轻化、知识化、专业化,根据中央和省委关于选拔优秀年轻干部工作的重要指示,提出关于院系领导班子建设的几点意见。

1. 要充分认识加强院系两级领导班子建设的紧迫性。各级领导班子存在的问题主要是干部普遍老化,健康状况不佳,缺职干部急需配备,文化程度偏低,思想作风不适应四个现代化建设的要求。

2. 要在五年以内把各级领导班子配备成政治上、业务上强有力的精干的工作班子。院系两级领导班子配职人数不宜过多,院级领导一般不兼任部、处、系职务,做到党政分工,院、系干部一般不交叉任职。要重视妇女干部的培养、选拔和使用。要在领导班子中,配备熟悉业务,懂教育、会管理,能按客观规律办事,热心四化并有组织领导能力的干部。对现有干部要有计划地进行轮训,轮训的方式为进省、市委党校、校办业余职工文化学校、在职干部轮训班。

3. 要大胆提拔使用中年干部,大力培养选拔青年干部,解决好接班人的问题,要大胆放手地把那些经过政治考验和实际工作锻炼的优秀的年富力强的干部,逐步地提拔到领导岗位,特别优秀的也可破格提拔,逐步做到各级领导班子中年富力强的干部占大多数。要建立后备干部名单,后备干部的名单要深入考察,听取各方面的意见,并按人建立考察档案,对后备干部要有计划地进行培训,或放到最有利于他们成长的岗位上去锻炼,并及时调整那些相形见绌的人,不断补充新的力量。

4. 要充分发挥老干部在各级领导班子中的骨干作用,妥善安排身体不能适应繁重工作的老干部,并继续发挥他们的作用。对德高望重、贡献大,但年龄较大的老干部,凡适应担任顾问者,可在院系两级担任顾问,有的可担任管理顾问或业务顾问等,顾问要按干部管理范围批准任命,可参加或列席党委或总支会议。对年大体弱,基本丧失工作能力的老干部,按国务院有关规定和干部管理范围批准,办理离退休。

5. 系的党政领导班子要有计划、有步骤地进行调整充实,一般可首先调整系行政领导班子,然后再改选系党总支班子。系行政领导班子可经过群众充分酝酿讨论提出推荐名单,由组织任命。

6. 加强领导班子的思想作风建设。坚持民主集中制原则,贯彻党委领导下的分工负责制,一切重大问题,必须经党委集体讨论决定,在集体领导下,要充分发挥个人的主动性和创造性,敢于独立负责,大胆处理问题。要健全党的组织生活制度,院党委、系党总支至少每半年过一次组织生活,认真开展批评与自我批评,整顿党风党纪,各级领导班子的成员,都应以普通党员的身份,经常参加党的小组生活会。要进一步增强团结,肃清派性影响,处理一切问题必须服从四个现代化的需要,为了坚决贯彻三中全会以来党的政治路线,必须端正党的思想路线和组织路线,在提拔使用干部,发展党、团员,调整工资、确定职称、评选先进等工作中,要一视同仁,绝对不准有亲有疏和感情用事。要克服涣散软弱状态,转变作风,提高工作效率。

中共山东海洋学院委员会关于改进和加强马列主义理论课的几项决定①
1982年7月12日

主要内容

每门马列主义理论课授课时数不少于70学时，授课与辅导的时间比例为1∶1。在辅导时间内，教师要对课程的重要内容组织学生讨论或针对学生提出的疑难问题进行辅导。

马列主义理论课是高等学校每个学生都应学好的主课，凡不遵守课堂纪律的现象要严肃批评教育并作为评定操行内容。无故旷课累计10学时者，取消考试资格，以不及格论。

学习成绩的评定主要是依据学年考试。学生的平时成绩，作为学年考试成绩的一部分，可暂定占总分的30%。考试不及格且经补考不及格者，不授予毕业证书。研究生的马列主义理论课考试不及格，经补考仍不及格者，不授予学位。

马列主义课教师要认真钻研教材内容，突出重点讲授，要贯彻理论联系实际的方针，改进教学方法，不断地提高教学质量。要深入一个授课班级，了解学生思想情况，以便讲课时有针对性地联系实际，提高教学效果。

提倡有条件的政工干部，特别是院、系两级领导干部，担负部分马列主义理论课的教学任务，由马列室统一安排教学工作，按教学大纲的要求，认真备课、讲授并参加有关的教学活动。

关于加强政工队伍建设和思想政治工作领导的若干措施（讨论稿）②
1985年7月15日

主要内容

一、加强政工队伍建设
（一）专职政工队伍建设

专职政工队伍是学校思想政治工作的骨干力量，应具有较好的思想政治素质，要有一定的马列主义基础知识和其他科学基础知识，要在实践中学会做思想政治工作。

要不断充实和提高专职政工队伍，逐步建立起一支既能胜任思想政治工作，又能从事教学、科研或行政管理工作的"双肩挑"干部队伍。应根据革命化、年轻化、知识化、专业化的要求予以调整、充实、提高，对不宜继续从事思想政治工作的干部要调整，积极配备各级政工人员，从具有大专及其以上学历的优秀中青年中选配政工干部。对每个政工人员要逐步实行

① 中国海洋大学档案馆藏，档号：HY-1982-DB-162-3。
② 中国海洋大学档案馆藏，档号：HY-1985-QT-65-8。

三定：定发展方向、定岗位责任制、定职级。现有政工干部中有专业知识且能从事教学、科研工作的同志，应在做好思想政治工作的同时，尽量兼做部分教学、科研工作。加强政工人员的培训，分层次地组织政工干部学习社会科学知识，每年要有计划地安排二三名政工干部离职进修学习一至二年。

专职政工干部的待遇与政策：政工干部同从事教学、科研的工作人员的条件相同时，在晋级提职时应同等对待，在住房、乘车及其他福利方面享有同级业务教师的待遇，工作成绩突出的应同其他业务教师一起授予先进工作者称号并给予物质奖励。

（二）兼职政工队伍建设

每个学生班配备一名班主任兼做学生思想政治工作，由系党总支和系主任选聘优秀中青年教师担任，任期二年，连任不超过四年。

基本工作职责：认真贯彻执行党的教育方针和学校的有关规章制度，坚持四项基本原则，用爱国主义和共产主义思想教育学生，切实做到全面负责，关心学生德、智、体全面发展。经常深入学生中去，做学生的知心朋友，主动关心学生的生活、学习与健康，配合有关方面指导学生第二课堂活动，培养学生的集体主义精神和社会活动能力，树立良好的班风。经常了解教学计划的实施情况，及时沟通教与学两个方面的意见，对学生中的突出问题要及时地向系党总支、系主任汇报，并配合党团组织做好工作。对学生的升留级、奖惩、毕业分配等要认真负责地提出建议。协助系党总支和行政选拔、培养学生干部，并指导他们做好工作。

领导与考核：班主任由系党总支和系主任领导，以系党总支为主。系党总支和系主任要定期召开班主任会议，听取汇报，布置任务，指导工作，并对班主任工作进行考核，考核评语应列为其晋级提职的重要依据之一。

待遇：在阅读文件、参加会议方面按科级干部对待。学校发给班主任职务补贴每月10元（按10个月计），其中60%发给个人，40%由党委用来奖励优秀班主任，发给补贴后不再计工作量。工作成绩突出的应同优秀教职工一起授予先进工作者称号并给予奖励，成绩显著的在任职期满以后给予半年进修业务时间。

二、加强思想政治工作领导的措施

改革思想政治工作的机构、体制，形成思想政治工作网络。党委统一抓全院思想政治工作，分管书记集中精力靠上去抓。党委宣传部协助党委召开党总支书记、班主任会议，协调思想政治工作部门的横向联系，要有一人专门抓学生的思想政治工作。建立学生管理科，设在教务处，主要任务是做好学生的管理工作、评选三好学生、发放奖学金、管理学生的奖惩和鉴定等工作，结合做学生的思想政治工作和学生思想政治工作部门发生横向联系，互相配合，互相协助。系党总支书记要全面抓全系思想政治工作，各系有一名党总支副书记兼系副主任集中抓学生工作，特别是要抓好思想政治工作，统一指导团总支、班主任和系办公室关于学生方面的工作。要发挥党支部在思想政治工作中的教育作用。

改进政工干部的工作态度和工作作风。政工干部要提高对思想政治工作的认识，端正态度，认真工作；要讲原则，想问题、办事情要按原则办，不准拉关系、讲人情；要树立良好的工作作风，深入实际，调查研究，抓好典型，总结经验，指导工作。

院党委每年召开一次政工会议，总结交流思想政治工作经验。院系两级党组织要定期召开思想政治工作汇报会，分析思想情况，研究加强思想政治工作的措施。

为探索新时期思想政治工作的特点和规律，做好思想政治教育工作，成立思想政治工作研究会。

山东海洋学院教职工代表大会暂行条例实施细则 ①
1985年8月21日

主要内容

第一章　总则

山东海洋学院实行党委领导下的教职工代表大会制（以下简称教代会）。教代会要坚持四项基本原则，遵照党的方针、政策和国家的法律、指令，在院党委领导下行使职权。教代会的组织原则是民主集中制。

第二章　职权

教代会在学校权限范围内行使下列职权：听取院长的工作报告，讨论学校发展规划、年度工作计划、改革方案、教职工队伍建设等重大问题，并提出意见和建议；讨论通过岗位责任制方案、教职工奖惩办法，以及其他与教职工有关的基本规章制度，由院长颁布施行；讨论决定教职工住房分配、福利费管理使用的原则和办法，以及院基金用于教职工福利部分的使用办法等有关教职工的集体福利事项；监督、评议学校的各级领导干部和工作人员的工作。

院长要定期向教代会报告工作，听取意见，认真对待教代会的有关决议和提案，并积极组织有关部门落实。尊重和支持教代会行使民主管理的职权。教代会要尊重和支持院长及行政系统的指挥权。

第三章　教职工代表

凡学校享有公民权的教职工均有选举权与被选举权。教职工以系、部、处、室为单位，直接选举产生代表。代表的构成既要照顾到学校各方面的人员，又要充分体现学校以教学为主的原则。代表实行常任制，任期三年。代表受原选举单位教职工的监督，必要时原选举单位可以依照民主程序撤换、更换或补选本单位的代表。本单位的教职工代表资格不受院内工作调动的影响，若调离本院其代表资格应予注销。必须坚持民主集中制的原则，参加选举的人数超过应参加人数的半数时，选举结果方为有效。院党、政、工、团的主要负责人可带指标到有关单位参加选举，但不占所到单位的代表名额。因受代表名额所限，处以上各部门主要负责同志未当选正式代表者，可根据需要作为列席代表或特邀代表参加会议。

教职工代表的权利：在教职工代表大会上，有选举权、被选举权和表决权；有权提出提案和议案；有权对教代会的工作提出批评和建议；有权参加教代会组织的监督、检查、评议活动，对有关部门提出询问；因行使正当民主权利而遭受打击报复时，有权向有关部门申诉、控告。

教职工代表的义务：努力学习并模范地执行党的方针、政策和国家的法律、指令，严格遵

---

① 中国海洋大学档案馆藏，档号：HY-1985-GH-12-1。

守学校的各项规章制度和劳动纪律，做好本职工作；积极参加教代会的活动，宣传贯彻并带头执行教代会的决议，做好教代会交给的各项工作；代表群众利益，密切联系群众，听取和反映群众的意见和要求，做好群众工作；积极参加"五讲四美三热爱"和为人师表、教书育人等活动，带领群众树立共产主义新风尚。

第四章　组织制度

召开教职工代表大会时，选举大会主席团主持会议，选举秘书长负责大会的组织工作。凡教代会的正式代表，均可当选为大会主席团成员。主席团成员应由学校各方面人员组成，其中包括党政工团主要领导干部，教学人员应占多数。主席团成员由筹委会提出候选人建议名单，报党委研究同意后，交大会预备会选举产生，主席团推选执行主席主持会议。教代会设秘书长一人，一般由专兼职工会主席或副主席担任，副秘书长三人，由主席团成员选举产生，负责做好大会期间主席团交办的各项事宜，主持教代会的日常工作。大会主席团在讨论问题时，要坚持"个人服从组织，少数服从多数"的原则。

院教代会每三年一届，定期开会，一般每学年开一次，大会的表决必须有全体代表半数以上通过方为有效。如遇特殊原因不能如期开会，应召开代表团（组）长会议说明原因，征求代表意见，取得多数同意后方可推迟。遇有重大问题，或根据三分之一以上代表的要求，经院教代会秘书长研究，报请党委同意，可以提前召开大会或临时代表会议。遇有重要问题，可召集代表团（组）长和有关代表参加的会议进行处理，但必须向下一次全体会议报告。

教代会的议题应根据学校的中心工作和群众迫切关心的问题，广泛吸收教职工的意见，经大会主席团审议后，提请大会通过。对教代会的决定和提案，应认真执行和落实，接受群众监督。

教代会代表以系、处、部门或几个单位联合组成代表团（组），选举产生正、副团（组）长，正、副团（组）长要做到：根据大会的议题，广泛收集代表及群众意见和提案，及时向有关部门汇报；在大会期间组织本代表团（组）参加大会活动，做好大会布置的工作；大会闭会期间，经常听取并向教代会工作机构或有关部门反映教职工、群众和代表的意见。

教代会根据需要建立若干下属组织：教代会下设提案工作组、监督检查组及福利委员会等机构；各下属组织的成员由筹委会提出候选人名单，经主席团通过提交大会选举产生。除监督检查组由代表组成外，其他各工作组或委员会可由代表或有代表性的职工参加。

第五章　工作机构

院工会委员会承担教代会工作机构的任务，在党委领导下，会同有关部门，做好下列工作：每届教代会召开前，做好大会的筹备工作，大会期间配合大会秘书处做好会务工作；征集和整理提案，提出大会方案和主席团人选建议名单；大会闭会期间，组织代表团（组）及各下属组织的活动，组织代表传达贯彻大会精神，督促检查大会决议及提案的落实；在大会闭会期间，遇有重要问题，经秘书长同意召集代表团（组）长会议或组织代表讨论，必要时可按规定程序，经党委批准召开临时代表会议；向代表和教职工群众进行宣传教育，保障他们的民主权利，接受他们的申诉；处理教代会交办的其他有关事项；定期向党委汇报教代会的情况。

山东海洋学院关于精简会议改进作风的几项规定 ①

1985年10月2日

严格控制会议次数，一般情况下，每学期全院师生员工大会、教职工大会不得超过两次；各系负责人会议每月不得超过两次；各系主要负责同志每周最多到院部开一次会。

严格会议审批手续，全院性的会议，由两办会商协调后报院长或书记批准。各单位负责人会议，党政合开的由两办协调安排后由院长、书记批准，分别召开的要经办公室安排后报院长或书记批准。各部门召开的非各单位主要负责同志参加的会议，范围较大的报办公室统一协调安排，范围小的须经各部门负责同志同意。

提高会议质量，会前要把议题通知有关同志，分管同志要做好准备并拿出意见。开短会，说短话。如有文件或材料要先传阅，开会时集中讨论。不开陪会，不重复听传达。

改进作风，提高工作效率，进一步建立健全岗位责任制。各级领导要走出办公室深入实际，调查研究，解决问题。院领导和有关部处负责同志都要联系一个系或一个学生班级。减少报表和文件，凡牵扯全院性报表和文件须经领导批准始能下发。对各单位的书面请示报告，办公室要及时报请领导批示，如一周内不答复（并非全部解决）即作同意论。党委或院长部署的任务，各单位要按时完成，及时报告。每星期一下午为书记、院长接待日。两办及有关职能部门应紧密配合领导做好接待工作，对要解决的问题抓紧办理并尽快答复，其他时间应尽量减少上访。每月举行一次有关人员参加的情况、信息通报会。

中共山东海洋学院委员会关于增强党性、端正党风的规定 ②

1986年3月

主要内容

一、加强马克思主义理论和党的方针、政策的学习

系统地学习马克思主义的基本理论，不断提高党委成员的理论水平和政策水平。加强党的方针、政策的学习，不断提高同党中央在思想上、政治上保持一致的自觉性。

二、坚持民主集中制，增强党的团结，维护党的统一

党委要实行集体领导和个人分工负责相结合的原则，凡属重大问题，应集体讨论决定，不能个人或少数人说了算。重要会议要先出"安民告示"，会上充分讨论，一旦形成决议，都要坚决贯彻执行。做维护团结的表率，常委之间、常委和委员之间，要加强联系，互相配合，互相支持。反对自由主义，严守党的纪律，如有不同意见要在会议上充分发表，或通过谈心

---

① 中国海洋大学档案馆藏，档号：HY-1985-QT-€5-9。
② 中国海洋大学档案馆藏，档号：HY-1986-DB-?77-23。

交换看法，不能不分场合随便议论，严禁将党委和常委内部讨论的情况，尤其是不同意见泄露出去。要严格党委和全委会的组织生活制度，认真开展批评和自我批评。要自觉接受党组织和群众的监督，党委成员都要自觉参加所在支部的组织生活，不做"特殊党员"。

三、党委成员要模范地执行《关于党内政治生活的若干准则》和各项规章制度，全心全意为人民服务

要严格按照中央规定的原则和程序选拔和使用干部，坚持任人唯贤，反对任人唯亲的干部政策。除外事和统战工作以及其他必须的宴请外，任何人不得用公款请客送礼，也不得收受馈赠。要深入群众，调查研究，努力帮助群众解决实际困难。要敢于坚持原则，敢于向不正之风和一切错误倾向做斗争。常委每年对所分管部门单位的负责同志进行一次有针对性的谈话。党委成员必须做好自己的本职工作和党委分配的任务，并在各自的岗位上及各项活动中做群众的表率。

中共山东海洋学院委员会党政干部考核制度和实施办法（试行）①
1986年5月

主要内容

为了提高学校各级党政干部的政治素质和业务素质，改进领导作风，提高工作效率，建设一支革命化、年轻化、知识化、专业化的干部队伍，根据中央关于干部工作的有关精神，现建立、制定党政干部考核制度和办法。

成立干部考核领导小组。考核范围是全院党政管理干部。考核内容：坚持德才兼备的原则，按照各类干部胜任现职所具备的条件，从德、能、勤、绩四个方面进行考核。考德，是考核干部的政治立场和思想品质，主要看是否拥护党的政治路线和思想路线，贯彻执行党的方针政策，遵守党纪国法和社会主义公共道德，热爱祖国，努力为"四化"贡献力量。考能，是考核干部的业务管理水平、工作效率，是否具备胜任现职的能力。考勤，是考核干部的工作态度和事业心，重点考查有无开拓精神，是否肯学习、肯钻研，对业务精益求精，工作中是否任劳任怨，并能充分发挥积极性。考绩，是考核干部的工作成绩，做出的直接或间接的贡献。

考核办法：（1）学期考核，每学期末所有干部要对自己的政治思想、工作、学习等情况进行全面总结，在本单位汇报交流，相互评议。单位领导在广泛征求意见的基础上，在每个干部的书面总结上签署考核意见。（2）综合考核，对需要提升使用的干部进行德、能、勤、绩的综合考核，由干部考核领导小组或组织、人事部门负责进行。具体做法：由考察人员在被考核干部所在单位和工作联系较多的单位中，进行广泛的个别调查，了解该干部德、能、勤、绩的情况和对其评价；在被考核干部所在单位的干部群众中和工作联系较多的单位的干部群众中进行民意测验；由考核领导小组或组织人事部门对考核情况进行汇总评价做出组织考核

① 中国海洋大学档案馆藏，档号：HY-1986-ZZ-143-1。

意见。（3）专题工作考核，专题工作指某一项全院性的或涉及面较大的工作，或被指派执行一项重要工作等。在某一项专题工作结束后，由主持该项工作的部门领导对参加该项工作的干部的工作态度、工作作风、工作能力、工作效果、团结协作等情况进行考核。具体做法：由个人写出参加该项工作的小结，在一定范围内进行汇报、交流、评议，由主持该项工作的负责人将考核意见向组织人事部门和干部所在的党组织介绍。

　　部、处、系级干部的期末考核和各级干部的综合考核、专题考核由组织人事部门负责，各部门所属干部的学期考核由本部门负责。学期考核材料由负责考核的部门留存备查。综合考核和专题考核形成的材料由考核部门负责存入干部的本人档案。

中共山东海洋学院委员会关于加强和改善对民主党派工作的领导的意见[①]

1986年10月3日

主要内容

　　经常、广泛地宣传新时期党对民主党派的基本方针和政策。各级党组织负责人要认真学习并经常组织党员干部学习新时期党的统战理论和方针政策，充分利用党的宣传阵地宣传统战理论和党对民主党派的方针政策。

　　党委要经常关心民主党派工作并把民主党派工作列入党委议事日程，经常研究和检查统战工作包括民主党派工作。建立党委与民主党派协商的制度，每学期党委定期召开一次党派联席会议（每年两次），平时可根据需要召开不定期联席会，有关学校的党政工作计划、学校改革措施、发展规划等重大问题均要与民主党派进行研究协商，认真听取他们的意见和建议，充分发挥民主党派的监督作用。各党总支（支部）也要做好让民主党派成员知情、出力的工作，有关本单位的重大问题，党政领导也应征求他们的意见。党委和党总支（支部）每年至少要检查一次统战工作情况。

　　党委主要负责人要保持与民主党派负责人的联系，谈思想、交朋友、做诤友，虚心倾听意见。各党总支（支部）主要负责同志也要与民主党派成员保持联系，做他们的知心人。统战部门要当好党委的参谋和助手，经常检查对民主党派政策的执行情况，密切同民主党派成员的联系并给以热情关心和帮助，争取成为"党外人士之家"。

　　对民主党派在政治上工作上要充分信任，尊重民主党派的组织独立性。党委要关心并帮助民主党派解决工作中的困难，提供并改善他们的活动场所，保证民主党派的活动经费及活动用车。学校各民主党派负责人按处、系级阅读文件和资料，并出席有关会议。

　　要支持和帮助民主党派加强思想建设和组织建设，党委统战部门要积极帮助各民主党派对其成员进行形势政策教育，关心和帮助民主党派的组织发展及领导班子的建设，注意帮助民主党派培养年轻干部，改变组织老化问题。民主党派成员申请加入中国共产党，除担任中央、省一级组织的负责人按中发〔1980〕78号文件规定执行外，一般成员申请入党由组织部

[①] 中国海洋大学档案馆藏，档号：HY-1986-ZZ-193-4。

门和统战部门共同研究提出意见呈报党委。

中共山东海洋学院委员会关于干部选拔任免等有关问题的暂行规定[①]
1987年6月1日
主要内容

为了更好地贯彻执行《中共中央关于严格按照党的原则选拔任用干部的通知》和中组部《关于领导班子年轻化几个问题的通知》《关于调整不胜任现职领导干部职务几个问题的通知》精神，把学校干部选拔任免工作切实搞好，特制定本暂行规定。

选拔、任用干部必须坚持德才兼备、任人唯贤的原则，做到公道正派、光明正大。要认真执行干部革命化、年轻化、知识化、专业化的方针，"德""革命化"是第一位的，严防在选拔任用干部中出现背离党的原则的错误倾向。

党政机关干部一律实行任期制，任期四年（总支、支部书记任职时间按党章规定办理），每年考核一次。任期届满，经考核称职，可以连任。对实践证明由于各种原因不适宜再任现职的，应及时调整，干部调整工作岗位后，按所任职务确定工资待遇。

选拔任用干部必须严格按照中央规定的民主推荐，广泛听取群众意见，提出选拔对象，经组织人事部门组成的考核组织考察评议，将合格者报告给党委，党委集体讨论决定等程序办事，任何人不能封官许愿，个人说了算。在党委会上，如对拟任用对象否决后，不能临时动议，如提出新的人选，仍需按规定的程序办理。

45岁以上的一般不再提任副科级干部，50岁以上的一般不再提任副处级干部，55岁（女同志53岁）以上的一般不再提任正处级干部。各级干部一般不越级提拔，凡提任上一级领导职务的干部，都要在下一级领导岗位上经过一段实际锻炼。凡越级提拔的，必须是特别优秀而且工作又特别需要的。

选拔任用干部必须广泛走群众路线，应提倡个人自荐和群众推荐，然后由组织人事部门在本人所在单位干部和群众中进行民意测验和广泛听取群众意见，进行严格考核。要充分尊重多数群众和部门主要负责人的意见，凡得不到所在单位多数人拥护和主要负责人同意的，一般不宜列为提拔对象，但也要防止简单地以票取人的做法。

由科级提到处级的干部，一般要有一年试用期。由副处级提到正处级的干部，必须在一个单位主持工作或试用一年以上。在试用期内，仍享受原职级待遇，经考核称职者，职级相符并补发给试用期间的职务工资差，考核不称职者，另行安排工作。

由教师调任党政工作的同志，任期已满或经考核不适宜做所担任的工作，仍回原单位从事教学工作，并给予半年以上的业务进修时间。

各级领导干部的子女、配偶和其他亲属，确属德才兼备，符合选拔标准的，应同选拔任用其他干部一样，由群众或组织推荐，按规定的程序办理，但一般不要在自己直接分管的部门

① 中国海洋大学档案馆藏，档号：HY-1987-ZZ-202-14。

担任主要负责人。

大专毕业生见习期即负责团总支工作，可任代书记或干事，见习期满，经过一年以上工作锻炼，经考核称职者，可任团总支副书记，定为副科级干部，再经过四年以上任职，称职者可提为正科级干部。本科毕业生在见习期间负责团总支工作，可任代书记，见习期满，称职者可任副书记，定为副科级干部，再任职三年以上，称职者可提为正科级干部。研究生毕业负责团总支工作，可任代书记，经过一定时间锻炼，经考核称职者，可任副书记，定为副科级，再任职一年以上称职者，可提正科级干部。对工作特别突出者，可不受任职时间限制，根据工作需要随时调整。以上各类毕业生，分配到党政其他部门工作的，可根据工作需要和本人实际表现，参照上述规定执行。

凡未经聘用，工人一律不得安排到干部岗位上，各部门需从一般干部或工人中聘任科级干部时，必须在干部缺额的情况下方可聘任，但应事先征求有关部门的意见，院领导同意后，始能办理有关手续，聘期一般为一年，解聘后仍回原单位工作，编制仍不变。被聘用期间可享受干部待遇，但仍按工人统计，如需继续聘任，再办续聘手续。

继续实行巡视员、调研员制度。

党群系统的干部由党委任免，任免手续由组织部负责办理，行政、业务部门的干部由院长任免，任免手续由人事处负责办理。

中共山东海洋学院委员会关于贯彻《中共中央关于改进和加强高等学校思想政治工作的决定》的意见[①]

1987年9月23日

主要内容

《中共中央关于改进和加强高等学校思想政治工作的决定》（以下简称《决定》）是新时期高等学校思想政治工作的纲领性文件，要认真学习，领会其精神实质，结合实际采取切实有效措施，落实《决定》提出的各项任务。

要进一步明确办学指导思想，端正办学方向，全面贯彻党的教育方针。《决定》明确指出："高等学校培养出来的大学生、研究生，应当有坚定正确的政治方向，爱祖国、爱社会主义，拥护共产党的领导，努力学习马克思主义；应当热心于改革和开放，有艰苦奋斗的精神，努力为人民服务，为实现具有中国特色的社会主义现代化而献身；应当自觉地遵纪守法，有良好的道德品质；应当勤奋学习，努力掌握现代科学文化知识，还要从他们中间培养出一批具有共产主义觉悟的先进分子。"全院教职员工都要为培养这样的人才服务，教育和引导学生走又红又专的道路，既要重视文化科学知识与技能的培养，更要重视思想政治品德的教育。全面贯彻党的教育方针，坚决防止与克服思想上和实际工作中存在着的只重视智育而轻视德育的倾向。

---

① 中国海洋大学档案馆藏，档号：HY-1987-DB-186-47。

采取切实有效措施,努力改进和加强思想政治工作。党委根据《决定》的精神,从实际出发,拟定了几个实施意见和条例。各单位、各部门要切实组织落实,并不断总结新鲜经验,以便进一步补充这些意见和条例,保证《决定》提出的各项任务落到实处。

要全党动手做思想政治工作。全院的思想政治工作由党委统一领导,各级党组织要把做好思想政治工作作为主要任务,党政各部门的负责人都要亲自做思想政治工作,教职工要结合自己的工作履行教书育人、服务育人的义务,同时要在政治思想、道德品质、文明教养、治学态度等各方面,严格要求自己,起表率作用。

成立学生工作委员会,加强对学生工作的统一领导。其职责:在党委和院长领导下,全面负责学生的思想政治工作,研究决定学生日常管理中的有关问题。学生工作委员会办公室是学生工作委员会的办事机构,负责组织实施和协调、配合有关部门落实学生工作委员会提出的工作意见与决定;负责有关学生的奖惩、操行评定、贷学金、毕业生分配以及校风校纪教育等工作。各系、学部根据各自的情况,可成立党政合一的学生工作小组。

成立思想政治教育研究室,加强学生思想政治教育研究工作。研究室除担负形势政策、人生哲理、法律常识、职业道德、成才之路等内容的教学任务,还要组织有关人员大力开展思想政治工作的研究,以适应新形势下的思想政治工作的内容、形式与方法,使思想政治工作逐步做到科学化,入耳入脑。党委每年召开一次思想政治工作研讨会。

工会、团委、学生会、研究生会要在党委的统一领导下,加强自身的组织建设和思想建设,充分发挥本组织作为党联系群众,教育群众的纽带作用,学生会、研究生会要做好自我管理、自我教育、自我服务,各群众组织都要按照《决定》的精神,积极开展工作。

思想政治工作要坚持实事求是,理论联系实际,一切从实际出发的原则,密切联系师生员工的思想问题与实际问题进行工作,把思想政治工作同解决实际问题结合起来,为群众排忧解难;与加强管理结合起来,努力改变某些思想政治教育与实际脱节的状况;与组织青年教职工、学生参加社会实践结合起来,为他们开阔视野、增长才干创造条件。

要加强民主与法制建设,逐步为师生员工创造高度民主和高度文明的政治环境和学术空气,提倡和鼓励师生员工大胆探索问题。要充分发挥各委员会的作用,建立正常的民主渠道。要防止和克服官僚主义,主动深入群众听取意见,尊重群众的民主权利,实行民主管理、民主办校,尊重和爱护师生员工的主人翁精神。要落实各民主党派、工会和学生代表参政议政的措施,建立健全有关的制度和规定。要继续进行法制教育和校风校纪建设。全院师生员工要同心协力,为培养新一代德才兼备的知识分子而努力。

第二章
人才培养

　　1959年8月，山东海洋学院首次面向全国招收学生，《山东海洋学院暂行学则》《山东海洋学院学年论文与毕业论文暂行办法》《山东海洋学院学生生产实习暂行条例》《山东海洋学院关于教研室工作的暂行规定》等陆续出台。1963年1月，《山东海洋学院学则》制定出台，提出"我院是面向海洋的综合性的理科高等学校"，并对学校的基本任务、入学和学籍、注册和修课等教学管理全过程作出了详细规定。进入20世纪80年代，学校针对学位授予、学籍管理、转专业和转学、品德评定、学风校纪等工作出台一系列制度，教育教学管理不断规范。

山东海洋学院学年论文与毕业论文暂行办法（草案）[①]
1959年

主要内容

　　为培养学生能够创造性地工作，独立解决本门业务有关实际问题，各单位应认真组织和指导学生做好学年论文与毕业论文。

　　学年论文，是在已学过的基础课和某些专业课的基础上，进一步扩大学生知识领域，培养学生阅读文献，理论结合实际，解决某些实际问题的独立工作能力，为完成毕业论文打下基础。学年论文应结合专业学习进行，可以是一般性的阅读报告或调查报告，也可以是结合教学与实习中的实际问题进行的调查或研究报告。学年论文应由有关教研组具体组织教师指导学生进行，各教研组每学年担任学年论文的数目，由系主任在前一学期分配，论文题目应经过教研组讨论通过。学年论文的指导教师应在公布题目的同时向学生公布，指导教师的任务：（1）向学生说明题目的目的、要求与指定主要参考文献；（2）帮助学生拟定论文计划及提纲；（3）按规定时间给学生必要的辅导；（4）检查学生论文进行的情况并定期向教研组汇报；（5）审阅学年论文并评定成绩。学生应遵守教师的指导，并于学年考试前完成学年论文。指导教师在评定学年论文成绩的同时，还应提出评语，经教研组讨论通过后向学生公布。学年论文按及格不及格评定成绩，学年论文不及格者按学则规定处理。

　　毕业论文的目的在于巩固、总结和扩大学生学得的专业知识，培养学生理论结合实际进行科学研究的能力。毕业论文应具有一定的创造性，根据各专业的性质，毕业论文可以是评述性的论文，可以是试验性的论文，也可以是专题性的调查研究报告。每个教研组担任毕业

[①] 中国海洋大学档案馆藏，档号：HY-1959-XB-4-5。

论文题目的数目应由系委会研究分配,有关教研组负责组织拟订题目(学生亦可向教研组建议),题目经系委会讨论通过后于第七学期初向学生公布,每个学生应独立做一个题目,若有特殊困难或较大题目,经教务长批准亦可几个学生合做一个题目,但每个学生必须有分工,完成其中的一部分。毕业论文的题目应符合教育计划的要求,其分量应与教育计划所规定的时间相适合。毕业论文的指导教师由教研组分配,指导教师的任务:(1)向学生说明题目的要求和主要参考资料;(2)帮助学生拟订论文提纲及计划;(3)制订辅导计划,有计划地进行指导;(4)检查学生完成工作的情况并定期向教研组汇报;(5)审阅毕业论文并帮助学生准备答疑。学生应遵从教师的指导并按规定时间完成论文。毕业论文的成绩评定及评语,应由指导教师提出意见,经教研组讨论同意后,提交系委会讨论通过。毕业论文按四级分制评定成绩,不及格者,按学则规定处理。

山东海洋学院关于贯彻执行中央国务院关于劳逸结合指示的暂行规定[①]
1960年

主要内容

学生每周上课时间不超过24学时,每天学习时间为8小时,理论课每天不得超过4学时,连同实验课每天不得超过7学时。科研时间包括在每天8小时内。低年级学生应以学好基础课为主,不单独安排科学研究,可适当结合教学实习、生产实习进行。高年级学生的科研工作应结合论文(课程设计)及毕业实习、毕业论文(毕业设计)进行。

教职工应坚决贯彻8小时工作制,8小时工作包括备课、各种教学活动、科学研究、政治学习、社会活动及服务性劳动等。各单位在工作安排上不得连续加班加点,必要加班时需经院长办公室批准。教职工在工作时间内应积极工作,不得迟到早退,有事必须请假。

学生的校内劳动每周为4小时,应严格按课表安排执行,女同志不应参加过重的体力劳动,月经期间及孕妇一律不安排体力劳动。年老体弱、有病的同志,可以少参加或暂免其体力劳动。

必须保证学生每天有9小时,教职工有8小时的睡眠时间,在休息时间内一律不准安排会议或其他活动,必须安排时需经党委或院长办公室批准。为减少学生的社会活动,对学生应贯彻一人一职的原则。

大力提高教学质量,减轻学生学习负担。坚决贯彻调整、巩固、充实、提高的方针与教改的精神,在保证基础课和主要专业课的前提下,精简教学内容,或适当调整教学计划,减少部分次要课。各系、教研组要确保教师的备课时间,教师要认真备课,对身体不好的教师应适当减轻其教学负担。根据学生的实际情况,应适当放慢一些课程的进度。要进一步加强学生自学的组织和指导,加强学习的计划性,改进学习方法,及时复习、巩固。严格控制考试与测验的时间,减少一些不必要的考试与测验。进一步加强系和教研组对教学工作的

① 中国海洋大学档案馆藏,档号:HY-1960-XB-18-15。

领导，坚决贯彻检查性听课和观摩教学的制度，深入检查了解教学效果和学生的学习情况，提高教学的质量。

减少会议活动，提高会议质量，不得召开不必要的会议，会议一定要有准备，做到会而有议，议而有决，决而必行。校委会及系委会每月召开一次，系办公室根据需要可安排一至两周一次，教研组工作会议每两周一次。凡有关全校性的活动均由党委办公室、院长办公室共同研究，统一安排，学校党政各部门向各系布置工作任务和召开有各系参加的会议时，应事先通过党委办公室或院长办公室，经请示学校领导批准后，方能下达任务或召开会议。

领导干部必须转变领导作风，改进工作方法，克服官僚主义，贯彻执行"一、二、三"制，每周一、四为处理日常工作日，研究问题或召开会议；每周二、三、五深入教学、科研、生产、生活等一线，到教研组、班课堂、实验室、工厂、伙房直接参加各种活动，密切联系群众，加强调查研究，帮助发现问题，总结经验，指导工作，提高领导工作水平。

山东海洋学院生产劳动管理试行制度[①]

1960年

主要内容

一、生产管理

生产劳动科须编造月、季、年的全院生产计划及各期生产计划执行情况统计表和全院师生员工劳动统计表，定期向党委、院长办公室及省高教局汇报；每10日向市教育局填报学院生产劳动基地总产值及主要产品产量旬报一次；须经常深入生产劳动基地了解和检查生产劳动情况，负责协助劳动基地解决有关问题；负责协助生产劳动基地，根据其生产过程及具体情况制定或修改各项必要的生产管理制度及操作规程等；负责协助生产劳动基地与校外有关工商企业及事业单位联系，并尽可能签订供销合同，以解决产品销售问题。

各生产劳动基地所需一般的原材料及设备等，原则上应由各生产劳动基地或其直属主办单位（系）自行解决，主要的和统配物资等应由生产劳动科统一报送上级机关或有关单位联系解决；基本建设、技术设备及其他固定资产的增减变动，须事先书面报告生产劳动科审核，重大问题须转上级批示后方可执行；出售产品须按规定的出厂价格，如需提高或降低，须先报告生产劳动科同意，必要时转请上级批准后方可调整；在生产过程中如发生工伤或其他事故，情况轻微者，事后三日内或在月报中注明，情况严重者应及时向生产劳动科作出口头或书面报告。同时应采取妥善措施作紧急处理。除应建立本厂（场）内的生产管理等制度外，须按期填报生产劳动科年、季、月、旬生产计划及各期计划执行情况统计表。

各生产单位车间基层工作组必须建立原始记录制度以便考核生产劳动，生产进度原材料消耗等情况作为经济核算与管理改进的参考，并按期汇集，分析了解生产动态指导生产。

各生产劳动基地须建立财务管理及经济核算制度，须于每季末和年度终了分别进行季度

---

① 中国海洋大学档案馆藏，档号：HY-1960-XB-18-5。

和年度的全面总结。

二、劳动安排

各单位（系）须制订每月师生劳动安排计划。各生产劳动基地应编制每月需要劳动力计划。生产劳动科应编制全院的师生安排计划。各单位（系）须每月2日以前将上月份全月教职员、学生实际参加专业性劳动人次、时数，非专业性劳动人次、时数，以及完成的任务数量报送生产劳动科。生产劳动基地须指定专人负责做好关于教职员、学生的劳动安排、联系、了解及统计等工作。各单位（系）在学期、学年终了除应分别作出生产劳动专题总结外，并须进行一次期中检查。

三、会议

生产劳动科每月底须召开生产会议一次，听取各生产单位当月生产计划执行情况和下月生产计划，研究解决生产上存在问题和布置有关工作。每半月召开各生产单位会议进行检查、交流经验，解决工作中产生的问题，保证计划更好地贯彻。

山东海洋学院学生生产实习暂行条例（草案）[①]

1961年

主要内容

各单位必须严格按照教育计划认真组织学生进行生产实习工作，保证完成组织学生进行生产实习的任务。生产实习分三种类型。（1）教学实习：其目的是使学生认识并了解有关实际生产的情况，巩固与印证已学的课程及提高对所学专业的认知，并为进一步学好专业知识作准备。（2）专业生产实习：其目的是使学生在与其所学专业相接近的有关单位中，直接参加生产操作与实际工作，以获得从事生产操作与实际工作的初步技能，并使所学的专业知识因能够实际应用到生产和工作中而得到巩固和提高。（3）毕业实习：其目的是使学生获得领导和组织生产或独立进行科学研究与从事实际工作的技能，巩固所学的各门课程的知识，并搜集专业论文（或设计）所需的资料。

生产实习的内容应根据教育计划的要求由生产实习提纲具体规定之。提纲一般应包括实习的目的与要求、程序与时间的安排、内容、方法等。各专业每学期的生产实习计划一般应于前一学期期末前提出，各系至迟应于实习前一个月制订好该学期的生产实习计划表，生产实习提纲与计划应在实习出发前向学生公布。生产实习场所应在能结合所学专业的教学目的与达到实习要求的有关单位中进行，对经常去的生产实习单位可订立长期合同。每次生产实习一般应在一个实习单位内进行，若实习单位条件不够，不能满足该次生产实习的全部要求，则可提出理由，经教务长批准后可往一个以上的实习单位中进行。各系在进行实习之前必须与实习单位切实认真地共同协力做好各项思想教育及一切组织准备工作。生产实习的组织准备工作大体上可分三方面进行。（1）思想准备：出发前要做好思想动员及思想准备

① 中国海洋大学档案馆藏，档号：HY-1961-XB-31-14。

工作，由系党总支或系主任负责进行。（2）业务准备：实习前学生必须有一定的准备知识，应在学校学完基本理论知识再去，可根据具体情况，结合现场教学适当地组织学生进行有关业务课的学习。（3）物质准备：实习必备的仪器、图书、资料等，出发前必须指定专人负责检查，生活上的食宿、行李、衣服等乜应派专人负责检查。生产实习期间，实习员生必须在所在实习单位的领导下，严密实习组织，严格工作纪律，在不影响完成实习提纲及实习计划旳原则下，积极帮助实习单位做一些工作，尽可能做到使实习结合生产，有利于生产。乩产实习期间，每个学生均需写实习日记，并于一定阶段编写实习报告，在实习终了时提交个人全部实习过程的实习报告并参加考查。

根据学生在实习期间的表现及个人的实习总结报告，教学实习按及格与不及格评定成绩，专业生产实习及毕业实习按四级分制评定成绩。无故不参加实习者不得升级或毕业，因故未参加实习或实习不及格者应亍假期中或另外设法补行实习，无法补行实习者应予留级。

山东海洋学院关于教研室工作的暂行规定（草稿）[①]

1962年5月29日

主要内容

教学研究室（以下简称教研室）：是按照一门或几门课程设置的基层教学组织，成员包括本院有关教师、教学辅助人员以及借聘来院兼课的教师，根据工作需要可吸收进修教师、研究生参加某些教学活动。每一教研室的专任教师不得少于3人，每个教师一般以参加一个教研室为宜，若因教学需要必须参加两个教研室时，应选定一个为主。教研室设主任1人，可设副主任1~2人。系属教研室由系主任领导，直属教研室由教务长领导。

主要任务：（1）根据教学方案，组织安排教师力量，开设本教研室所承担的各类课程；（2）拟定教学大纲，编制教学日历，选编教材，选定和审查教学参考资料；（3）检查各门课程的讲课、实验、习题、辅导、考查及考试等教学环节和指导学生自学，研究攺进教学方法，总结和交流教学经验；（4）制订教学实习、生产实习的计划和进行实习工作总结；（5）在完成教学任务的前提下，组织教师开展科学研究工作及有关学术活动，组织并指导学生的学年论文、毕业论文；（6）安排本教研室的师资培养工作，检查和考核教师进修情况；（7）负责研究生的培养工作，制订培养计划，提出指导教师，协助系主任组织对研究生的考试；（8）管理本教研室的实验室；（9）管理资料工作；（10）学校及系主任指定的其他工作。

如果教研室承担的课程较多，可适当分设课程小组或教学小组。课程小组或教学小组的任务是研究和讨论有关课程范围内的教学内容、教学进度、教学方法，了解教学效果和学生学习情况，总结教学经验。

教研室主任的主要职责：（1）领导拟定和组织执行教学计划和教学大纲，领导选编教

---

① 中国海洋大学档案馆藏，档号：HY-1962-XB-ŀ1-4。

材、编制教学日历等教学工作和科学研究工作以及学术活动；（2）组织教师的进修工作和研究生的培养工作；（3）领导所属实验室、资料室的建设和管理工作。

教研室的工作制度：（1）应根据工作任务制订长远规划，每学期或每学年制订各项工作计划；（2）定期召开会议，检查和研究各项工作计划执行的情况和存在的问题，并及时请示汇报；（3）每学年末写出教研室的工作总结，就某些工作写出专题总结；（4）主任应经常同本室的党组织保持密切的联系，使党组织能够及时了解教研室重要工作的情况和问题，以便得到党组织的支持和帮助。

山东海洋学院关于政治辅导员工作的暂行规定（初稿）①

1962年10月23日

主要内容

在一、二年级以班为单位设立政治辅导员。政治辅导员在系党总支（支部）的直接领导下进行工作，参加学生的党、团组织生活，指导班的团组织和班委会的工作。系党总支（支部）研究有关学生的思想政治工作时，政治辅导员可列席参加。

主要任务：（1）教育学生正确处理红与专的关系，对他们进行无产阶级的、共产主义的世界观的教育；（2）教育学生发扬艰苦奋斗精神，学好功课；（3）经常了解学生在学习中存在的问题以及对教师讲课的意见，及时转达有关教师或教研室解决；（4）教育学生遵守国家法令、校规和学习纪律；（5）对学生进行尊敬师长、团结友爱、热爱集体、艰苦朴素、爱护公物、正确处理恋爱、婚姻等问题的共产主义道德品质的教育；（6）对学生进行时事政策学习的辅导；（7）经常了解学生中的思想问题和一定时期的思想动向，随时帮助解决，定期汇报；（8）关心学生的身体健康，帮助学生安排好课外学习和业余活动，适当安排社会工作和事务工作。

工作要求和工作方法：（1）以身作则，认真贯彻执行党的方针、政策和院党委、行政的决议、指示；（2）深入学生中去，经常参加学生的各项活动，了解学生各方面的情况；（3）进行思想政治工作要从实际出发，从正面教育着手，善于帮助在思想、学习、生活方面存在问题和困难的学生；（4）在系行政处理学生的有关留级、退学和奖惩等问题时，协助做好有关学生的思想政治教育工作；（5）根据院党委和行政的决议、指示办事，不在自己权限内的问题或不明确的问题要及时请示，不得自行其是；（6）定期分析学生的思想动向，及时汇报。

---

① 中国海洋大学档案馆藏，档号：HY-1962-DB-58-11。

山东海洋学院学则[①]

1963年1月14日

主要内容

一、总则

山东海洋学院是面向海洋的综合性的理科高等学校，基本任务是贯彻执行"教育为无产阶级的政治服务、教育与生产劳动相结合"的方针，培养社会主义建设所需要的能从事有关海洋方面的生产、国防建设、科学研究和教学工作的专门人才。根据毛泽东同志提出的"我们的教育方针，应该使受教育者在德育、智育、体育几个方面都得到发展，成为有社会主义觉悟的有文化的劳动者"，要求学生在五年内达到如下标准：具有爱国主义和国际主义精神，具有共产主义道德品质，拥护共产党的领导，拥护社会主义，愿意为社会主义服务、为人民服务；通过马克思列宁主义、毛泽东著作的学习和一定的生产劳动、实际工作的锻炼，逐步树立无产阶级的阶级观点、劳动观点、群众观点和辩证唯物主义观点；掌握本专业所需要的基础理论、专业知识和实际技能，尽可能了解本专业范围内科学的新发展；具有健全的体魄。学校学生必须遵守国家的各项政策法令和学校的各种规章制度，尊敬师长，爱护学校。

二、入学和学籍

政治历史清楚，身体健康，在高级中学毕业或具有同等学力，经入学考试为我院录取后即可入学。被录取的新生要按期到校办理入学手续，过期无故不报到的，取消入学资格。新生入学须按规定缴纳证件并须经过政治和体格复查，复查不合格的取消入学资格，因病经复查证明在一年内能恢复健康，可保留入学资格一年，不能享受在校学生的待遇，下学年如复查仍不合格，即取消入学资格。新生入学后如发现是其他学校的在校学生或在职干部没有办理离职手续，以及冒名顶替或者隐瞒重要情节蒙混投考入学的，取消学籍。

三、注册和修课

学生须按规定日期到校注册，交纳学习费用，因故不能在规定日期到校注册的须事先向系办公室（新生向教务处）请假，未经准假或无故不到校注册时间超过两周应取消学籍。学生必须学好教育计划所规定的科目，对选修课应在注册时间内办理选修手续。

四、成绩考核

学生成绩考核范围包括考核学生的学业成绩，也包括对学生的政治觉悟、思想意识、道德品质及劳动中的表现的考察。对学业成绩的考核主要采取考试、考查的办法，结果是评定学生能否按照教学计划循序渐进地进行学习的主要依据，不及格而留级或退学的，不是对学生本人的一种处分。对学生的政治觉悟、思想意识、道德品质的考察，主要采取做鉴定的办法，鉴定的结果除指出每个学生的优缺点和今后努力方向外，不采取其他的记分办法，对于

[①] 中国海洋大学档案馆藏，档号：HD-1962-JXGL-122-7。学校于1959年制定《山东海洋学院暂行学则》，1963年制定了《山东海洋学院学则》，此处选取后者入卷。

个别思想反动、品质恶劣、违反学校纪律、屡教不改的学生，应视情节轻重给以适当处理。学生的升级和留级应该以学业成绩为准，处理退学问题时还应考虑学生的政治、思想和劳动表现等全面情况。

教学计划上的每一门课程每学期都应该进行考试或考查，重要的课程至少要经过一次考试，门数应根据教学计划的规定执行，不得随意变动。低年级每学期考试门数一般不得少于三门，高年级可以少于三门。评定考试成绩一般采用"优秀""良好""及格""不及格"四级评分的办法，情况特殊的也可采用"百分制"记分。评定考查的成绩，一般采用"合格""不合格"的记分方法。只适于考查而不适于考试的课程采用四级记分的评分办法。学生教学实习成绩按"合格""不合格"记分方法评定，生产实习及毕业实习按四级记分评定。

考试评分应以学期末考试成绩为主，适当参考平时成绩。考查成绩主要依据学生平时完成实习、实验、课外作业及参加课堂讨论的情况及平时测验的结果评定，一般不得采取在学期末集中测验的办法评定。既有理论又有实验或习题课的课程，考试前对实验习题课部分应先进行考查。体育课的考查对不同体质的学生应有不同的要求，因身体条件不宜上体育课的学生，经医生证明和体育教研室主任同意，可以免修体育课。课程设计、学年论文、毕业设计、毕业论文，均按四级记分的办法评定成绩。如有不及格的课程，给予退学、降（留）级等处理。

补考一般应在下学期开学前一周内进行，特殊情况可推迟补考时间，但不得迟于开学后一个月。留（降）级的学生，其已学过的课程成绩为"优秀"或"良好"的，可以不再重修，考查成绩为"合格"的，由系主任根据学生的具体情况决定其是否重修。留（降）级的学生，经系主任批准，可以选读高一年级的课程并参加考试，考试及格的以后可以免修，考试不及格不予补考，也不计入不及格课程的门数，以后重修。

因故请假经过批准没有参加考试的学生应该补考，未请假或请假未获批准而缺考的学生，经批准可参加补考，但对违犯纪律的行为，视情节轻重和本人对错误的认识，决定是否给予纪律处分，无故不参加补考的成绩作不及格论，考试作弊的本门课程均以不及格论，经批准可参加补考，并根据情节轻重予以纪律处分。没有做课程设计、学年论文或不及格的学生，应该补做，没有补做前不得参加本门课程的考试，没有做毕业论文、毕业设计或答辩不及格的学生应该补做，必要时可以适当推迟毕业时间。因故请假经过批准没有参加教学实习、生产实习或已参加实习而不及格的学生应该补做。

政治理论课程的考试应根据试卷和口试结果评分。学生的政治觉悟、思想意识的道德品质应另作鉴定。思想政治鉴定在整个学习期间一般应进行两次或三次，包括毕业鉴定在内。毕业鉴定的内容应包括政治、思想、学习、劳动和健康情况等方面。平时鉴定的内容着重在政治觉悟、思想意识、道德品质以及学习和劳动的态度等方面。思想政治方面的鉴定要着重基本的政治态度和思想状况，不必涉及生活细节。鉴定必须实事求是，允许本人申述或者保留不同意见，并且记录本人的不同意见。

生产劳动的考核一般在学年的集中劳动时间进行，主要是检查学生的劳动态度，对于结合专业的劳动还应该考核学生的操作技能。考核一般采用写评语的办法。对于违反劳动纪律，态度恶劣的学生应该予以批评，并在下一学年的劳动中继续加以考察，对于个别屡教不改的学生，由院长令其退学。

经系主任批准选修教学计划时数以外的加修课，必须在规定的时间上课，无故缺课作旷课论，考试考查不及格时不予记录成绩。

五、缺课和请假

学生非必要时不应请假，更不得旷课、迟到或早退。请假须事先提出，由系办公室批准发给准假证。请假两周以上时，须报教务处审查。如不能亲自办理请假手续时，可以由他人代为办理，但假期超过三天的须缴验必要的证明。除有正当理由并取得必要的证明，经系办公室核准者外，一律不得补假，补假须在缺课后三天内办理。无故缺课或请假未获批准而缺课以旷课论。一学期旷课累计达到八学时予以警告处分，达到24学时予以开除学籍处分。一学期缺课累计达到上课时数的三分之一时令其休学，一门课程缺课累计达到上课时数的三分之一时，不能参加该课程的考试。

六、奖励和处分

学生在政治上进步，学业成绩优良，体魄健康达到全面发展要求的，给予表扬或奖励。凡违反国家政策法令和学校纪律的，根据情况分别给予警告、记过、留校察看、开除学籍的处分。处分学生时，应由系行政会议讨论通过，提出书面意见，连同有关材料报送人事处或教务处核转院长批准。受到留校察看处分的学生，自处分之日起，在一定时间内有显著进步表现时，由本人申请或系主任提出，经教务长核转院长批准，可以撤销其处分。

七、休学、复学、退学

学生在校学习期间，除因必要的事故，不应申请休学或退学。有下列情况时可准其或令其休学，并发给休学证明书：（1）患病经医疗机构证明，必须长期休养的；（2）家庭缺乏劳动力，必须本人暂时负担家庭生活，并取到所属人民公社或机关证明的；（3）患病不能参加考试，补考又有困难的；（4）一学期请假日期超过规定的；（5）有其他原因学校认为必须休学的。休学须经系主任同意，教务长批准，由系办公室办理休学手续。休学以一年为限，期满后仍不能复学，可以继续申请休学一年，但前后休学期限不能超过两年，次数不能超过两次。休学期满未经申请继续休学的，取消学籍。一年级第一学期未经学期考试或考试有不及格课程的学生申请休学时，应于下学年新生入学时复学。休学学生必须在接到通知后的一周内办理休学离校手续，休学期间不能投考其他学校。休学期满申请复学须于开学前一个月向所属系提出，因病休学的学生必须缴验公立医院体格检查证明，休学参加临时工作的学生须缴工作单位的鉴定书。经系审查同意，教务长批准后，凭复学函件在注册报到时到校复学。提前申请复学时，须经系主任同意，教务长批准。

学生有下列情况时，须经系主任同意，教务处审查，院长批准后，可准其或令其退学：（1）有实际困难在两年内确实无法学习的；（2）本人坚持不愿在校学习，经说服无效的；（3）未经准假无故不到校注册超过两周的；（4）不及格课程门数超过规定的；（5）留（降）级累计超过两次或连续留（降）级的。凡退学学生均发给肄业证明书。退学学生须于接到退学通知一周内，办理离校手续。

八、转学和转专业

学生入学后一般不得申请转学或转专业，如有正当理由或因某种特殊情况，不能在原专业学习，或学生所在系认为不适于在原专业学习时，经系行政会议讨论提出意见，教务长批准，经拟转入的学校或系同意后，办理转学或转专业手续。凡无正当理由要求转学或转专业的学生，一律不予同意，经反复劝说无效时，可令其退学。申请转学或转专业一律在学年考试一个月以前，向系办公室提出，其他时间不办理转学或转专业。

九、毕业

学生已修完教育计划规定的全部课程，学习成绩及格，准予毕业，并发给毕业证书。

山东海洋学院试行学分制暂行办法^①

1978年12月8日

主要内容

山东海洋学院自1978级起试行学分制。

课程设置共分三类：（1）必修课，主要体现学科基础的培养，院定必修课为八门：中共党史、哲学（包括自然辩证法）、政治经济学、第一外语、体育、高等数学（一、二）、普通物理（一、二）、海洋学（包括海上实习）。（2）选修课，主要体现专业、专门组或课程组的方向（毕业论文列入此类课）。（3）任选课，主要为了扩大学生的知识领域，有利于学科之间的相互渗透，学生可以跨年级、跨专业、跨系自选一些与本专业有联系的课程（第二外语列入此类课程）。

学分的确定：各门课程学分的确定应考虑各门课程在专业教学计划中的地位、作用和对后继课程的影响情况，重要的学分要高些，要体现重视基础课，基础课都是必修课，学分要高些，选修课次之，任选课可低些。每门课程的学分要与学期讲授周学时的比例大体一致，并以课外复习、作业负担的多少作为参考上下浮动，总学分额应是大多数学生在专业学制内力所能及。各类课程学分的确定：必修课（院、系确定的公共基础课和专业基础课）占总学分的75%左右，选修课占15%左右，任选课占10%左右。讲课与复习为1：1的按周学时计算学分，1：2的按周学时×1.5计学分（取整数），1：1.5的按周学时×1.25计学分（取整数），学年课按两学期的周学时相加再计算学分，每学期按16~18周计算。习题课，按周学时×0.5，或每30学时左右计1学分。实验课，按周学时×0.5或周学时×0.75计算学分。实习，按每周（集中的）1学分计算，分散的课程实习按累计4至6天计1学分。体育课，按学期周学时计算学分，学生选拔为院代表队的第二学年免修体育课，以代表队的考核成绩可取得第二学年体育课的学分。毕业论文根据论文的课题难易确定，按8~16学分计。专业总学分，四年制一般应控制在210~225学分。

关于主学与兼学的安排，四年按204周计算，1~3学年每年为52周，第四学年为48周。具体安排：（1）教学活动四年安排144周，占81.8%。（2）假期：寒假3周，暑假4周，节假日1周，共28周。（3）兼学及其他活动共32周，占18.2%，具体分配：学军，四年内共3周；学农，四年内安排一次1.5周；学工，专业劳动6周；分散公益劳动4周；入学教育0.5周；毕业教育及鉴定1周；机动4周；时事学习、政治活动、党团组织生活、班级活动，每周半天，共12周。以上活动

① 中国海洋大学档案馆藏，档号：HD-1978-JXGL-312-17。

不计学分,但学生必须参加,每学年考核一次。

根据学生的基础程度的不同,经系主任批准,准许学生多选修一些课程,可以跨年级、跨专业、跨系选课。计算学分的课程学生必须参加考试,考试满60分者才能取得学分。在一学年内对所学课程学习优秀者,学校给予适当奖励和表扬。除体育课外,其他课程学生均可申请免修,经过考试,成绩及格即给予该课程学分并准予提前选读后行课程。学生提前修满专业规定的总学分可以提前毕业。凡考试不及格的必须参加补考,补考及格后方给予学分;补考不及格,除任选课外,必须重修。毕业前,未取得总学分额者不得延长学习时间,发给结业证明书,由国家分配工作,在两年内仍可申请来校补考一次,取满总学分,换发毕业证书。

山东海洋学院学生会工作条例（草案）①
1979年3月

第一条　总则

山东海洋学院学生会是在院党委领导下的学生群众组织,它坚决拥护党的纲领,服从党的领导,以马列主义毛泽东思想为指导思想,团结全体同学,高举马列主义毛泽东思想的伟大旗帜,以三好为目标,以学习为中心,广泛开展工作,为多出人材、快出人材,加速实现四个现代化而奋斗!本会参加全国学生联合会。

第二条　学生会的任务

组织学生认真学习马列主义毛泽东思想,积极开展群众性的宣传活动,大力表扬好人好事,向不良倾向作坚决斗争。教育学生明确学习目的,端正学习态度。要以三好为目标,以学习为中心积极开展工作,要及时了解和反映学生中的学习情况和困难,协助教师提高教学质量。要大力开展"学雷锋、创三好、树新风"的活动,经常对学生进行组织纪律的教育,用民主集中制的原则,武装学生,做到制度健全、纪律严明、团结友爱、维护公德。大力开展课外文化娱乐、军事体育等活动,不断增进学生的身体素质,活跃学校的文艺生活。搞好生活管理和卫生保健工作,关心学生的利益,及时向学校有关部门反映学生的意见和要求,使学生会成为党委联系学生的纽带。

第三条　组织机构

院系建立学生会,班级建立班委会。系学生会要在党总支领导下、团总支指导下于展工作。班委会为学生会的基层组织。院系学生会由院系学生代表大会民主选举产生。院系学生会每届任期两年,班委会任期一年。院学生会设主席一名,副主席若干名,设立组宣部、学习部、文娱部、生活卫生部,根据工作需要各部可聘请干事若干名。系学生会设主席一名,副主席若干名,设宣传委员、学习委员、体育委员、文娱委员、生活卫生委员。在代表大会闭幕期间,各级学生会缺额委员和不称职的委员,经群众酝酿协商和党组织批准,可进行任免和调整。

---

① 中国海洋大学档案馆藏,档号:HY-1979-TW-76-12。

山东海洋学院学生守则（讨论试行）①

1980年10月3日

（1）热爱党，热爱人民，热爱社会主义祖国，坚持四项基本原则，积极参加各项政治活动，逐步树立阶级观点、劳动观点、群众观点和辩证唯物主义观点。（2）勤奋学习，刻苦钻研，学好本专业各门功课，按时独立完成作业，遵守考试纪律。（3）坚持体育锻炼，学会游泳，积极参加早操、课间操和课外文体活动。（4）严格遵守学校各项规章制度，不迟到、不早退、不旷课，按时休息，不影响他人的学习与休息。（5）遵纪守法，维护公共秩序，遵守社会公德，发扬共产主义新风尚。（6）讲文明，有礼貌，服从领导，尊敬师长，团结同学，关心集体，助人为乐。（7）讲究卫生，不吸烟，不随地吐痰，不乱扔脏物，不乱倒污水。（8）爱护公物，勤俭节约，艰苦朴素，珍惜粮食，节约水电，不在宿舍内自炊，不追求穿戴。（9）在校期间，不要谈恋爱，不准结婚。（10）谦虚谨慎，忠诚老实，勇于开展批评与自我批评，敢于同不良现象作斗争。

中共山东海洋学院委员会关于贯彻省文委《关于加强高等学校政治辅导员、班主任建设的试行意见》的意见②

1981年8月11日

主要内容

一、选配好专（兼）职学生政治辅导员、班主任

省文委规定："在高等学校实行政治辅导员和班主任相结合的制度。原则上按学生年级设专职政治辅导员，每班设班主任。在校学生100～150人左右，设政治辅导员一人，列入学校编制。"按此规定应配专职政治辅导员15～18人。班主任由任课教师兼任，每班一人。已配兼职辅导员的班级可暂不配班主任，待专职辅导员配齐后再配。

政治辅导员应具备的条件：政治觉悟高，思想品德好；联系群众，作风正派；学习努力，工作积极，有一定政治工作经验、专业知识和组织管理能力。原则上必须是共产党员或党的发展对象，注意选拔热心学生工作的教师、干部担任兼职政治辅导员。

政治辅导员的来源，一是从现有青年干部（包括机关各部门）和教师中选任，二是从品学兼优的毕业生中选留。

---

① 中国海洋大学档案馆藏，档号：HY-1980-TW-78-10。
② 中国海洋大学档案馆藏，档号：HY-1981-DB-156-1。

二、迅速建立、健全学生思想政治工作制度

建立班级生活会制度和德育（或思想政治）档案，一学期进行一次操行小结，一学年进行一次操行评定，由政治辅导员写出评语。建立学生政治活动制度，每两周要有一个下午和一个晚上规定为学生政治活动时间，在规定时间内安排非学生政治活动，要经学生工作部同意。系和班级安排的活动要经系党总支分管学生工作的书记同意，不得随便占用。学生无故不参加政治活动者，作旷课、违犯纪律处理。筹建学生德育（或思想政治工作）教研室。

三、关于政治辅导员、班主任的待遇

专职政治辅导员可按党政干部的晋级办法，依据本人条件定为科级、处级。凡已够条件的，即可确定。党组织要从政治上关心政治辅导员和班主任，在阅读文件、听报告等方面，可享受行政21级党政干部的待遇。政治辅导员的工资待遇及其他福利待遇应与同期毕业的教学人员一视同仁。教师兼任辅导员、班主任的工作量，按教师工作量的一半左右时间计算。凡兼职的其他干部、教师，亦应一律给予经济补贴（每月8元，每学期40元）。

四、加强政治辅导员、班主任的领导

党委确定一名副书记统管学生工作，把学生思想政治工作列为党委的重要议事日程，每学期至少要系统地讨论二、三次。迅速充实党委学生工作部的机构，建立健全工作制度，把全院的学生思想政治工作管起来，按时提出实施学生思想政治的工作计划，并与组织、人事部门、各系党总支配好、管好政治辅导员、班主任。政治辅导员、班主任要在院党委学生工作部和系党总支领导下开展工作，日常工作和学习由系党总支分管书记负责。各系要定期讨论学生思想政治工作，不断总结经验，要对政治辅导员、班主任一年考核一次，对工作优秀的要给予表扬和奖励，对工作不称职不负责的可随时调换、解聘。

山东海洋学院关于整顿学风校纪的几项规定（征求意见稿）[①]

1982年2月10日

主要内容

实行学生品德评语、评等制度，学期末进行自我鉴定，群众评议，辅导员和班主任写出评语和等级，并通知家长。必修或选修课程必须严格遵守考勤和考试制度，无故旷课者由班主任或辅导员在班会上点名批评。无故旷课每学期累计10节课以上者全系通报批评，累计30节以上者给予记过处分，计达40节者勒令退学。凡考试作弊者，该科成绩以不及格论处，不予补考，记分册上应注明"舞弊"字样。

建立政治活动与集体活动点名制度，凡无故不到者按旷课论处。每月有两次班级活动时间，一次为班级生活会，一次为团组织生活。

教室内要保持安静、整洁、卫生，以保证良好的学习环境，禁止吸烟，禁止喧哗，不准穿拖鞋、背心进入课堂和实验室。不得在宿舍自立炉灶做饭，不许酗酒，学生宿舍不准使用煤

---

① 中国海洋大学档案馆藏，档号：HY-1982-TW-31-16。

油炉、电炉和其他加热器，违者没收炉具，按规定罚款并通报批评。不准留住外人，也不能无故在外住宿，无故不归宿者需向班主任或辅导员作检查说明，并根据情节给予批评，以至相应的处分。

学生要集中精力学习，不谈恋爱，不准结婚，凡擅自结婚者，一律令其退学。不准穿奇装异服和留怪发型，不准录放黄色、低级趣味的歌曲，不准在教室、宿舍和到校外跳舞，不准邀外人来校跳舞，不准跳摇摆舞。不准打架斗殴，凡动手打人者，一律通报批评并作公开检查，对打架伤人、领头打群架者，均视情节和态度给予相应的纪律处分，直至开除学籍和法律制裁。不许私下串联，成立组织和组织同乡性活动，不准私人在学生中募集资金，加重学生经济负担，不许在校内进行宗教宣传或组织带宗教色彩的集会活动。

要爱护国家财产，讲究公共道德。损坏各种教学、生活设备、图书等，一律偿还，并视情节给予批评直至处分。要勤俭节约，不许浪费饭菜，对屡教不改者视情节与态度可减少、停止助学金，直至必要的行政处分。

山东海洋学院学生品德评定制度（试行）①

1982年3月30日

主要内容

学生品德评定的主要内容：（1）对坚持四项基本原则和抵制资本主义思想腐蚀的态度和表现；对马列主义课、德育和形势任务教育的学习态度和成绩；（2）在业务课、实习、实验课中的学习表现；（3）在学雷锋、创三好、"五文明"，建设社会主义精神文明及参加各项集体活动中的表现；（4）遵守法纪和执行学校各项规章制度的情况。

品德评定分优、良、中、差四等：上述各条表现较好者可评为"良"；在此基础上对有突出先进事迹者再拔为"优"；表现一般的或有缺点错误，经批评教育有认识，能改正者，可评为"中"；凡受过警告以上处分或政治思想和道德品质方面有严重错误者则评为"差"。学生品德评定的方法：自我鉴定，群众评议，班主任和辅导员写出评语提出评等意见，最后由系党总支核定并报院学生工作部备案。学生品德评语和等级均与本人见面，并通知其家长。

一学年中两个学期被评为"优"等的学生才能被评为"三好学生""优秀学生干部""优秀团员"。学生在校期间累计三学期被评为"差"等的，不发给毕业证书，作结业生分配；累计四学期被评为"差"等的，应令其退学。

学生品德评定工作由班主任和辅导员主持，于每学期末进行一次，品德评定材料作为毕业分配的重要依据之一。

---

① 中国海洋大学档案馆藏，档号：HY-1982-TW-82-6。

山东海洋学院学位授予工作细则（试行草案）①
1982年7月

主要内容

一、总则

本院按学科门类分别授予理学、工学、农学学士、硕士和博士学位。

二、学位评定委员会

院成立学位评定委员会，由十七至十九人组成，任期二至三年，设正副主席。按系设分委员会，由七至十一人组成，任期二至三年，设正副主席，主席必须由院学位评定委员会委员担任。

学位评定委员会职责：（1）审查通过申请硕士学位和博士学位的人员名单；（2）确定硕士学位的考试科目、门数和博士学位基础理论和专业课程考试范围，审批主考人和论文答辩委员会成员名单；（3）通过学士学位获得者的名单；（4）审批申请博士学位人员免除部分或全部课程考试的名单；（5）作出授予硕士学位和博士学位的决定；（6）作出撤销违反规定而授予学位的决定；（7）通过授予名誉博士学位的人员名单；（8）研究和处理授予学位的争议和其他事项。学位评定委员会的决议，以不记名投票方式，经全体与会委员三分之二通过，即算有效。

三、学士学位获得者和硕士、博士学位申请人资格审查

授予学位工作必须坚持社会主义方向，学士学位获得者和硕士、博士学位申请人必须拥护中国共产党的领导，拥护社会主义制度，愿意为社会主义建设事业服务，遵守纪律和社会主义法制，品行端正。本科毕业生获得学士学位，由系逐个审核毕业生的成绩和毕业鉴定材料，对符合有关学术水平要求的，可向院学位评定委员会提名，列入学士学位获得者名单。硕士、博士学位申请人应先由本人申请，指导教师推荐，经所在系或研究室对申请人的政治表现、课程学习和考试成绩、论文完成情况等方面进行审核，认为合格后方可同意申请，进行学位论文答辩。申请人不得同时向两个学位授予单位提出申请，办理申请学位手续，定于导师审查论文时进行。非学位授予单位的毕业研究生提出申请学位，必须经培养单位的同意和推荐。

同等学力人员申请学位时，应提交申请书、专家推荐书、学术论文等材料。申请硕士学位应由副教授、教授或相当职称的专家两人推荐。申请博士学位应由教授或相当职称的专家两人推荐。推荐人应负责介绍申请人的理论水平、研究能力、外语程度和学习态度，并对论文提出评语。必要时采取适当方式，考核其某些大学课程或硕士课程。

硕士、博士学位申请人符合以下三个基本要求方可准考：（1）学习成绩优良和工作表现良好；（2）在校研究生必须按培养计划学完学位课程或修满学分，同等学力者须经课程预测

---

① 中国海洋大学档案馆藏，档号：HC-1981-JXGL-359-1。

合格；（3）导师或推荐人认为论文质量符合申请条件。

四、学位学术水平要求

学士学位：本科学生完成教学计划的各项要求，经审核准予毕业，其课程学习和毕业论文成绩达到下述学术水平者，授予学士学位：（1）较好地掌握马克思主义的基本理论；（2）较好地掌握本门学科的基础理论、专门知识和基本技能；（3）有一定的从事科学研究工作或担负技术工作的能力；（4）能运用一种外国语阅读本专业外文文献资料。

硕士学位：研究生或具有研究生毕业同等学力的人员，通过硕士学位的课程考试和论文答辩，成绩合格，达到下述学术水平者，授予硕士学位：（1）较好地掌握马克思主义的基本理论；（2）在本门学科上掌握坚实的基础理论和系统的专门知识；（3）具有从事科学研究工作或独立担负专门技术工作的能力；（4）比较熟练地运用一种外国语阅读本专业外文文献资料，并能写作论文摘要。

博士学位：研究生或具有研究生毕业同等学力人员，通过博士学位的课程考试和论文答辩，成绩合格，达到下述学术水平者，授予博士学位：（1）较好地掌握马克思主义的基本理论；（2）在本门学科上掌握坚实宽广的基础理论和系统深入的专门知识；（3）具有独立从事科学研究工作的能力；（4）在科学或专门技术上做出创造性的成果；（5）第一外国语要求熟练地阅读专业的外文文献资料，并能写一般的专业文章；第二外国语要求具有阅读本专业外文资料的能力。

五、课程考试办法

本科毕业生获得学士学位，依据学生完成教学计划规定的历年学习成绩，不另组织学位课程考试。

硕士学位的课程考试办法：马克思主义理论课、基础理论课和专业课（一般为三至四门）、外国语一门，上述课程经考试成绩合格，方可参加硕士学位的论文答辩，如有一门不及格，可在半年内申请补考一次，补考不及格的不能参加论文答辩，本次申请无效。非学位授予单位研究生和同等学力者的课程考试，应按学校要求组织进行，凡经审核，认为其在原单位的课程考试内容和成绩合格，符合要求的，可以免除部分或全部课程考试。学校学位研究生实行学分制，应按上述的课程要求，规定授予硕士学位应取得的课程学分，申请硕士学位人员，必须取得规定的学分后方可参加论文答辩。

博士学位的课程考试办法：马克思主义理论、基础课和专业课、两门外国语（个别专业，经学位评定委员会审定可只考第一外国语），博士学位的课程考试，由院学位评定委员会指定三位以上专家组成的考试委员会主持，上述课程经考试成绩合格，方可参加博士学位的论文答辩。本院研究生的课程考试，可按博士学位学术水平的要求，结合培养计划安排进行。其他申请人员的课程考试，另行组织。申请博士学位人员在科学或专门技术上有重要著作、发明、发现或发展的，应提交有关的出版著作、发明的鉴定或证明书等材料，经两位教授或相当职称的专家推荐，经考试委员会审查同意，可以免除部分或全部课程考试。

六、论文基本要求及评阅程序

本科毕业生获得学士学位不再组织论文答辩。

硕士论文的基本要求：（1）论文的基本科学论点、结论和建议，应在学术上和对国民经济建设具有一定的理论意义和实践价值；（2）对论文所涉及的主题，应具有坚实的基础理论和专门知识；（3）应能掌握本研究课题的研究方法和技能；（4）应对所研究的课题有新的见解，取得一定的科研成果。

博士论文的基本要求：（1）论文的基本科学论点、结论和建议，应在学术上和对国民经济建设具有较大的理论意义和实践价值；（2）论文所涉及的主题，应具有较深广的基础理论和专门知识；（3）应能独立掌握本研究课题的研究方法和技能；（4）应对所研究的课题有创造性的见解，取得较显著的科研成果。

研究生至迟应在答辩前三个月交出论文，指导教师应在半个月内审毕论文，写出详细的学术评语，并在教研室（研究室）作介绍。同时，研究生要向教研室（研究室）作论文报告。博士学位论文的全文或内容摘要，应在答辩前三个月印送有关单位，征求同行评议。答辩前两个月，应先聘请与论文有关学科的专家评阅论文。硕士学位评阅人为两名，其中教授或副教授至少一名，博士学位论文评阅人为三名，其中教授至少两名。评阅人应以校外专家为主。评阅人应对论文写出详细的学术评语供答辩委员会参考。评阅人可从以下几个方面审查论文质量：（1）研究成果的理论意义和实践价值；（2）论据是否充分、可靠；（3）掌握基础理论、专门知识、研究方法和技能的水平；（4）写作的逻辑性、技巧及其他优缺点。此外，对论文可否提交答辩，是否达到学位的学术水平等提出意见。

七、论文答辩委员会和答辩规则

硕士学位论文答辩委员会由三至五人组成，指导教师可参加委员会，但不能担任委员会主席。委员会主席一般由副教授、教授或相当职称的专家担任，成员中副教授、教授或相当职称的专家应占半数以上，其中应有一至二名外单位的专家参加，委员中应有一名是论文评阅人，其他评阅人为列席，委员会设秘书一人。博士学位论文答辩委员会由五至七人组成，指导教师可参加委员会，但不能担任委员会主席。委员会主席一般应由教授或相当职称的专家担任，成员中教授或相当职称的专家应占半数以上，其中应有二至三名外单位的专家参加，委员中应有一名是论文评阅人，其他评阅人为列席，委员会设秘书一人。

答辩委员会必须坚持学术标准，坚持实事求是的科学态度，评审论文时严格把关，不降格以求。委员会的每个委员应预先了解论文的本文或内容摘要，委员必须坚持原则，态度公正。答辩要发扬学术民主，以公开方式举行，委员会根据答辩的情况，就是否授予学位作出决议。决议采取不记名投票方式，经与会委员三分之二以上同意方得通过。答辩工作至迟应在申请人交出论文后三个月内进行完毕，如遇一名评阅人的评语属否定的，不得举行答辩，并应增聘一名评阅人，如遇两名评阅人的评语属否定的，则本次申请无效，如遇一名答辩委员会委员因特殊情况而缺席时，应将他的评语在委员会上宣读。在一次会上，一般只答辩一篇论文。答辩不合格的，经答辩委员会同意，硕士学位论文可在一年内修改后重新答辩一次；博士学位论文可在两年内修改后重新答辩一次。硕士学位论文答辩委员会多数成员如认为申请人的论文已相当于博士学位的学术水平，除作出授予硕士学位的决议外，可向授予博士学位的单位提出建议，是否能授予博士学位，可按本细则博士学位的要求办理。博士学位论文答辩委员会认为申请人的论文虽未达到博士学位的学术水平，但已达到硕士学位的学术水平，而且申请人又尚未得过该学科硕士学位的，可作出授予硕士学位的决议，报送学位评定委员会。

八、名誉博士学位

对于国内外卓越的科学工作者,经学位评定委员会提名,报国务院学位委员会批准,可以授予名誉博士学位。

九、其他

在我国学习的外国留学生和从事研究工作的外国学者申请学位,参照本细则有关规定办理。学位评定委员会如确认学位错授,或发现有舞弊作伪等严重违反学位条例规定时,应经学位评定委员会复议,可以撤销。在职人员申请硕士学位或博士学位,经学校审核同意后,准备参加考试或答辩,可享有不超过两个月的假期。

山东海洋学院学生学籍管理办法 [①]
1983年5月

主要内容

一、入学与注册

新生按规定日期到校办理入学手续,因故不能按期入学者应请假,一般不得超过两周。未经请假或请假逾期报到的以旷课论,超过两周不报到者取消入学资格。学校应在三个月内按照招生规定进行复查,复查不符合招生条件者,区别情况予以处理,直至取消入学资格。凡属徇私舞弊者,一经查实,取消学籍,予以退回,情节恶劣的,应予查究。新生进行复查患有疾病,短期治疗可达到健康标准的,可准许保留入学资格一年。保留入学资格的学生必须在下学年开学前一个月向学校申请入学,复查合格方可重新办理入学手续,复查不合格或逾期不办入学手续者取消入学资格。每学期开学时学生必须按时办理注册手续,因故不能如期注册者必须履行请假手续,否则以旷课论。未经请假逾期两周不注册的按自动退学处理。

二、成绩考核与记载办法

学生必须参加教学计划规定的课程考核,考核成绩载入成绩记分册,并归入本人档案。考核分为考试和考查,考核成绩的评定,笔试采用百分制记分,口试和考查采用五级制(优秀、良好、中等、及格、不及格)记分。考试成绩的最后评分,以学期末考试成绩为主,适当参考平时成绩,平时成绩占总成绩的30%。考查成绩是指对学生平时听课、完成实验、实习、课外作业、习题课、课堂讨论的情况以及平时测验成绩等的综合评定。实行学分制的专业,学生按照教学计划规定学完某门课程,考核及格,即获得该门课程的学分。对学生德育的考察主要通过鉴定,采用写品德评语的办法。公共体育课为必修课,补考后仍不及格者应重修。重修安排有困难的可限期再补考一次,缺课达学期总学时三分之一者不能补考,必须重修。

学生经过自学的课程,本人申请,经批准,于下学期开学前一周内进行考核,达到"良

---

① 中国海洋大学档案馆藏,档号:HD-1983-JXGL-395-2。学校于1979年制定《山东海洋学院学生学籍管理的暂行规定》,1983年制定《山东海洋学院学生学籍管理办法》,此处选取后者入卷。

好"以上水平的可以免修。免修课程的考核和审定每学期进行一次，成绩作为该课程的成绩，并予以记载。因故不能参加考核必须事先向本系申请，经批准可缓考，缓考不及格者可补考一次。每学期不及格的课程均可补考一次，在每学期开学前一周进行，记分时注明"补考"字样。凡擅自缺考或考试作弊者，该课程成绩以零分计，注明"作弊""旷考"字样，并不准正常补考。确有悔改表现的，经批准，在毕业前可给一次补考机会。考试作弊情节严重的，应给以纪律处分。学生无故缺课累计超过某门课程教学时数三分之一者，不得参加本课程的考核，并视具体情况决定是否给以补考机会。学生实验不及格，不得参加该门课程理论课的考试，补考及格后可给一次考试机会。凡独立开设的实验课应单独评定成绩。

三、升级与留、降级

学生学完本学年教学计划规定的课程，经考核成绩及格，准予升级。学业成绩特别优秀的，如本人申请跳级，可按照跳越年级教学计划规定的课程进行考核，主要课程成绩达到"良好"以上水平的，其他课程及格的，经学校批准，允许跳级。

经过补考，学期或学年累计有三门课程或两门主要课程不及格者，应予留、降级。一年级学生第一学期补考后不及格课程达到留、降级规定时可跟班试读，准许于第一学年结束时再补考一次；补考后不及格课程或连同第二学期补考不及格的课程累计达到留、降级规定者，作留级处理。实行学分制的专业，学生在一学年不及格课程学分总数达到学年所选学分总数的三分之一者，经学校批准可编入下一年级，已取得的有关学分仍然有效。

留级时不及格课程门数按下列规定办理：（1）一门课程分几个学期讲授，而每个学期都进行考核时，应每学期均按一门课程计算；（2）按教学计划规定的各种实践教学环节，如单独进行考核不及格时，均各按一门课程不及格计；（3）毕业设计、毕业论文、毕业实习不及格者，各按一门主要课程不及格对待；（4）公共体育课不及格不计入留、降级课程门数。学生留、降级前考核成绩达到"及格"以上水平课程，允许免学。学生学有余力，可以学习部分后续课程，考核及格的以后可以免修，考核不及格的可不补考，也不计入不及格课程的门数，以后重修。本科学生在校学习期间留、降级不得超过两次，同一年不能留、降级两次，专科学生在校学习期间只能留、降级一次。

四、转专业与转学

有下列情况之一者，应准许转专业、转学：（1）学生确有专长，转专业、转学更能发挥其专长者；（2）学生入学后发现某种疾病或生理缺陷，不能在原专业学习，但尚能在本校或其他高等学校别的专业学习者；（3）学校认为有某种特殊困难不转专业或不转学则无法继续学习者。

有下列情况之一者，不予考虑转专业、转学：（1）新生入学未满一学期者；（2）由一般院校转入重点院校者；（3）由专科转入本科者；（4）本科三年级（含三年级）以上或专科二年级（含二年级）以上者；（5）师范院校转入其他院校者；（6）无正当理由者。

转专业、转学的手续，按下列办法办理：（1）学生在本校范围内转系（专业），须由系主任提出，所在系（专业）推荐，拟转入系（专业）审核同意，由教务处审批；（2）学生本省范围内转学，须转出学校推荐，由转入学校认真研究，审核同意，并发文通知转出学校，抄送当地公安、粮食部门，并报省教育厅备案；（3）学生跨省（市、自治区）转学，须转出学校推荐，经学校所在主管高教部门批准，并发函向拟转入学校联系，转入学校同意后报所在省

（市、自治区）主管高教部门批准，并发文通知转出省主管高教部门和学校，学生方可按规定办理手续。

五、休学与复学

有下列情况之一者，应予休学：（1）因病经指定医院诊断，须停课治疗、休养占一学期总学时三分之一以上者；（2）根据考勤，一学期请假、缺课超过总学时三分之一者；（3）因某种特殊原因，本人申请或学校认为必须休学者。休学一般以一年为期，累计不得超过两年。

休学学生的有关问题，按照下列规定办理：（1）休学学生原来享受人民助学金的伙食部分照发，体育、航海、舞蹈、戏曲和管乐专业的伙食补助部分停发，带工资的由原单位按国家劳保规定执行，享受职工助学金的职工助学金照发；（2）因病休学的学生应回家疗养，病休期间享受公费医疗一年，连续病休第二年停止公费医疗，医疗费用自理，享受公费医疗期间，应在当地公立医院就诊，凭医院正式单据按季度向学校报销，最迟不能超过当年年底；（3）休学回家，往返路费自理，家庭经济困难的，学校可酌情给以补助；（4）休学学生的户口不迁出学校，学生因某种原因须中途停学，但又不符合休学条件，经批准可保留学籍一年，保留学籍期满不办复学手续者，取消学籍，保留学籍的学生不享受在校生和休学生待遇。

复学按下列规定办理：（1）因伤病休学的学生，申请复学时必须由县以上医院诊断，经学校复查合格，方可复学；（2）学生应于开学前一个月持有关证件向学校申请复学，经教务处批准方可复学，复学后，经系主任批准可参加原年级所学课程补考，补考及格者可跟原年级学习，否则编入原专业的下一年级；（3）要求复学的学生，各系要进行政治复查，休学期间如有严重违法乱纪行为者，可取消复学资格，保留入学资格、保留学籍、休学期间，不得报考其他学校。

六、退学

有下列情形之一者，应予退学：（1）学期考核成绩不及格课程经补考后，仍有三门主要课程或连同以前各学期累计四门（含四门）以上课程不及格者；（2）实行学分制的专业，在一学年中不及格课程达到和超过所选学分的二分之一者；（3）本科学生在同一个年级里须第二次留、降级者；（4）本科学生不论何种原因在校学习时间累计超过其学制两年，专科学生超过其学制一年者；（5）休学期满不办复学手续者；（6）经复学复查不合格不准复学者；（7）经学校动员，因病该休学而不休学，且在一学年内缺课超过总学时的三分之一者；（8）经过指定医院确诊，患有精神病、癫痫、麻风等疾病者；（9）意外伤残不能坚持学习者；（10）本人申请退学，经说服教育无效者。按照上述规定处理的学生，对学生不是一种处分。一学期旷课超过50学时和在校学习期间擅自结婚而未办退学手续的学生，亦作退学处理。学生退学经系主任同意，教务处审查，报院长批准。

学生退学的善后问题，按下列规定办理：（1）入学前凡是国家或集体企事业单位在职职工的，回原单位安排，没有劳动指标的，由原单位报主管部门追加，原单位已并入其他单位的，由并入单位接收，原单位已撤销的，由主管部门接收安排，其他的回家乡或抚养人所在地落户；（2）经确诊为精神病、癫痫、麻风病患者和患有其他某种严重疾病者，原为在职职工的由原单位接收，按照国家对待职工的劳保规定处理，其他的由家长或抚养人负责领回；

（3）退学学生发给退学证明，并根据学习年限及成绩发给肄业证书（至少学满一年，经过考试成绩及格者），未经学校批准，擅自离校的学生不发给肄业证书和退学证明；（4）取消学籍、退学的学生，均不得申请复学。

七、考勤与纪律

鉴定与考勤：对学生的政治觉悟、思想意识、道德品质的考察主要采取作鉴定的办法。学生一般两个学年做一次个人小结，作出品德鉴定。学生上课、实习、劳动、军训等都应实行考勤，凡未经请假或超过假期者，一律以旷课论，根据旷课时间多少，情节轻重及其检查态度，给予批评教育直至纪律处分。对于学校按教学计划规定的集体劳动，学生无故不参加者，每天按旷课四学时计。考勤统一由班长负责，每周向系办公室汇报一次。

教育学生必须坚持四项基本原则，做到德智体全面发展。坚持正面教育为主，贯彻疏导方针，做好思想教育工作。学生应当热爱社会主义祖国，热爱人民，拥护中国共产党的领导，勤奋学习，讲文明有礼貌，团结同学，关心集体，遵纪守法，爱护公物，热爱劳动。在校学生一般应是未婚者，学习期间擅自结婚，则应办退学手续。学生必须严格遵守国家政策法令和学校规章制度。

八、奖励与处分

对德智体全面发展或在思想品德、学业成绩、锻炼身体某一方面表现突出的学生，可分别授予"三好学生"称号或其他单项荣誉称号。奖励实行精神鼓励和物质奖励相结合的方式，表扬和奖励的方式有口头表扬、通报表扬、发给奖状、证书、奖章、奖品或设置不同等级的奖学金等。

对犯错误的学生，学校可视其情节轻重给予批评教育或纪律处分。处分分下列六种：警告、严重警告、记过、留校察看、勒令退学、开除学籍。毕业班学生不给予留校察看处分。受留校察看处分的学生，一年内有显著进步表现的，可解除留校察看，经教育不改的可勒令退学或开除学籍。有下列情况之一，学校可酌情给予勒令退学或开除学籍的处分：（1）反对四项基本原则，有明显反对共产党的领导、反对社会主义的言论和行为者，以及组织和煽动闹事、扰乱社会秩序、破坏安定团结而坚持不改者；（2）违反国家政策法令，触犯国家刑律的各种犯罪分子；（3）破坏公共财产，偷盗国家、集体和个人财物造成严重损失和危害者；（4）小偷小摸、屡教不改、品行极为恶劣、道德败坏者；（5）违反学校纪律，情节极为严重者。

学生犯有严重错误，经教育后认识错误较好，并有悔改立功表现的，可给予留校察看的处分。对犯错误的学生要进行说服教育。处理时要持慎重态度，处分要适当。处理结论要同本人见面，允许本人申辩、申诉和保留不同意见。对本人的申诉，学校有责任进行复查。对学生作出勒令退学、开除学籍的处分，由系办公会讨论通过，教务处审核，报院长批准，送省教育厅备案。其中因有反党反社会主义言论和行为而给开除学籍处分的，须报经省委有关部门审批。对学生的鉴定、奖励、处分除在适当范围公布外，应及时通知家长，材料均归入本人档案。勒令退学的学生只发给学历证明，开除学籍的不发给学历证明。

九、毕业

学生毕业时作全面鉴定，其内容包括德、智、体三个方面。有正式学籍的学生，德、智、体合格，学完或提前学完教学计划规定的全部课程，考核及格或修满学分，可准予毕业并发给毕业证书。毕业设计（论文）、毕业实习或毕业时的课程考核不及格但未达到留级门数者，先发给结业证书，在分配工作后一年内向学校申请补考（补做）一次，及格者换发毕业证书，经补考（补做）仍不及格的课程不再补考（补做）。公共体育课重修或限期补考仍不及格者不准毕业，作结业处理。学生历年如有不及格的课程（未达到规定留级门数者），各系应在学生在校学习期间分期安排重新修读，修读不及格的学生不准补考，毕业时作结业处理。如无时间安排重修，可按下列办法处理：（1）毕业分配前再补考一次，补考后仍不及格者发给结业证书，不及格的课程以后不再补考；（2）毕业时发给结业证书，不及格的课程在结业后一年内可申请补考一次，及格后换发毕业证书，逾期不补考或补考不及格者以后不再补考。实行学分制的专业，未修满必修课（含指定选修课）学分或总学分的学生，毕业时作结业处理或延长修业期一年。作结业处理的学生，不及格的课程按有关规定处理。

学生毕业后必须服从国家统一分配，对不顾国家需要，经批评教育拒不服从分配，从学校公布分配名单之日起，逾期三个月不去报到者，经地方主管调配部门批准，由学校宣布取消分配资格，限期离校。

山东海洋学院关于学生转专业、转学的暂行规定 ①
1985年9月27日

主要内容

学生有下列情况之一者，可准许转专业、转学：（1）学生确有某方面培养前途或特殊志向，转入另一专业更能发挥其所长者；（2）学生入学后发现某种疾病或生理缺陷，经检查证明不宜在原专业学习，但尚能在本校或其他高等学校别的专业学习者；（3）学生所在系认为有某种特殊困难不转专业或不转学则难以继续学习者。

有下列情况之一者，不予考虑转专业、转学：（1）新生入学未满一学期者；（2）由专科拟转入本科者；（3）本科三年级（含三年级）以上或专科二年级（含二年级）以上者；（4）委托我院代培的学生；（5）学生要求所转入之专业已无容纳条件；（6）无正当理由者。

学生申请转专业、转学的手续，按下列办法办理：（1）学生在本省范围内或跨省（市、自治区）转学，按1983年学生学籍管理办法的有关规定办理；（2）学生在本校范围内转系（专业），由本人申请，经所在系审核推荐，拟转入系研究同意并提出应修课程学分，教务处审核，院长批准；（3）转专业、转学的手续一般应在每学期开学前办理。

① 中国海洋大学档案馆藏，档号：HD-1985-JXGL-445-11。

山东海洋学院研究生学籍管理暂行条例（试行稿）①
1987年3月

主要内容

一、入学与注册

新生必须按规定日期到校报到，入学三个月内将按照招生规定进行复查，有下列情形之一者取消入学资格：（1）无故逾期两周不报到者；（2）健康复查结果不符合招生体检标准者；（3）入学前有严重政治问题或刑事问题者；（4）在报考中有徇私舞弊行为者。取消入学资格后，原为高校应届毕业的学士或硕士，由各省、市、自治区计划、人事部门安排，原为在职人员者，退回原单位，原为待业青年的，退回原户口所在地。新生经健康复查发现患病不能坚持正常学习，经过治疗能在一年内达到健康标准者，最多保留入学资格一年，应回家或回原单位治疗，不享受在校研究生待遇。应于下年度新生报到前一个月向学校提出入学申请，逾期不办理入学手续者，取消入学资格。研究生必须按学校规定的日期返校，因故不能按时到校注册者必须事先请假，不请假或请假未准而不按时注册者，以旷课论。无故逾期两周不注册者，按自动退学处理。

二、成绩考核

课程分必修课和选修课两类。马列主义理论课、第一外国语、第二外国语（适用于博士生）和根据各专业培养目标确定的部分基础理论、专业知识和基本技能都是必修课，总学分为24～26学分，选修课总学分为10～12学分，整个课程总学分为34～36学分。必修课必须考试，一般应按百分制记录成绩，选修课可以考试或考查，考查课程按五级记分制记录成绩。研究生可以申请免修、免听除马克思主义理论课和实践性课程外的其他课程，免修课程必须事先通过课程考试，成绩及格。免听课程可不予考勤，但必须参加学期结束或课程结束时的考试，考试成绩不及格者不能补考，必须重修。

研究生平时学籍处理按以下规定办理：（1）每学期必修课程三门以上（包括三门）不及格者，取消研究生学籍；（2）每学期必修课程两门不及格或一门不及格，补考后乃有一门不及格者转为试读一学期，若再有一门课程不及格，取消其研究生学籍；（3）考试作弊和擅自缺考者，该课程成绩以"零"分记，并注明"作弊"或"旷考"字样，不准参加正常补考，确有悔改表现者，可以给一次补考机会；（4）选修课程考试不及格者不获得学分；研究生除教学计划中安排的教学实习外，提倡兼做助教工作。

三、中期筛选

导师、教研室和系对研究生要经常进行德、智、体等方面的考核，如有不宜继续培养者，取消其学籍。硕士研究生在课程学习结束后要进行一次综合考核，考核结果处理如下：（1）政治思想方面表现突出，学习成绩优秀（所有必修课成绩均在90分以上），并表现出

① 中国海洋大学档案馆藏，档号：HD-1987-JXGL-510-2。

有较突出的能力,确有进一步培养前途者,经批准可以直接转为博士研究生,在本院或推荐至外单位攻读博士学位;(2)政治思想表现好,学习成绩好(外语课、马列主义理论课70分以上,其他必修业务课程平均75分以上,单科成绩一般不低于70分),经核准,即可进入硕士论文阶段;(3)学习成绩较差或明显表现出缺乏业务能力或因其他原因不宜继续攻读学位者,经批准后即终止学习,对其中修满学分、成绩及格者发给研究生班毕业证书,分配工作;对博士生若已取得硕士学位的,仍按硕士毕业生分配工作,未取得硕士学位的,改写硕士学位论文;(4)在课程学习阶段未修满规定之学分者,取消学籍或自费延长学习期限以取得要求之学分。

四、转学与转专业

研究生一般不得转学和转专业,如因专业调整,导师调动工作,或导师及所在系认为确实不适宜在本专业培养等特殊原因者,可以转学或转专业。

五、休学与复学

因病不能坚持学习,经核准,准予休学,一般以一学期为限。休学期满而未康复者,可申请继续休学,但总休学时间累计不得超过一学年。因病休学期间享受公费医疗,书籍费停发,休学在半年之内助学金照发,超过半年的其余月份,按80%发给。因病休学期满,确已恢复健康,可办理复学手续。

六、退学与取消学籍

研究生有下列情形之一,按退学处理:(1)休学半年期满,既不申请复学,又不办理继续休学或累计休学一年以上仍不能复学者;(2)在一学期内累计事假超过五周,累计旷课或擅自离校达两周以上者;(3)有特殊原因经批准自费出国留学,可保留学籍一年,一年期满未返校复学者;(4)本人申请退学,经系主任同意,研究生主管部门核准者。

研究生在学习期间有下列情形之一,取消学籍:(1)经院保健科或指定医院确诊,患有精神病、癫痫病、麻风病等疾病者;(2)意外伤残不能坚持学习者;(3)在校学习期间擅自结婚者。

退学或取消学籍研究生的善后处理,按下列规定办理:(1)入学前是国家或集体所有制在职职工的,回原单位安排,原单位并入其他单位的,由并入单位接收,原单位已撤销的由撤销单位主管部门接收安排;(2)入学前为应届毕业生或硕士研究生,因病休学满一年不能复学或患上述精神病等疾病的,回原户口所在地;(3)入学前是其他人员的回家自谋职业;(4)自费出国取消学籍后又回国的,按有关规定办理;(5)退学或取消学籍的研究生,发给退学或取消学籍证明。自规定离校之日起,停止一切研究生待遇;学习满一年考试成绩合格或已取得20个以上学分者,发给肄业证书,未经学校批准擅自离校的研究生不发给以上证明和证书;(6)退学和取消学籍的研究生,均不得申请复学。

七、奖励与处分

对品学兼优或某方面有突出良好表现的研究生由院、系根据其具体表现和事迹,给予不同形式的精神或物质奖励。

对政治表现不好、品质恶劣或违反校纪、国法的研究生,学校可视其情节和本人态度给予批评教育或下列纪律处分:警告、严重警告、记过、留校察看、勒令退学、开除学籍。应届毕业研究生,不给予留校察看处分。有下列情形之一,给予勒令退学或开除学籍处分:

（1）反对四项基本原则，反对党的领导和社会主义制度者；（2）无论以何种方式、言行煽动闹事或带头闹事，扰乱学校正常教学秩序，情节严重，或情节虽不太严重但经教育不改者；（3）严重违反国家政策法令，触犯刑律，沦为各种犯罪分子者；（4）破坏公共财产情节严重者；（5）有盗窃行为，情节严重者；（6）品质恶劣、道德败坏，有流氓、打架斗殴行为，情节严重者；（7）其他严重违犯国法或校纪者。

对研究生的记过，以下处分由系（所）主任会商党总支作出，院研究生主管部门核准公布。留校察看、勒令退学、开除学籍处分由系（所）提出书面意见，院研究生主管部门审核，院长批准并送上级主管部门备案。被勒令退学和被开除学籍的研究生，入学前是在职人员的回原单位安排，其工作安排与退学研究生的安排办法相同，入学前不是在职人员的一律回原户口所在地。被勒令退学的研究生发给学历证明，被开除学籍的研究生不发给学历证明。在学期间所受的奖励与处分材料均要存入本人档案。

八、毕业分配

研究生在毕业离校前均须由系（所）在德、智、体方面作一次全面鉴定，装入本人档案。研究生完成培养方案中规定的各项培养任务，论文答辩合格，发给毕业证书，未通过毕业论文答辩者发给结业证书。答辩委员会根据论文的质量作出是否授该生硕士学位的建议，院学位评定委员会根据答辩委员会的建议，综合学生各方面的情况，作出是否授予该生硕士学位的决定，由主管部门颁发学位证书。

研究生必须服从国家统一分配。对于不顾国家需要，经反复教育仍不服从分配，逾期三个月不去报到者，取消其分配资格，令其限期离开学校，将户口、粮食关系和档案材料转到原户口所在地，不发给毕业证书和结业证书，不授予学位，已发证书的要收回。每届毕业研究生留校人数全院宏观控制在该届毕业研究生总数的四分之一以下。

山东海洋学院学生违纪处分条例（试行）[①]

1987年9月

主要内容

第一条　根据国家教委[②]《高等学校学生学籍管理办法》有关规定制定本条例。

第二条　学生违反校纪，视情节轻重给予下列之一的处分：警告、严重警告、记过、留校察看、勒令退学、开除学籍。

第三条　受留校察看处分的学生，在察看期间有进步表现可按期解除，有立功者可提前解除，表现差者给予勒令退学或开除学籍处分。

第四条　对受留校察看处分的毕业班的学生，毕业时考察期不满者按结业分配工作，缓发毕业证书一年，由所在单位对其在一年内的表现写出考察意见，确有进步表现，补发毕业

---

① 中国海洋大学档案馆藏，档号：HC-1987-JXG-533-4。
② 国家教委是中华人民共和国国家教育委员会，是教育部的前身，于1985年成立，于1998年更名。

证书，表现差者作结业处理，不再补发毕业证书。

第五条 无论以何种方式影响、扰乱正常教学秩序、生活秩序、公共秩序，破坏安定团结者：（1）尚未造成严重后果，认识改正者，给予警告或严重警告处分；（2）情节严重，经教育尚能认识改正者，给予记过或留校察看处分；（3）情节严重，经教育坚持不改者，给予勒令退学或开除学籍处分。

第六条 违反国家法律、法令、法规，受到司法部门处罚者：（1）被判处以管制、拘役、徒刑或送劳动教养者，给予勒令退学或开除学籍处分；（2）被收容审查释放者，给予留校察看、勒令退学或开除学籍处分；（3）被处以行政拘留者，给予留校察看或勒令退学处分；（4）被处以警告者，给予警告或记过处分；（5）被处以罚款者，视情节轻重给予警告、严重警告或记过处分。

第七条 偷窃、诈骗国家、集体或私人财物者：（1）作案价值50元以下者，视其情节与态度给予警告或严重警告处分；（2）作案价值50元以上100元以下者，给予记过处分；（3）作案价值100元以上者，给予留校察看，情节恶劣者给予勒令退学或开除学籍处分；（4）多次作案总价值在100元以下者给予留校察看或勒令退学处分；（5）经保卫或公安部门确认撬窃者，虽未窃得财物，给予警告以上处分。属以上各情况但态度恶劣者，相应加重处分。

第八条 故意损坏公共财物，违反校规校纪受到学校罚款者：（1）罚款金额在20元以上50元以下者，给予警告处分；（2）罚款金额在50元以上者，给予记过处分；（3）后果特别严重者，给予留校察看或勒令退学处分。

第九条 肇事打架，策划、参与、伪证，提供凶器威胁受害人者：（1）肇事打架者：虽然未动手打人，但造成打架后果者，给予警告或严重警告处分；动手打人者，给予记过或记过以上处分；致他人轻伤者，给予留校察看或以上处分；致他人重伤者，给予勒令退学或开除学籍处分；（2）策划者：策划他人打架并造成后果者，给予严重警告或以上处分；后果严重者给予留校察看、勒令退学或开除学籍处分；（3）参与者：以劝架为名，偏袒一方，促使殴打事态发展并造成后果者，给予严重警告或以上处分；（4）伪证者：目击者故意为他人作伪证并使调查造成困难者，给予严重警告或以上处分；打架者犯此款加重一级处分；（5）为他人打架提供凶器者：未造成后果者，给予记过或留校察看处分；造成后果者，给予勒令退学或开除学籍处分；（6）在打架过程中，持械打人者，视后果程度给予留校察看、勒令退学或开除学籍处分；（7）威胁、恐吓受害人的加重一级处分。

第十条 一学期内无故旷课累计学时达到下列者：10～15节者，给予警告处分；16～20节者，给予严重警告处分；21～25节者，给予记过处分；26～49节者，给予留校察看处分；50节者，给予勒令退学处分。

第十一条 测验、考试（考查）作弊者：测验作弊者，给予警告处分；期中考试（考查）作弊者，给予严重警告处分；期末考试（考查）作弊者，给予记过处分；考试（考查）协同作弊者，给予严重警告以上处分；替他人代考者，给予记过或以上处分；叫他人代考者，给予留校察看处分；作弊行为特别严重者，给予勒令退学或开除学籍处分。态度恶劣者，相应加重处分。

第十二条 未经学校批准擅自结婚者，给予勒令退学处分。

第十三条 男女生活作风越轨，道德败坏者：违犯学校纪律，男女同宿舍过夜，视情节给予记过或以上处分；无论以何种借口，发生不正当的性行为，视态度给予勒令退学或开除学籍处分；以恋爱为名猥亵妇女，道德败坏，情况特别严重者，给予勒令退学或开除学籍处分。

第十四条 本条例没有列举的违纪行为，但确要给予处分的，可按照以上各条给予处分。

第十五条 有下列情况之一者从重处分：在本校受过处分者，对检举人、证人打击报复者。

第十六条 受处分者，附加给予下列处罚：（1）享受贷款（学生生活困难补助费）者，受警告或严重警告处分者二个月内不能领取，受记过处分者3～5个月内不能领取，受留校察看处分者在察看期间视其表现半年或一年内不能领取；（2）受警告及以上处分者不能参加本年度奖学金的评定；（3）受记过以上处分者，毕业分配时，单位拒收，学校不再负责分配。

第十七条 给予学生警告、严重警告处分，由系讨论报学工办审核备案。被处分的学生涉及两系以上时，由学工办会同有关系研究决定。给予记过、留校察看、勒令退学、开除学籍处分由学生工作委员会办公室会同有关部门研究决定，报院长批准。对犯有第五条至第十三条错误的学生处分须会商保卫处，对犯有第十条至第十三条错误的学生的处分须会商教务处。各部门审议后，意见仍不统一时，经院学生工作委员会办公室报院长决定。

山东海洋学院教书育人服务育人工作条例（讨论稿）[①]

1987年

主要内容

全院教职工要进一步明确社会主义办学方向，集中主要精力，培养合格人才。必须树立全面教育质量观点，克服轻视思想教育的倾向，改变教学工作与思想政治工作互不联系或结合不紧的状况，畅通思想政治教育途径，把学校建设成为社会主义精神文明的坚强阵地。

课堂教学是教书育人的重要场所。教师要在教好书的同时，寓思想教育于整个教学活动之中，培养和引导学生坚持四项基本原则，树立热爱党、热爱社会主义，掌握辩证唯物主义和历史唯物主义的基本观点，具有为国家富强和人民富裕而艰苦奋斗的献身精神，具有不断追求新知、实事求是、独立思考、勇于创造的科学精神。要不断提高业务水平，拓宽知识面，更新教学内容，改进教学方法，掌握教育规律，以适应学生的特点和需要。要严以律己，做学生的楷模。要接近学生、了解和关心学生，做学生的良师益友。

马列主义理论课和思想品德课授课教师要改革现有的课程内容，改进教学方法，联系实际进行教学。中青年教师要深入学生中去，固定联系一个专业班，参加他们的政治活动，进行调查研究，针对他们普遍关心的问题给予有说服力的正确回答。

学校的管理人员和服务人员要树立一切工作面向学生，为学生全面发展服务的思想，有

[①] 中国海洋大学档案馆藏，档号：HD-1987-JXGL-510-1。

针对性地对学生进行教育，作出表率。

专职从事学生思想政治工作的党团政工干部应当以党和人民的利益为重，为培育人才和建设社会主义精神文明贡献自己的力量。各系党总支和有关部处的领导要对他们严格要求，合理使用，注意这支队伍的建设，不断地选拔品学兼优的大学生、研究生充实到这支队伍中来。

班主任或指导教师要全面关心学生，言传身教，引导学生成为"四有"的合格人才。各级党政领导要关心班主任工作，具体帮助，严格考核。学工办要加强对班主任的管理，修订班主任工作条例和考核办法。青年助教，除个别、特殊情况外，均必须担任二年以上班主任，并经考核合格，才能取得申报讲师的资格，获得优秀班主任的教师，具备职称晋升条件，给予优先考虑。

各级领导要把教书育人、服务育人列入工作计划，定期检查，要对学生的德、智、体、美全面负责。各系主管学生工作的负责人和面向学生的职能部门的负责人要固定联系一个专业班，掌握第一手材料，把加强思想政治教育同严格管理结合起来。

鼓励教师、干部和职工进行教书育人、服务育人的理论研究，结合实际，就新时期教书育人、服务育人的规律、途径、教职工职业道德建设等方面进行深入探讨，提出解决实际问题的办法，协助院领导制定具体的政策和措施。党委宣传部、学工办、教务处和高教研究室等部门要在理论研究方面发挥作用。

各系要认真对教师教书育人工作进行考核评议，成立包括党政工团负责人参加的考核小组，进行综合分析，写出评语，记入教师业务档案，作为教师职务聘任、工资提升和优秀教师评选的重要依据。对获得学校教书育人先进个人称号的教师，只要其他条件符合规定就可优先晋升。对经考核不合格的教师应给予解聘，安排其他工作考察一年，再作处理。

对直接面向学生的管理人员、服务人员的本职工作和服务育人的情况要定期进行全面考察。有关单位的负责人要经常深入基层，接触学生，了解情况听取意见，对提供优质服务、服务育人的人员进行表彰报道，对服务态度差、学生意见大的人员要给予批评教育，奖金要根据服务质量和服务育人的情况分等发放，对获得全院服务育人的先进个人在提升工资时要优先考虑。对履行职责的班主任或指导教师每月发给六元至十元津贴，每学年减免十分之一至六分之一的教学工作量。表彰和奖励教书育人、服务育人的先进集体和先进个人要形成制度。

第三章
科学研究

1962年6月，学校研究制定了《山东海洋学院关于科学研究工作的暂行规定》，提出科学研究的总方向是"研究海洋中各和自然现象规律及其与生产建设、国防建设上的关系"，并提出了科学研究的任务和有关要求。1985年3月，中共中央发布《关于科学技术体制改革的决定》，为贯彻决定有关要求，学校站续研究制定了《山东海洋学院科研计划管理试行办法》《山东海洋学院科学技术研究成果管理暂行办法》《山东海洋学院科研成果奖励的综合评定办法》《山东海洋学院科研编制核定工作的暂行办法》等制度，以充分调动教师、科研人员的积极性，从而适应经济建设和学科发展的需要。

山东海洋学院关于科学研究工作的暂行规定（草案）[1]
1962年6月4日

主要内容

科学研究的总方向是研究海洋中各种自然现象规律及其与生产建设、国防建设上的关系。科学研究的任务：（1）开展海洋物理、海洋水文、海洋气象、海洋化学、海洋生物、海洋地质地貌、海洋渔业（水产）等方面的基础理论的研究；（2）结合各专业，开展有关国民经济中重大问题的研究；（3）结合各专业，开展新科学技术的研究。科学研究任务应该与教学工作紧密结合。基础理论的研究和各专业教材、教学参考书的编、著是科学研究的重要任务。

科学研究工作必须贯彻"百芚齐放、百家争鸣"的方针，对各种学派和各种学术见解提倡自由探讨、自由发展，绝不容许用行政命令的方法和少数服从多数的方法解决学术问题。必须制订全院、系、教研室的长远规划（十年）和年度计划，各个科研题目必须制订较具体的执行计划。科学研究工作计划包括科学研究任务（或项目）、每一项目总的指标及阶段指标、完成任务的主要措施、所需主要器材和经费、计划执行者及合作者等内容。

教师应该在保证完成教学仟务的前提下，积极参加科学研究工作。老教师及有一定学术水平的教师，根据各人的具体情况可以多做些科学研究工作。对开新课的老教师或新担任教学工作的教师，主要要求其将教学工作做好，可以适当少参加或不参加科学研究工作。教师参加科学研究工作的时间，由系和教研室根据实际情况，商同教师本人决定。如有特殊需要，经院长批准后，可抽调少量教师在一定时期集中进行科学研究。为充分发挥老教师在科

---

[1] 中国海洋大学档案馆藏，档号：HY-1962-XB-41-13。

学研究工作中的作用,需为各系教授、副教授配备助手,助手不得随便调动。

学生参加科学研究的目的在于获得从事科学研究的训练,培养独立工作能力。一、二、三年级学生的主要任务是学好基础课,不安排科学研究任务。四、五年级的学生的科学研究须在教师指导下,主要通过做学年论文(课程设计)、毕业论文(毕业设计)进行。其科学研究时间一般总计为18～22周。可适当吸收学生参加教师的学术活动或举办学术讲座,鼓励学生开展关于学术问题的自由讨论。高年级学生亦可根据具体情况适当参加教研室的某些科学研究工作。学生参加科学研究工作和各种学术活动,应在教学计划规定时间内进行,不得停课进行。对学业特别优良的学生在课余进行科学研究工作,应该予以鼓励和帮助。学术活动方式提倡丰富多彩,不应限定形式,可以采取专题讲座、读书报告、座谈等形式。科学研究工作不搞竞赛,不搞突击献礼。

成立科学技术委员会,设主委1人,副主委2～3人,人选由部分老教师组成,经院委会通过。科学技术委员会的任务:(1)负责审查各系科学研究规划和计划,并及时检查计划执行情况;(2)总结全院科学研究工作的经验教训,推动全院科学研究工作的开展;(3)对承担的国家项目所形成的研究成果,组织审查或鉴定;(4)制定、修订有关科学研究工作的规章制度;(5)讨论、决定承担国家的科学研究的任务;(6)研究其他有关科学研究工作的重大事项。科学技术委员会至少每学期始末召开一次会议研究工作。

出刊《山东海洋学院学报》,每年出版1～2期。设有编辑委员会负责学报出版事宜。凡投学报稿件,如已采用,必须按稿酬办法给予稿酬,不用稿件必须退还。

科学研究的经费,应按照学校统一规定编造预算、决算,统由财务科开支,不另设账。所需的仪器、设备、材料(包括消耗材料),应本着勤俭办事的方针,分下列五种情况办理:(1)凡能与教学设备结合者,应该尽量结合,不另购置;(2)凡确属与教学设备关系不大者,应列入预算,有重点的购置;(3)凡消耗器材,而又需要量较大者,必须单独编造预算购置;(4)科学研究的基本建设,可与教学方面合并考虑,由科学技术委员会审查,统交总务部门汇总;(5)科研经费的开支,除少量消耗材料费用由科委办公室掌握外,其余均由教学设备科统一处理。科学研究成果一般应由系或教研室负责组织进行审查或鉴定,对承担的国家任务,除本院组织审查或鉴定外,尚应提交下达任务的单位进行审查或鉴定。科学研究的情报、资料工作必须有计划、有重点地开展,除图书馆成立中心资料室外,各系资料室均有责任收集科学研究的情报、资料。科学研究的情报、资料应按本院保密条例划分密级,分别由科委办公室、图书馆中心资料室、系资料室(或图书室)管理。

科学技术委员会下设办公室负责处理有关科学研究工作中的具体工作,办公室的任务:(1)处理科学技术委员会的文书工作;(2)汇集科学研究计划、学术活动计划,对主要问题提出处理意见;(3)负责学报出版工作;(4)负责管理科学技术档案;(5)负责管理属于绝密的科学技术情报、资料并对外进行索取交换等工作;(6)负责科学技术委员会会议及科委召开的各种会议的准备工作;(7)经办科学技术委员会交下的工作;(8)经办科学研究工作中的对外联络工作。

山东海洋学院科学技术研究成果管理暂行办法^①

1986年7月

主要内容

　　本办法所管理科研成果的范围：应用于社会主义现代化建设的新的科学技术成果（包括新产品、新技术、新工艺、新材料、新设计、生物新品种等），在重大科学技术项目研究过程中取得的有一定新颖性、先进性和独立应用价值或学术意义的阶段性科研成果，消化、吸收引进技术取得的新的科研成果，为阐明自然的现象、特性或规律而取得的具有一定学术意义的科学理论成果，在某一领域内系统地综合总结并具有自己特色的专门著作（科学研究论文），基础调查报告。

　　科学技术研究成果的鉴定、评审：一切科学技术研究成果都必须经过严格的鉴定或评审。应用技术成果凡具有下列情况之一者，可视同已通过鉴定。（1）根据研制任务书或合同书，经任务下达（或委托）的专业主管部门正式验收并出具证明的。（2）已经在生产（或使用）实践中证明技术上成熟，经济上合理，由专业主管部门审查合格并出具证明的。（3）经专业技术管理机构检验合格并出具证明的。科学理论成果应在其论文正式发表后，经学校组织同行专家评议，对具有应用价值的科学理论成果，应着重对其应用价值作出评价，科学理论成果如已在全国性（或国际性）学术会议上宣读并获得会议文件对其作出肯定性评价者，可不再另行组织评审。专利按专利管理暂行规定管理。

　　科研成果的申报：完成的科学技术研究成果，必须及时申报。

　　科研成果的奖励：院设立科研成果奖励基金，每年校庆时颁奖，奖励分为科研成果奖、专著奖和优秀论文奖。（1）科研成果奖分四等。一等奖：研究难度很大，学术上有创见，学术水平接近国际水平，其理论对科学技术进步和生产发展有重要的指导作用和显著的学术价值。应用成果技术难度大，技术水平达到国内最先进水平，对推动科学技术进步有显著的作用，并取得重大的经济效益或社会效益。二等奖：研究难度大，学术上有新的突破，学术水平达到国内先进水平，其理论对科学技术进步和生产有较重要的指导作用和较显著的学术价值。应用成果技术难度大，达到国内先进水平，对推动科学技术进步有一定作用，并取得较大的经济效益或社会效益。三等奖：研究难度较大，学术水平接近国内先进水平，其理论对促进科技进步和生产的发展有一定的指导作用。应用成果有一定技术难度，达到省内最先进水平，对推动技术进步有一定作用，并取得较大的经济效益或社会效益。四等奖：有一定研究难度，在理论或技术上具有新颖性、先进性，对推动技术进步有一定作用，并有较大的经济效益或社会效益。（2）专著奖分三等。一等奖：达到或接近国际先进水平。二等奖：达到国内先进水平。三等奖：具有新观点、新见解，有较高的学术水平。（3）优秀论文奖：论文有新的发现、新的观点或新的见解，对学科发展有较大的指导作用。各项科研成果不能重复

---

① 中国海洋大学档案馆藏，档号：HY-1986-GL-193-3。

领奖,若一项成果多次获奖,则领取其中奖金最高的一次。

科研成果的推广和转让:各系、所、处、室有权对外承接各项科技任务,读判成果转让等事宜,但合同的正式签订必须通过科研处加盖院或科研处公章。属于职务研究的科研成果,所有权归学校所有,成果转让应由其所在单位和科研处负责进行,凡私自转让者,一定要追究责任。实施应用开发研究过程中的中间产品也是科研成果的一部分,不得私自转让与出卖。成果转让费由转让双方自议,对成果转让做出贡献的单位和个人可从转让费中提取一定比例的酬金。

山东海洋学院科研计划管理试行办法 ^①

1986年

主要内容

科研计划管理的主要内容是科研选题指南、科研计划的编制、科研计划的实施、科研计划的检查和总结。根据《中共中央关于科学技术体制改革的决定》的要求,本着"简政放权、明确职责、简化手续、方便基层"的精神,学校实行课题承包责任制为核心的院—课题组和系(所、室)—课题组的两级管理体制。课题的管理权限由科研处根据课题性质同系(所)和课题负责人决定。

课题选题指南:遵循中央"经济建设必须依靠科学技术,科学技术必须面向经济建设"的战略方针,根据国家和教委等有关部门的科技发展规划,发挥学校海洋多学科、综合性强的优势,重点突出,全面安排,大力加强应用开发研究,加强科技信息的研究,积极承担国民经济和海洋开发急需的横向委托科研。选题指南由科研处会同有关部门每二年编制一次,报院学术委员会和院领导批准。

科研计划的编制:(1)来源为国家、教委及部、省等有关部门下达的重点攻关项目,国家和各级自然科学基金项目,国际合作科研项目,有关部门和厂矿企业委托的合同项目,院、系自拟科研项目。正式列入计划的项目,必须具有主管部门下达的正式文件或签订的合同、协议。(2)凡申请列入科研计划的项目,必须由课题负责人申请,经所在系(所、中心、室)学术委员会和主管负责人签署意见后报科研处,科研处组织专家评议,报院学术委员会和主管院长同意后列入计划。学校利用科研事业费、科研三项经费等部分资助院拟项目并实行部分课题指标和有偿合同制,努力提高投资效益。

科研计划的编制:每年由科研处汇总,编制年度科研计划实施表,报院审核后下达。

科研计划的实施:(1)项目确立后,承担单位和课题负责人按照计划的指标、进度,做到研究内容、实施方案、研究人员、措施条件、组织领导"五落实",以保证计划任务按时完成。(2)国家及有关部、委重点科技攻关项目,大型综合性海洋调研项目,国际合作研究项目和跨学科、跨系(所)、跨校际的联合协作项目和综合大型开发应用委托项目由院负责管

---

① 中国海洋大学档案馆藏,档号:HY-1986-GL-193-1。

理，其余原则上由系（所）管理。校、系两级都要经常了解科研计划项目的进展情况，帮助解决计划执行中出现的问题。（3）对于按期完成计划任务并取得显著经济效益、社会效益和环境效益及具有重大学术价值的，要给予表彰和适当的奖励，并在安排下一年度的科研项目和经费资助时优先考虑；对完不成计划任务，又无正当理由的，要分别不同情况，追究有关人员的责任和追回部分经费，近期内不考虑安排新项目。

科研计划项目的检查和总结：（1）检查内容包括科研计划项目执行情况，年中、年末填报执行情况表；取得哪些重要进展和阶段性成果；存在的困难和问题；对原计划有无修改；经费开支合理与效果情况；科研人员的工作情况；科研保密执行情况。（2）检查方法是按项目管理权限分系（所）检查、院检查和院、系联合检查，每半年集中检查一次。（3）科研计划完成后，应迅速整理有关技术资料，并写出书面研究工作总结报告，做好成果鉴定和评审前的准备。

第四章
师资队伍

1985年9月,根据国家教委《高等学校教师学衔条例(草案)》的规定,为做好教师学衔评定和教师职务聘任制试点工作,学校先后制定了《山东海洋学院试行〈高等学校教师学衔条例(草案)〉实施细则》《山东海洋学院〈高等学校教师职务聘任工作试行条例〉(草案)实施细则》,在学衔评定的基础上,实行教师职务聘任制。之后,又出台《山东海洋学院关于教师职务聘任工作中若干问题的暂行规定》,对聘任工作中面临的一些问题及聘任工作程序等作出规定。

中共山东海洋学院委员会关于落实知识分子政策的几点意见[①]
1984年9月26日

主要内容

在政治上信任和关心知识分子,切实解决知识分子入党难的问题。坚定不移地贯彻执行党中央关于知识分子问题的方针和政策,每学年要有计划、有针对性地指导他们学习马列主义、毛泽东思想,逐步树立无产阶级世界观,走又红又专的道路。在机构改革、领导班子调整和各项改革工作中,要进一步把德才兼备的知识分子选拔到各级领导岗位上来,充分发挥他们的作用。为了有利于知识分子的教学、科研和工作,凡与他们业务关系较大的会议、文件和内部资料,应允许高中级知识分子参加、阅读和订购。要尽快给造诣较深的专家、学者、教授配备助手,给从事教学、科研工作的中级以上知识分子进修学习时间。定期为知识分子发放图书补助费。鼓励发明创造,奖励有突出贡献的知识分子。

关于知识分子住房问题:在现有住房中进行必要的调整,以解决少数贡献大住房条件差的高中级知识分子的住房问题;做出高中级知识分子用房申请计划;积极创造条件,加快基建速度,力争每年都有新房投入使用。

积极解决知识分子两地分居和家属"农转非"问题,关心知识分子的身体健康,解决高级知识分子因公外出或到医院就诊的用车问题,积极解决南方籍高中级知识分子大米供应问题,抓紧解决落实政策中的各项遗留问题。

① 中国海洋大学档案馆藏,档号:HY-1984-DB-167-6。

山东海洋学院试行《高等学校教师学衔条例（草案）》实施细则①

1985年9月10日

主要内容

学校设立助教、讲师、副教授、教授和高级讲师学衔。

授予教师学衔政治条件如下：（1）《高等学校教师学衔条例（草案）》中第三条所列"高等学校教师应拥护中国共产党的领导，热爱社会主义祖国，品行端正，为人师表，并有献身于教育事业的精神"，是学校拟授予教师各级学衔的必备条件。（2）一年来具有下列情形之一或过去曾有以下行为尚未认识者，不予晋升学衔：对党的三中全会以来的路线、方针、政策，严重不满或抵触者；受过国法和党政处分或过去受过察看处分尚未撤销者；不顾工作需要，不服从工作分配者；因对本职工作不负责任酿成事故，造成较大损失或恶劣影响者；违犯国家法令或校规校纪，在群众中造成坏的影响者；作风不端，不能为人师表，造成较坏影响者；在评定学衔工作中，搞不正之风，干扰评审工作，或弄虚作假，谎报成果，或有剽窃他人成果者。

授予各级学衔的业务标准如下：

助教：获得学士学位，或在工作实践中进修提高，经考试或考察达到学士学位同等学力，以从事教学工作为主的教师，在一年以上的见习期内，曾系统承担过一门课程的辅导答疑、批改作业，或组织课堂教学承担习题课、实验课等教学工作（体育、公共外语、制图等课程的教师要求能讲课），以科研工作为主的教师，在一年以上的见习期内曾在计算、实验、资料收集和分析、技术报告整理等某些方面承担科研助手工作。以上见习助教经考核，表明能胜任并履行助教职责，授予助教学衔。获得硕士学位或研究生班结业证书或第二学士学位证书，经考核表明能胜任和履行助教职责，即可授予助教学衔。

讲师：已取得高等学校助教进修班的结业证书，或确已掌握硕士研究生三门以上主要课程内容，担任助教职务工作五年或五年以上，以担任教学工作为主的助教，确已熟练地胜任助教工作，经考察，并确已有系统独立讲授某门课程和指导实习、社会调查、指导学生毕业论文毕业设计和一定的科研能力，并在担任助教职务期间完成规定的年三分之二以上的教学工作量，能顺利地阅读本专业外文书刊，表明能胜任和履行讲师职责的，可授予讲师学衔。以科研工作为主的助教，经考察，确已能协助开展科学研究，每年有两篇实验综合报告或一篇已在有关刊物上为主发表的论文，或有一项科研成果，已具有直接参加有一定学术水平的理论性研究项目或有一定实用价值或经济效益应用科研项目的能力，具有独立讲授本专业某门课程的能力，平均每年完成三分之一的教学工作量，能顺利地阅读本专业外文书刊，表明能胜任和履行讲师职责的，可授予讲师学衔。获得研究生结业证书或第二学士学位证书，已承担二至三年助教职务工作或获得硕士学位，已承担两年左右助教职务工作，并分别达到上述

---

① 中国海洋大学档案馆藏，档号：HY-1986-RS-488-1。

教学、科研和工作量的要求,可授予讲师学衔。获得博士学位,经考察,表明能胜任和履行讲师职责,可授予讲师学衔。授予讲师学衔的必须通过教务处组织的外语考试(按规定予以免试者除外)。

副教授:已承担五年以上讲师职务工作,或者获得博士学位,已承担二年以上讲师职务工作,确已熟练地履行讲师职责,对本学科具有系统而坚实的理论基础和比较丰富的实践经验。能及时掌握本门学科发展前沿的状况,教学成绩显著,能启发学生思维,培养其分析问题、解决问题的能力。以从事教学工作为主的讲师,系统地讲授过两门或两门以上课程的教学工作,其中一门应是基础课(包括专业基础课,长期从事基础课或公共课的教师若无机会开出另一门课程,应考察其开出一门所属专业教学计划中另一门理论课的能力),教学成绩显著,并在担任现职以来(被批准外出进修,或执行其他任务的时间除外),每年平均至少完成规定的教学工作量的三分之二,确已具有独立指导硕士研究生和进修教师的能力,或协助教授、副教授指导过研究生和进修教师,指导过本科毕业生的毕业论文、毕业设计(一般应五个专题以上),担任现职以来,已在中级水平刊物上发表具有一定学术水平的论文或出版有价值的著作、教科书,或在实验、生产、技术开发方面做出较大贡献,熟练地掌握一门外语(外语教师要求第二外语),经考察,表明能胜任和履行副教授职责,可授予副教授学衔。以从事科研工作为主的讲师已具有较丰富的研究工作经验,能根据国家的需要,正确选定研究课题,制订实施计划,担任现职以来,完成一项具有国内先进水平或经济效益较显著的科研成果,或平均每年能独立或为主发表具有较高水平的论文一篇,对周期长的课题,能提出并经鉴定具有水平较高的阶段性成果,或在省级以上出版社出版了著作或教科书,具有独立指导研究生、进修教师的能力,并指导过本科毕业生毕业论文五个专题以上。一般应平均每年完成三分之一的教学工作量,熟练地掌握一门外国语,经考察,表明能胜任和履行副教授职责,可授予副教授学衔。授予副教授学衔的必须通过教务处组织的外国语考试(按规定予以免试者除外)。

教授:已承担五年以上副教授职务工作,确已熟练地履行副教授职责,平均每年完成教学工作量不低于700学时,教学成绩卓著,在任职期间发表过对本门学科有创见性的科学论文,发表在一级刊物上,或出版有创见性的著作或教科书,或有重大的创造发明,获得省级成果一等奖或国家奖,能担任某一领域的学术带头人,确已讲授过研究生学位课程并招收指导过两名硕士研究生,具有指导博士研究生的能力,在教学管理和科研管理方面具有一定的组织领导能力,熟练地掌握一门外国语,可授予教授学衔。对副教授和教授科研工作的考察,属基础理论方面的论著主要应考察其理论价值,属应用技术工程等方面的论著或成果主要考察其经济或社会效益。

高级讲师:已承担五年以上讲师职务工作,能熟练地履行讲师职责,对本门学科有系统而坚实的理论基础和比较丰富的教学经验,能不断吸收本学科新的知识充实教学内容,教学成绩显著,能启发学生思维,培养其分析问题、解决问题的能力,至少已开出两门或两门以上的课程,其中一门是基础课(包括专业基础课或技术基础课),掌握本学科范围内的学术发展动态,在教学法的研究、教材的编写方面有较高水平,发表过论著,或在实验室建设上成绩卓著,每年完成规定的教学工作量三分之二以上,熟练地掌握一门外语。经考察,表明能胜任和履行高级讲师职务,可授予高级讲师学衔。

　　符合本细则政治条件要求，在教学或科研工作方面成绩特别卓著的教师，可不受学历、学位、任职年限的规定限制，授予相应学衔。见习助教在见习试用期，按有关规定经考核，院学衔委员会审批、通过，可提前3～6个月转正，授予助教学衔。履行助教职务的教师，在任职年限的规定内，确已熟练地全面地履行了助教职责，并确已履行了讲师的职责，并在教学、科研、外语水平等方面达到了讲师的较好水平，做出了显著成绩，经考核，院学衔委员会审核通过，根据实际情况缩短其年限的限制，授予讲师学衔。履行讲师职务的教师，在任职年限的规定内，确已熟练地全面地履行了讲师职责，并确已履行了副教授或高级讲师的职责，并在教学科研、外语水平等方面达到了副教授或高级讲师的较好水平，做出了显著成绩而被全院公认，并在省内有一定影响的教师，按授予学衔程序，经严格考核，可根据实际情况缩短其年限，授予副教授学衔或高级讲师学衔。副教授或高级讲师在任职年限规定内确已履行了教授的职责，并在教学、科研方面达到了教授的较好水平，并做出了优异成绩，而被国内公认，并在国内具有一定影响者，按授予学衔程序，经严格考核，可根据实际情况缩短其年限，授予教授学衔。对于越级授予学衔者，从严掌握。

　　对下列情况者，在限额内给予优先考虑：（1）市和市级以上劳动模范和二次受到表彰的各级优秀教师、班主任，或在科研成果方面获得成果奖的教师（其中授予高级学衔的教师需获得省成果一等奖或国家级成果奖）。（2）按照学校的发展及统一安排，服从工作需要，转行从事新兴学科或边缘学科的建设，或在筹建新专业和新的科研机构，或在实验室建设等工作中做出显著成绩的教师。（3）担任党政职务，兼任教学或科研工作，在党政工作中认真贯彻执行党的方针、政策，勇于改革，有较高管理水平，做出显著成绩，在群众中有较高威信的教师。（4）在市或市级以上学术团体中兼任职务，做出显著成绩，在社会上有较大影响的教师。

　　成立学衔委员会，下设11个学科评审组，院学衔委员会的任务：（1）贯彻执行上级有关教师学衔授予工作的方针、政策、条例，并结合学校情况，制定具体实施细则。（2）审批授予讲师学衔，报山东省学衔委员会备案。（3）审核授予副教授、高级讲师、教授学衔的教师的水平、能力成绩，并按上级批准的权限授予相应的学衔或报上级审批授予。（4）处理学衔评审工作中的有关问题。每届教师学衔委员会及学科评审组任期为三年。

　　各级学衔的评审与授予：（1）助教学衔：见习助教本人首先向所在系提出申请，按《山东海洋学院对高等学校毕业生见习试用的暂行规定》进行考核，系主任在听取各方面意见的基础上，提交系学术委员会评审、讨论，经无记名投票赞成票数超过全体成员二分之一即为通过，上报院学衔委员会授予助教学衔。（2）讲师学衔：被评审教师首先向系提交申请表和反映自己业务水平及能力的代表材料，系主任在充分听取各方面意见的基础上，提出推荐意见，报院学衔委员会进行评审，经学科评审组及院学衔委员会评审讨论，无记名投票，赞成票数超过全体成员二分之一即为通过，院学衔委员会授予讲师学衔，并报省学衔委员会备案。（3）教授、副教授、高级讲师学衔：根据上级批准的限额，在广泛调查研究的基础上，向各单位下达限额指标；被评审人员本人填写学衔申请表，提交担任现职以来反映个人业务水平及能力的有代表性的材料；系主任在广泛听取意见的基础上，向院学衔委员会推荐授予学衔人员名单；对被评审的人员所提交的材料，视各学科组高级职称情况，由二人（其中至少有一个校外同行专家）协助进行学术鉴定；院学衔委员会委托学科评审组会同校外专家评审意见，对各单位推荐人员进行业务评审，经全体成员二分之一赞成通过后上报院学衔委员会审批；院学衔委员会进行综合评审，赞成票数超过全体成员数的二分之一方为通过，按授予权限授予学衔或上报上一级学衔委员会审批；对个别特殊情况，院学衔委员会亦可直接评审，在其权限范围内授予相应的学衔。

在1983年9月1日取得教师职称经复查验收合格的，均承认具有相应学衔，对待批的教授和副教授，经复查验收合格者，不再重新进行院级评审程序，按授予权限授予相应的学衔。对因职称工作冻结，现已达到离、退休年龄，但又确已达到高一级学衔的水平和能力的教师，可以授予相应的学衔，即随办理离、退休手续。现在教学、科研岗位上的教师，在授予学衔时，应同时考虑聘任其相应职务的可能性。对一年来，为了充实领导班子提拔了一批过去长期从事教学工作，而提拔前确已达到高一级学衔水平的教师，对他们可以按同样评审程序授予学衔。对于已获得高等学校教师学衔或待批高级学衔者，如发现有营私舞弊严重违犯本细则规定或复查不合格的情况，院学衔委员会可经原授予单位批准，撤销其学衔，院学衔委员会如发现下属学科评审组有营私舞弊、弄虚作假，或严重违犯评审规定者可随时予以撤销或调整。凡无高等学校学衔调入学校任教的，一般应经过一年以上教学科研工作的考察，按本细则要求授予相应学衔，在未正式授予学衔以前，暂称教员。

山东海洋学院《高等学校教师职务聘任工作试行条例》（草案）实施细则[①]
1985年9月18日

主要内容

一、总则

在教师学衔评定的基础上，从本学期开始实行教师职务聘任制。教师职务是根据学校所承担的教学、科研工作需要设置的工作岗位，设助教、讲师、副教授、教授和高级讲师。教师职务定额以人事处下达的定编数为准，高级职务的教师应有一定的比例，以院批准下达的控制数为准，不能超过。

二、任职条件

教师应拥护中国共产党的领导，热爱社会主义祖国，品行端正，为人师表，并有献身于教育事业的精神；必须具有相应学衔并能胜任和履行相应职务的职责，完成学校规定的工作定额、任务。

三、各级教师职务的职责

助教的职责：承担课程的辅导答疑、批改作业、辅导课、实验课、实习课，组织课堂讨论等教学工作（体育、公共外语、制图等课程的教师还应讲课），担任某些课程的部分或全部讲课工作，协助指导毕业论文、毕业设计；参加实验室建设、生产实践、社会调查等方面的工作；担任学生的政治思想工作或教学、科研等方面的管理工作；参加教学法研究或科学研究工作。

讲师的职责：系统地担任一门或一门以上课程的讲授及全部教学工作，指导实习、社会调查，指导毕业论文、毕业设计；担任实验室的建设工作，组织和指导实验，编写实验教材及实验指导书；参加科学研究及其他科学技术工作，参加编写、审议教材（或补充教材）和教学参考书；协助教授、副教授指导研究生和进修教师；担任学生的政治思想工作或教学、科研等方面的管理工作；根据工作需要，担任辅导答疑、批改作业、辅导课、实验课、实习课，组织课堂讨论等教学工作。

副教授的职责：担任二门或二门以上课程的讲授及全部教学工作，其中应讲授一门基础课（包括专业技术课或技术基础课），指导毕业论文、毕业设计；担任学术指导人或科研课题负责人，主持或参加编写、审议新教材和教学参考书，负责或参加审阅学术论文，掌握本学科范围内的学术发展动态；指导实验室的建设、设计，革新实验手段或充实新的实验内容；指导硕士研究生和进修教师，协助教授指导博士研究生；担任学生的政治思想工作或教学、科研等方面的管理工作；根据工作需要，担任辅导答疑、批改作业、辅导课、实验课、实习课，组织课题讨论及指导实习、社会调查等教学工作。

教授的职责：除担任副教授职责范围内的工作外，应承担比副教授职责要求更高的工作，担任某一领域的学术带头人，领导本学科教学、科研工作，指导博士研究生。

高级讲师的职责：承担二门或二门以上课程的讲授及全部教学工作，其中应讲授一门基础课（包括专业基础课和技术基础课），指导毕业论文、毕业设计；掌握本学科范围内的学术发展动态，参加科学研究及其他科学技术工作，主持或参加编写、审议教材和教学参考书，主持和参加教学法研究；指导实验室建设、设计，革新实验手段或充实新的实验内容；指导进修教师；担任学生的政治思想工作，或教学管理工作；根据工作需要，担任辅导答疑、批改作业、辅导课、实验课、实习课，组织课堂讨论以及指导实习、社会调查等教学工作。

四、聘任

各级教师职务应在具有相应学衔的教师中进行聘任。聘任程序：系（室）主任在充分听取意见的基础上，推荐提出任职人选，报人事处审查、汇总，由院长进行聘任。系主任在推荐任职人选时，要明确受聘人的教师职务、工作岗位、履行职责和承担的工作任务量，双方面定聘约。聘任期限暂定1～4年，特殊情况也可少于1年。凡受聘教师，根据国家有关规定发给其相应的职务工资，对于不接受聘任的教师，列入编外人员。对无正当理由不能履行聘约者，可以中途解聘，并在聘期内提前半年通知对方。应聘人如在聘期内提出辞聘，亦应提前半年通知聘方。

五、待聘人员的安排和待遇

对于未聘人员应鼓励他们到充分发挥专长的单位去任职，允许本人在校内外联系接收单位，组织帮助办理调动手续，个人联系不到工作单位的，学校也可以帮助联系，本人应服从调动，如果拒绝到学校为他们联系的接收单位，将列入编外人员。没有聘任，也联系不到合适接收单位的教师，学校将根据情况，安排其适当的临时性工作，如果拒绝，将列入编外。对于列入编外的人员，停发一切奖金，不得晋级增资，自第二个月起扣发其职务工资的10%，自第四个月起扣发其职务工资的25%，超过半年者扣发全部职务工资。允许个别系（所）少量超聘校内现有教师，但必须每年从创收中上缴1500元的超聘费。对于确因长期生病（半年以上)不能坚持正常工作未被聘任者,经批准可以列入编外,工资按劳动人事部有关规定发给。如半年以内生病,不能坚持工作的人员按原学校有关规定执行,因生病入编外的人员病愈后,仍可列入编内。已达到离退休年龄的教师除因工作需要,本人自愿能坚持正常工作的教师经批准可按有关规定适当延长离退休时间者外,须办理离退休手续,有的可返聘。

六、考核

对受聘教师在任职期间的工作态度、工作成绩、业务水平和履行相应职责的能力,应进行定期与不定期的考核,考核情况作为晋级、晋职、奖惩和能否续聘的依据,定期考核每年一次。

山东海洋学院关于教师职务聘任工作中若干问题的暂行规定 [①]
1986年6月10日

主要内容

出国人员的聘任问题:(1)经批准工资照发的公派留学人员,在批准的期限内,计算编制,同时聘任其相应职务;(2)经批准的自费(指系由亲、友资助者)留学人员,停发工资,可缓聘不计算编制,编制暂保留在院里;(3)公派留学人员如需延长出国时间或改变专业方向的,必须事先申请办理批准手续,凡未经批准,逾期不归或擅自改变专业方向的,即停薪留职,列入缓聘人员,不计算编制。

病号的聘任问题:(1)因病长期不能上班的教师(六个月以上),发病号工资,不计算编制,暂不聘任;(2)只能坚持半日工作的教师,按半个编制计算,可聘任相应的职务。

未聘教师的安排问题:(1)根据学校人才流动的暂行规定,在院内进行调整;(2)校外交流,允许教师本人到校外联系工作单位,超过一个月尚未联系妥者,须按有关规定减发其工资;(3)学校按本人专业口径和情况亦可向校内外推荐联系,本人应服从组织调动,否则按上条处理,在尚未安排妥之前,学校安排临时性工作;(4)未聘教师与原所在单位脱钩,关系转人事处。

超聘问题:各系(所)根据工作需要可以少量超聘,但超聘一人,每年须向学校交超聘费1500元。

拒聘、兼聘、解聘和辞聘问题:(1)允许教师拒聘,拒聘后没有单位再聘任,将列入编外人员,如果两个单位同时聘任一个教师,教师有权决定受聘于哪个单位,教师决定受聘于新单位时,原单位原则上不得阻拦;(2)一个教师可以同时接受两个单位的聘任,兼任两个单位的工作,其编制由双方议定;(3)如果受聘教师不履行聘约,聘任单位有权解聘,受聘教师也可以辞聘,解聘和辞聘都必须在聘期内提前半年通知对方。

担任德育课人员聘任教师职务问题:担任德育课人员,也可聘任为教师职务,但聘任前必须进行任职资格审查,其条件与马列主义课教师要求相同。

---

① 中国海洋大学档案馆藏,档号:HY-1986-RS-487-17。

已离、退休教师返聘问题：可根据工作需要及拟返聘人员的身体条件，由系提出，院长发给聘书，每月暂发30元返聘费。

聘期问题：（1）聘期一般为1～4年；（2）对在四年内达到退、离休年龄的教师，聘期不得超过其退、离休时间。如工作需要，应聘人员个人条件合适，可届时再按延长聘期或返聘的规定办理。

在聘期内任职资格的晋升问题：教师达到高一级任职资格的条件，按资格评审程序批准者，届时可更换原聘书。

助教讲课的聘任问题：（1）除公共外语、体育和制图课允许助教讲课外，其他课程一般皆由具有讲师以上任职资格的教师担任；（2）如确因工作需要，必须助教讲课者，经教务处批准，方可聘任其担任讲课任务；（3）确已较好达到讲师任职资格的助教，经院职务评审委员会审定，可不受助教任职年限的限制，破格晋升任职资格。

教师聘任工作程序：（1）系（所）主任公布本系近期内所承担的教学、科研等任务，教师根据自己的情况向系主任提出所能承担的任务；（2）系主任根据实际工作的需要，结合本单位编制定额、结构的调整、岗位设置及发展设想，在广泛征求意见的基础上，与党总支协商后，提出推荐名单；（3）系主任提出推荐名单，交院职改领导小组办公室；（4）院职称改革工作领导小组汇总后，报院长批准；（5）系主任与受聘人员签订聘约；（6）院长颁发聘书。

第五章

服务保障

　　山东海洋学院时期，学校先后制定了《山东海洋学院财务管理暂行办法》《山东海洋学院仪器设备管理暂行规定》等，健全完善财务管理制度，加强仪器设备管理，改善教学和科学研究的条件保障。此外，为进一步加强内部科学管理，1987年9月，学校研究制定了《山东海洋学院关于审计工作的暂行规定》，进一步加强对财务收支及其经济活动效益的审计监督。

山东海洋学院财务管理暂行办法（草案）①

1960年

主要内容

　　"集中掌握，统一调配，分级管理"为学校财务管理的原则。各单位不得自设"小公家"财务。一切有关财务问题的请示报告，均须经财务科汇总呈院长批准后上报。对外之订货或付款合同必须会财务科经有关领导批准而后签订。财务科在院长授权下，对各单位经费使用情况进行监督检查，被检查单位有义务提供各项有关材料。全院师生员工对本院财务开支都有责任进行监督。经办财务人员尤应忠于职守，反对破坏财务制度的行为。

　　在年度开始前各单位按照事业计划必须认真研究，本着少花钱，多办事的精神提出预算。财务科按照批准的年度预算，拟出具体分配使用计划，经院长批准后，作为各单位全年经费使用的控制范围。在年度预算未批准以前，可根据具体需要提出季度用款计划，经财务科在上级核实的经费范围内合理调度使用。各单位在全年预算范围内编列季度用款计划，编列季度用款计划时，应按下列要求造送附表：（1）仪器、机件、家具、器皿、体育机械、交通工具、文娱设备等固定性设备计划，单价在二百元以上，使用年限在一年以上者，应详列品名、规格、数量、单价、总价等明细表，并说明购置理由。（2）一切修缮计划应附工料单及详细说明表。（3）实习参观计划应附有实习人数、时间、地点、实习内容，并根据《生产实习经费开支暂行办法》，计算出各项费用明细表。实习计划须根据批准的教学计划制订。在年度经费控制范围内如需追加季度用款计划时，须报经上级批准拨款后方能支用。

　　学校经费管理权限为院长财权制，在院长的授权下，财务科对学校的现金收付、经费开支等，依照规定统一管理，各单位在分配的经费控制数内按照计划领报使用。经费使用范围，按照预算科目分别掌握如下：（1）工资、补助工资、职工福利费、差旅费、人民助学金、给养费、单位预算差额补助费等由财务科直接管理，工资、兼课钟点费、临时讲课酬劳金、代

---

① 中国海洋大学档案馆藏，档号：HY-1960-XB-18-2。

职金、借调人员生活补贴、伙食补贴、退职补助金、退休生活费、福利补助费、家属生活补助费等经人事处研究确定后通知财务科发给，教学人员出差，差旅费须经教务处批准，行政人员出差须经上一级的主管批准后按照规定标准发给，人民助学金须经助学金审委会批准后发给，单位预算差额补助费依照批准的预算核实开支。（2）公杂费、修缮费及一般设备购置费由总务科统一掌握计划使用。（3）仪器设备购置费由教务处统一掌握，按照需要和可能为教学单位进行购置调度。（4）图书账置费由图书馆计划掌握，统一采购支用。（5）体育设备购置、维持费由体育室统一计划掌握。（6）科学研究费、实习试验费由各教学单位按照实际需要和节约精神，自行计划支用。（7）其他费用，分别情况由财务科会同有关单位研究办理。以上列举各项经费，虽分别由各单位编造预算批准使用，但遇有新的情况发生或无故不按计划规定办事，造成积压浪费者，财务科得提出意见，甚至拒付经费。为保证教学设备计划的完成，凡属专案批拨的专业设备及科学研究费，应专款专用，教学费不准作行政费开支，教学设备费除特殊情况经院长批准者外，一般不得移作实验维持费开支，而实验维持费有余时可以移作设备费支出。

各项经费支出，必须取得原始单据送财务科审核报销付款或转账，如有订货合同或契约者，并须交付财务科副本一份备查。零星开支确实无法取得原始凭证者，可填写支出证明单经主管人、经手人签章后作为报销凭证，但此项支出证明单应尽量减少，不得经常采用。报销实习参观费时，应根据批准的实习计划，按照规定标准填写实习参观费报销表，并附实习学生名单及所有原始凭证。报销差旅费时，应按规定标准填写差旅费报销表，并附所有原始单据，经主管人签字证明然后报销。凡向财务科报销的原始单据，必须在背面加盖经手人和验收人图章，注明用途，并附单据标签。如系固定资产及库存材料单据，应先办理财产、材料登账手续后始可报销。原始凭证必须具备下列条件：（1）各种单据要书写清楚，有签发单位及收款人盖章。（2）发货票要有厂商名称、地址、日期、品名、数量、单价、总价、抬头，金额的大小写必须相符。（3）外文单据须译成中文，译者必须盖章。（4）各种凭证如有刮擦涂抹视为无效，如需改正，须由签发单位及收款人在改正处盖章。

凡学校自做家具及仪器设备应做出孳生财产成本单或工料成本分析单，办理财产登账手续后送财务科备查。各单位支领经费须遵守银行货币管理制度，在本市购买物品应用支票结算方式，不用或少用现金。向外埠采购汇寄货款，应开明收款单位全称及详细地址、开户银行账号或付汇银行名称，由财务科办理汇款，不得擅用本院开户银行账号自行订立托收承付契约。采购物品和因公用款，经过批准手续得先向财务科借支预付款，各单位零星购置可预领一部分定额周转金，这部分周转金可于年终结账前归还财务科，预付款则须随时办理报销手续，如无正当理由概不报销，经财务科催促仍拖延不报者，财务科得停止其经费借款。差旅费应于出差回校后一星期内至财务科报账，如无理由拖延至一个月以上者，财务科即按所借款项逐月由工资中扣回。调入人员由原单位支领旅费者，亦应于到校一星期内凭原单位所发给的调遣费证明文件和单据，到财务科结算，多退少补。

凡财政预拨款以外自收自支的款项称之特种资金，如医疗费收入、进修费收入、宿舍保养费收入、招待所收入、浴室收入、废品变价收入等，以及以上支出均属之。凡执行特种资金规定的单位，必须按季分月向财务科编报收支计划、预算，年终编报决算。特种资金支出一般应用于相应之科目，其非相应科目之支出，须经院长或其授权人批准后执行。

学校附设生产单位（包括勤工俭学生产）的财务管理，确定了"统一领导，分级管理"的原则。各生产单位应按照生产财务管理制度单独立账在银行开户，按期编制会计报表送财务科[1]审查。财务科对生产单位的财务管理有监督领导的权利和责任，对于生产规模较小没有专设会计的单位，其现金收付事项，可由财务科统一管理。

凡由财务科统一管理现金收付的单位，如有收入款项，须随时送交财务科入账，不得自行保留，随便支用。

山东海洋学院仪器设备管理暂行规定（草案）[2]

1963年1月11日

主要内容

一、总则

为贯彻执行《中央教育部直属高等学校暂行条例》和《高等学校实验室仪器设备暂行管理办法》，根据学校具体情况，制定本办法。

实验室的建设规划及仪器、设备的添置，应根据教育部批准学校的发展规模、专业设置和教学、科学研究工作的需要，有重点、有步骤地进行建设。建设规划须经院务委员会讨论通过，并报教育部备案，年度建设计划及仪器、设备的购置计划，经院长审查同意，报教育部批准。

经常对师生员工进行爱护仪器、设备的思想教育，使其树立对公共财产的高度责任心和共产主义的道德品质。贯彻勤俭办学的方针，反对铺张浪费。购置仪器、设备时，凡国内能够生产供应的就不向国外订购，凡学校有条件自己制造的，尽可能自行制造，以节省国家经费开支。

根据统一领导、分级管理原则，建立明确的工作责任制。规定实验室、仪器室的领导体制为两级管理制。一般实验室由教学研究室负责领导，专项研究使用的实验室，由主管该项科学研究的系或教学研究室负责领导。学校设立中心实验室，由院领导委托使用较多的一个系负责领导，共同使用。管理全院仪器、设备的业务部门是教务处教学设备科，管理系仪器、设备的业务部门是系仪器室。系仪器室受系和教务处双层领导。系实验室、仪器室仪器、设备的管理，必须建立严格的责任制度。对仪器、设备的购置、使用、保管、维护和检修，都由管理单位或指定专人负责。实验室、仪器室负责人和管理人员调动工作时，必须认真办理交接手续。系应尽可能选派有经验的教师担任实验室主任，并配备必要的专职人员，担任实验室、仪器室的各项工作。人员选定后不要轻易调动，应使其逐步成为精通本专业的专门人才。切实加强对学生的实习、实验等基本训练，严格要求学生服从教师的指导，遵守实验室的各种规章制度和操作流程，认真学习掌握仪器、设备的性能和基本操作技术，培养学生严

---

[1] 此处档案破损，根据上下文推测为"财务科"。

[2] 中国海洋大学档案馆藏，档号：HY-1962-XB-41-10。

肃认真的科学态度。

对认真负责、工作成绩显著和一贯爱护仪器、设备,节约原材料的教师、职工、学生应及时表扬或奖励;对工作不负责任或不遵守操作规程而造成仪器、设备方面的损坏、浪费或丢失的人员,应根据情节轻重及本人对错误认识的程度,给予批评或处分,情节严重的,令其赔偿损失的一部分或全部。加强仪器、设备维修工作,订出定期检修制度。

二、仪器、设备的购置

凡属部管、地方管或向国外订购的教学、科学研究方面的仪器、设备和物资,均由教务处教学设备科统一掌管,按照国家的有关规定、指示编制申请计划,报中央教育部审查批准。各系应根据已批准的实验室建设规划、科学研究项目,编制年度的仪器、设备购置计划,购置计划由教学研究室负责提出。采购仪器、设备及试剂药品、低值易耗等物品,应该坚持计划,核算定额使用标准,做到计划使用,合理储备,不得盲目购置。集中成批的采购,由教学设备科统一办理;零星的消耗物资,少量鲜活材料,事先由使用单位作出计划,经教务处审核同意,可由各使用单位分别负责购置。购置精密、贵重、稀缺的仪器、设备,必须事前经过认真的研究讨论,确属必须并具备使用保管的技术条件,经教研室提出,系主任同意,教务长核转院长批准。

加强采购人员和仪器、设备管理人员的思想教育和业务培训。

各系实验室需要由学校工厂制造仪器或安装设备时,应事先提出计划,并附上设计图纸和技术要求,经教务处核转院长批准,俟完工检定合格后,按照管理手续规定至教学设备科办理登记入账手续。所有采购物资,均应经过认真地验收,方准办理入库登记。特殊、稀缺、贵重仪器、设备及物资必须由使用单位指派专人负责验收,仔细检查仪器是否完整,性能是否合格,零配件、说明书及其他技术资料是否齐全。如发现破损、短缺等情况,应立即函有关单位办理退、换或赔补手续。验收进口仪器,应在仪器到达时立即会同经办单位或所在地代理单位共同验收,并需于5日内书面报告验收结果。各系实验室及本院工厂自制仪器、设备,由使用单位负责办理验收、领用手续,并及时至教学设备科办理转账手续。各类仪器、设备验收后,应尽快交付使用,在未办妥手续前不得分配领用。各类物资进出仓库,应办理进出库的验收记账手续。有关单据转总账负责人,分别核销和记入分户账内,总账与各分户账应定期核对。进行经常性的监督检查。

三、仪器、设备的使用和管理

各系要选派优秀教师指导仪器、设备的使用、维护和经常的管理工作,有计划地培养一批高级实验员。加强对一般实验员和教师技术操作训练。学生进行实验操作,教师必须事前讲清使用方法,主要仪器的使用,必须制定操作规程,严格遵守。凡不按操作规程行事的,实验室的有关人员有权制止。

仪器、设备要按精密程度分级使用,能用一般仪器、设备解决的实验,就不使用精密仪器、设备。对精密、贵重、稀缺的仪器设备,必须指定有经验的教师或实验员负责掌握和指导使用,其他人员和学生必须经过技术考查合格后,方准使用,使用情况应有正式记录。任何仪器设备,各使用单位一律不得擅自改装或拆卸,确实需要拆改而又具备可靠的技术和材料条件时,亦必须厉行报批手续。对于仪器设备的拆改,价值在百元以内者,使用单位应事前提出书面报告,由系主任批准,送教务处备案。价值在百元以上者,由教务长审批。精密、贵重、稀缺仪器的拆改，须经教务长核转院长批准，报中央教育部备案。不按上述规定擅自拆改仪器设备，应给予适当的批评或处分，由此造成损失的，应视情节轻重，折价赔偿一部分或全部。

实行院、系两级管理制，分别建立各种账册、表单，要求一切物资都要有账，做到账与实物相符，经费与物资相符。全院教学、科学研究和仪器设备维修所用的器材，建立院级固定资产分类总账和非固定资产分类总账，由教学设备科统一集中管理。各系（单位）建立固定资产和非固定资产分类总账（卡片式）。在各单位为各单位固定资产和非固定资产分类总账，在教学设备科为院固定资产和非固定资产分户分类账。各系实验室应建立仪器设备清册和原材料、配件、易耗品定额消耗清单。科学研究应根据研究项目，单独建立材料账。记账要凭正式凭证，收发一切物资要写正式单据，按规定手续审批。一切单据、凭证必须有负责人及其他有关人员的签章。固定资产和非固定资产的收入、支出发生与财产总值或经费增减有关时，由主管单位根据规定和审批程序开具一式三联入库单或出库单。各单位应固定专人担任物资保管、记账和编制表报工作，一般不要轻易调动，必须调动时，须办清移交手续。保管和记账人员在账卡交接时要由经手人和监交人签章，并注明交接日期。账簿要编号，总页数记在账簿上，活页账要有封签。物资出入库应当天做账，最迟三日内做完。每月小结账一次，于月初5日内报非固定资产实际耗损出库销账单。固定仪器设备的损毁、报废在办妥审批手续后，随即调账。结账上半年一次，年终总结账一次，将分户账与总账、总账与经费核对清楚。各单位教学设备及消耗物资如发现有遗失、损坏、被窃等情况，应立即查明情况，书面报告主管部门。

所有教学设备对院内外出借、调整、转移产权时，按下列规定办理：一般仪器借出院外时，应经教务处同意，由教学设备科办理借出手续；院内各系之间的相互借用，须经系主任核准；精密、贵重、稀缺仪器，一般不借出院外，特殊情况必须经教务长审转院长批准。借用学校仪器、设备一般要收折旧费，如有损坏按市价赔偿；精密、贵重、稀缺仪器，调出院外转移产权时，须事前报教育部批准。一般仪器、设备调出院外转移产权时，须教务长核转院长批准，每学期汇总一次报教育部备案。各单位对电讯管制器材、稀有贵重器材、剧毒危险品、实习枪枝、弹药等应固定专人保管。领用上述物资应严格按审批手续办理。使用剧毒品、枪枝、弹药等物资一般须有二人以上同时监督使用，用毕后须将废液立即处理，弹壳交回。

四、实验室的管理和仪器、设备的维修

各系实验室应根据教学和科学研究的实际需要，制订实验室的建设计划。在不影响学校教学的原则下，院外单位商洽在本院实验室做实验时，须经教务长批准，并应收费用。实验室应保持整齐、清洁，实验前要做好准备工作，实验后应进行仪器校验、擦洗、整理、复原等工作。对各种机器、仪器的灵敏度、精确度，各单位必须定期检验。贵重仪器必须妥善放置，某些有特殊保管要求的仪器设备，必须遵照规定处理。仪器、设备的使用，不要超过其规定的连续使用时间。精密、贵重仪器（贵重仪器系指价格在三千元以上的，精密仪器系指国家科委规定的109种精密仪器）的使用，须制定操作规程。学生及无操作经验的教工，必须在有独立操作能力的教工指导下方准使用。贵重、精密仪器按规定应有两人同时进行操作者，严禁一人擅自单独操作。各使用保管单位切实做好五防（防锈蚀、防尘、防潮、防火、防盗），教学设备科应定期检查五防情况，并及时解决防护设备条件。仪器、设备的修理各系自己能

承担的，尽量自己承担，不能承担的报教务处统一安排。对维修仪器设备取得显著成绩的单位或个人给予奖励，对保管不善，致使国家财产遭受损失者，视情节轻重，给予批评教育或纪律处分。为加强实验室的管理工作，应配备有经验的教师担任实验室主任和专职实验室管理人员，并建立健全实验室的责任制度。

五、仪器设备报损、报废和遗失的处理

凡报损、报废和遗失仪器设备，须由各使用保管单位将发生事故的原因调查清楚，经有关领导批准，方可办理手续。价值在一百元以内的仪器设备报损、报废由系主任审批，百元以上的由教务长审批。精密、贵重、稀缺的仪器设备，除应及时上报教育部备查外，必须经院长核转教育部批准后，方可报废。报废仪器设备经批准后，须立即将破损原件交回教学设备科。仪器、设备遇有丢失、损坏等情，原则上按原价赔偿，但有下列情况之一者，可酌情减、免，并应取得有关证明：（1）仪器、设备的耐用期已满；（2）易于损坏的玻璃器皿或其他消耗性设备，在使用时难以避免损坏者；（3）特殊灾害或非人力所能预防者；（4）经过检验，确属仪器设备质量不佳者。一贯爱护仪器设备并向一切违反操作规程的不良现象进行斗争者，应给予表扬或奖励，对违反规程或玩忽职守而致使仪器、设备遭受损坏者，按情节轻重，给予批评教育或纪律处分。凡仪器、设备管理人员，实验、实习指导人员，因事先未对使用人员或学生进行详细说明和指导，或疏于检查而造成损坏者，应负有连带责任，必要时亦应给予纪律处分。经批示必须赔偿者，由财务科按下列规定办理：（1）教职工一次交清或分批每月在工资中扣付；（2）学生在赔偿费内扣付，不足部分一次或分期补交，确系经济困难者，毕业后通知其工作单位在工资中代为扣付。学生入学时，须预交仪器赔偿费五元，离校时清结。

山东海洋学院关于审计工作的暂行规定 [①]
1987年9月1日

主要内容

审计处在院长的直接领导下，根据党和国家的有关方针、政策、财经法规和规章制度进行审计活动，并向院长报告工作，在工作中独立行使审计监督权，不受其他行政部门、团体和个人干涉。在审计业务上受国家教育委员会审计部门的指导，接受交办的任务，并向其报告工作。

审计处的主要任务：参与学校教育事业费、基本建设投资、科研经费、外资贷款、外汇收支、学校基金、其他预算外资金计划、预算的制定，以及重大经济合同、协议的签订；对学校及所属单位财务收支、账目、报表的真实、准确、完整、合法和计划、预算执行情况，资金使用效益，重大经济合同、协议的执行情况进行审计监督；维护财经法纪的严肃性，对于在经济活动中弄虚作假、虚报冒领、截留收入、贪污、索贿受贿、开假发票、滥发奖金补贴以及铺

---

① 中国海洋大学档案馆藏，档号：HY-1987-SJ-3-10。

张浪费等违反财经纪律等问题，进行法纪审计，对性质严重的案件，设立专案，与纪检等部门配合，进行专案审计；对学校的物资管理，如购置、仓储、使用效益、外调、报废等情况，进行审计监督；对学校及所属单位在经济活动中内部控制制度的建立健全和执行情况进行审计监督；办理院领导、国家教育委员会审计部门、国家审计机关交办的专项审计任务；宣传贯彻执行国家审计法规，制定学校内部审计规章制度，参与学校有关重要经济规章制度的制定。

审计处的职权：检查校内被审计单位的会计报表、账簿、凭证、合同、协议、现金、物资及有关文件、资料。被审计单位必须如实提供，不得拒绝或隐匿。参加学校召开的有关预算分配、基建投资的安排、决算审查等有关经济工作会议，调查了解经济活动情况，考察验证经济效益，提出改进意见。有权参加被审计单位的有关会议，对审计中发现的问题进行调查，并向有关人员提出质询，要求提供口头和书面情况及事实证言，复制有关事实证据。有关单位和个人应积极配合，不得设置障碍，制造伪证。审计处提出的审计报告、结论和决定经院长批准后，责成被审计单位纠正违反国家规定的财务收支，制止损失浪费。对于违反财经法纪的单位及有关人员，依照国家有关法规分别作出纠正或经济处罚的决定。通知被审计单位和校内有关部门执行，并向院长提出追究有关人员的责任，给予行政处分的建议。对阻挠、拒绝和破坏审计工作的单位，必要时报经院长批准，可采取封存账簿、凭证、冻结资财等临时措施，并追究责任人和有关领导人的责任。支持和协助学校财务、物资等管理部门和有关人员按照《会计法》和有关规定履行职责，通报违反财经法纪的重大案件，表扬遵守和维护财经法纪成绩显著的单位和个人。有权向上级主管审计部门和国家审计机关反映本单位的情况和问题。

学校配备具有较好政治素质和专业知识水平的人员担任审计工作，对审计处负责人的任免按国家教委规定执行。在配备审计人员尚有暂时困难的情况下，可聘请兼职人员。按照国家规定，评定审计人员专业称号，聘任专业职务。工作中严格执行《审计人员工作守则》，坚持原则、忠于职守、依法审计，不得滥用职权、徇私舞弊、泄露机密、玩忽职守。审计人员依法行使审计职权受法律保护，任何单位和个人不准打击报复。

年度审计工作计划、总结、报告等，应按规定报送国家教育委员会审计部门。校内财务、基建、生产、公司等有关部门应按审计处的要求报送有关财务情况报表。报送上级的计划、预算、决算等有关会计报表，应同时报给审计处，学校财务、基建部门的决算应经学校审计处审计签章并提出审计报告后，随同决算报表一并上报。

审计工作程序：审计处制订年度工作计划或工作要点，经院长批准上报国家教委。根据工作计划有步骤地开展工作，使审计工作逐渐经常化、制度化、规范化；逐渐扩大审计覆盖面，对校内会计独立核算单位逐步实行定期审计；对暂时未实行定期审计的单位，根据具体情况实行不定期审计；审计工作按准备、检查、评价、报告四个阶段进行。审计处根据工作计划和领导交办的审计事项，确定审计对象和内容，拟定具体工作方案进行审计。审计方式可分别采取：（1）送达审计，通知被审单位报送有关账表、凭证、资料等，予以审计。（2）就地审计，派出审计人员赴被审单位就地进行审计。（3）其他审计，根据情况需要采取必要的审计方针，如委托审计等。根据情况可采取全面审计、专题审计、事前审计、事中审计和事后审计，在审计中发现的一般问题可随时口头或书面向有关单位和人员提出意见，对于重要事项应在调查、分析、评价的基础上提出审计报告、结论和处理决定。

审计处对被审计单位进行审计后提出的报告，应当征求被审计单位的意见，作出的审计结论和决定，报经院长批准后，通知并监督被审计单位和校内有关单位执行。认为必要时可进行后续审计。重要审计报告和专案审计报告应报送国家教委审计部门。被审计单位对审计结论和决定如有异议，可在十五日内向国家教委审计部门申请复审。国家教委审计部门在复审期间，原审计结论和决定应予执行。国家教委审计部门有权纠正学校审计处不适当的审计结论和决定。

对于违反本规定的单位和个人，视情节轻重，分别予以经济制裁、通报批评、纪律处分；触犯刑律的，对直接责任人提请司法机关依法处理。

第六篇

青岛海洋大学时期^①

（1988—2002）

1988年1月，经国家教委批准，山东海洋学院更名为青岛海洋大学。学校顺应时代和国家高等教育发展要求，积极推进办学体制改革，1994年，实现了国家教委与山东省人民政府共建体制，获得重点支持，进入"211工程"建设序列，并高质量、高效率圆满完成一期建设任务，成为"中央部门与地方政府共建的一个成功典范，国家'211工程'建设的特色范例"。学校确定了"重特色、求质量，先做强、再做大"的事业发展策略，适度扩大办学规模，拓展专业面，逐步发展成为一所学科门类较为齐全的综合性大学。进入21世纪，学校率先举起建设高水平特色大学旗帜，全力促成教育部、山东省人民政府、国家海洋局和青岛市人民政府共建，跻身国家"985工程"重点建设行列，为在新世纪初叶快速发展注入了强大动力。

这一时期，学校积极推进内部管理体制改革，将制度建设作为依法治校和内部管理的基础，制定了200余项规章制度，内容涵盖党的建设、人才培养、科学研究和学科建设、师资队伍、交流合作、服务保障等方面，形成了较为完善的管理制度体系，体现了学校改革与发展的最新制度成果。

---

① 青岛海洋大学时期后，规章制度带有文号，不再分别标注档号（对查无文号的标注档号），所有规章制度均来源于中国海洋大学档案馆。

第一章
党的建设

学校围绕党的思想建设、组织建设、作风建设、党风廉政建设、统战群团等工作制定了50余项制度。在思想建设方面,围绕德育工作、精神文明建设、理论学习和培训、加强和改进研究生思想政治教育等制定相应制度。在组织建设方面,围绕基层教职工党支部工作,党总支任期目标管理,党员发展,干部选拔、任免、考核,党费管理等制定了10余项制度。制定领导干部深入师生、强化督促检查、狠抓落实有关规定,强化作风建设。制定党政领导干部实行党风廉政建设责任制等制度,进一步加强党风廉政建设和反腐败工作。将统战群团工作纳入党建工作总体部署,制定相应制度,充分发挥统战群团组织桥梁纽带作用。

关于校级党政领导干部深入师生员工做好工作的规定
海大党字〔1991〕14号

主要内容

1. 校党政领导要根据自己的分工面,每周至少安排两个半天的时间深入基层,接触师生员工,要在师生员工特别是教师和学生中交朋友,党政一把手联系面要更广一些。

2. 要有计划有目的地召开谈心会、座谈会,参加党支部、团支部、教研室和学生班级的活动。每学期都要有所打算,有所安排。

3. 建立校级领导干部深入课堂听课制度。书记、校长和分管教学、学生工作的副书记、副校长,每学年至少要听30学时的课,其他校级领导每学年至少要听15学时的课,特别要注意听社会科学课和基础课。听课情况要有记录,每学期要检查一次。通过听课,了解教师的授课情况和学生的学习、思想情况,做好有关工作。分工科研工作的校长要深入科研第一线,分工后勤、生产、开发的校长要深入生活、生产、开发第一线。

4. 继续坚持每周三下午,接待群众来访日制度。

5. 建立校级领导干部走访师生员工宿舍和食堂制度。除每逢新学期开学、新生入学、毕业生离校前、重要节假日,领导干部有计划有分工分别到宿舍、食堂和生产第一线看望师生员工外,平时也应抽出适当时间经常到师生宿舍和食堂看看,了解师生员工关心的问题,并帮助解决。

6. 分管学生工作的党政领导干部要进一步加强与党总支副书记、团总支书记、学生班主任、辅导员等学生工作干部经常联系,直接了解指导他们的工作。

7. 进一步加强与工会、妇工委、共青团、学生会、研究生会等群众组织的联系,充分发挥他们的桥梁、纽带作用。党委分管领导要经常听取他们的汇报，指导他们的工作，党委常委要定期研究他们的工作。要通过群众组织沟通与广大师生员工的联系。

8. 通过"信箱""信息发布会""来访"、校刊等多种形式，及时听取师生的意见和建议，对师生员工的来信要及时作出答复。每学期召开1～2次"信息发布会"，具体由党办、校办负责安排，要尽可能吸收较多的师生员工代表参加，加强联系，听取意见、沟通思想，相互理解，改进工作。

9. 按照学校制定的关于党政干部和教职员工参加劳动的暂行规定，积极与教职员工一起参加劳动。

10. 抓检查安排落实，学期初要有具体安排，每学期末进行一次全面检查，并逐步修改完善深入基层，接触师生员工的措施，使学校校级党政领导干部密切联系群众的工作提高到一个新的水平。

青岛海洋大学团总支工作条例（试行）

海大团字〔1992〕1号

主要内容

一、总则

为了加强学校团组织的思想建设、组织建设、作风建设，不断提高团总支委员会的凝聚力与战斗力，根据团章和有关规定，特制定本条例。

学校团总支委员会（以下简称团总支）是学校团组织的基层单位，受校团委和党总支双重领导。

二、团总支的任务

学习、贯彻、执行党的路线、方针、政策，围绕党总支的中心工作，开展生动活泼的政治教育，组织团员学习马列主义、毛泽东思想及邓小平建设有中国特色社会主义理论，在实践中学习共产主义。

加强团总支、团支部的自身建设，引导团员发挥模范作用，做合格共青团员，组织团员参加社会实践活动，增强他们理论与实践相结合的能力。

引导团员带头遵守《高等学校学生行为准则》，协助学校做好稳定工作，倡导良好的校风、学风，优化学生的学习和生活环境，激励学生刻苦学习，奋发向上。

参与学校及各院有关学生的民主管理，指导院学生会和学生社团开展健康有益的课外文化、科技、体育、勤工助学和公益劳动等活动，指导院学生会搞好自我教育、自我管理、自我服务。

组织教工团员开展好教书育人、管理育人、服务育人活动。

三、团总支的设置及职责

有团员50人以上可以建立团总支，团总支委员会由团员代表大会选举产生，一般由五至九人组成，任期二年。团总支委员会一般设专职书记一人，专兼职副书记一至二人。

团总支委员会的职责：组织领导全体团员青年认真学习马列主义、毛泽东思想及邓小平建设有中国特色社会主义理论，学习党的方针、政策，学习团的有关文件；完成上级党团组织所布置的各项任务，带领全体团员青年建设社会主义精神文明，组织好团课教育，严格组织生活；贯彻落实校团委所布置的各项工作，执行团委的决议，定期总结工作，及时向团委汇报工作任务完成情况等。

团总支书记应具有坚定的共产主义信念和一定的马克思主义理论水平，坚持四项基本原则，敢于同种种错误思想作斗争；具有从事共青团工作的理论水平和工作能力，热爱共青团工作等。

团总支书记负责主持团总支的全面工作，制订团总支工作计划，抓好团总支、团支部的思想建设和组织建设等。

四、团总支书记的培训

团总支书记每月应有1～2天参加校团委举办的专职团干部业务理论学习，提高理论素质和工作素质。团总支书记应轮流到学校党校参加培训学习，提高政治理论素质，必要时可安排一段脱产进修时间，为转做其他工作创造条件。

五、团总支书记的考核

校团委和各院党总支负责对团总支进行考核，考核结果作为晋职提级的重要依据之一。考核每年度进行一次，分为素质考核和工作考核。素质考核主要指团总支书记的政治立场、工作能力、工作态度和工作业绩的考核，分为德、勤、能、绩四个方面。工作考核主要是指对所负责的团总支工作的考核。

中共青岛海洋大学委员会干部任免工作程序
海大党字〔1993〕84号

主要内容

一、采取领导和群众相结合的办法进行推荐

选拔干部和调整领导班子必须走群众路线，广泛听取群众意见，采取领导和群众相结合的办法进行推荐。各级领导均可根据工作需要按照干部"四化"方针和德才兼备的原则推荐干部。一般情况下，调整院系领导班子应先进行民意测验或民主推荐。

二、确定初选对象

在民主推荐的基础上，组织部对推荐的对象进行预审，对具备提拔条件的，确定为初选对象。确定初选对象必须掌握以下原则：

1. 坚持以考核为基础的原则。选拔任免工作要与平时、定期考核工作结合起来，把考核结果作为干部任免工作的重要依据。初选对象必须是近两年年度考核为优秀或连续几年为称职以上者。对未进行年度考核的，可根据初选对象近两三年的德才表现和工作实绩，确认是否符合本项资格条件的要求。

2. 晋升副科级职务必须是本科毕业生工作三年以上，专科毕业生工作五年以上，硕士毕

业生工作一年以上，年龄在45岁以下；晋升正科级职务一般须在副科级岗位任职二年以上；晋升副处级职务一般须在正科级岗位任职三年以上，年龄在50岁以下；晋升正处级职务一般须在副处级岗位任职四年以上，年龄在55岁以下。晋升副处级以上职务应具有大专以上文化程度。

3. 一般要逐级晋升职务。凡越级晋升和破格提拔的，必须是工作特别需要，其工作成绩特别突出，考核特别优秀的。

三、组织部考察

对初选对象，组织部要按拟任职务所要求的德才条件进行严格考察，全面了解其德、能、勤、绩诸方面的表现。既要考察其基本政治立场、贯彻执行党的基本路线和各项方针政策的自觉性及事业心、责任感、团结协作、廉洁奉公、遵纪守法等方面的表现，还要考察其政策理论水平、组织领导能力、分析问题解决问题的能力及工作实绩。考察结束后，写出符合干部实际的考察材料。

四、确定拟提拔人选

在对初选对象进行考察和听取分管校级领导意见的基础上，召开由党委书记、副书记和校长参加的书记办公会，确定拟提拔人选。

五、党委集体讨论决定

将经过民主推荐、组织部考核和书记办公会研究确定的拟提拔人选提交党委常委会集体讨论。党委常委要根据民主推荐和组织部的考察情况，对拟提拔人选进行认真审议。要充分发扬民主，每个成员都要认真发表意见，必要时可采取无记名投票方式表决。决议必须超过应到会人数的半数赞成才有效。决议形成后，要维护党委的集体决议。

如果原拟提拔人选被否决，应按照规定的程序重新提出拟提拔人选，不能临时动议，仓促决定。党委讨论干部的任免，涉及党委成员本人、亲属的，本人要回避。对讨论干部任免的情况要注意保密，任何人不得擅自外传，违反纪律的要严肃处理。

六、任免谈话

党委对干部任免形成决议后，由组织人事部门将党委的决议通报有关单位。对任免的干部，由校领导或组织部负责人进行谈话，针对干部以往工作中的优缺点和新任岗位的情况，提出希望和要求，要教育干部服从组织决定。

七、公布任免

任免谈话后，由组织人事部门负责起草干部任免通知，党委系统干部的任免由党委书记签发后公布；行政系统干部的任免由校长签发后公布。

八、材料的处理

在干部任免过程中形成的有关材料，要及时整理归档，《干部任免呈报表》和整理的干部考核材料存入干部个人档案，任免通知、下级部门的报告及其他有关材料，存入文书档案。

关于贯彻落实《中共中央关于进一步加强和改进学校德育工作的若干意见》的意见

海大党字〔1995〕56号

主要内容

为贯彻落实《中共中央关于进一步加强和改进学校德育工作的若干意见》（以下简称《意见》），把学校德育工作提高到一个新水平，制定贯彻意见。

一、认真学习、深刻领会《意见》精神，进一步提高新形势下高校德育工作重要性的认识，明确高校德育工作的目标和任务

1. 高等教育肩负着培养合格的社会主义建设者和接班人的重任，德育是高等教育重要的组成部分。学生的思想道德和科学文化素质如何，直接关系到建设有中国特色社会主义的前途和命运。全校各级党组织、各单位要进一步组织广大党员干部和全体教职工，认真学习毛泽东、邓小平同志关于培养教育下一代的重要论述，学习江泽民同志的有关重要指示，深刻领会《意见》的精神，站在历史的高度，以战略的眼光充分认识加强高校德育工作的重要性，以对国家和人民高度负责的态度，全面贯彻党的教育方针，切实抓好学校的德育工作。

2. 学校德育的目标和主要任务：培养学生热爱祖国，拥护党的基本路线，确立献身于有中国特色社会主义事业的政治方向；较好地掌握马列主义、毛泽东思想的基本原理和邓小平建设有中国特色社会主义理论，树立科学的世界观和正确的人生观；树立为人民服务的思想，具有艰苦奋斗、无私奉献的精神和强烈的使命感、责任感；自觉遵纪守法，具有良好的道德品质和健康的心理素质；勤奋学习，勇于探索，具有较扎实的现代科学文化知识。并从中培养一批具有共产主义觉悟的先进分子。

二、进一步完善、拓宽德育实施途径，形成综合育人的有效运行机制

1. 充分发挥马克思主义理论课和思想政治（品德）课（以下简称"两课"）的主渠道作用。"两课"是每个大学生的必修课，是实施德育工作的主渠道和基本环节，要在改革中不断加强。

2. 进一步发挥"教书育人、管理育人、服务育人"的作用，尤其是充分发挥教师教书育人的作用。教师是"三育人"的关键，是实施德育的主力军。全校教师要认真履行《教师法》和《教书育人工作暂行条例》规定的教书育人任务，言传身教，为人师表，以严谨的治学态度、高尚的品德、良好的行为影响学生，要结合学科特点，通过教学各个环节，向学生渗透德育内容，做到德育和智育的统一。

3. 认真落实日常思想教育工作。各院（系）要建立以党总支为领导的日常思想教育工作体系和有关制度，充分发挥党支部、班主任、共青团的作用，经常地有针对性地对学生开展深入细致的思想工作。

4. 坚持思想教育和科学管理相结合，寓教于管理服务之中。学工部（处）要制订学生日常思想教育与管理的规划，完善"大学生文明行为规范""优良学风标准""学生宿舍达标要求"等规范及检查考评方法，做好学生的日常思想教育与管理工作。

5. 开展社会实践活动，坚持教育与生产劳动、社会实践相结合。教务处要把劳动课列为学生的必修课，纳入教学计划，加强考核；团委要巩固和拓宽校外学生社会实践活动基地，组织学生参加社会调查、生产劳动、勤工助学、科技文化服务等活动；校军训领导小组及武装部要加强对新生军训工作的领导与管理，使其真正发挥德育之功能。

6. 加强校园文化建设，优化育人环境。校园文化建设要坚持社会主义意识形态的主导地位，弘扬社会主义文化和优秀的民族文化。在党委的统一领导、部署下，团委、各院（系）要积极开展学生喜闻乐见的丰富多彩、健康向上的科技、学术、体育、艺术和娱乐活动，抵制消极、腐朽思想的影响，抵制低俗文化趣味和非理性文化倾向，努力引导校园文化气氛向健康高雅方向发展。

7. 加强学生党建工作，充分发挥学生党组织在思想政治教育中的作用。通过党校、团校和学马列、党章中心小组加强对大学生入党积极分子的教育、培养；组织部、团委、各院（系）党总支要进一步完善《发展党员细则》和《团组织推荐优秀团员入党制度》，加强学生党员的发展工作和学生党员的管理与教育，发挥他们的模范带头作用，不断壮大以学生党员为核心的学生骨干队伍。

8. 发挥工会、共青团、妇委会、学生会、研究生会等群众团体的作用，强化德育的整体功能。工会要积极组织会员参加民主管理、民主监督和"三育人"活动；共青团要充分发挥党的助手作用，拓宽团的工作领域，把德育工作贯穿于团的各项工作的全过程；妇委会要积极开展"三自"（自尊、自爱、自强）教育活动，动员全校女教职工做好育人工作；学生会、研究生会要发挥桥梁纽带作用，积极引导大学生、研究生进行自我教育、自我管理、自我服务。

三、加强德育工作队伍建设

优化队伍结构，逐步"建立一支专兼结合、功能互补、信念坚定、业务精湛"的德育工作队伍。要加大力度选拔一批思想作风好、业务能力强且具有奉献精神的中青年教师充实德育工作队伍。完善培训制度，提高德育人员的理论素质、知识层次和管理能力。完善职称系列和激励机制。

四、加强德育理论研究和学科建设

加强学校"思想政治教育工作研究会""学生教育与管理研究会""青年工作研究会"的工作，有计划、有目的地选题立项，对德育的理论与实践问题进行研究。

五、切实保证对德育经费的投入

设立学校德育工作基金。德育经费投入的范围，包括对学生进行思想政治教育的教学、管理和日常德育活动两部分。

六、理顺德育工作管理体制，切实加强对德育工作的领导

校党委把德育工作列入重要议事日程，每学期至少研究一次德育工作，对德育的重大问题作出决策。学校成立以校长任组长，分管校长、书记任副组长，党政有关职能部门参加的"德育工作领导小组"。各院（系）成立以党总支书记任组长，院长（系主任）、总支副书记任副组长的"德育工作小组"，并由一位副院长（副主任）分管德育工作。各行政部门要树立大德育观念，强化德育工作意识，明确德育工作职责，切实把德育贯彻在教育的全过程，落实在教学、管理、服务的各个环节上。党委宣传部、学工部（处）、社科部、教务处、团委

是组织德育实施的主要职能部门。学校其他各党政部门都要积极参与、密切配合，真正做到齐抓共管。

青岛海洋大学社会主义精神文明建设规划纲要（试行）

海大党字〔1997〕34号

主要内容

为全面贯彻落实党的十四届六中全会精神，大力加强学校社会主义精神文明建设，推动学校事业的蓬勃发展，实现"211工程"建设目标，按照精神文明重在建设的方针，特制订本规划。

一、学校精神文明建设的指导思想、奋斗目标和任务

新时期学校精神文明建设的指导思想：以党的基本理论、基本路线和基本方针为指导，全面贯彻党的教育方针，坚持社会主义办学方向，加强党建和思想政治工作，加强思想道德建设和科学文化建设，大力推进教育改革和发展，提高广大教职员工的思想道德水平，培养有理想、有道德、有文化、有纪律的社会主义事业的建设者和接班人，为把我国建设成为富强、民主、文明的社会主义国家做出应有贡献。

学校精神文明建设的奋斗目标和任务：认真学习党的十四届六中全会文件和江泽民同志的重要讲话，把广大干部、党员和师生员工的思想统一到六中全会精神上来。经过一个时期的努力，全校师生员工的思想道德素质和科学文化素质有明显提高，校园文明程度有明显提高，教育质量、科研水平和办学效益有明显提高，使学校精神文明建设进入全国高校的先进行列，走在全社会的前列，把学校办成国内一流、国际上有影响的社会主义综合性大学。

二、坚持以科学的理论武装人，进一步加强思想政治工作

加强理论学习，不断提高思想认识。要紧紧抓住解放思想、实事求是这个精髓，坚持理论联系实际，认真学习马列主义、毛泽东思想特别是邓小平建设有中国特色社会主义理论，学习党的路线方针政策，了解掌握国际国内政治经济形势的发展情况，引导师生员工坚持正确的政治方向，牢固树立建设有中国特色社会主义的共同理想，牢固树立坚持党的基本路线不动摇的坚定信念，不断提高政治素质。

坚持政治学习制度，把理论学习落到实处。要坚持和完善学校各级中心组学习制度，进一步坚持和完善教职工学习日制度。学校成立"邓小平建设有中国特色社会主义理论研究会"，推出具有重要理论或实际应用价值的科研成果；在学生中成立"邓小平建设有中国特色社会主义理论学习研究会"，把学生的理论学习引向深入。

切实加强和改进思想政治工作。通过"两课"教学和充分利用省、市爱国主义教育基地以及学校历史文化资源在青年学生、教工中开展爱国主义、集体主义、社会主义教育。积极引导广大师生员工把爱党、爱国与爱校有机地结合起来，大力倡导脚踏实地、淡泊名利、"学在海大、热爱海大、奉献在海大"的良好风气，支持和鼓励师生员工为学校的发展献计献策，积极奉献自己的力量。

坚持正确的舆论导向，主动开展宣传活动。充分利用校报、校广播站、宣传栏等各种宣传媒体，准确生动地宣传党的基本路线、国家大政方针和学校两个文明建设中涌现出来的先进典型事迹，及时报道学校改革和发展的新形势。

三、加强以师德建设为重点的职业道德建设，着力搞好"三育人"工作

教师要树立良好的师表形象，做好教书育人工作。全体教师都要以高度的社会责任感和事业心，珍视人民教师这一光荣称号，努力铸造师魂、陶冶师德、提高师能，自觉地把高尚的思想境界、优良的文化传统、严谨的治学精神、科学的思维方式、正确的人生价值观等渗透到教学的各个环节中去，做到"传道、授业、解惑"，既教书又育人。

干部要树立公仆形象，做好管理育人工作。职工要自觉树立岗位文明形象，做好服务育人工作。不断健全完善《青岛海洋大学"三育人"工作条例》，贯彻落实"三育人"工作规范，使学校"三育人"工作扎扎实实地开展。

四、加强思想道德教育，全面提高学生的文明素质

以"两课"教学为主渠道，对学生进行世界观、人生观、价值观教育。加强对学生的人文素质教育。加强哲学社会科学学科建设，深入挖掘学校现有文科潜力，积极引进高层次人才，加强基础理论研究。持续开展基础文明教育。从道德规范、文明语言、行为礼仪等方面提出具体明确的要求，在学生中大力开展遵纪守法、尊师重教、助人为乐、文明礼貌、爱护公物、保护环境的基础文明教育。加强对学生的心理健康教育。充分发挥大学生心理咨询研究中心的作用，及时指导学生解决在学习、生活、交友等方面遇到的困惑和矛盾，提高学生的心理健康素质。进一步完善德育制度措施，建立多渠道、全过程的德育工作格局。

五、加强校园文化建设，营造良好文化氛围

加强图书资料建设，保证教学、科研所需图书文献的订购数量和质量。加强学报、校报、广播站等单位的建设和管理，在丰富学生业余文化生活的同时发挥好育人作用。开展好群众性的校园文化活动。重点办好教师节、艺术节，抓好青年节、"七一"党的生日和国庆节等重大节日、纪念日的纪念活动和文化活动，充实师生员工的校园文化生活。加强园区的综合治理，保持良好的校园秩序。

六、广泛开展群众性精神文明创建活动

在全校教职工中继续开展"树、创、献"活动。大力倡导树师表形象，创文明校风，立足本职岗位做贡献。继续开展大学生社会实践、"青年志愿者"和勤工助学活动。积极引导学生开展帮教助学、扶贫济困、社区服务、挂职锻炼等自愿服务活动。积极开展精神文明共建活动。进一步加强学校与工矿企业、军队等单位的联系，把共育"四有"新人、共创文明风气、共图经济文化发展、共同提高素质作为共建活动的主要内容，增强共建活动的实效性。

七、发展学校卫生体育事业，增强师生体质

搞好卫生保健工作。坚持为全校师生员工的身体健康服务的工作方针，在做好防病防疫基础上，进一步普及卫生常识，加强自我保健知识的宣传。

搞好学校的体育工作。坚持面向广大师生，提高身体素质的基本方针，在不断提高体育教学质量基础上，加强对群众性体育活动的组织和指导。

八、加强对精神文明建设的领导

建立健全精神文明建设的领导机制。学校成立由党政主要领导为主任的精神文明建设指导委员会，承担对全校精神文明建设的规划、组织、协调工作。各有关单位建立相应的精神文明建设领导小组，具体负责落实本单位的精神文明建设工作。建立和完善精神文明建设目标管理机制。

建立规范的精神文明建设投入机制。学校对精神文明建设中所必需的设施建设和资金投入给予保障；学校精神文明建设的专项经费要列入年度财政预算；对重大项目、重大活动的所需投入实行单列，予以保证；对宣传、图书的投入根据学校财力状况逐年增加。建立学校"精神文明建设专项基金会"，为学校精神文明建设提供充足的财力支持。

建立齐抓共管形成合力的工作机制。要在校党委的统一领导下，党政部门、工会、共青团、妇委会、各院、学生会和研究生会等方面密切配合、齐抓共管、形成合力，促使其全面协调发展。

青岛海洋大学党政领导干部实行党风廉政建设责任制的规定
海大党字〔1999〕25号

主要内容

一、总的原则

实行党风廉政建设责任制，一要坚持以邓小平理论为指导，坚持"两手抓、两手都要硬"的方针，贯彻执行党中央、国务院关于党风廉政建设和反腐败斗争的一系列指示；二要坚持校党委统一领导，校党委、校行政齐抓共管，纪委组织协调，各党总支、直属党支部、各单位各负其责，依靠全校师生员工的支持和参与，把党风廉政建设作为重要内容纳入领导班子和领导干部的目标管理，与其他工作一起部署、落实、检查和考核；三要坚持从严治党、从严治政、立足教育、着眼防范；四要坚持集体领导与个人分工负责相结合，谁主管、谁负责，一级抓一级，层层抓落实。

二、责任内容

校党委、校行政以及各党总支、直属党支部党政领导班子对职责范围内的党风廉政建设负全面领导责任，其正职对职责范围内的党风廉政建设负总责，其他成员根据分工，对职责范围内的党风廉政建设负直接领导责任。

（一）党委书记的责任

要全面正确地贯彻执行党的基本路线、方针和政策，遵守和维护党的纪律，执行党的决议、决定和国家的法律、法规，保证学校坚持社会主义的办学方向，在思想上、政治上、行动上与党中央保持一致。把党风廉政建设列入党委工作的重要议事日程，研究部署党风廉政建设工作。要加强对纪委工作的领导。按期召开党委民主生活会，引导一班人开展批评与自我批评，提高民主生活会的质量等。

（二）党委副书记的责任

协助党委书记抓好学校的党风廉政建设。认真贯彻执行党的路线、方针、政策及党规政纪。进行党纪政纪教育，一年内至少和主管部门正职干部谈话两次。抓好分管部门和单位的党风廉政建设。

（三）校长、副校长的责任

认真贯彻党的路线、方针和政策，执行国家的法律、法规和决定，保证学校的社会主义办学方向，在思想上、政治上、行动上自觉地做到同党中央保持一致。抓好分管部门和单位的党风廉政建设。对分管部门和单位的负责人经常进行党风廉政教育，在考察有关干部的政绩时，党风廉政情况应作为重要内容。

（四）纪委正、副书记的责任

协助党委抓好党风廉政建设。调查了解和掌握全校党风廉政建设的情况，遇有重要情况及时向党委和上级纪委汇报，并提出具体处理意见，听取和落实党委和上级纪委的指示和意见。及时向党委和组织部门反映掌握的干部廉政情况，尤其是拟任职人选遵守党纪政纪、廉洁自律和党风廉政建设的情况。充分发挥纪委委员和兼职党风廉政监督员的作用，与他们经常保持工作上的联系。

（五）各部、处、院（系、所）、馆等行政领导的责任

认真贯彻党的路线、方针和政策，认真执行校党委和行政的决议和决定，把握本部门、本单位的工作方向和工作原则。对本部门、本单位的人员经常进行党的宗旨教育，树立公仆意识，正确行使权力，自觉克服官僚主义、形式主义和以权谋私等行为。建立和完善本部门、本单位党风廉政建设的规章制度，自觉接受党内外监督。认真贯彻执行校党委、校行政和纪委关于党风廉政建设的工作任务。

（六）党总支正、副书记的责任

认真贯彻党的路线、方针和政策，保证校党委和校行政党风廉政措施在本单位的贯彻执行，完成校党委、纪委布置的有关党风廉政工作的任务。定期分析所属单位党风廉政建设中存在的问题，有针对性地采取措施加以解决。对党员经常进行党风党纪教育。将党风廉政建设列入学期和年度的工作计划，确定一位党总支委员分工抓党风廉政工作。对反映党总支委员、党支部书记、科级干部的问题要亲自组织调查，并将调查结果报纪委、监察处，共同研究提出处理意见。

（七）党支部书记和科级干部的责任

经常组织党员学习有关文件和材料，坚持党的组织生活制度，使党支部成为党风廉政建设的坚强堡垒。加强对党员的教育和管理，开好组织生活会，认真开展批评与自我批评。党支部书记负责本支部的党风廉政建设，支部委员要协助支部书记做好党风廉政建设工作。科级干部在本职范围内，对本科（室）的党风廉政工作负责。

三、责任考核

党风廉政建设责任制执行情况的考核工作，由校党委领导和组织，与领导班子和干部年度考核、党总支换届和行政班子换届考核、工作目标考核相结合。采取组织考核、民主评议、民主测评等方式，广泛听取党内外群众的意见。纪委、监察处负责监督检查对党风廉政建设责任制执行的情况。

党委把党风廉政建设责任制执行情况的考核结果，作为对领导干部的业绩评定、奖励惩处、选拔任用的重要依据。

四、责任追究

学校各级党政领导干部违反本规定第二部分责任内容，有下列情形之一的，按照干部管理权限，分别给予处理或者党纪处分。

1. 对直接管辖范围内发生的明令禁止的不正之风不制止、不查处，或者对上级领导机关交办的党风廉政责任范围内的事项拒不办理，或者对严重违法违纪问题隐瞒不报、压制不查的，给予负直接领导责任的主管人员警告、严重警告处分，情节严重的，给予撤销党内职务处分。

2. 直接管辖范围内发生重大案件，致使国家、集体资财和人民群众生命财产遭受重大损失或者造成恶劣影响的，责令负直接领导责任的主管人员辞职或者对其免职。

3. 违反《党政领导干部选拔任用工作暂行条例》的规定选拔任用干部，造成恶劣影响的，给予负直接领导责任的主管人员警告、严重警告处分，情节严重的，给予撤销党内职务处分；提拔任用明显有违法违纪行为的人的，给予严重警告、撤销党内职务或者留党察看处分，情节严重的，给予开除党籍处分。

4. 授意、指使、强令下属人员违反财政、金融、税务、审计、统计法规，弄虚作假的，给予负直接领导责任的主管人员警告、严重警告处分，情节较重的，给予撤销党内职务处分，情节严重的，给予留党察看或者开除党籍处分。

5. 授意、指使、强令下属人员阻挠、干扰、对抗监督检查或者案件查处，或者对办案人、检举控告人、证明人打击报复的，给予负直接领导责任的主管人员严重警告或者撤销党内职务处分，情节严重的，给予留党察看或者开除党籍处分。

6. 对配偶、子女、身边工作人员严重违法违纪知情不管的，责令其辞职或者对其免职；包庇、纵容的，给予撤销党内职务处分，情节严重的，给予留党察看或者开除党籍处分。

其他违反本规定第二部分责任内容的行为，情节较轻的，给予批评教育或者责令作出检查，情节较重的，给予相应的组织处理或者党纪处分。

具有上述情形之一，需要追究政纪责任的，比照所给予的党纪处分给予相应的行政处分；涉嫌犯罪的，移交司法机关追究刑事责任。实施责任追究，要实事求是，分清集体责任与个人责任，主要领导责任和重要领导责任。

青岛海洋大学党的总支、直属支部任期目标管理实施意见（试行）

海大党字〔1999〕57号

主要内容

为深入贯彻落实《中国共产党普通高等学校基层组织工作条例》，根据中共山东省委高校工委《关于对高校党总支实行任期目标管理的意见》，结合学校实际，对党总支、直属党支部任期目标管理提出如下实施意见。

一、实施任期目标管理的目的与意义

对党总支、直属党支部实行任期目标管理，是新形势下加强和改进学校党建工作，推进学校基层党组织建设的一项重要措施，对于全面落实党总支、直属党支部工作职责，健全和完善监督、激励机制，充分发挥党总支、直属党支部的政治核心作用，增强其凝聚力和战斗力，保证党的路线、方针、政策的贯彻执行和学校教学、科研等各项任务的顺利完成，具有重要意义。

二、制定任期目标的指导思想、原则

以邓小平理论和党的基本路线为指导，着力点应放在健全工作机制，增强党总支、直属党支部工作活力，充分调动广大党员干部的积极性和创造性上；全部工作都要围绕贯彻党的教育方针和学校中心工作，围绕培养合格建设者和接班人这一根本任务来进行。制定任期目标应遵守统筹性、重点性、先进性、可行性、明确性原则。

三、任期目标的主要内容

党总支、直属党支部制定的任期目标主要应包括以下内容：指导思想和任期总目标，目前党组织建设、院系建设基本状况与存在的主要问题（或薄弱环节），党建工作和思想政治工作、学科建设和教学科研工作、师资队伍建设和人才培养工作、干部队伍建设和管理工作目标与措施。

四、领导与组织实施

在校党委的统一领导下，由党委组织部负责。要向本单位干部、群众公布，并报党委组织部备案。要制订具体的年度实施意见和工作计划；要建立健全目标责任制；要及时了解情况，掌握并控制进度。

五、考核与奖惩

任期目标管理强调目标成果考核，采取自我考核与学校考核相结合的形式。考核结果是校党委对党总支、直属党支部进行表彰、奖惩及干部调整、使用的重要依据之一。

中共青岛海洋大学委员会关于进一步强化督促检查狠抓落实的意见
海大党字〔1999〕59号

主要内容

学校第七次党代会确定了跨世纪的发展目标、主要任务和措施，学校进入了一个改革与发展的关键时期。根据中办发〔1999〕6号文件和鲁办发〔1999〕19号文件的精神，结合学校实际，提出进一步强化督促检查，狠抓各项工作落实的意见。

一、从讲政治的高度，增强做好督促检查工作的责任感和使命感

督促检查，从根本上说是对各级领导思想路线和工作作风的监督和检查。开展督促检查是各级党的领导班子和领导干部的一项重要职责，既是重要的领导环节和领导方法，也是讲政治、讲正气的具体体现。抓好督促检查，有利于保证党的路线、方针、政策的顺利实施；有利于密切党群干群关系，改进领导作风，提高工作效率；有利于及时发现决策执行中遇到的新情况、新问题，为修正和完善决策提供依据。学校各级党的组织和领导干部一定要充分认识新形势下督促检查工作的重要性，以强烈的事业心和责任感，切实抓好督促检查工作，在

确保学校重要决策和重要工作部署的落实上下真功夫、硬功夫、细功夫。

二、重点抓好党的路线、方针、政策和党委、行政重要决策和重要工作部署贯彻落实的督促检查

要把推动党的路线、方针、政策的贯彻落实放在督促检查工作的首位,并和贯彻党委、行政决策有机结合起来。

督促检查要紧紧围绕党委的中心工作进行。要切实抓好党的路线、方针、政策贯彻落实的督促检查,抓好党委、行政重大决策、重要工作部署贯彻落实的督促检查,特别是事关改革、发展、稳定的重大决策和重要工作部署的督促检查。

开展督促检查,重点要放在发现和解决问题上。对那些影响决策落实的带有普遍性、倾向性问题,师生员工反映强烈的难点和热点问题,要作为督查的重点,抓住不放,直到解决为止。对党委、行政领导同志批示交办事项,在调查研究、现场办公时所提重要意见的落实,要进行专项查办。对通过信息、信访、新闻等渠道反映的严重影响党的路线、方针、政策和党委、行政重大决策贯彻落实及师生员工反映强烈的问题,要认真进行查办。要加大督查力度,做到批则必查,查则必清,清则必办,办则必果。

三、保证督促检查工作的质量和实效

督促检查抓落实,要坚持实事求是的原则,要有求真务实,讲求实效的工作作风;抓落实,要有奋发向上、开拓进取的良好精神状态,各级领导干部要勤奋努力,扑下身子埋头苦干,推动工作的落实;抓落实,要全面落实第七次党代会确定的目标和任务,把学校建设成国内一流的综合大学;抓落实,要切实转变工作作风,深入实际,到师生中去,到教学、科研第一线去调查研究,帮助解决问题,推动工作。要认真对待基层单位和师生的请示和报告并及时给予答复、予以解决,不能解决的要给予解释说明。

党委负责同志和各级领导干部要把相当大的精力放在调查研究、督促检查和狠抓落实上,随时掌握决策落实的情况,及时解决遇到的矛盾和问题,不断推动决策实施的过程。

督促检查工作一定要从实际出发,从效果出发,采取突击检查、巡视督查、督查调研等方式,努力提高督查的有效性。对党委和行政下达的督查事项,要进行实地核查、复查,切实做到事事有着落,件件有回音。要防止和克服督而不查、催而不办等不负责任的做法。

严格工作报告和情况通报制度。各单位要及时向党委报告重要决策和重要工作部署的落实情况。

四、切实加强对督促检查工作的领导

党委要进一步加强对督促检查工作的领导和具体指导,经常研究督促检查工作。要实行督查工作领导责任制,各级党组织是抓落实的主体,主要负责同志是第一责任人,对督促检查工作负总责。

党委、校长办公室要把督促检查工作作为重点工作之一,协助党委开展督促检查,并按照党委要求自行组织督促检查。

要建立便捷、畅通、有效的督促检查网络。要运用现代化办公手段,密切网络联系,要进一步加强督促检查工作的制度建设,逐步实现督促检查工作的制度化、规范化、科学化。

中国共产党青岛海洋大学委员会全体会议（常务委员会）议事规则

（1999年12月3日中共青岛海洋大学七届二次全委会议通过）

海大党字〔1999〕64号

主要内容

一、总则

为加强中国共产党青岛海洋大学委员会全体会议（以下简称党委全委会）和常务委员会（以下简称常委会）的正确领导和科学决策，根据《中国共产党章程》和《中共中央关于加强党的建设几个重大问题的决定》及《中国共产党普通高等学校基层组织工作条例》，结合学校的实际情况，制定本规则。

二、议事原则

党委全委会（常委会）必须坚持以马列主义、毛泽东思想、邓小平理论和党的基本路线为指导，认真贯彻执行党的各项方针、政策，在政治上同党中央保持高度一致。坚持解放思想，实事求是，一切从实际出发，不断研究新情况，总结新经验，解决新问题。尊重客观，尊重实践，按照客观规律办事。坚持一切为了群众，一切依靠群众，从群众中来，到群众中去，全心全意为全校师生员工服务。

党委全委会（常委会）认真贯彻执行党的民主集中制。一是坚持党委委员间平等原则；二是坚持民主原则；三是坚持少数服从多数原则。积极开展批评与自我批评，坚持真理，修正错误。党委委员要顾全大局。委员间要求大同存小异，大事讲原则，小事讲风格，互相关心，互相体谅，互相支持。

三、议事范围

党委全委会的议事范围：讨论通过学校的发展规划、办学方针和指导思想，讨论通过学校的重大改革方案和重要规章制度，讨论通过党委、行政年度工作计划和工作总结，研究、审定经常委会确定应由党委全委会研究、审定的其他重要问题。

常委会议事范围：研究制定学校贯彻执行党和国家的重大方针、政策和任务的实施意见；研究制定学校的发展规划、办学方针和指导思想；研究制定学校的重大改革方案和重要规章制度；研究制定党委年度工作计划要点和总结；研究有关党的建设、精神文明建设、思想政治工作及稳定工作的重要问题；讨论确定师资队伍、干部队伍建设计划；研究学校的教学、科研、管理、后勤服务和校办产业工作的指导思想及其重大问题；研究全校正、副处级干部的选拔、教育、培训、考核、奖惩和调配，并按规定任免，研究确定校级后备干部的培养、选拔和考核工作；研究确定各类人员职称评定工作方案及其他有关群众切身利益的重大问题；研究确定常设机构的设置与调整；审定年度经费预算、决算和基本建设计划；研究群众团体及学生工作中的重要问题；审批教职工党员；研究其他应由常委会决定的事情。

四、议题确定

确定议题的要求。凡提交党委全委会（常委会）研究审定的议题，必须是党委议事范围内的问题和事项。确定议题要经分管常委组织有关部门、人员调研、论证、征求意见或由部门研究、准备提出。

确定议题的程序。各部门、党委委员（常委）拟提交党委全委会（常委会）研究的议题应先报到党委办公室，由党委办公室送交主持会议的同志确定是否提交党委全委会（常委会）上研究。一经确定的议题，应由党委办公室提前通知有关部门、党委委员（常委）作准备。

凡不属于党委全委会（常委会）议事范围的问题不议。虽属于党委全委会（常委会）议事范围的事，但未经调研、论证、准备或没有事先列入当次会议议题的临时议题不议。

五、会议的举行

党委全委会每学期至少召开一次，如遇重大问题可随时召开。常委会原则上每两周召开一次，也可根据工作需要随时召开。党委全委会（常委会）由党委书记召集并主持，党委书记因故不能参加时，可由党委书记委托党委副书记召集并主持。向党委全委会（常委会）汇报的有关材料，应在开会前一天呈送各位委员，委员应安排时间认真阅读。召开党委全委会（常委会）时，汇报材料一般不再宣读，确需汇报的，要简明扼要。党委召开全委会（常委会）时，委员无特殊情况不要请假；委员参加的其他会议、活动如与党委全委会（常委会）冲突，一般应服从党委全委会（常委会）。党委全委会（常委会）必须有三分之二以上的委员到会方能举行。

六、议题审定

在审定议题时，在充分讨论和酝酿的基础上，主持人要作总结性发言。对重大问题必要时可实行表决。根据所要决定问题的性质和重要程度不同，采取征求意见、举手表决、投票表决的方式。实行表决时，实际出席会议人数必须是法定应到会人数的三分之二以上，表决通过票数为实到会人数的三分之二以上。当两种意见相持不下时，应通过进一步调研、沟通认识、交换意见、统一思想，下次再议。

七、分工执行

党委全委会（常委会）作出的决定，要坚决执行。执行决定时要明确分工，落实责任，规定完成期限和反馈情况的期限，大家对执行决定要通力合作。在执行决定的过程中，如遇特殊情况不能完成时，委员个人、少数人不能改变原决定，必须召开会议进行复议。

八、注意事项

党委全委会（常委会）实行回避制度。在审定议题时，涉及本人、亲属的事要回避。要做好保密工作。不允许任何个人把党委全委会（常委会）集体讨论时每个人的具体意见和不宜公开的事情传给自己的亲朋、好友及其他人。党委全委会（常委会）要做好记录。

青岛海洋大学教职工代表大会暂行条例（试行）

（青岛海洋大学第三届教职工代表大会第一次会议通过）

2000年7月20日

主要内容

一、总则

教职工代表大会（以下简称教代会）是党委领导下教职工群众行使民主权利，参与学校民主管理和监督的基本组织形式和制度，是学校管理体制的重要组成部分。

教代会以邓小平理论为指导，坚持党的基本路线，贯彻执行党和国家的方针政策，遵守国家的法律和法规，正确处理国家、集体和教职工个人三者利益关系，参与学校重大问题的决策，监督学校工作，保障教职工合法权益，促进学校的改革和发展，维护学校的稳定，调动广大教职工的积极性，为把学校建设成以海洋和水产为显著特色的综合性研究型大学，为培养有理想、有道德、有文化、有纪律的社会主义建设者和接班人而奋斗。

教代会的组织原则是民主集中制。

二、教代会的职权

教代会行使下列职权：

1. 听取校长的工作报告，审议学校的办学指导思想、发展规划、重大改革方案、教职工队伍建设、财务工作报告及其他有关学校发展的重大问题，并提出意见和建议。

2. 讨论和通过学校内教职工聘任、奖惩、分配的原则和办法，以及其他与教职工有关的基本规章制度。

3. 讨论和决定学校提出的教职工住房分配、福利费管理使用原则和方法，以及其他有关教职工生活福利的事项。

4. 评议和监督学校各级领导干部，评议结果作为对干部进行奖惩、任免的依据之一；根据主管部门的部署和要求，参与民主推荐学校领导干部。

校长要定期向教代会报告工作，听取意见。学校领导和有关部门应认真对待教代会的决议和提案，尊重和支持教代会行使民主管理和监督的职权。

教代会要尊重和支持校长及行政系统依法行使行政管理的职权，教育教职工自觉遵守学校的各项规章制度，以主人翁的精神完成各项工作任务。

在教代会职权范围内的有关事项必须公开。教代会对校长在其职权范围内决定的问题有不同意见时，可以向校长提出；校长对教代会在其职权范围内决定的问题有不同意见时，可以要求复议。

三、教职工代表

教职工代表以部门工会为单位，由教职工直接差额选举产生。凡依法享有公民权的本校在职教职工，均有选举权和被选举权。代表的构成，既要照顾到学校各方面人员，又要充分体现学校以教师为主的特点，要具有广泛的代表性。代表总数一般应为全校教职工总数的10%左右，其中教师代表应占60%左右（具有高级职称的教师应占教师代表的70%），党政干部、工人代表应占40%左右。少数民族代表、妇女代表、民主党派代表和无党派人士代表应占一定比例。

教职工代表实行常任制，每届任期三至五年，可连选连任。

教职工代表有选举权、被选举权和表决权；有按照规定的程序，提出提案，充分发表意见的权利；有对教代会的工作提出批评、建议的权利；有向学校领导和有关部门反映教职工的意见和要求的权利等。

教职工代表的义务：努力学习马列主义、毛泽东思想和邓小平理论，认真执行党的方针、政策和国家的法律法规；密切联系群众，维护教职工的合法权益，如实反映教职工的意见和要求，自觉接受教职工的监督；积极参加教代会的活动，认真宣传、贯彻教代会的决议，完成教代会交给的各项任务等。

四、组织制度

教代会每届任期三至五年，代表大会每年至少召开一次。如遇特殊情况不能如期召开，应向代表团说明原因，取得多数代表同意。每次会议必须有三分之二以上代表出席方可召开。遇有重要问题或根据三分之一以上代表要求，经校党委同意，可以提前召开大会或召开临时代表会议。教代会的选举和表决，必须由全体代表总数的半数以上通过方为有效。召开教代会时，推选大会主席团主持会议。教代会的议题，应根据学校的中心工作和群众迫切关心的问题，广泛吸收教职工的意见，经校党委研究，提请大会主席团审议后，请教代会通过。教代会的决议应得到认真贯彻，代表提案应得到及时处理，贯彻、处理的情况要向教职工公布，接受群众监督，并向下次大会报告。教代会代表根据工作需要组成代表团（代表人数少于5人不单独组团）。各代表团正、副团长由代表推选产生。

五、工作机构

学校工会委员会承担教代会工作机构的任务，在校党委的领导下，会同有关部门做好教代会的筹备工作和会务工作，组织选举教职工代表，征集和整理提案，提出大会方案，主席团组成建议名单及各专门工作委员会人选建议名单，经校党委批准后，召开大会；教代会闭会期间，主持和处理教代会日常工作，组织代表团及各专门工作委员会的活动，传达贯彻大会精神，督促检查大会决议及提案的落实；组织教代会代表的培训，接受和处理教职工代表的建议和申诉，保障教职工代表行使民主管理、民主监督权力；完成教代会交办的其他有关事项。

教代会根据需要建立若干专门工作委员会。学校要为工会承担教代会工作机构的任务提供经费和必要的条件。

中共青岛海洋大学委员会关于几项重要制度的规定

海大党字〔2000〕51号

主要内容

一、党委常委学习制度

党委常委要加强马列主义、毛泽东思想特别是邓小平理论的学习，党的十五大精神和江泽民同志重要讲话的学习，党的方针政策的学习，还要认真学习经济、金融、科技、法律、历史等方面的知识。通过学习，不断提高党委常委一班人的思想政治水平、知识水平和工作水平，用科学理论指导实践，推动学校的各项改革和事业发展。坚持各项学习制度。一是坚持中心组学习制度，二是坚持个人自学制度，三是坚持报告会和专题讲座制度，四是坚持读书会制度。

二、坚持民主集中制原则，坚持集体领导和个人分工负责相结合制度

党委在讨论问题和决策过程中，必须坚持集体领导、民主集中、个别酝酿、会议决定的原则，充分走群众路线，发挥班子整体功能。实行集体领导和个人分工负责相结合。充分发挥常委会的整体作用和每个成员的作用，每位常委对自己分管范围内的工作要切实认真地履行职责。

三、党委常委严守党的纪律制度

每位常委都要严格、模范地遵守党的政治纪律、组织纪律和群众工作纪律，同一切违反党的纪律的现象作坚决斗争。党委常委要自觉坚持党的基本理论和基本路线，在政治上同党中央保持高度一致，坚决维护中央的权威，确保政令畅通。要自觉做到《党章》规定的"四个服从"。认真贯彻干部"四化"方针和德才兼备的原则，严格按规定程序选拔任用干部，选贤任能，知人善任，坚决反对和抵制选人用人上的不正之风。要带头实践党的根本宗旨和群众路线，在考虑问题、制定决策和开展工作时，应充分考虑和切实维护群众的利益，帮助群众解决困难和问题。

四、党委常委"一岗双责"和党风廉政建设责任制度

党委常委除按照分工切实履行职责、完成自己所承担的工作外，还要对职责范围内的领导班子建设、党风廉政建设、反腐败斗争切实负起责任，一岗双责，两手抓，两手都要硬。贯彻落实中央、省委和学校关于党风廉政建设责任制的规定。对职责范围内的党风廉政建设情况、领导班子和领导干部廉洁自律情况进行监督、检查和考核，及时解决存在的问题。认真处理人民群众来信来访和反映的热点难点问题，高度重视做好群众来信来访工作。

五、党委常委深入群众、联系学院（系、教学中心）、调查研究制度

建立党委常委及学校其他领导干部联系学院（系、教学中心）制度。每位校级领导干部至少联系一个学院（系、教学中心），每学期至少三次深入自己所联系的学院（系、教学中心），调查研究、了解掌握学院（系、教学中心）教学、科研等方面工作的情况。党委常委及学校其他领导干部要带头大兴调查研究之风，深入基层和师生中，广泛了解各方面情况，多掌握第一手材料，求真务实。学校党政领导班子每学期集体走访学生宿舍、教室、食堂两次，走访教职工集中宿舍区一次，了解师生工作、学习、生活环境条件等情况。学校党政领导班子每学期分别向离退休干部、教师代表和党外人士代表通报学校情况和听取意见。党委常委及学校其他领导干部对在深入基层走访、谈心、接待来访、召开座谈会中反映出的重要问题要及时提交常委会或校长办公会讨论解决。对基层和群众反映的热点、难点问题，有关领导可通过深入基层，召开现场办公会解决。

六、党委常委向党委常委会报告工作制度

党委常委向党委常委会报告工作，一般每年两次，重要事项随时报告。报告内容为分管工作的进展情况，分管部门和单位的党风廉政建设情况，党委决定重大问题的贯彻落实情

况,深入基层、联系群众、解决问题的情况,其他需要汇报的重要事项。

七、党委常委民主生活会议制度

党委常委民主生活会每半年召开一次,也可根据需要随时召开。会议内容根据上级党委的要求,结合学校实际确定。党委常委在民主生活会上,要认真开展批评和自我批评,要敢于坚持原则。会议召开之前,纪委、组织部应组织有关部门广泛征求各方面对党委常委班子、常委个人的意见和建议,汇总后向常委反馈。常委要认真研究基层和群众的意见和建议,提出解决问题和改进工作的措施。

八、党委常委个人重大事项报告制度

党委常委要带头严格执行中央和省委廉洁自律各项规定,认真报告个人重大事项,自觉接受监督。应报告的个人重大事项包括本人、配偶、共同生活的子女公有住房的分配、买卖、更换、装修和私房的营建、买卖、出租以及参加集资建房的情况等。

九、党委常委谈心制度

常委之间、常委与所分管部门和单位负责人之间要开展谈心活动,及时沟通思想,交流情况,增进了解,加强团结。常委之间要加强思想交流与沟通,相互信任,相互支持,相互体谅,坦诚相见,坚持真理,光明磊落。党委书记、副书记及其他常委之间的谈心每年至少一次,常委与所分管部门和单位负责人之间的谈心根据情况随时进行,原则上每年不应少于两次。党委常委在开展谈心活动中,要对所分管部门和单位领导班子的情况进行分析,针对共同性、倾向性的思想问题与班子成员之间进行沟通,帮助解决在思想、工作和生活等方面出现的问题和遇到的实际困难。

中共青岛海洋大学委员会关于加强和改进思想政治工作的若干意见及措施

海大党字〔2000〕71号

主要内容

一、关于工作体制和机制

1. 认真贯彻落实《中共中央关于加强和改进思想政治工作的若干意见》和江泽民总书记在中央思想政治工作会议上的讲话精神,发挥党委的领导核心作用、党总支的政治核心作用、党支部的战斗堡垒作用和党员的先锋模范作用,形成思想政治工作的全员意识,积极探索思想政治工作的新思路、新途径、新办法,增强思想政治工作的针对性、实效性和主动性。团结、凝聚全校师生,为学校的改革和发展、为高水平特色大学建设提供强有力的精神动力和坚实的思想政治保证。

2. 校党委对全校的思想政治工作统一领导,党委书记为第一责任人。形成党政一把手亲自抓,党委副书记具体抓,党政工团学等各部门、群众团体齐抓共管的思想政治工作体制。

3. 建立由党委书记主持,校长、党委副书记和副校长及有关职能部门负责人参加的思想政治工作联席会议制度。

4. 党委各部门和群众团体要经常深入基层了解思想政治工作的情况,及时向校党委、行

政汇报，并对存在的问题提出解决的意见、建议。

5. 党总支（直属党支部）要充分发挥政治核心作用，对本单位（系统）的思想政治工作负总责。

6. 党支部在思想政治工作中要发挥战斗堡垒作用，实行党员分工联系群众的制度，群众的思想政治工作责任到党员。

7. 工、青、妇、学等群众团体，要发挥各自的优势，把思想政治教育的内容和要求渗透到丰富多彩的精神文明创建活动中去。

8. 各民主党派要做好各自成员的思想政治工作，充分发挥他们在教学、科研、管理工作中的作用。

9. 对突发事件和问题，有关单位在立即报告上级的同时，要及时处理并做好相关人员的思想工作，防止事态扩大，确保稳定。因思想政治工作迟缓、不力而造成严重后果和社会影响的，要追究有关人员的责任。

二、关于政工干部队伍建设

1. 把政工干部队伍的建设列入学校重要议事日程，关心他们的切身利益，提高他们的能力和素质。

2. 发挥党校在政工干部队伍教育方面的重要作用，结合学校政工干部的现状，制订中短期培训计划。把培训考核结果作为聘任、任用的重要依据。

3. 留校、进校的青年教师在聘任中级职称前后，要承担2～3年的班主任工作或担任学生指导教师工作。

4. 继续认真组织实施"两课"教师在职攻读硕士学位工作，提高他们的学历层次和理论水平，促进"两课"教学质量不断上水平。

三、努力增强思想政治工作的针对性、实效性

1. 坚持各级领导干部联系基层、联系群众、谈心、听取意见等制度。

2. 党总支（直属党支部）和所在单位的行政领导班子要定期分析、研究本单位的思想政治工作，把握师生的思想动态。

3. 各级党组织要注重调动和发挥教师教书育人的积极性、主动性。

4. 每位"两课"教师至少要联系一个学生班级。

5. 根据国内外形势发展的需要，校级领导、党总支书记每年要给师生作一次报告；学校邀请校外专家、学者来校作专题报告2～3次。

四、其他措施

1. 要特别重视青年教职工的思想政治工作。在青年教师中实行导师制，由政治素质好、教学或科研经验丰富的中老年骨干教师作为青年教师的指导老师，帮助青年教师在政治上、业务上健康成长。

2. 加强新闻中心的建设，加紧分步建设有线电视台，扩大宣传与思想政治工作的渠道。

3. 在确保原有思想政治工作经费、德育工作经费的同时，随着学校和各单位财力的增长，对思想政治工作经费的投入每年要有适当增加。

4. 成立学校思想政治教育进网络工作领导小组，加强网络建设，培训网上宣传队伍，积极主动地开展网上正面宣传教育。

5. 加强思想政治工作的硬件建设,学校年内为各学院(系)党总支配备、更换性能先进的微机等设备。

6. 加强对思想政治工作的理论、方法的研究。每年召开一次全校思想政治工作理论研讨会或思想政治工作经验交流会;每年审定党建与思想政治教育的研究课题10个,拨出专项经费予以支持。党委理论学习中心组成员每人每年至少要写出一篇高质量的论文,各党总支要组织撰写2~3篇高质量的文章。

7. 大力弘扬正气,各单位要积极主动地在校内外媒体上宣传教学、科研、管理、教书育人、德育和思想政治工作等各方面的先进集体和先进个人,每年不少于6篇。

关于进一步加强学校统一战线工作的意见

海大党字〔2001〕43号

主要内容

为了认真贯彻落实全国、全省统战工作会议精神和《中共中央关于加强统一战线工作的决定》,现结合学校实际,就进一步加强学校统一战线工作提出如下意见。

一、充分认识新世纪高校统战工作的重要地位和作用

高校统战工作是党的统战工作的重要组成部分,也是高校党的建设工作的重要组成部分。加强和改进高校统战工作,是加强高校党的建设和促进高校改革、发展、稳定的重要内容。

高校是党外知识分子相对集中的地方,汇聚着党外各方面的代表性人物,是党的统一战线工作的重要阵地。高校统战对象数量多、层次高、社会联系面比较广泛,影响也比较大。做好他们的工作,有利于新世纪党外人才的培养,有利于爱国统一战线事业的兴旺发达,有利于中国共产党领导的多党合作和政治协商制度的长期存在和发展。因此,进一步做好新世纪高校统战工作,对于巩固和发展最广泛的爱国统一战线具有重要意义。

学校各级党组织和党员领导干部要把思想统一到中央精神上来,从战略和全局的高度充分认识高校统战工作在党的整个统一战线工作中的重要地位和作用。要认真按照"三个代表"的要求,进一步增强统战意识和做好统战工作的自觉性、责任感,自觉运用统一战线这一重要法宝,努力开创学校统战工作的新局面,把学校的统战工作提高到一个新水平,为巩固和发展党领导的爱国统一战线做出积极贡献,同时促进学校高水平特色大学的建设。

二、进一步明确新世纪统一战线的原则和高校统战工作的范围、对象、职能

新世纪统一战线的原则:坚持党对统一战线的领导权,坚持发扬社会主义民主,坚持为实现党和国家的中心任务服务,坚持大团结、大联合的主题,坚持求同存异、体谅包容,坚持"团结—批评—团结"的公式,坚持照顾同盟者利益。

高校统战工作的范围和对象:民主党派及其成员,无党派高中级知识分子,党外各级人大代表、政协委员,出国和归国留学人员,少数民族和有宗教信仰的人士,海外华侨、归侨、侨眷,去台人员在大陆的亲属和回大陆定居的台胞等。

高校统战工作的职能：反映情况、掌握政策、协调关系、举荐人才。

三、认真完成学校各方面的统战工作任务

（一）进一步加强党的统战理论、方针政策的学习和宣传教育工作

各级党组织和有关部门要认真组织学习宣传党在新时期的统一战线理论和一系列方针政策，加强对党员、干部、群众的宣传教育工作。党校要开设统战理论课；校内报刊要宣传统战理论和方针政策；要利用组织生活、中心组学习、教职工政治学习等形式组织党员、干部和群众学习统战理论和方针政策。

（二）大力加强党外人士的思想政治工作

各级党组织和统战部要充分发挥统一战线协调关系、化解矛盾的优势，主动地、有针对性地开展对党外人士的思想政治工作和教育引导工作。通过政治理论学习、研讨班、座谈会、民主党派组织生活等多种形式，在党外人士中开展四项基本原则教育、爱国主义与社会主义教育、形势政策教育、国情教育以及艰苦奋斗教育等，不断提高他们的政治素质。

（三）积极推动党外知识分子紧密围绕学校的中心工作和为经济建设、社会发展服务发挥聪明才智

学校和院（系）要定期或不定期向党外人士通报重大工作和重大决策的情况，并听取他们的意见和建议。鼓励党外人士围绕学校的中心工作、院（系）的学科建设和发展等开展调查研究、献计献策，积极参与为经济建设和社会发展服务的活动。积极创造条件，帮助党外知识分子把科研成果转化为现实生产力。对党外知识分子要做到政治上信任、工作上支持、生活上关心，努力为他们改善工作条件和生活条件。

（四）积极支持民主党派加强自身建设，重视发挥民主党派的作用

积极帮助民主党派基层组织搞好领导班子建设。基层党组织和统战部要认真协助民主党派做好发展对象的考察工作，帮助他们把好政治质量关。要进一步坚持和完善座谈会、情况通报会制度，向民主党派传达党和国家的重大方针政策，通报学校工作中的重大决策和阶段性工作的情况，认真听取他们对学校工作的意见和建议。对民主党派所提的意见和建议，学校和有关部门要认真研究落实，具备条件解决的要予以采纳；暂时不具备条件解决的，要给予答复和说明。要积极帮助民主党派基层组织改善工作条件，解决工作中的实际问题。

（五）做好党外代表人物的培养、选拔工作，建立高素质的党外代表人物队伍

要采取多种形式加强对党外代表人物的培养教育，有计划地安排他们参加学校和各级统战工作部门组织的学习培训。对条件成熟的党外代表人士除在校内进行实职安排外，还要积极向上级党委和有关部门推荐，进行政治安排或实职安排。对已担任学校各级行政领导职务的党外干部，各级党组织和党员干部要关心他们，支持他们在分工范围内正确行使行政指挥权。要为民主党派负责人和党外的人大代表、政协委员参加党派活动、人大和政协的活动以及其他社会活动提供必要的方便条件。

（六）做好侨务和对台工作

要认真学习贯彻党和国家的侨务政策，切实做好维护归侨侨眷合法权益的工作和凝聚侨心的工作。密切与出国留学人员的联系，积极创造条件，使归国留学人员能够更好地发挥作用。要认真学习贯彻党的对台方针政策，进一步加大对教职工和学生进行涉台教育的力度，继续做好台属工作，积极开展对台教育、文化、科技等方面的交流活动。

（七）做好民族和宗教工作

要加强对干部群众进行马克思主义民族观和宗教观、党的民族宗教政策及法律法规的宣传教育工作。重视培养少数民族干部，充分发挥少数民族知识分子的作用，尊重少数民族教职工和学生的风俗习惯，积极为少数民族教职工和学生办实事、解决实际问题。

四、切实加强党委对统战工作的领导

（一）把统战工作列入党委的重要议事日程

党委要定期听取统战工作汇报，研究部署和总结检查统战工作；党委由主要领导同志分管统战工作，校、院（系）党政领导同志要亲自做统战工作；各级党员领导干部要模范地执行统一战线的方针政策，参加统一战线的重要活动，广交深交党外朋友，做好思想政治工作；要把统战工作纳入对各级党员领导干部的检查考核内容；各党总支、直属党支部要有分管统战工作的委员；稳定学校统战工作机构，配备专职统战工作干部；要为统战工作部门开展工作提供必要的条件。

（二）加强制度建设和网络建设，健全统战工作机制

要进一步坚持和完善学校已有的党外人士座谈会、情况通报会制度，校级党员领导干部分工联系党外代表人士的制度，党外知识分子联络员制度，民主党派负责人、人大代表、政协委员参加会议、阅读文件的制度。进一步加强统战工作网络、人物网络、信息网络、调研网络的建设，使学校的统战工作做到制度化、规范化。

中共青岛海洋大学委员会发展党员工作实施细则（试行）

海大党字〔2001〕65号

主要内容

一、发展党员工作的基本方针和要求

以邓小平理论和江泽民"三个代表"重要思想为指针，认真贯彻落实党的十五大精神，按照《党章》和《中国共产党发展党员工作细则》的要求，突出时代特点，以提高质量为目标，坚持标准，改善结构，扩大民主，严格程序，及时把符合党员条件、体现"三个代表"要求，忠诚党的事业，敬业爱岗的优秀分子吸收到党内来，提高党员队伍的整体素质，为学校改革、发展、稳定提供强有力的组织保证。

二、入党积极分子的选拔、培养、教育和考察

按照条件选拔确定入党积极分子，努力建设一支素质较高、数量较多的入党积极分子队伍，要扩大民主，广泛征求党内外群众的意见。党支部要组织入党积极分子认真学习，对他们进行共产主义理想和革命人生观的教育，帮助他们端正入党动机，确立为共产主义事业奋斗终身的信念。要指定两名正式党员作为培养联系人，做好经常性的教育培养工作，做到包教育、包培养、包成熟。对学生入党积极分子进行培养教育，要充分发挥团组织的作用。入党积极分子都要经党校集中培训，没有经过培训或考试成绩不合格者，不能作为发展对象。党支部每季度要征求党小组、团组织、党内外群众意见和听取培养联系人的汇报等方式对入

党积极分子进行一次考察。

三、发展对象的确定

入党积极分子经过一年以上系统培养教育和考察后，在听取党小组、培养联系人和党内外群众意见的基础上，经党支部委员会讨论研究同意，可列为发展对象。入党积极分子被确定为发展对象后，要进行政治审查，并形成综合性的政审材料。全面考察和政治审查合格后进行预审，审查是否具备入党条件，是否手续完备，是否材料齐全。预审通过后，要进行公示。

四、预备党员的接收

确定两名正式党员为入党介绍人；填写《入党志愿书》；召开支部大会进行表决并形成支部大会决议；组织员审查有关材料并同申请人进行谈话；教职工预备党员由党总支审议，学校党委常委会审批，学生预备党员由院（系）党总支审批；通知本人并在党支部大会上宣布。

五、预备党员的教育、考察和转正

党支部应及时将党委、党总支批准的预备党员及时编入党支部和党小组。预备党员必须面向党旗进行入党宣誓。党总支和党支部要通过听取个人汇报、个别谈心，对预备党员进行教育，结合党的组织生活，分配给群众工作等方式对预备党员加强帮助、教育和锻炼。要加强新入校预备党员的培养和考察。预备党员预备期满后，党支部应按时讨论其能否转为正式党员，并履行转正手续。对党员材料要做好存档。

六、加大力度做培养和发展优秀青年教师入党工作

要采取措施进一步加大对青年教师特别是高职称、高学历、学科带头人和骨干青年教师的培养力度，鼓励青年教师在业务上积极发展的同时，在政治上不断地成长进步。要把培养和发展优秀青年教师入党工作作为党建的一项硬任务来抓，建立优秀青年教师入党目标责任制，制订发展青年教师入党工作的年度计划，并扎扎实实地落实。

七、加强对发展党员工作的领导

要坚持党要管党、从严治党的原则，切实加强领导和具体指导。党委每年要做出党员发展计划，各党总支、党支部每年要研究发展党员工作，做出具体发展计划。要配备一定数量的专职和兼职组织员。要正确处理数量与质量的关系，把提高新党员的质量放在首位。要实行发展党员工作目标责任制和失误追究制度。

关于贯彻《教育部关于加强从源头上预防和治理腐败的意见》的实施意见
海大党字〔2001〕67号

主要内容

为加强从源头上预防和治理腐败，根据教育部印发的《关于加强从源头上预防和治理腐败的意见》（教监〔2000〕4号），结合学校实际情况，制定以下贯彻实施意见。

1. 在干部人事工作中，应认真执行党中央颁布的《党政领导干部选拔任用工作暂行条例》（中发〔1995〕4号）的有关规定，严格组织人事工作纪律，按照规定的原则、标准和程

序选拔任用干部。

加强对干部选拔任用工作的监督，凡对部门主要负责人的提拔任用，组织人事部门在提请党委讨论决定之前应征求纪委的意见。要大力推行处级干部公开选拔和竞争上岗，实行公示制度和校党委集体讨论干部表决制及干部任职试用期制。严把"进人关"，引进调入各类人员均根据学科发展工作需要，用人单位组织专家严格考察（核），提出录用安排意见后，人事处再研究确定人选，报校领导审批。公开办事程序，制定和完善人员录用、人才引进、职务（岗位）评聘等规章制度。严格按上级文件精神和法规办事，将热点问题置于基层单位和教职工监督之下，防止干部人事工作中的不正之风。对高级职称评审、职务聘任等教职工关心的问题，采取公示制度，广泛听取群众意见。加强组织人事干部队伍自身建设，提高干部政治素质和理论业务水平。对在干部人事工作中收受贿赂的，在干部考察中隐瞒或歪曲事实真相的，利用职权对他人打击报复或者营私舞弊的，泄漏酝酿讨论干部任免情况或封官许愿的，应按照有关规定，进行党纪政纪处理。

2.学校各项经费的管理和使用，要认真贯彻国家的财经法规，遵守财经纪律。

年度财务预算由财务处提出方案，由校党政联席会议研究确定，校财经工作实行校长负责制，校长对全校的财经工作实施统一领导，学校财务坚持"一支笔"审批制度。严格控制财务支出，将各项支出全部纳入综合财务预算，统一管理，并对各类资金使用范围、开支标准实施有效监督和审批，杜绝资金的浪费和流失。预算以外的重大支出项目，如自筹基建、专项修缮、50万元以上大型专项设备购置以及其他特殊支出项目，主管部门提出方案后由校长办公会研究，并由主管校长审批。实施校内统一收费，监督和规范收费行为，坚决制止和杜绝校内乱收费现象。严格执行"收支两条线"的规定，确保各项收入及时、足额上交学校，坚决制止"小金库"和校内资金体外循环等违纪行为。加强对二级核算单位进行业务领导和指导，监督其遵守学校统一的财经政策，定期检查，发现问题，限期纠正。

3.学校购置大型仪器设备（包括批量购置一般仪器设备）及大宗物资（取暖煤、学生公寓卧具、家具、图书资料等），都要实行招标采购。

对国家要求实行国际招标或政府统一采购的仪器设备，要依照国家有关招标法规及程序执行或纳入政府统一采购。进一步完善仪器设备和大宗物资采购管理制度以及招标采购等办法，规范工作程序，实行公开、公正、平等竞争，择优购置的原则。建立由监察审计、财务、国有资产管理、使用单位及有关专家组成的招标组织，负责招标评标工作。监察审计处在参加招标过程中对重要环节（招标程序、招标评标方式等）进行监督。对在招标过程中弄虚作假、暗箱操作、徇私舞弊、搞假招标的要依照有关规定严肃处理。

4.学校基建、修缮项目（包括建设工程项目总承包、勘察设计、施工、大的维修改造项目、基建配套设备供应和大宗基建材料采购、建设监理等）的申报、审批和管理，应按照国家及学校的有关规定严格程序，必须参加青岛市或学校自行组织的招标投标。

凡投资50万元以上的建设项目发包，应根据青岛市的规定，到青岛市有形建筑市场，在市招标管理中心和监察局的监督下进行公开招标，并委托市公证处予以公证。凡5万元以上，50万元以内及青岛市无明确规定必须到青岛市有形建筑市场进行公开招标的建设项目发包，在校内按照《招标投标法》规定的程序和要求进行。建立健全项目招标评标组织，学校成立以分管校领导任组长，监察、审计、财务、规划建设、国有资产管理等部门参加的招标管理领导小组，具体领导组织实施全校招标工作。建设项目对外发包应遵循公开、公平、公正和维护国家及学校利益的原则，防止个人干预、暗箱操作、徇私舞弊、玩忽职守。要按照《教育部直属高等学校基本建设资金管理办法（试行）》（教发〔1999〕155号）的精神，加强基本建设资金的管理。

5. 考试（全国统一考试等）和招生工作要严格遵守国家有关法律法规和学校有关规章制度，加强招生和考务管理，严肃考风考纪和招生纪律。

考务管理部门和纪委、监察处应对各类全国统一考试招生的报名、试卷保密、考试、评卷、登分、录取、复查等环节，加大监督检查力度。对违法违纪变相买卖试题、泄题、内外勾结纵容或参与考试招生舞弊的，要严肃查处直至追究刑事责任。在大学本科、高职、成人教育、研究生的招生录取工作中要坚持"公平竞争、公正选拔、择优录取"的原则和"两公开一监督"制度。加强对高水平运动员招生录取工作的管理，进一步规范本科生免试推荐保送硕士研究生的工作。积极推进计算机远程网上录取工作，使录取工作更加程序化、规范化、科学化，增加透明度，杜绝违纪行为发生。加强对招生人员的培训教育，加大对招生录取人员的监督力度，对个别违反录取规定的人员根据情节严肃处理。

6. 学校各类科学技术、人文社会科学的科研项目申报和科研教学成果的奖励，都应进一步规范申报审批程序。

建立健全有关专家委员会，充分发挥其咨询、审核、评审、监督等作用，制定相关工作细则。在评审时，坚持投票表决制度、坚持回避和集体审批制度，防止暗箱操作。主管部门和工作人员都要廉洁自律，不得接受各种礼金（包括所谓"咨询费""评审费""论证费"以及"讲课费"等）、贵重物品和有价证券，不得参加由申报单位组织的高消费娱乐活动。建立对各类审批的监督稽查和信息反馈制度、无故不审批的投诉制度和项目审批岗位干部轮岗交流制度。要公开办事制度、办事程序和办事结果，所有科研教学成果奖励，要严格执行国务院关于科研教学成果的评选条例和学校科研教学成果奖评选办法，并实行校内公示和异议期制度。

7. 在学校外事活动与交往过程中，出访人员要与其公职身份相称，出访费用要控制在本单位外事经费预算之内；学校国际合作与交流部门，应加强自身建设，建立健全对外交流工作中的廉洁自律制度。

8. 全校各单位，要根据本《实施意见》和学校1999年制定的《党政领导干部实行党风廉政建设责任制的规定》，制定实施细则，明确各自从源头上预防和治理腐败的责任，要把"一把手负总责，分管领导各负其责"的责任制，逐级落到实处。

中共青岛海洋大学委员会关于进一步加强干部队伍建设的意见

海大党字〔2002〕56号

主要内容

一、干部队伍建设的指导思想

坚持以马列主义、毛泽东思想和邓小平理论、江泽民"三个代表"重要思想为指导，进一步健全科学规范的干部选拔任用制度,建立干部能上能下、能进能出、充满活力的干部队伍建设新机制,建设一支高素质的党政管理干部队伍,为建设高水平特色大学提供组织保证。

二、选拔任用党政管理干部的原则

1. 党管干部原则。

2. 任人唯贤、德才兼备原则。

3. 群众公认、注重实绩原则。

4. 公开、平等、竞争、择优原则。

5. 民主集中制原则。

6. 依法办事原则。

三、党政管理干部应具备的基本条件

1. 具有共产主义远大理想和中国特色社会主义坚定信念,有良好的思想道德修养,坚持正确的政治方向,坚决贯彻执行党的基本路线和各项方针、政策,献身人民的教育事业。

2. 具有履行职责所需要的党的基本理论和政策水平,努力学习、自觉实践建设有中国特色的社会主义理论和"三个代表"重要思想,用马克思主义的立场、观点、方法分析和解决学校教学、科研和管理等各项工作中遇到的实际问题。

3. 具有辩证唯物主义的思想方法和工作方法,解放思想,实事求是,认真调查研究,一切从实际出发,讲实话,办实事,求实效。

4. 刻苦学习,勤奋敬业,努力实践党的全心全意为人民服务的宗旨,树立为教学科研服务的思想,有强烈的事业心和责任感,有奉献精神,有适应工作的组织能力、文化水平和专业知识,遵循学校管理工作的特点和规律,在工作中勇于创新,做出实绩。

5. 模范遵纪守法,保持清正廉洁,以身作则,艰苦朴素,密切联系群众,自觉地接受组织和群众的批评和监督,抵制各种不正之风。

6. 坚持和维护党的民主集中制,有民主作风和全局意识,善于听取不同意见,勇于开展批评与自我批评,团结同志,包括团结与自己有不同意见的同志一道工作。

四、干部的教育与培养

干部的教育与培养要以马列主义、毛泽东思想、邓小平理论和"三个代表"重要思想为指导,以提高干部的思想政治素质为重点,结合实践锻炼,用科学的理论武装干部,用现代科技知识充实干部,用党的优良传统和作风教育干部,建设一支政治强、业务精、作风好、懂教育、会管理的干部队伍。坚持干部脱产进修与在职培训相结合;加强对干部的政治理论、专业知识与技能的培训;坚持干部岗位轮换交流制度;努力创造条件选派干部到国外高校学习深造、短期考察;从教师中选任的党政管理干部根据需要可承担少量的专业教学、科研任务,其他党政干部根据需要可兼任"两课"等少量教学任务;进一步加强后备干部队伍建设,努力建设一支数量充足、素质优良、年龄和专业结构合理的校、处级后备干部队伍。

五、干部的选拔与任用

选拔任用干部要全面正确地理解和贯彻党的任人唯贤的干部路线和干部队伍"革命化、年轻化、知识化、专业化"的方针。坚持选拔任用干部的若干原则,严格按照有关规定和程序办事,坚持以好的作风选人,选作风好、"靠得住、有本事"的人。

严格按照学校核定的管理人员编制和岗位职数选聘、提拔任用干部。选拔任用处级领导

干部坚持公开选拔、竞争上岗、择优录用或经过民主推荐提出考察对象。选拔任用科级干部实行双考制，即考试与考察相结合。实行干部职务任期制和岗位工作年限制。党政管理干部每届任期三年，干部在同一个岗位任职的时间一般不超过两个任期。实行考察前通报和任前公示制度。对拟提拔的干部，考察前在一定范围内进行通报；对拟提拔任用的正、副处级干部进行任前公示。新提拔的处级领导干部，实行一年的试用期。学校企业或企业化管理的单位负责人由学校任命。其下属各部门负责人，由上述单位根据岗位及有关要求进行聘任，聘任的负责人名单要分别报党委组织部和人事处备案；聘任的干部不与行政级别挂钩。从事生产经营的单位的主要负责人，在离任前必须经审计处进行审计。党政管理干部出国一年以上者，一般要先免去其职务，待回国后视情况再重新安排工作。

六、干部的考察与考核

干部的考察、考核是干部管理的重要工作之一。考核工作要力求科学、公正、民主，要坚持注重实绩的原则。

对拟提拔任用的干部，进行考察。考察一般采取个别谈话的方式，充分听取群众意见，广泛了解情况。新提拔担任处级领导职务的干部，一年的试用期满后，正处级干部要向常委会述职，副处级干部要向干部所在单位以及有关部门的负责人组成的考评小组述职。根据干部述职情况和平时表现，对述职干部作出公正的评价，并提出干部是否称职的意见。建立和健全干部考核制度，坚持干部年度考核、换届考核和任用考核。党政管理干部考核以德、能、勤、绩、廉为主要内容。要坚持考核与教育相结合，重视考核后的反馈工作。采取下管一级的办法，有关领导要亲自与干部谈话，将考核结果反馈给干部本人，尤其要向干部指出其不足和群众意见较大的问题，让干部对自己有较全面的认识，使其明确今后努力方向，及时纠正工作中的不足。

七、干部奖惩与激励

干部奖惩与激励是调动党政管理干部工作积极性的有效措施，奖惩要以考核为依据，通过奖惩，鼓励先进激励后进。

建立评优奖励制度。在副科级以上专职党政管理干部中评选优秀党政管理干部，评选结果与校内岗位津贴挂钩；设立单项奖，奖励在学校各项工作中取得较大成绩的干部。建立对干部谈话制度。学校党政领导要定期与分管部门或单位的主要负责人谈话；党总支书记和部门负责人也要定期与副处级及以下干部谈话，每年至少两次。实行打招呼、诫勉制度。干部确实存在较明显的缺点或问题时，要采取打招呼的形式，对其进行批评教育。对存在问题或犯有错误，但尚不够纪律处分的干部，则采取下达诫勉通知书的方式，给予告诫和警示，限期改正，期限为半年。诫勉期满，经组织考察，整改较好的，可以解除诫勉；对于整改不力，没有纠正错误的，实行责令辞职或免职。干部接受诫勉期间一律不评优、不晋级、不调动。实行党政管理干部辞职制度。辞职包括自愿辞职、引咎辞职或责令辞职。实行党政管理干部降职制度。因工作能力较弱或者其他原因，不适宜担任现任职务的，应当降职使用。降职使用的干部，其待遇按照现任职务的标准执行。实行党政管理干部待岗制度。引咎辞职、责令辞职的干部，以及经考核评议，认定为不胜任现职而被免职的干部，实行半年至一年的待岗。待岗期间可由组织安排参加培训，也可自学提高。待岗结束后，根据岗位需要和本人的具体情况，比照原职级安排领导职务或非领导职务，或在下一个职务层次上安排。对于玩忽职守、违法乱纪，给学校造成重大损失和严重不良影响的干部，根据其情节按有关规定给予相应的惩处。

八、干部工作纪律与监督

（一）任免工作的纪律与监督

在干部选拔任用工作中，要坚持党性原则，公道正派，任人唯贤，严格遵守组织人事纪律和办事制度，坚持集体讨论决定和按程序办事，抵制干部选拔任用工作中的各种不正之风，自觉接受组织监督和群众监督。要进一步扩大民主，落实群众对干部选拔任用的知情权、参与权、选择权和监督权，充分听取群众的意见，多数群众不满意的干部不能提拔。党委组织部在提交常委会讨论之前，须征求纪委的意见。各级领导和有关部门工作人员研究干部工作，涉及本人及亲属子女时，本人要主动回避。领导个人要服从和维护常委会集体作出的干部任免决定，不能随意更改，如确需复议的，要经党委常委半数以上成员同意方可进行。纪委及党委组织部受理有关干部选拔任用工作的检举、申诉，制止、纠正选拔任用干部工作中的违纪行为，对有关责任者提出处理意见或建议，报党委常委会讨论决定。干部要自觉服从组织上的安排和调动。各部门要顾全大局，积极支持和服从组织决定。干部要严格遵守保密规定，对于干部任免事项，不该自己知道的事情不要问，不该公开的事情不准对外传播。

（二）加强经常性的监督

健全党的组织生活制度。党员领导干部要按时参加党的组织生活会和民主生活会，积极开展批评与自我批评。健全各种会议制度。对本单位或部门的重要事情，要召开会议集体研究决定。坚持群众路线，加强群众监督。发挥教代会和其他群众组织的民主监督作用。纪委和党委组织部要认真听取群众的意见，热情接待群众的来访，及时处理群众的举报和建议。纪委和监察处要充分履行监督职能，通过效能监督等多种形式，强化对干部经常性的监督。

第二章
人才培养

在高等教育大调整、大改革的形势下，学校适度扩大办学规模，拓展专业面，本科专业由1993年的32个，拓展到2000年的38个，覆盖了八大学科门类，学校发展成为一所学科门类较为齐全的综合性大学。同时，学校深化教育教学改革，采取主辅修、双专业等一系列举措，加强学生招收、管理等工作，不断修订完善教学计划、课程体系、教学方法、实验室建设、学生管理、评奖评优等系列制度，学生的基础理论知识不断丰富，实践动手能力和综合素养不断增强，"学在海大"声名远播。

青岛海洋大学《普通高等学校学生管理规定》实施细则[①]
1990年9月

主要内容

一、学籍管理

入学与注册：新生入校，须持学校的录取通知书和学校规定的有关证件，按规定日期到校办理入学手续。因故不能按期入校者，应持所在街道、乡镇或原单位证明，向学校教务处请假，假期一般不得超过两周。未经请假或请假逾期者，以旷课论；超过两周不报到者，取消入学资格。每学年开学时，学生必须按学校规定的报到注册日期，到校财务处交纳年度学杂费，持交费收据和学生证到系办公室办理注册手续。因故不能如期注册者，必须履行请假手续，否则以旷课论。未经请假或请假逾期两周不注册者，按自动退学处理。

成绩考核与记载办法：学生必须参加教学计划规定的课程考核。考核成绩由各系教务员负责载入学生成绩总表，归入学生档案。本科生实行学分制。学生每学期所学的课程，都必须按时参加考核，评定学期成绩。考核成绩在及格以上者，即取得该门课程的学分。考核成绩不及格者，不得学分。课程考核成绩及学分，均载入学生成绩总表，归入学生档案。

选修、选听、免修、免听：同类型、同进度的课程，本科生可以选择教师听课。选听外系课程者，需在开课后第三周到本系办公室登记，第四周由各系将选听学生名单送开课系，由开课系通知教师，中途不得改选。除政治、思想教育、劳动、军训、体育等课程和实验、实习、社会调查等实践性课程外，学生对其他已掌握的课程可申请免修。二年级以上（含二年级）学习成绩优秀的学生，认为对某些课程通过自学可以掌握，可申请部分或全部不参加听课（政治、思想教育、实验、实习、劳动、军训、体育、社会调查等除外），但必须完成作业，参

---

① 中国海洋大学档案馆藏，档号：HD-1995XZ11-20。

加各阶段考试。

主修与辅修：为促进学科渗透和新兴边缘学科的发展，充分发挥学分制的优越性，学校在本科专业实行主、辅修制。本科二年级以上（含二年级）学生，本专业的课程考核成绩均在80分（良好）以上，且对本专业外的某一学科有志趣者，可根据学校主、辅修专业参考表，选择申请辅修专业。凡经批准修读辅修专业的学生，学制不变，修满辅修专业教学计划的学分，并达到规定成绩者，增发辅修专业证书。辅修专业不授予学士学位。

升级与留降级：本科生修满本学年教学计划规定课程的学分，专科生学完本学年教学计划规定的课程，经考核成绩及格，准予升级。专科生一学期内正常考试、考查有三门以上（含三门）课程（公共体育课除外）不及格或经补考后累计有两门主要课程仍不及格者，应予留降级。

转系（专业）与转学：学生入学后，一般不得转学、转专业学习。符合条件的学生转系（专业）、转学，均由本人在每学年开学两周内向所在系提出申请，填写申请表。学生转专业、转学后，须修满转入专业教学计划规定的全部课程及学分，方可毕业。学生在校期间，转系（专业）只能一次，特殊情况需经主管校长批准。

休学、停学与复学：学生休学应提出书面申请，并附有关证明（学校认为必须休学者除外）。学生因特殊原因须中途停学，但又不符合休学条件，经本人申请，系主任审核，教务处批准，可保留学籍一年。保留学籍期满不办复学手续者，取消学籍。保留学籍的学生，不享受在校生和休学生待遇。学生在保留入学资格、保留学籍及休学期间，不得报考其他学校。

退学：学生退学由所在系提出报告，经教务处复核后，报主管校长批准。取消学籍或退学的学生，均不得申请复学。

毕业：学生毕业时需对德、智、体诸方面作全面鉴定，包括政治态度、思想意识、道德品质以及学习、劳动和健康状况等方面。各系应对毕业班学生作毕业资格审查。凡是有学籍的学生，德、体合格，学完或提前学完教学计划规定的全部课程，考核及格或修满规定的学分，准予毕业，发给毕业证书。本科生符合学校学士学位授予条件者，授予学士学位。无学籍学生不发给任何形式的毕业、肄业、结业证书。

二、课外活动管理

学生社团：本校学生社团是学生自愿组织的群众性团体。在校学生可以申请加入。学生成立社团，必须提出社团宗旨、章程、活动内容、形式和负责人的书面申请。学校鼓励和提倡学生社团开展科技、文化、艺术、体育等活动。

文娱体育：学校提倡和支持学生开展有益于身心健康的各种文体活动。学生文体活动不得影响正常的教学秩序和生活秩序。邀请校外文艺团体到校演出，须经校学生处批准。学校禁止举办以盈利为目的的演出活动。

勤工俭学：学校提倡和支持学生开展勤工俭学活动，依法保护学生以诚实的劳动和服务获得的收入。

社会活动：学生要把坚定正确的政治方向放在首位，拥护四项基本原则和改革开放的方针，维护安定团结的政治局面，不得参加违背四项基本原则、危害社会安定团结的活动。学校鼓励学生对学校工作提出意见和建议，支持学生参加学校民主管理。学生对有关切身利益的问题及对国家政务和社会事务的意见及建议，应通过正常渠道积极向学校和当地政府反映。

三、校园管理

校园秩序：学生必须遵守校园管理制度，服从管理；讲究文明礼貌，尊敬师长，尊重教职员工的劳动；团结同学，关心集体，热爱劳动，讲究卫生；创造整洁、优美、安静、安全的学习和生活环境。

教学楼：教学楼是教学、学习的主要场所，楼内禁止高声喧哗或吹、拉、弹、唱、打球、滑旱冰等影响他人学习的活动。

宿舍楼：宿舍楼是学生休息的场所，楼内禁止高声喧哗、燃放鞭炮、打球、滑旱冰等影响他人休息的活动，出入宿舍楼须戴校徽或持学生证。

餐厅：学生在餐厅内就餐必须自觉遵守秩序，服从管理，排队购买饭菜，不准插队、起哄。爱惜粮食，按需购买，不要浪费粮食。

图书馆：图书馆是学校的图书情报中心，是学生获取知识和信息的公共场所。进馆时必须交验有关证件，不得一哄而入，进馆后服从有关人员查验。

四、劳动管理

劳动课：劳动课是各专业学生的必修课，每学年36学时，集中一周进行。学生应树立劳动观念，积极参加学校安排的劳动课，认真完成规定的劳动任务。

劳动课考核：劳动课结束后，由下达劳动任务的部门负责验收并提出意见；带班人负责评定成绩，填写成绩单。劳动课考核成绩分良好、合格、不合格。劳动课成绩合格，即获得劳动课学分。劳动课成绩不合格者，于假期第一周补课。补课仍不合格者，不能毕业，作结业处理，发给结业证书。

公益劳动：学校提倡学生积极参加公益劳动和义务劳动。学生在公益劳动、义务劳动中的表现记入思想品德评语。

五、思想品德评定

为了促进学生认真遵守本细则，学校建立思想品德评定制度。思想品德评定每学年一次，于学年末温课考试前进行，由党委学生工作部部署，各院、系具体组织实施。思想品德评定程序分为个人小结，小组交流和民主评议，评语。

六、贷款

为了帮助家庭经济困难的学生解决在校学习期间的部分生活费用，学校向学生提供贷款。申请贷款的条件为家庭经济确有困难，不能支付在校学习期间全部或部分生活费用；思想进步，学习努力；遵守国家法律和学校有关规章制度，道德品质良好。由学生本人提出申请报告，经院、系审核同意后，填写《学生贷款申请表》。学生将申请表寄给家长，填写确认贷款意见，并承当还款保证人。家长所在单位或区、乡人民政府签署意见盖章后，由家长寄给学生本人。院、系在《学生贷款申请表》上签署意见盖章后，填写《学生贷款申请表》，报学生处审批。贷款评定以班级为单位，每学年一次。贷款以十个月的平均数按月发放。

七、奖励

荣誉称号：学生荣誉称号分设三好学生标兵、三好学生、优秀学生干部、优秀生、优秀毕业生。对获得荣誉称号者，发给证书，予以表彰，并记入本人档案。

先进集体：先进集体的评选与三好学生的评选同时进行，先进集体按全校班级总数的

15%评定。先进集体由院、系推荐，学生处审核，报主管校长批准。

优秀学生奖学金：优秀学生奖学金分设奖学金、特等奖学金和单项优秀奖学金。为表彰在某方面取得突出成绩的学生，设单项优秀奖学金，分别为社会工作积极分子奖学金、学习或科技活动成绩优秀奖学金、文体活动积极分子奖学金、精神文明先进个人奖学金、学习进步奖学金。

专业奖学金：经上级批准实行专业奖学金的专业设专业奖学金。一、二等专业奖学金及单项奖学金的评定标准、比例、金额同优秀学生奖学金。新生入学第一学期均享受三等专业奖学金，从第二学期开始评定一、二等专业奖学金和单项奖学金。

八、违纪处分

为督促学生自觉遵守国家法律和校规校纪，维护正常的教学、工作和生活秩序，本着教育与处分相结合、以教育为主的原则，对违纪的学生给予批评教育或必要的纪律处分。对违纪学生的处分，分为六种：警告、严重警告、记过、留校察看、勒令退学、开除学籍。对违纪学生的处理要持慎重态度，坚持调查研究，实事求是，处分要适当。

青岛海洋大学政治辅导员工作条例（试行）

海大党字〔1991〕79号

主要内容

政治辅导员是受校党委委派，对学生进行思想政治教育，指导学生学习、生活的思想政治工作干部。政治辅导员是学校对学生进行思想政治教育和管理的重要力量，对于贯彻党的教育方针，宣传党的路线、方针、政策和培养合格人才负有十分重要的责任。

政治辅导员的主要任务是根据党的教育方针和四化建设的需要，结合学生的思想状况及生理心理的发展特点，开展生动活泼、富有成效的思想政治工作，帮助学生逐步树立共产主义的世界观、人生观和道德观，不断端正学习态度，增强组织管理和社会活动能力，使学生成为有理想、有道德、有文化、有纪律的社会主义现代化建设事业合格人才。

政治辅导员应具备的基本条件：具有坚定的共产主义信念和一定的马克思主义理论水平，坚持四项基本原则，旗帜鲜明地反对资产阶级自由化；具有良好的道德品质、严明的纪律和艰苦奋斗的作风，懂得思想政治工作的规律，有较强的辨别错误思潮、解决思想问题和实际问题的能力；具有从事思想政治教育工作的教学、科研能力；热爱本职工作，具有强烈的工作责任心，并成为学生的表率和良师益友。

政治辅导员的职责：根据学校思想政治工作总目标和各个时期工作的要求，制订、实施所负责年级（或范围）学生的思想政治工作计划；利用多种形式，对学生进行爱国主义、集体主义、共产主义及革命传统教育，引导学生正确理解党的路线、方针和政策，使学生在思想、政治上自觉同党中央保持一致；正确处理学生思想教育与管理工作的关系，在对学生进行思想政治工作的同时，做好学生的日常管理工作，及时、认真地完成学校有关部门布置的学生工作任务；深入学生之中，了解和掌握学生思想动态，分析和研究学生中存在的各种问题,并及时反馈到院、系党总支和校党委学生工作部,使全校学生工作的信息畅通;配合院、系团总支做好团的工作,完成团委布置的工作任务,鼓励支持学生积极开展丰富多彩、健康向上的文化娱乐活动,关心学生身心健康,帮助学生解决实际困难,促进学生全面发展;抓好学生遵纪守法教育,配合有关部门做好对违纪违法学生的事实调查、教育、处理工作,使在学生中形成自觉遵守校纪、校规、法规,维护社会秩序的良好风气,提高学生精神文明水准和遵守大学生行为准则的自觉性等。

政治辅导员的待遇:政治辅导员在阅读文件、参加会议方面按科级干部对待。政治辅导员在晋升职称、晋级以及工资、住房等方面与同期参加工作、同学历的业务教师同等对待,其专业技术职务的评聘归教师系列。对于成绩突出的政治辅导员,学校授予"优秀政治辅导员"或"先进工作者"称号,并在晋升职称、晋级、住房等方面予以体现优先。

政治辅导员受党委委派,由学生工作部和系党总支共同管理,以院、系为主,在院、系党总支直接领导下进行工作。

政治辅导员的工作考核:党委学生工作部和院、系党总支负责政治辅导员考核,实行以院、系党组织为主,分级考核的制度。考核结果作为晋职提级的重要依据之一。考核指标分德、勤、绩、能四个方面。考核方法为政治辅导员于学年末写出个人总结,党委学生工作部和系（院）党总支根据其表现进行综合评定,测定结果与本人见面,并填写《政治辅导员考核表》,存入本人档案。学校每学年召开一次政治辅导员经验交流会。

青岛海洋大学学生会工作条例

海大团字〔1992〕7号

主要内容

一、学生会的基本任务

遵循和贯彻党的教育方针,组织同学开展学习、科技、文体、社会实践等多种活动,促进同学全面发展,引导同学成为适应社会主义现代化建设的合格人才。充当校党委、校行政联系同学的桥梁和纽带。在协助学校建设良好的校风、学风的同时,表达和维护同学的正当利益。倡导和组织"自我服务、自我管理、自我教育"。开展勤工助学的活动,公益劳动及参与和学生有关的学校事务管理等活动,努力为同学服务。发展同各地、市高校学生会的联系与合作,互通有无、取长补短。

二、职责范围

1. 全委会职责范围有讨论制订学生会总体工作计划,做好工作总结。讨论决定重大事情或重大活动等。

2. 主席团职责范围如下:

（1）主席对学生会全面负责,主持校学生会工作,传达上级指示精神,定期向党委汇报工作,向学生会委员会作述职报告。

（2）副主席协助主席搞好全面工作,处理学生会日常工作和事务、分管部门工作。主席不在时,由常务副主席代理主席职责。

（3）主席团主持召开学生会全委会和执委会,研究布置工作,监督各职能部门执行工作计划的情况,并进行检查、总结。负责组织安排学生会重大活动和主要工作。

（4）定期召开各院学生会主席例会等。

3. 秘书处的职责有协助主席和各部筹备规模较大的会议,列席学生会全委会,并做好会议记录等。

4. 办公室主任负责办公室工作,管理好学生会的文件、资料、书刊、物品,负责订购、收发书刊、资料,监督办公室的卫生情况和使用情况等。

5. 宣传部负责配合校党委、团委做好对学生的宣传等工作。

6. 学习部职责范围包括贯彻党的教育方针,引导同学们学好专业知识,全面发展。带领同学们树立良好的学风,创造良好的学习环境。通过开展各种形式的科技活动及学术讲座,增强校园学术气氛,培养学生的科技意识,提高学生的科研能力,引导广大同学发奋学习,立志成才等。

7. 文艺部负责开展丰富多彩的文艺活动,陶冶学生的情操,活跃同学业余生活等。

8. 体育部负责引导学生积极参加体育锻炼,开展各种形式的体育活动、体育竞赛,活跃同学们的体育生活,促进各院系及各年级同学间的交流,增进同学的友谊等。

9. 学生权益委员会负责了解同学对学校管理制度、设施、生活服务、学习条件及教学等方面的要求、意见和建议,及时向有关部门反映并协助解决等。

10. 实践部负责引导、鼓励广大同学走出校园,走向社会,进行各项社会实践活动。加强与各方面的联系,为同学尽力创造条件,组织各项勤工助学活动等。

11. 女生部负责针对女生心理的特点,开展讲座和心理咨询活动,提高女生综合修养和心理素质等。

12. 调研室负责经常深入同学中去调查、了解广大同学对学校各方面工作的意见、建议以及在生活、学习等方面的需求,并定期向分管主席提交调研报告。经研究后,能给予解决的尽快解决,不能解决的及时上报校有关部门请示解决等。

13. 公关部负责紧密联系各部,负责与媒体联系对外宣传,树立海大良好形象等。

14. 社团部负责学生社团的受理登记、申报材料初审、社团的统计管理工作等。

青岛海洋大学关于举办成人非学历教育班的暂行规定
海大内办字〔1994〕51号

主要内容

为理顺体制,实行归口管理,以保证办学质量和水平,维护和提高学校的社会声誉,制定本暂行规定。

1. 成人教育学院是在校长领导下全校成人教育的管理部门,校内各单位举办各种形式的成人非学历教育班均由成人教育学院统一归口管理。

2. 校内各单位举办成人非学历继续教育班、专业证书班、干部专修班、岗位培训班、预科班、辅导班和各种短训班，由成人教育学院负责审批并代表学校与国家教委、省市教委成人教育管理部门联系并接受其业务领导。

3. 各单位举办上述非学历教育班，必须在办班前将所办班的名称、性质、教学计划（课程设置、教材、任课教师）、上课时间、教室安排、收费标准及分配方案、招生广告和简章等送交成人教育学院审批，未经审批，任何单位不得随意办班。

4. 本校各单位刊登举办非学历教育班广告，广告词必须经成人教育学院审查盖章后方可外送刊发。广告必须具体注明办班的院、系、部、处、室、中心、公司等单位名称，不得笼统署名"青岛海洋大学"等字样。未经学校批准，任何单位不得以学校现有机构之外的海洋大学"某培训中心""某教育服务中心'等名义对外刊登张贴广告办班。

5. 校内上述各种非学历教育班颁发证书，必须颁发成人教育学院统一印制并按专业登记编号的成人培训结业证书（专业证书颁发省市统一证书）。校内其他非学校成人教育管理部门，一律不得擅自印制和颁发此类成人培训证书，以保证学校成人培训班的正常管理秩序和维护学校证书的信誉。

6. 今后凡不按本暂行规定的审批权限和程序办理手续，不顾办学质量和学校声誉，任意刊登张贴广告和办班的单位，均属违纪行为，学校将追究有关单位负责人和经办人的责任。

青岛海洋大学学士学位工作细则 ①
1995年5月

主要内容

根据《中华人民共和国学位条例》和《中华人民共和国学位条例暂行实施办法》以及有关规定，结合学校实际情况，制定如下细则。

一、授予学士学位的条件

拥护四项基本原则，热爱祖国，遵纪守法，操行评定合格；完成本科学习计划，课程及毕业论文（毕业设计或其他毕业实践环节）成绩合格，并取得教学计划规定的学分，经审核准予毕业；有从事科研或担任专业技术工作的初步能力。

凡具有下列情况之一者，不得授予学士学位：未达到大学英语四级统考标准者；万年各学期累计有15学分的课程经补考及格者；毕业时作结业处理者（因最后一学期课程考核不及格作结业处理但累计补考课程未达到15学分者除外）；因学习不合格而延长修业年限者；因犯错误受记过以上（含记过）处分，或累计记过以下处分达两次者。

二、学士学位的申请与审批程序

本校各专业本科毕业生，凡符合授予学位条件者，由院、系统一填写《申请授予学士学位名册》，经院、系学位评定分委员会讨论通过后，分委员会主任签字，报送教务处汇总；由

---

① 中国海洋大学档案馆藏，档号：HD-1995 XZ11-20。

教务处将汇总的《申请授予学士学位名册》报校学位评定委员会讨论和审查,经半数以上委员通过后,方为有效;校学位评定委员会通过的《授予学士学位学生名单》,经校学位评定委员会主任签字后,由教务处会同各系办理填发证书事宜;如发现学士学位获得者有舞弊或严重违反学位条例行为时,经学位评定委员会复议后,撤销其学士学位。

青岛海洋大学关于试办双专业教学改革的意见①
1996年10月

主要内容

根据学校本学年深化教学改革的思路,为使学生在校期间,获得较宽厚的基础和有关专业知识,更好地适应社会主义市场经济对人才的需求,借鉴其他高校的经验,经研究决定于1996年秋季在学校采取先试点的办法逐步实施双专业教学的改革。其实施方案如下:

1. 由教务处负责,根据学校本科专业设置、办学条件、近期社会人才需求,选择开办双专业教学试点,并实施管理和教师选聘工作。

2. 双专业教学中原专业以外修读的专业(以下简称"另一专业")的设置和课程安排:"另一专业"课程为该专业的主干课程,总学分为50学分,一般设置12门课程,并设毕业论文或毕业设计教学环节(在总学分内安排5学分),以保证"另一专业"的教学质量。"另一专业"的教学计划一般在五个学期内安排课堂教学,原则上"另一专业"从"二上"开始进行,到"四上"结束。周学时为8学时,利用双休日进行教学。"四下"安排毕业论文或毕业设计。

3. 申请修读双专业的学生,其原专业所修的必修课与指定选修课必须正常考试及格方可自愿报名,限额择优批准修读。

4. 双专业修读期间,原专业的必修课、指定选修课或"另一专业"的课程正常考核有一门不及格者,即终止其"另一专业"的修读。凡完成双专业学业,符合教学管理规定者,发给双专业毕业证书。终止双专业修读或"另一专业"达不到毕业要求者,"另一专业"课程已取得的学分计入原专业任选课学分。修读双专业的学生,原专业任选课最多可减免10学分。在原专业和"另一专业"的相同课程中,应选择高档次的课程修读,经教务处批准,在取得学分后可冲抵低档次相同课程的应修学分,但此种课程不得超过两门。

5. "另一专业"开设时间,1996—1997学年第一学期对1995级本科学生开始组织实施。今后每学年从第四周开始新一届的双专业教学。

6. 对已实施主辅修的班级,可参照以上意见,经论证批准后与双专业改革接轨。

7. 修读双专业的学生,其学业成绩符合"双专业、双学位改革意见"要求的,经校学位委员会审核批准,可获得双学位。

---

① 中国海洋大学档案馆藏,档号:HD-1996-JX1315-04。

关于实行完善学分制的本科生选专业的实施办法（试行）^①

1996年12月

主要内容

根据学校完善学分制的实施方案，从1995级起，对大多数本科专业在前两年按相近学科或按系组合成"大班"，以"大班"为单位组织教学。"大班"课程结束的学期末，允许学生在本"大班"的各专业中再按规定选一次专业。为此，经研究，特制定中期选专业的实施办法。

1. 在"大班"内学习的学生，不论在招生时被录取为哪一个专业，均可在本"大班"所含专业范围内再选一次专业。"大班"内各专业的分配名额由所在院、系根据教学条件在每年的12月末提出（跨院、系组合的"大班"，由有关院、系协商提出），经教务处审核，报主管校长批准。

2. 未受到"淘汰警告"（黄牌）和"淘汰"（红牌）及处分的学生，经所在院、系审核批准，可申请跨"大班"（专业）选择专业。各专业接受跨"大班"（专业）选专业学生的名额由所在院、系在每年的12月末提出，经教务处审核，报主管校长批准。

3. "大班"内各专业的分配名额和各专业接受跨"大班"（专业）选专业的名额，于二年级下学期开学第四周前由教务处公布。

4. 申请跨"大班"（专业）选择专业的学生必须参加考试。由于学校调整后的现行教学计划各"大班"（专业）的公共基础课相同，因此，跨"大班"（专业）选专业只对学科基础课进行考试。考试于6月下旬至7月上旬举行，由教务处负责组织。

5. 学生在"大班"内选专业和跨"大班"（专业）选专业均在所在院、系报名。在"大班"内选专业，当选报某专业的学生人数多于该专业的分配名额时，该专业的学生名单由所在院、系本着择优的原则，按前三个学期的"累计平均学分绩"排名确定。跨"大班"（专业）选专业的报名名单由所在院、系的教务秘书汇总后，交教务处教务科；教务处组织考试完毕后，根据考试成绩和所在院提供的学生平时表现，按专业名额择优批准。

6. 选专业手续在二年级下学期的7月份办理，暑假前全部结束，三年级开学进入专业学习。当专业再次确定后，学生原则上必须学习该专业的全部课程并取得相应学分。

7. 学生再次确定专业后，其专业不再予以变更。

青岛海洋大学奖励学分实施细则（试行）

海大内教字〔1999〕92号

主要内容

为贯彻落实《高等教育法》和《中共中央国务院关于深化教育改革全面推进素质教育的决定》，培养具有创新精神和实践能力的高级专门人才，鼓励大学生积极参与科技创新和社会实践活动，促进其综合素质的提高和个性发展，特制定学校奖励学分实施细则。

一、奖励范围

凡在校本科生，在校学习期间参加校级以上（含校级）科技竞赛活动获奖，有专利作品，在国内外公开发行刊物上发表论文，获学校大学生科技活动有关奖励等，均可申请奖励学分。因同一作品获不同奖励者，不得重复申请奖励学分。

二、奖励学分

1. 获各类科技竞赛活动奖励者奖励如下：

国家级奖励前五名：国家级一等奖第一位奖5学分，第二位奖4学分，第三位奖3学分，第四位奖2学分，第五位奖2学分。国家级二等奖第一位奖4学分，第二位奖3学分，第三位奖2学分，第四位奖1学分，第五位奖1学分。国家级三等奖第一位奖3学分，第二位奖2学分，第三位奖1学分，第四位奖0.5学分，第五位奖0.5学分。

省部级奖励前三名：省部级一等奖第一位奖4学分，第二位奖3学分，第三位奖2学分。省部级二等奖第一位奖3学分，第二位奖2学分，第三位奖1学分。省部级三等奖第一位奖2学分，第二位奖1学分，第三位奖0.5学分。

市级奖励一等奖前两名：市级一等奖第一位奖2学分，第二位奖1学分。

2. 有专利作品者：奖4学分。

3. 在国内外公开发行刊物上发表学术研究论文者：核心期刊第一作者奖3学分，第二作者奖2学分。一般期刊第一作者奖2学分，第二作者奖1学分。

4. 获学校大学生科技活动等有关奖励者：一等奖第一位奖1学分，二等奖第一位奖0.5学分。

三、申请及审核办法

每年5月份由学生本人向所在院系提出申请，并将各类获奖证书和论文发表的刊物原件交所在院系，经院系审核，报教务处批准后，由教务处下发本年度获得奖励学分的学生名单。院系以此为依据将奖励学分作为选修课学分，记入学生成绩总表。

青岛海洋大学文苑奖学基金暂行规定

海大学字〔2000〕160号

主要内容

文苑奖学基金是由著名海洋科学家文圣常院士出资建立的专项奖学金。设立该项奖学金旨在激发学校学生热爱科学、热爱海洋、热爱海大的热情和努力成才、报效祖国的志向，促进学生自身综合素质的提高和学校一流人才的培育，奖励学校品学兼优及具有创造精神和实践能力的优秀学生。具体规定如下：

1. 学校成立"文苑奖学基金管理委员会"，负责奖学基金的管理。

文苑奖学基金管理委员会由分管教学工作的校领导、有关科学家、校学生处、教务处、科研处、团委负责人组成；基金管理委员会办公室设在学生处。

2. 奖励范围及名额：每年奖励3名最优秀的本科生。

3. 奖励额度：5000元/人。

4. 评选条件如下：

（1）必须是学校三好学生、一等奖学金获得者。

（2）具有较高的科学素养，在学业上有较大发展潜力；积极参与科技活动，并获得学校科技奖学金。

5. 评定与发放如下：

（1）评定工作于每年的十月份进行；由院系推荐，基金管理委员会办公室审核，在全校公示一周后，报文苑奖学基金管理委员会批准。

（2）奖学金一次性发放，并由提供奖学基金的学校科学家出席隆重的颁奖仪式。

青岛海洋大学关于重修的管理规定

海大教字〔2000〕172号

主要内容

学校的学分制从1984年开始起步，1995年又出台了完善学分制实施方案。为配合完善学分制的实施，进一步提高教育质量，经研究，决定对学校普通全日制本科生（以下简称本科生）的课程考核取消补考实行重修。根据学校实际，特制定管理规定。

一、重修范围

本科生所修的全部课程及教学环节，考核不及格，不予安排补考，必须交费重修。重修次数不作规定。

二、重修选课程序

每学期开学后的前两周，申请重修的学生先到所在院（系）领取选课单，然后到开课院（系）、中心选课，并由开课院（系）核实交费数额，再到财务处交费，所在院（系）教务秘书验过交费单后在网上选课，并在选课单上其他栏目盖章后由学生交到各指定单位留存备案。

三、重修方式

政治理论课、高等数学、普通物理、大学英语、计算机文化基础和计算机技术基础等课程原则上应由开课院（系）、中心单独组织教学，人数低于30人的可以选低年级开出的同档次课程。其他课程的重修原则上应随低年级开出的同档次课程听课。劳动课的重修，一般安排在暑假期间。

四、重修考试及成绩登记

重修学生的期末考试随听课班进行，由开课院（系）、中心或任课教师登记成绩。

五、毕业前重考规定

学生在毕业学期，未取得学分的课程（不包括思想品德课、实验课、劳动课、实习、设计、军训、社会调查等实践性课程）学分在25学分以内，经学生本人申请，院（系）审核同意，教务处根据具体情况，在学生毕业前安排有关课程的考试（重考）。重考只有一次。思想品德课、实验课、劳动课、实习、设计、军训、社会调查等实践性课程及最后一学期的课程考核不及格，不予安排重考。

六、不予重修的规定

在校期间，课程考核作弊，不予参加重修；重修课程违纪、旷考，不得再次参加重修；重修课程作弊，不得再次参加重修，也不得参加毕业前的重考。

七、缓考规定

学生因病或因事可申请缓考。在考试前一天按规定到所在学院（系）、教务科办理书面缓考审批手续，缓考只能随下一次考试进行，不再单独组织命题。登记成绩时，应注明"缓考"字样。

八、有关退学规定

在校学习期间，本科生经重修后仍不及格课程的学分，累计达到或超过13学分（经重修后已及格课程的学分不计在内）应作退学处理。其他退学规定仍按学校学籍管理规定执行。

九、延长学习期限的规定

对于学习基础差的学生，在学制年限内（本科一般为四年）难以完成培养计划规定的学习任务，在未受到退学处理的情况下，允许延长1～2年的学习期限。办理延长学习期限的手续必须在毕业前（6月底）办理完毕，并须交纳学校规定的学杂费和住宿费等各项费用。延长学习期限的学生编入下一年级相同或相近专业学习。

青岛海洋大学全日制本科生学籍管理规定

海大教字〔2001〕28号

主要内容

一、总则

为维护学校正常教学秩序，实现学校人才培养目标，根据教育部《普通高等学校学生管理规定》，结合学校实际，制定本规定。

二、入学与注册

新生入学需持"青岛海洋大学录取通知书"和学校规定的其他有关证件与材料，按录取通知书规定的日期到校办理报到手续。因故不能按期报到者，应提前向学校教务处提交书面报告及所在乡镇、街道或原工作单位证明，办理延期报到请假手续。延期报到，报到日期不得晚于原规定报到日期两周。未经教务处批准逾期未报到者，学校取消其入学资格。自规定报到之日起三个月为新生入学资格复查期，复查合格者，取得学籍；复查不符合招生条件者，取消入学资格。通过不正当手段取得学籍者，一经查实，取消学籍，予以退回；情节恶劣者，报请有关部门查究。

学生取得学籍后，由学校发给学生证和校徽。学生证作为在校学生的身份证明，不得私自涂改，不得转借他人。每学期开学时，学生须按学校规定的注册日期，持本人学生证到所在院、系办理注册手续。学生因故不能按期到校注册，须及时请假并提供必要的证明材料。保留入学资格、休学、停学或因其他原因离校的学生，未经教务处批准复学，不予注册。

三、修业年限

本科教育的基本修业年限为四年，学生可缩短或延长修业年限，缩短修业年限不得超过一年，延长修业年限不得超过两年。

四、选课与考核

本科教学施行选课制，学生通过选课获得参加课程学习和考核的资格。

学生选课以后，应按课程教学要求参加学习和考核。课程考核合格取得相应的学分。考核不合格、违纪、旷考，必修课须重修。

学生因考核时间冲突、患病或其他特殊原因不能按时参加考核的，应事先提交书面缓考申请并附有关证明。缓考考试安排在下一学期开学初进行。

学生参加文艺、体育、科技竞赛成绩突出者，可申请奖励学分。事先申报并经学校批准，学生修读国内外其他高校课程、网络课程，且考核成绩合格，可申请免修校内相应课程，学校承认批准学生修读课程的成绩和学分。港澳台学生可申请免修政治课和军训课。

五、休学和复学

学生有下列情形之一者，应予休学：因病经校医院诊断须停课治疗、休养，时间占一学期总学时三分之一以上的；因创业、外出考察、国内外进修或者其他特殊原因需要中断学业，请假时间超过一学期总学时三分之一以上的；其他需要休学的情形。

学生休学期满，须由县级以上医院出具健康证明，经校医院复查合格后准予复学；学生可以要求再次休学，但累计休学时间不得超过四个学期。

六、转学与转换院系班级

学生入学后，有下列情形之一者，可申请转学：学生确有专长，转学更有利于发挥其专长的；学生入学后发现患有某种疾病或有某种生理缺陷，经学校指定的医疗单位检查证明，不适合在原学校学习，但尚能在其他高校学习的；经学校确认学生有某种特殊困难，不转学则无法继续学习的。学生转学，应由本人提出书面申请，经转出与转入学校同意和两校所在地省级高等教育管理部门批准，重新办理入学手续，方可取得转入学校学籍。

符合下列条件的学生，可以提出转换院系班级申请：入学在校学习多于五个学期；选修申请转入院系班级设置的专业类课程取得的学分数，与申请转入院系班级已开出的专业类课程的学分数相比较，前者不少于后者10学分；经学校进行专业识别确认，所修课程与申请转入院系班级的共同学习课程具有最高贴近度。

七、退学

学生有下列情形之一者，予以退学：一学期内修课取得的学分不足12学分，累计达到三次的（不适用于港澳台学生）；学校开学后，未经准假且无正当理由逾期两周不注册的；应办理休学手续无正当理由逾期未办理的；休学期满，逾期两周未办理复学手续的；累计休学时间达到最长休学期限，经校医院健康复查不合格的；经指定医院确诊，患有精神病、癫痫病、麻风病等严重疾病的；意外伤残等不能再坚持正常学习的；本人坚持申请退学，经劝阻无效的；有违法乱纪行为，受到学校相应纪律处分的。

八、毕业、结业、肄业

毕业：具有学籍的学生，德智体鉴定合格，在修业年限内达到专业教学计划规定的毕业最低课程和学分要求，准予毕业，颁发毕业证书；符合本段第一句情形，同时达到其他专业教学计划规定的毕业最低课程和学分要求，颁发一个以上专业的毕业证书；符合本段第一句情形，同时所修另一专业学科基础层面、专业知识层面和工作技能层面必修课程的学分达到该专业毕业最低要求学分的60%以上者，颁发另一专业辅修证书；高水平运动员学生在修业年限内获得所学专业教学计划规定的毕业最低总学分要求的75%，且修读各层面必修课取得的学分分别达到各层面必修课要求学分的75%，并通过大学外语二级考试，准予毕业，颁发毕业证书。

结业：在修业年限内未达到任何一个专业教学计划规定的毕业最低课程和学分要求，但获得的学分数超过教学计划规定的毕业最低总学分要求的80%，按结业办理，颁发结业证书；学生结业后，学校不再组织补考和重修，不再施行结业证书换发毕业证书制度。

肄业：在校学习一年以上，未达到结业要求，按肄业办理，颁发肄业证书；退学的学生，作肄业处理，颁发肄业证书。在基本修业年限内未达到任何一个专业教学计划规定的毕业最低课程和学分要求，需在规定时间内向学校书面申请延长修业年限，逾期未申请延长修业年限的，按结业或肄业办理。被开除学籍的学生不发给任何形式的学历证书。学历证书遗失不能补发，可办理学历证明。

九、学士学位

学生取得毕业证书，符合《中华人民共和国学位条例》和《青岛海洋大学授予学士学位工作细则》的有关规定,授予学士学位。学生取得毕业证书和学位证书,在规定的修业年限内修完不属于同一个学科门类的第二个专业教学计划规定的全部课程、获得相应的学分,符合《中华人民共和国学位条例》和《青岛海洋大学授予学士学位工作细则》的有关规定,报请有关部门批准,可授予另一个学科的学士学位。

青岛海洋大学生活困难学生工作实施细则

海大学字〔2001〕68号

主要内容

为切实做好学校困难生工作,维护困难生的权益,解决困难生的经济困难,鼓励困难生勤奋学习,保障他们顺利完成学业,特制定本办法。

一、困难生的认定、权益及管理

月全部生活费150元以下为特困生,月全部生活费在150~180元者为困难生。校困难生名单每年10月份审定。申请困难生的学生应向班主任提出申请,并附家庭经济情况证明(父母工作单位或乡镇),班主任及班委会根据学生家庭经济状况以及在校表现,提出初定名单,报院(系)进行审核,签署意见后报学生处。学生处将拟定的名单,向全校公示,若公示后一周内无人提出异议,则由学生处评议审定。学校优先安排或推荐困难生上勤工助学岗。困难生优先享受学校、社会等提供的资助,享有学杂费减免和贷款申请权。

二、特困生学杂费减免制度

符合条件的特困生,可申请减免本学年学杂费。学杂费减免分为三等。一等学杂费全免,二等学杂费减免为全年学杂费的50%,三等学杂费减免为其30%。特困生提出申请,填写"学杂费减免申请表"并附有关证明,经班委会讨论,班主任推荐,学生所在院(系)审核,报学生处汇总公示,征求同学意见,最后确定名单。减免学杂费每年10月份审批一次。

三、困难生校内贷款制度

贷款分为两等。一等贷款为该生本学年学杂费,二等贷款为1500元/年。个人累计贷款额不得超过10000元。贷款每年审批一次。必须符合三好学生标准的学生才具备申请资格。特困生提出书面申请,经班主任组织班委会讨论,院(系)审核同意,家长或监护人签署贷款意见,同时承担还款监督义务后报学生处审批。贷款由财务处以每年10个月平均发放。学生转学、退学(自费出国)时,须一次性还清全部贷款。学生毕业时应还清全部贷款。符合条件者,可减免部分贷款。

四、校内临时贷款制度

对于因遭遇突发事件而经济困难的学生,可以向学校申请"临时贷款",临时贷款额度不超过本人当年学费。获得临时贷款的学生,如在校期间表现较好,顺利完成学业并取得学士学位,临时贷款便作为助学金无偿资助学生;若在校期间有不及格现象、受到校纪处分、没有取得学位等,将视情节程度归还不同比例的临时贷款。

五、国家助学贷款

申请国家助学贷款的条件：具有完全的民事行为能力（未成年人须由其法定监护人书面同意）；诚实守信、遵纪守法，无违法违纪行为；学习成绩较好（上学年不及格学分不超过6分），能够正常完成学业；在校期间所获得的收入不足以支付完成学业所需基本费用（包括学费、基本生活费）；严格遵守国家、经办银行以及国家助学贷款的各项规定，承诺正确使用所贷款项并按规定履行还贷义务；符合中国人民银行公布的《贷款通则》规定的其他条件。

学生个人可获得的国家助学贷款的金额范围：学生贷款金额=所在学校收取学费（含住宿费）+所在城市规定基本生活费（本校以3000元为准）−个人可得收入（包括家庭提供的收入、社会等其他方面资助的收入）。

国家助学贷款期限：一般不超过八年，是否展期由贷款人与借款人商定。贷款学生本科毕业后继续攻读研究生及第二学位的，在读期间贷款期限相应延长，贷款本息在研究生及第二学位毕业后四年内还清。经办银行根据学生申请，具体确定每笔贷款的期限。

国家助学贷款的贴息：为体现国家对经济困难学生的优惠政策，减轻学生还贷负担，财政部门对接受国家助学贷款的学生给予还款利息补贴。学生所贷款利息的50%由财政贴息，其余50%由个人负担。

借款学生违约时，贷款银行采取的处罚措施：建立个人信用登记制度是有效防止借款人违约的重要措施。贷款银行对违约的借款人有权按合同约定采取停止发放贷款、提前收回贷款本息等措施。

青岛海洋大学优秀研究生评选办法

海大研字〔2001〕16号

主要内容

为培养德、智、体全面发展的高级优秀人才，激励先进，逐步提高研究生教育的质量，根据教育部有关规定，结合学校实际情况，特制定本办法。

一、评选范围和对象

凡具有青岛海洋大学学籍的所有在校二、三年级研究生（包括硕士研究生和博士研究生）均有资格参与评选。在本年度受处分或仍在处分期内者不能参与评选。

二、类别和比例

优秀研究生包括优秀研究生和优秀研究生干部。优秀研究生比例为在校研究生的10%，优秀研究生干部比例为在校研究生干部的15%。

三、评选条件

优秀研究生：坚持四项基本原则，拥护改革开放，爱国守法，模范执行学校的各项规章制度；认真学习马列主义理论，积极参加政治活动，具有较高的政治素质及良好的思想品德。学习成绩优异，培养方案中所规定的课程考试成绩全部优良；学位课考试平均成绩在本专业名列前茅。具有良好的科学道德修养，表现出较强的科研能力，科研成绩显著，学习期间有论文发表在核心刊物或国际性学术刊物上；或论文虽未发表，但学术结论或结果已被有关部门鉴定或验收，具有较高的学术水平或较大的经济价值，研究生为主要完成人；研究生作为正式代表参加全国性或国际学术会议，宣读论文或论文被收入会议论文集者。积极参加社会活动，表现出良好的道德风貌和合作精神。积极参加体育活动，身体素质好。

优秀研究生干部：凡担任校、院（系）及班级党、团组织、研究生会和学校社团组织一定职务的学生干部，具备"优秀研究生"的第一项、第四项的规定；具备较强的组织能力和奉献精神，热心社会活动，工作积极肯干，能发挥模范带头作用，出色完成组织交给的任务；严于律己，关心同学，自觉维护研究生的合法权益，抵制有害于研究生健康成长的现象，主动向有关部门提出合理建议。

四、组织实施

评选工作坚持公正合理、实事求是、保证质量的原则，采取自下而上、逐级优选的办法。院（系）根据评选条件，实行民主评选或无记名的方式确定推荐人选，上报党委研究生工作部。校党委研究生工作部审核后，报主管校领导批准。

五、奖励办法

评选出的各类优秀研究生由学校予以表彰，并颁发荣誉证书，存入个人档案。

六、评选时间

评选工作每年度组织一次。一般在每年年初评选上年度的优秀研究生。

青岛海洋大学研究生优秀奖学金评选办法
海大研字〔2001〕16号

主要内容

为鼓励研究生在校期间勤奋学习、刻苦钻研、品学兼优，培育有理想、有道德、有文化、有纪律的德、智、体全面发展的高级专门人才，根据原国家教委颁发的《普通高校研究生奖学金办法》精神，结合学校实际情况，特制定本办法。

一、评选范围和对象

国家统一招收的二、三年级全体硕士、博士研究生（不包括委培生）。

二、类别

优秀奖学金分综合优秀奖、单项优秀奖及优秀研究生干部奖三种。单项优秀奖包括创造发明奖、学习优秀奖、文体与社会活动奖三种。

三、奖励金额和比例

综合优秀奖：博士1800元/人，硕士1400元/人，博士、硕士研究生获奖比例皆为国家统一招收二、三年级学生总数的10%。

单项奖：500元/人；优秀研究生干部奖：500元/人；博士、硕士研究生获奖比例皆为国家统一招收的二、三年级研究生总数的15%。

四、评选条件

获综合优秀奖学金的研究生,必须是优秀研究生获得者。

创造发明奖（我校研究生具备下列条件之一者就可获奖）:有创造发明、较大发现及较大技术革新,获得某项专利,或在国家、省、市级科技创新竞赛中获得优异成绩;提供了具有重要学术价值或重大经济价值的信息和建议,并被有关部门采用;在某一领域有开拓性的研究成果;科研成绩比较突出,作为第一作者,博士生有2篇（含2篇）以上,硕士生有1篇（含1篇）以上的论文发表在核心学术期刊上。

学习优秀奖:修完全部必修课程,各科成绩平均90分以上,单科成绩不得低于80分。

文体与社会活动奖:在文艺、体育方面有一技之长,并积极参加集体活动,用自己的特长为同学们服务,在同学中有良好的影响;代表研究生参加校级以上单位组织的各项文娱、体育活动和比赛,成绩优良。

优秀研究生干部奖:获优秀研究生干部奖的必须是优秀研究生干部荣誉称号获得者。

五、组织实施

在研究生综合考评基础上,经指导老师推荐,由个人提出申请（并提供学习成绩表、论文或论文的复印件以及有关证书）。各院（系）分管院长（主任）、党总支副书记、研究生秘书等人员组成审核小组,对个人申请进行审核,提出获奖名单,并对奖励类型提出推荐意见,把有关材料报党委研究生工作部。党委研究生工作部对上报材料复审,确定获奖名单和奖励类型,报主管领导批准。召开表彰大会,并将获奖者有关材料存入本人档案。违反校规校纪,受到处分者,未通过国家英语六级的三年级研究生及培养方案中所规定课程有一门以上不及格的研究生,不得参加综合优秀奖学金的评选。

评定时间安排:优秀奖学金在进行综合考评的基础上,每年度评定一次。

青岛海洋大学关于研究生导师教书育人工作的规定

海大教字〔2002〕8号

主要内容

教书育人是党和国家赋予每个研究生导师的神圣使命。为全面提高学校研究生的思想素质和业务水平,充分发挥研究生导师在研究生培养过程中的教书育人作用,加强对研究生导师履行岗位职责情况的检查、考核和评比,根据《教师法》和教育部的有关规定,结合学校实际,特制定本规定。

研究生导师在教学、科研、指导论文等培养工作中,应以培养德才兼备的高级专门人才为己任,努力做到下列各项要求:热爱社会主义祖国,拥护党的基本路线,遵纪守法。忠诚党的教育事业,热爱研究生教育工作,言传身教,为人师表。对研究生的全面成长负责。结合研究生的业务培养,经常与研究生谈心、了解其思想状况,从思想政治、品德修养、科学道德、业余生活、就业选择等方面主动关心研究生的成长,有意识地进行爱国主义、集体主义、职业道德、献身精神等方面的教育,引导其树立正确的人生观、价值观,发现问题及时反映,并协同各级组织妥善解决。认真负责地执行教学计划和研究生培养方案，教学态度严谨，教学内容新颖，能反映本学科最新发展态势和最新成果，不断创新教学方法，教学手段先进。按照社会发展要求，大胆探索，积极进行研究生教学改革，努力培养研究生独立研究和开拓创新的能力。精心组织和指导研究生撰写论文。学位论文应坚持以马克思主义世界观和方法论为指导，坚持知识创新与理论联系实际，密切联系经济建设、社会发展和科技进步的需要，对我国现代化建设具有较大的理论意义和较高的应用价值。尊重研究生的合法权益（如申请专利、发表论文、研究生的劳动成果的认定与冠名等），制止有害于研究生健康成长的行为。对研究生教育中出现的有关问题提出积极合理的改进意见。

学校将依据有关条件和标准，采取单位自查和学校抽查相结合的办法，每年组织一次对研究生导师教书育人工作的专项检查评定，并将检查结果与研究生导师的年终考评、晋升职级、师生互选等项工作直接挂钩，把研究生导师教书育人工作的业绩作为遴选导师的必备条件之一，作为考核、评优的主要内容之一，并积极推荐教书育人先进个人申报国家和省部级有关奖项。

对下列情形之一者除给予研究生导师批评教育外，取消当年度教书育人奖申报资格，两年内不得参加导师资格遴选：不能严格履行指导教师职责，很少与研究生接触，对研究生放任自流者；在教学、科研和研究生培养中，治学不严，敷衍了事，不能起表率作用者；对研究生中存在的问题既不及时向组织反映，又不主动配合各级组织认真解决，致使研究生受到学校记过（含记过）以上处分，经查，导师负有不可推卸责任者；在培养过程中，对研究生施以不正当的影响者。

对下列情形之一者，硕士生导师取消导师资格，博士生导师停止招生1~2年：在课堂或者其他公共场合，公开攻击、肆意歪曲国家宪法、党的基本路线和四项基本原则者；暗示或教唆研究生从事国家禁止的一系列政治活动及其他活动者；对研究生的不良思想姑息迁就，致使所培养的研究生受到学校留校察看以上处分或触犯国家刑律者；在推荐与国外联合培养研究生工作中，有意隐瞒实情，联培生在国外做出有损人格国格的言行，而导师负有不可推卸责任者；在研究生招生、考试、科研、就业推荐以及联系出国等工作中徇私舞弊，情节恶劣、造成不良影响者；行政撤销职务和党内严重警告以上处分者。

青岛海洋大学专业教学实验室建设规划及实施办法
海大教字〔2002〕13号

主要内容

实践教学是高等学校教学工作的重要组成部分，在人才培养中发挥着特殊的作用。为改善学校本科专业实践教学条件，保证实践教学质量，提高学生的综合素质、培养学生的创新精神和实践动手能力，学校决定重点建设一批面向本科教育的专业教学实验室。为保证专业教学实验室建设的顺利进行，特制订本建设规划和实施办法。

一、建设目标

从2002年开始分步骤立项建设专业教学实验室，经过三年左右的时间，建设成一批实验教学条件国内一流，实验教学内容与国际接轨，实验教学功能与基础教学实验室衔接、与重点实验室互补的专业教学实验室。全部实验室建成后，将构筑起覆盖全校各骨干专业类的实验教学平台，承载专业实验教学课程体系，促进实验教学的改革和发展，提高学生的实践动手能力和创新能力。

二、布局规划

（一）学科布局

学科层次类型不同，专业教学实验室的功能设置和目标定位应有所不同。分四种情况安排：（1）国家重点学科，按主干学科方向设置专业教学实验室，专业教学实验室对重点实验室应具有基础支撑和功能补充作用，它们共同构成一个层次分明、功能强大的实验室系统；（2）省级重点学科，按本科专业方向设置专业教学实验室，专业教学实验室对省级重点学科应起到完善结构、促进提升的作用；（3）一般学科，按专业类设置专业教学实验室，专业教学实验室应基本满足相应专业主要实验教学内容需求，为相应专业提供较为宽泛的实验教学服务；（4）依托某一学科，设置若干个通用性专业教学实验室，一方面作为"基础实验教学中心"功能的提升和延伸，为相近学科提供专业性公共实验课程，另一方面作为不同学科在实验教学方面的连接点和过渡点，为不同学科间的交叉、渗透和培植边缘学科实验课程创造条件。

（二）设置分布

与基础教学实验室一样，专业教学实验室由学校统一组织建设，依托院系管理运行，面向全校相关的实践教学。专业教学实验室建设方案的提出以院（系、中心）为单位，要根据各自学科专业结构情况，统筹考虑学校相关专业的需求进行规划，学校根据具体情况统一调控布局。

（三）建设顺序

在建设专业教学实验室的时间安排上，采用先申报、先受理，成熟一个批准一个、建设一个的办法，分步骤建设实施。

三、建设原则

在专业教学实验室建设中应遵循课程改革支撑原则、专业教学主导性原则、资源共享原则、实验教学功能原则、先进性原则、可扩展性原则、开放性原则和突出特色原则。

四、建设程序

1. 院系申报专业教学实验室建设方案，主要内容应包括拟建实验室名称、建设目标和建成后的基本功能定位，实验室建设的必要性论证等。

2. 教务处初审：专业教学实验室建设方案由教务处受理并进行实验教学课程体系审查和实验室主任及工作人员资格审查。

3. 专家论证：对于通过初审的实验室建设方案，教务处将组织专家进行论证。申报单位负责向专家小组汇报建设方案，进行答辩。

4. 学校审批：通过专家论证的"实验室建设方案"连同论证意见一并报主管校长审核并经校长办公会审议，形成关于是否立项建设的审批意见。

5. 立项建设：经校长办公会审批同意实施建设的实验室，学校为其立项拨款，由申报单位承担建设任务并按学校规定与有关职能部门共同实施工程建设方案和仪器设备购置安装。

6. 项目验收：实验室工程建设和仪器设备安装完成后，学校有关职能部门将分别组织验收，通过验收的实验室，交付申报单位投入使用。

青岛海洋大学推荐优秀应届本科毕业生免试为硕士研究生的办法
海大教字〔2002〕17号

主要内容

为贯彻"教育面向现代化、面向世界、面向未来"的方针，实施素质教育，促进本科教学，鼓励学生为国家建设而发奋学习，根据教育部有关文件精神，学校实行在应届本科毕业生中推荐免试硕士研究生工作。

一、推荐条件

坚持四项基本原则，品德优良，遵纪守法，积极参加社会实践活动。学习勤奋，具有较强的独立分析问题、解决问题的能力和较强的动手能力，学习中表现出较强的创造精神。前三年业务课（以教学计划为准）成绩总平均在班内属前15%（基地班为前50%，转专业同学在原专业的学习成绩合并计算总成绩）。一般情况下，公共必修课，专业主干课成绩在90分以上的课程占50%以上（含50%），单科成绩不低于70分；英语通过国家组织的六级考试。身体健康，并达到国家规定的体育锻炼标准。在校期间连续三年被评为三好学生、获取专利或参加省部级以上科技竞赛活动并获奖励（除下一条外）者优先推荐。满足下列条件之一且三年业务课学习成绩总平均在班内属前50%者可直接获得推荐免试研究生资格：（1）在校期间被评为三好学生标兵；（2）参加"挑战杯"大学生创业计划竞赛和学术作品制作竞赛获得以下奖励者：① 特等奖前三名；② 一等奖前二名；③ 二等奖第一名；（3）参加全国大学生数学建模比赛、全国大学生电子设计大赛获得以下奖励者：① 特等奖前二名；② 一等奖第一名。推荐免试研究生第一志愿原则上应报考本校。推荐免试研究生所学专业一般应与本科所学专业相同或相近。不服从安排者不予推荐。

二、推荐比例

推荐免试人数一般占在校应届本科毕业生人数的2%（基地班视情况倾斜，具体名额依照国家当年下达的推荐免试指标进行分配）。

三、推荐方法与步骤

推荐工作主要由各院（系）组织实施，各有关学院成立由院学位委员会成员代表、院党政领导、系负责人、班主任及有关人员组成的推荐小组，根据推荐条件提出推荐名单，经初审后在本院（系）范围内张榜公布，广泛听取师生意见。各院（系）有关负责人在听取群众意见的基础上，确定推荐名单，并整理材料，填写推荐表（附学历成绩总表），报送研究生教育中心，由研究生教育中心分别会司教务处、学生处审核成绩及获奖情况。研究生教育中心、教务处、学生处和团委根据国家教育部下达的推荐免试生名额及院系推荐情况统一审核,确定初步推荐名单并经主管校长批准后上报山东省招生办公室审批。山东省招办批准推荐名单后,在校内张榜公布。

四、质量保证及要求

各院系要对推荐免试研究生的材料进行认真核实、严格把关,发现有不实或弄虚作假行为取消推荐资格并给当事人以纪律处分。为考核推荐免试生的入学质量,要求被推荐的免试生必须参加当年全国硕士研究生统一入学考试中的部分课程考试(英语和一门基础课)。对考试成绩不合格者,进行适当处理,直至取消研究生入学资格。推荐免试生毕业前若出现课程考试或毕业论文(毕业设计)不合格、违法违纪或不能取得学士学位者,取消其入学资格。

青岛海洋大学《国家奖学金管理办法》实施办法
海大学字〔2002〕40号

主要内容

一、总则

为帮助家庭困难的普通高等学校学生顺利完成学业,激励他们奋发学习、努力进取,促进学生在德、智、体、美等方面得到全面的发展,国家特设立国家奖学金,无偿资助品学兼优的经济困难学生。为贯彻国家精神,做好学校"国家奖学金"的评选工作,特制定本实施办法。

二、国家奖学金的资助对象和申请条件

国家奖学金的资助对象为普通高等学校家庭经济困难、品学兼优的全日制本科生、高职生,包括当年考入学校的全日制本科生、高职生。申请国家奖学金的基本条件为热爱社会主义祖国,拥护中国共产党的领导;在学校学生素质测评中,"思想政治素质"评定为"优秀";自觉遵守宪法和法律,执行大学生守则和学校规章制度,生活俭朴;身体健康;获得学校学习优秀奖学金或当年参加全国统一高考成绩优秀;家庭经济困难。

三、国家奖学金资助人数和资助金额

国家奖学金分为两个等级,一等奖学金为每年6000元/人,二等奖学金为每年4000元/人。全校国家奖学金推荐名额由中央主管部门每年确定。国家奖学金获得者,学校减免其当年的全部学费。

四、国家奖学金的申请和评审

国家奖学金按年度申请和评审,每年10月开始受理申请,当年12月底前评审完毕。根据国家奖学金申请条件,学生个人向所在院系提出申请(可连年申请),并提交《国家奖学金申请表》及事迹材料。院系根据学生提出的申请对其经济状况、思想品德、学习成绩、体育锻炼等方面进行全面审核,将符合国家奖学金条件的学生于9月30日前报学生处。学生处本着择优推荐的原则,在限额内等额评审出国家奖学金候选人后,在全校范围内公示三天;公

示无异议后，由学生处报主管校领导批准，于10月31日前将推荐名单及有关材料报送中央主管部门审核、备案。

五、国家奖学金的发放

财政部按照国家奖学金举荐名额，确定各中央主管部门和省国家奖学金预算。在接到国家奖学金学生名单备案材料后，1个月内将国家奖学金预算下达给各中央主管部门和省财政厅（局）。各种主管部门和省财政厅（局）（通过省教育主管部门）将奖金拨给高校，由高校统一发放给获国家奖学金的学生。

六、国家奖学金的监督和检查

国家奖学金实行公示制，学校坚持公开、公平、公正的原则，在评审过程中将初审名单向全校师生公示。学校严格执行国家有关财经法规和本办法的规定，对国家奖学金专款专用，及时发放给获资助的学生，不得截留、挪用和挤占，同时要接受财政主管机关等部门的检查与监督。

第三章
科学研究和学科建设

　　学校面向国家和地方经济建设主战场,瞄准世界科学发展前沿,承担了大量国家科技攻关、"863计划"、国家自然科学基金以及地方政府、大企业的科研课题和技术开发项目。青岛海洋大学时期,学校制定了《青岛海洋大学学术委员会章程》,还围绕重点学科、重点实验室、科技经费、科技成果、促进产业发展等方面制定了10余项制度,进一步加强学校科研项目管理和经费管理,实现了科研管理规范化、制度化、科学化,有力保障了科研活动的顺利开展。

青岛海洋大学关于科技成果转让和使用的暂行规定
海大内企字〔1991〕113号

主要内容

　　为适应深化改革的需要,促进科技成果尽快转化为生产力为社会经济发展多做贡献,促进校办产业的发展,改善学校的办学条件,切实保障学校和教职工的合法权益,根据国家的有关法规、政策和学校的有关规定,现就学校科技成果的转让和使用的管理工作作出如下规定。

　　本校教职工承担学校的科研和开发课题,履行本岗位职责,或利用学校的物质、技术和其他条件完成的所有科技成果,属职务成果,所有权归学校。由学校决定在校内外使用或转让这些科技成果。学校按有关分配办法,以转让或使用该项科技成果收益的一定比例,对完成该项成果的院、系或部门和个人给予劳务酬金和奖励。

　　本校的所有科技成果,除了国家指定和合同事先约定的以外,都必须服从学校的选择和安排,首先要保证学校生产和发展科技产业的需要。学校采取优惠政策,提供必要的条件,支持和鼓励科技开发、促进科技成果尽快转化为生产力,产生效益。对学校选定使用的科技成果,各院、系或部门要予以切实保证和积极支持,学校对科技成果投入生产而获得的收益,按有关规定实行校、系、个人合理分配。

　　全校科技成果的转让和使用,除已获专利权的科技成果按《专利法》和学校的有关规定办理以外,全校科技成果的转让工作由科研处办理,但在转让前必须与校办企业管理委员会协商同意,方能办理技术合同的签署、认定和登记等手续。收益入会计二科,按学校规定分配使用。

　　任何院、系或部门和个人均不得作为当事人对外签署技术转让合同和协议,不得超越管理权限私自转让、使用或巧立名目变相转让、使用学校的科技成果。对外联营的技工贸实体或担任兼职、顾问，必须符合国家和学校的有关规定，必须有书面合同、协议（联营实体要有章程），明确合作范围和双方责权利，按管理权限向学校报批或备案，不得以任何名目超越规定范围无偿或低价转让、使用学校的科技成果。校内外各类学会、公司、中心等团体机构，未经学校同意，均不得转让和使用学校的科技成果，更不得以所谓"优惠政策"进行私下交易，侵犯学校权益。

学校保护完成科技成果个人的合法权益。完成科技成果的教职工个人享有以下权利：在有关科技成果文件上写明自己是科技成果完成者，取得荣誉证书和奖励，并可以此作为考核条件之一申报和取得有关技术职务；依据国家和学校规定获取劳务报酬、收益提成，享受学校其他有关鼓励、优惠政策；奖酬金的发放要与工作和效益挂钩；对选题科学、经济效益显著、社会影响较大的科技成果和积极配合学校，努力工作，成绩显著的院、系或部门和个人，学校给予表彰和奖励。

对科技成果转让和使用的管理，要坚持原则，加强思想政治工作，进行综合治理。在本规定颁布实施后，凡违反本规定所签署的一切技术合同、协议均为无效，学校有权责令停止有关工作，由此而造成的一切后果由签署者自负。对于违反本规定的教职工个人和院、系或部门，学校可根据情节轻重给予批评教育和相应的行政处分，并可作出追回经济所得，减停奖酬金、罚款等经济处罚和行政处分。

青岛海洋大学学术委员会章程[①]
1995年8月

主要内容

一、学术委员会性质

青岛海洋大学学术委员会是学校科技工作中有关学术性问题的评议（评审）、咨询、决策的机构，在校长领导下开展工作。各院、系的学术委员会，具有相应的性质，在院长（系主任）领导下，在本院（系）范围内开展工作。校、院（系）学术委员会分别独立开展活动，组织上没有领导和被领导的关系。

二、校学术委员会的职责范围

对学校的科技发展规划、学科方向、专业设置、师资队伍建设等重大事项，提出咨询、指导性意见。审议学校科技方面的有关政策、规定、条例等。对报请上级部门奖励的科研成果、科技工作先进集体和个人等进行评议。对校内科技成果奖励和校内自拟课题立项的评审。对学校的重点学科、重点实验室、科研机构的评估。审议学校的科技活动和学术活动计划。对校内涉及学术品德问题进行仲裁。组织和主持校级学术讨论会。讨论校领导交议的其他学术问题。

① 中国海洋大学档案馆藏，档号：HD-1995-KY11-06。

三、校学术委员会的组织形式

校学术委员会由学术水平较高、工作能力强、学风正派、热心于学校科研发展工作的教授、副教授组成。也可适当考虑少数中青年学术骨干参加。校学术委员会由校长聘请,每届任期三年,可以续聘,但续聘人数不超过上届委员总数的三分之二。校学术委员会设主任一人,副主任若干人,由校长聘任。办公室设在科研处,办公室设主任一名,负责经常性的具体工作。

四、院（系）学术委员会的组成和职责

学术委员会由院长（系主任）聘任,每届聘期三年。设主任一名,副主任一名,秘书一名。校学术委员会委员,应在所在的院（系）担任学术委员会成员。主要职责为对本院（系、所）的科技发展、学科方向、专业设置、师资队伍建设提出咨询、指导性意见,评议和推荐上报学校的科技成果,评议和推荐申请立项的科研课题,评议教师提职及申报先进个人时的学术水平,本院（系、所）有关学术性问题的其他评审工作。

青岛海洋大学重点学科暂行管理办法[①]
1995年8月

主要内容

重点学科对于学校高层次专门人才的培养以及科技水平的提高有十分重要的作用。为了加强学校重点学科的建设与管理,遵照国家教委《关于高等学校重点学科建设与管理的意见》及山东省教委《关于高等学校重点学科（专业）建设的意见》的精神,结合学校具体情况,特制定本办法。

一、重点学科的基本条件

1. 坚持社会主义办学方向,用马克思主义指导教学、科研、育人,教风、学风端正,坚持理论联系实际。

2. 学科设置合理,有一定的优势、特色和发展潜力。已形成意义重大,具有特色的学科发展方向,在本学科领域内至少有一个研究方向处于或接近学科发展前沿,并对当前及长远的经济、科技和社会发展具有重要意义。有较强的相关学科相配合,有组织跨学科教学和合作研究的能力;省级重点学科总体水平在省内最高,或省级重点学科在某些方面达到国内领先水平,在国际上有一定影响。

3. 工作基础良好,水平较高,科研成果显著,学术水平在国内处于领先地位,在国际上也有一定影响,或已取得重大经济效益。目前正承担着对国家的社会经济、科技发展和学科建设有重要意义的重大科技项目或课题,科研经费比较充足;对博士生、硕士生和本科生的培养均已具备良好条件。

4. 师资队伍总体水平较高,已形成结构合理的学术梯队;学科带头人学术造诣较深,治学态度严谨,善于教学育人,学术思想活跃,组织能力较强,办事公正。

① 中国海洋大学档案馆藏,档号: HD-1995-KY11-06。

5. 教学、科研的物质条件良好。教学设施、实验设备、图书资料、国内外学术交流等都有一定基础，管理水平较高。

二、重点学科的任务和目标

1. 全面贯彻党和国家的教育方针，到本世纪末能够自主地持续培养与国际水平大体相当的高层次专门人才；能够解决社会主义四个现代化建设、社会发展和学科发展中的重大科学技术问题，为国家重大决策提供依据；能够接受高等学校及其他方面的学术骨干进行学术访问或深造，逐步形成开放型的教学、科学研究先进基地，为实现高层次专门人才培养基本立足国内和完成上述任务起骨干带头作用。

2. 省级重点学科，要努力培养高质量、适应社会主义建设需要的博士生、硕士生、本科生，不断提高科研水平，坚持为社会主义建设服务，能够解决国家经济建设、社会发展和学科发展中的重要科学技术问题、理论问题和实际问题。要在本学科的学术水平上达到国内或国际先进水平，取得较多的科研成果。

三、管理体制

1. 重点学科实行校系两级管理。学校设立重点学科工作领导小组，由分管科研的校长任组长，具体工作由科研处牵头。系一级由系主任（或有关的研究所所长）负责重点学科的建设，主要任务是制订和实施重点学科建设规划，协调重点学科与一般学科之间的关系。系主任对本系重点学科的现状应有充分了解和分析，对其发展要有相应的设想和措施。

2. 职能部门及其职责

科研处是重点学科的主管部门，其主要职责：在学校领导小组的领导下，制订全校重点学科建设的总体发展规划，并组织实施；对各重点学科建设情况进行调查、了解和分析研究，收集有关资料，提出对重点学科建设的意见；协同有关职能部门进行重点学科建设的管理工作；负责对重点学科的经常性检查和评估工作；协助多渠道争取国家的重大科研项目和科研经费。在可能情况下，对重点学科科研经费给予适当支持。人事处：为重点学科学术界带头人的培养造就、队伍结构与素质的改善提高做好工作。如招聘重点学科的学术带头人、学术骨干，促进重点学科学术梯队的年龄结构、知识结构、职能结构合理化，尽可能多渠道地支持重点学科的人才培养与交流。教务处：对重点学科本科生培养、专业课程安排、出版教材等方面提供良好的服务，为持续稳定地进行高水平的教学提供条件。研究生部：对重点学科点的硕士、博士、博士后等高层次人才培养方面给予关心和支持。设备与实验室管理处：根据教学和科学研究任务发展的需要，以及财力物力的可能，在充分利用已有设施及工作条件基础上，制订出比较合理的建设计划；积极创造条件，补充和更新急需的主要仪器设备；做好学科之间、实验室之间的协调工作；要统筹规划，合理部署，注重实效，提倡实验设备共建、共管、共用。外事处：对重点学科的国际学术交流与人员交往，包括聘请外国专家、学者讲学，进行国际学术交流和举办国际学术会议等给予支持。

四、检查与评估

重点学科要加强管理，进行经常性检查和定期的评估。国家级重点学科点的评估一般五年左右进行一次，由国家教委负责组织。经常性的评估由学校负责。对成绩突出的要给予表彰，工作较差者，要限期改进或作必要调整。国家级重点学科若两次评估结果不合格者，根据国家教委的规定，要取消重点学科点资格。

青岛海洋大学重点实验室管理办法 ①
1995年8月

主要内容

一、总则

为了加强学校重点实验室的管理,确保开放目标的实现,遵照国家教委《高等学校开放实验室管理办法》和山东省教委《关于高等学校重点实验室建设的意见》,结合本校实际,特制定本办法。

学校重点实验室包括国家教委批准的开放实验室和省级重点实验室。建成验收的重点实验室,都要积极创造条件对外开放。

开放研究实验室的基本任务是创造良好的科学研究条件和学术环境,吸引、聚集国内外优秀学者及博士研究生在科学技术的前沿领域开展高水平的基础性研究,促进新兴交叉学科的形成和发展,培养造就高层次的科学技术人才。

开放研究实验室的发展目标是办成代表国家水平的科学技术中心和培养高层次人才的基地。省级重点实验室也要逐步发展成为能代表我省我国学术水平、实验水平和管理水平的科学实验研究基地和学术活动中心,条件具备的可申请列入国家重点实验室建设计划。

重点实验室的开放,以研究工作开放为主,同时实行仪器设备、设施及技术、图书资料、软件等条件的开放。

二、开放条件

研究方向明确,意义重大,在科学发展前沿或有广泛应用背景的领域发展研究,近中期目标清楚,具有特色;科学研究成绩突出,在本领域居国内领先地位;能承担国家、行业和地区的重大科学研究任务;培养研究生优势与特色明显,并有突出成绩,能承担一定数量高层次人才培养任务;有能坚持正确政治方向、学术造诣较深、管理能力较强、学风正派、勇于开拓的学术带头人,有优秀的中青年骨干力量及与研究、教学工作相适应的实验技术队伍,各类人员结构基本合理;有一定数量水平先进的、经过国家技术监督部门认证符合计量标准的仪器设备和相应的实验辅助器材;管理水平较高,规章制度健全,有良好的实验房舍设施及供水、供电、图书资料等物资支撑条件与学术环境。

三、研究工作和人才培养

国家教委开放研究实验室主要开展基础性研究,应设立开放基金,公开发布基金指南,由国内外学者自由申请,经开放研究实验室学术委员会评议,择优支持。在一个自然年度内,其客座研究人员不得少于固定专职研究人员总数的一半,开放课题要占一半左右。

国家教委开放研究实验室开放运行补助费主要通过竞争从国家科学技术委员会管理的"重点开放实验室运行补助费"取得。国家教委开放实验室开放课题费主要由国家、部门和

---

① 中国海洋大学档案馆藏,档号:HD-1995-KY11-06。

学校支持解决；一般研究经费应通过承担国家、部门、地区的研究课题解决。同时鼓励外单位人员自带课题经费来实验室从事研究工作。

基金课题的成果由开放研究实验室学术委员会进行评议。成果由开放研究实验室和研究者所在单位共享（或按协议分享）。申报奖励、发表论文要注明开放研究实验室和研究者所在单位名称，并将复制本送开放研究实验室。自带经费的课题成果归本单位所有，申报成果时须注明开放研究实验室名称。课题成果评审、鉴定后，总结、学术论文及原始资料等应立卷，交开放研究实验室存档。

实验室博士生、博士后教师及专职科研人员、技术人员通过申请开放基金，开展课题研究，提高水平。省级重点实验室实行省内高等学校共用的管理体制，积极创造条件，对外开放，为校内外科研、教学服务。

四、管理体制

重点实验室归口管理部门是科研处，科研处具体负责实验室的建设规划及工作目标的论证，建成后验收、评估，对实验室发展方向和开放工作进行指导、监督、检查，核拨专职科研编制，帮助实验室筹措资金，改善研究条件等。涉及人事、基本建设、仪器设备、外事等方面的工作，分别由学校其他归口部门负责。

国家教委批准开放的实验室是依托于学校的相对独立的科学研究和高层次人才培养基地，享受校内系、所级待遇。省级重点实验室归属所在的系。

开放研究实验室设立学术委员会，负责审议开放实验室的研究方向、基金指南及基金课题，决定学术方面其他重大事宜。学术委员会委员由学校遴选，报学校上级主管部门同意后，由校长聘任。所在学校的委员不得超过委员总数的三分之一。学术委员会主任经民主协商后报上级主管部门聘任。学术委员会正副主任要有三分之一以上由校外人员担任。学术委员会一般任期三年，每次换届人数不得少于四分之一。实验室实行主任负责制，全面负责实验室日常管理工作。

五、检查与评估

国家教委开放研究实验室的评估由国家教委科技司组织实施，省级重点实验室评估由省教委组织实施，经常性检查和评估由学校科研处组织有关专家进行。

国家教委开放实验室经评估合格者，国家教委将继续支持并争取申报国家级重点实验室；不合格者，限期改进；连续两次评估不合格者，取消重点实验室资格。省级重点实验室，经评估成绩突出的，帮助其改善科研条件，争取列入国家重点实验室计划。对长期不能开放和发挥作用的实验室，省教委有权调出或通过其他方式处理已装备的大型仪器设备。

青岛海洋大学科技经费分配和使用管理办法（试行）

海大内科字〔1998〕54号

主要内容

为适应改革开放和现代化建设的新形势，进一步调动全校教师科技人员的积极性，用好、管好科技经费，根据国家科技政策、财务制度和学校实际情况制定本办法。

一、科技经费的管理原则

鼓励全校科技管理人员和研究人员多渠道、多层次争取各种类型的经费资助，以促进学校科技工作的发展。科技经费的管理和使用必须符合国家各级财务部门制定的各项政策法规，严格遵守财务制度。

二、科技经费的管理体制

学校各类科技项目经费要全部拨入校财务处统一管理，任何单位和个人都不得将科技项目经费外挂、转移或弄虚作假、扣减经费。未经授权的其他部门或企业均无权承接学校科技项目的经费管理工作。

三、科技经费来源及分类

1. 纵向科技经费："863"科技项目、国家重点科技攻关项目、国家攀登计划等重大基础研究项目经费，自然科学基金、社会科学基金、国防预研基金和博士点基金，国家各部、委、省、市下达的科技项目经费。

2. 横向科技经费：非政府部门企事业单位委托承担的科技研究、技术开发、技术咨询和技术服务的经费。

3. 成果转让费：将技术成果推广应用或转让所得收入。

四、科技经费分配办法

使用分配原则：根据科技项目经费来源类别，实行校、院（系、所等课题承担单位）和项目组按比例切块，分级管理。

科技经费（即项目实到经费）按下表比例切块分配：

项目类别 \ 分配比例%	学校发展基金	科研处发展基金	院（系、所）发展基金	项目组经费（消费基金限额）	立项活动中介费
纵向	3	2	5	86（10）	4
横向项目	9	5	8	73（20）	5
成果转让 职务发明	20	10	20	45（30）	5
成果转让 非职务发明	10	3	7	75（75）	5

注：项目实到经费指扣除按合同规定必须支出的代购设备费、过路费后由学校实际支配的经费。院、系（所）发展基金含水电费。

各项目经费的具体类别和分配比例由科研处根据课题经费来源和合同对项目任务的要求一次划定执行。项目组消费基金主要用于课题组酬金、加班补助费等开支分二次提取，第一次的经费到校财务处后提取50%，剩余50%在项目完成并经科研处办理结题手续后提取。立项活动中介费由科研处提取并与项目负责人研究合理使用，科研处支配部分原则上不低于60%。按本办法分配管理的项目组经费在项目完成后，结余部分全部由项目组支配。项目组或将其留作后续项目的发展基金，或上交学校财务，对上交部分学校将其中的50%以现金形式奖励项目组。对经费严重不足的开拓性重大科技项目，其经费分配比例经科研处研究并报主管校长批准后，可作适当调整。

五、项目组经费开支范围

经费开支范围：业务费（包括测试、分析费，调研、会议费，资料费等），实验材料费（包括原材料、试剂、药品等消耗费，样品采集加工费等），仪器设备费（包括专用仪器设备购置或加工费、运输费、安装费等），实验室改装费，协作费（包括外聘人员费用、客餐费等），项目组织实施费（包括劳务费、作业补助费、评审验收费、成果发表、出版费等），项目组成员住宅电话使用费，与本项目有关的出国费用。项目组经费开支，均由项目负责人签字，并经院（系、所）分管负责人审核后予以报销。

六、完成项目任务要求

各类科技项目组必须按时、保质、保量地完成项目任务。如因客观原因不能按时、保质、保量完成任务，则项目负责人必须提前3个月向科研处及项目下达部门或单位提交书面报告，以便协商调整科技工作计划。因主观原因逾期不完成科技项目的院（系、所等）和项目组不享受此管理办法规定的提成切块，学校有权追回相应经费并要求项目组赔偿，同时将按本办法规定，视情节轻重给予处罚。

七、处罚

对违反本管理办法的人员和单位，科研处视情节轻重建议学校给予以下部分或全部处罚：减发或停发项目负责人的二资补贴，取消两年一次正常晋升工资资格，当年考核定为不合格。对项目组全体成员及其所在单位行政负责人及科技负责人取消一定时期的校内津贴。对项目负责人在下一年度按职称聘任时降一级聘用。对具有指导研究生资格的项目负责人，取消其下一年招收研究生的资格。

青岛海洋大学关于促进科技产业发展的若干意见
海大产字〔2002〕2号

主要内容

为统一思想，提高认识，充分调动广大师生员工技术创新和发展科技产业的积极性，提出如下意见。

一、统一思想，转变观念，提高认识

把科技产业的发展列入党政领导班子的重要议事日程，放到与教学、科研同等重要的地位。江泽民总书记在庆祝清华大学建校90周年的讲话中指出："一流大学应该站在国际学术的最前沿，紧密结合先进生产力的发展要求，依托多学科的交叉优势，努力进行理论创新、制度创新、科技创新，特别要抓好科技的源头创新，并推动科技成果加速转化为现实生产力。"这为高校明确提出了新的任务和要求，为高校科技产业指明了发展方向，也为学校高水平特色大学的建设提出了更高要求。大学科技产业发展如何，直接关系到高水平特色大学建设的大局，因此，必须统一思想，提高认识。

二、理顺体制，加强管理

（一）加快公司制改造步伐

根据由国务院体改办、教育部会同国家经贸委、财政部等8个部委研究制定的《关于北京大学清华大学规范校办企业管理体制试点指导意见》精神，必须改革校办产业的管理体制。尽快对现有企业进行公司制改造，建立现代企业制度；学校新办企业一律按现代企业制度运作，原则上不再搞独资企业；对院、系、部、处办企业进行规范管理，采取资产重组、关、停、并、改等措施，尽快完善法人治理结构，并归口由产业管理部门统一管理。

（二）加强营运资产管理

为充分发挥学校营运资产的经济效益和社会效益，确保国有资产保值增值，必须加快制度创新和强化监管力度，克服实际上存在着的部门所有制，甚至个人所有制的弊端。自2002年5月1日起，学校科技成果（职务发明、专有技术、工业产权等）的中试转化，转让、控股、参股等形式的产业化运作项目均归口由产业管理部门管理；2002年5月1日之前，以学校科技成果名誉合资、合作、控股、参股等形式而建立的企业，由产业管理部门重新登记、管理。

（三）加强有关"资质"（证书）的管理

自2002年5月1日起，凡以学校名誉并经工商登记的企业（单位）所申办的各类"资质"（证书）由产业管理部门重新登记，统一管理；对"资质"（证书）的申领、管理和使用，应依据企业（单位）的诚信、规模等指标具体确定。

三、积极创办国家大学科技园，大力提升学校科技成果显示度和辐射面

将政府、学校、科研单位、企业和社会经济力量有机地结合起来，搭建高新技术成果中试孵化、转化推广的平台，通过规范的股份制企业运作方式，加快科技成果的转化及产业化的进程，实现科技成果经济价值和社会价值的最大化。因此，大学科技园应实施"公司制"的组织形式，投资主体多元化的股权结构，"园中园"的运营方式，市场化的管理体制，走向资本市场的发展目标。建成的大学科技园应是海洋大学与其他高校和科研单位高新技术成果的中试与转化中心，创新企业的孵化中心，创新人才和科技企业家的培育中心，同时也是青岛经济与社会发展所需技术与人才的储备中心。因此，全校各有关院系及研究单位应积极参入，共同推进学校高科技成果及高新技术产业化工作，为传统产业的改造，新的经济增长点培植，为地方经济建设做出应有的贡献。

四、建立激励机制，扶持科技创业

明晰产权关系，鼓励成果完成人参与（包括参入大学科技园）创业。经学校科研主管部门确认，非职务发明成果可作价入股（或部分入股，部分现金购买），其知识产权归成果持有人所有；职务成果作价入股，其技术股份可占公司注册资本的20%～35%（另有约定的除外），其中技术股份的20%～50%归职务成果完成人所有，20%～25%的收益权归所在院系所有，其余归学校。

参与科技产业化的教师、学生、科研人员和企业的创办者，可享受10%～20%的股份期权。在公司初创或上市时经批准可购买一部分股份。鼓励教师在做好教学科研工作的前提下，到科技产业（大学科技园）兼职创新创业活动，获得相应的兼职报酬，各部门、院系在教学与工作安排上应给予必要的支持。支持学生兼职或休学参与科技产业（科技园）创业。对于本科高年级学生和研究生兼职参与科技产业（科技园）创业的应给予支持，其参与创业

活动可列入社会实践和科技创新等素质测评体系的考评内容。对在国家级和省级创业计划大赛中获奖的项目，优先予以扶持。吸引国外留学人员和其他高校、科研院所人员到科技产业（科技园）创业。

　　设立创业种子基金，启动风险投资机制。支持有可行性创新构想的校内外师生和科研人员进行科技创新活动，取得成果后，扣除学校基金投入部分，完成人可与学校按4∶6的比例拥有成果的产权。学校的工程研究中心、实验室、图书馆对学校科技（园）企业开放。它们的工程技术人员和管理骨干可按规定程序申领有效证件，经校有关部门、单位同意，可进入学校的实验室、工程中心、图书馆，按与校内人员相同的办法进行研究开发、查阅资料。

第四章
师资队伍

学校坚持以人为本，大力加强师资队伍建设，围绕教师聘任、高层次人才引进等方面制定了10余项制度，明确了这一时期学校教师队伍建设的指导思想和目标任务，为提高人才培养质量、增强科研创新能力、服务国家经济社会发展提供坚强的师资保障。

青岛海洋大学教师高级职务岗位设置实施意见（试行）
海大内人字〔1995〕89号

主要内容

为进一步完善教师聘任制度，优化师资队伍结构，根据人事部和国家教委关于"专业技术职务评聘工作，要在科学、合理地设置专业技术职务岗位的基础上进行"的规定精神，结合学校具体情况，对学校教师职务岗位设置提出如下意见。

一、教师职务岗位设置的基本原则

教师职务岗位设置要在国家教委批准的教师编制数内，以国家教委下达的教师高级职务岗位控制数为依据，以学科为主、学科与任务相结合的高级岗位设置办法为基本思路。本着精干、优化、高效的原则，确定教授、副教授的岗位数。坚持因事设岗。在严格坚持岗位职责的前提下，做到以岗择人，人事相宜、事职相符。保证重点，兼顾一般。在岗位设置工作中，要做到抓住中心，突出重点，以保证重点学科和全校性主要公共基础课教学。同时，扶持新兴学科，兼顾一般学科。教师岗位的设置以国务院学位委员会、国家教委颁布的二级学科和本科专业为设岗基本单位（系、所统一计算）。

二、教师职务岗位设置的基本标准

以学科为主、学科与任务相结合的教师高级职务岗位设置办法，是根据各学科的层次和承担任务情况，将全校的二级学科分为四类并设置相应的高职岗位数。

1. 教授岗位的设置：国家重点学科可设5～7个岗，博士点学科可设3～5个岗，硕士点学科可设1～3个岗，只有学士学位授予权的一般学科（本科专业）设1～2个岗。

2. 副教授岗位的设置：副教授岗位数根据完成的教学、科研任务核定的教师编制数的20%～35%设置。国家重点学科副教授占教师定编总数的比例控制在35%左右。博士点学科副教授占教师定编总数的比例控制在30%左右。硕士点学科副教授占教师定编总数的比例控制在25%左右。只有学士学位授予权的一般学科副教授占教师定编总数的比例控制在20%左右。

三、教师职务岗位的确定

各院（系）教师职务岗位数额的确定，由人事处根据岗位设置的基本标准，以及各院（系）的教学、科研情况提出初步意见，经校职称改革领导小组审核批准后下达到各单位。

各单位根据学校下达的职务岗位数额，在个人申请的基础上，由院（系）聘任小组推荐受聘人选，学校按岗定期聘任。岗位数额的使用，原则上要留有余地，以备吸引优秀人才。上岗人数已接近或达到下达的岗位数的单位，要通过人才流动、自然减员等空出岗位，强化内部竞争机制，搞好上岗人员的聘任工作，逐步调整队伍结构。上岗人数未达到下达的岗位数的单位，要有计划地补充上岗，防止不求质量盲目补充。

根据有关文件规定，对已经达到离退休年龄经批准延缓办理离退休手续的院士、国家有突出贡献中青年专家、博士研究生导师、省专业技术拔尖人才和正在主持国家重点科研攻关课题的教授，其被聘任的专业技术职务在2000年以前可不占本单位的教授岗位数额。

35岁以下的副教授、40岁以下的教授，占用高级职务岗位数，但学校在调整各单位高级职务岗位数时将作为重要参考因素之一。

四、教师以外专业技术职务岗位设置的原则意见

教师以外高级专业技术职务比例原则上按不超过教师以外专业技术人员总数的15%掌握。

青岛海洋大学专业技术职务聘任制实施办法（试行）

海大内人字〔1995〕89号

主要内容

为进一步完善专业技术职务聘任制度，加强教师及各类专业技术队伍建设，结合学校情况，特制定本实施办法。

一、聘任的基本原则

专业技术职务聘任要在合理地设置专业技术职务岗位的基础上进行。教授、副教授要在学校下达给各单位的岗位数额内聘任，其他系列的技术职务亦要在学校确定的高、中、初级职务岗位数额内聘任。专业技术职务聘任要在严格考核的基础上择优聘任。根据专业技术人员承担的工作任务和完成岗位职责情况，分聘任、缓聘和不聘三种情况。专业技术职务聘任要在具有相应职务任职资格的专业技术人员中聘任。可以高职低聘，在特殊情况下可以低职高聘。

二、聘任的一般程序

1. 公布岗位：教师系列、工程实验技术系列高级技术职务岗位按院（系）单位公布，其他系列的学校统一公布，同时公布岗位职责。

2. 个人申请：根据公布的岗位及岗位职责，具有相应职务任职资格的专业技术人员提出上岗申请，阐述本人上岗的条件及完成岗位职责的优势。

3. 组织推荐：本着公正评价、平等竞争、择优聘任的原则，由基层单位提出拟聘任的推荐

意见。

4. 学校批准：教师系列、工程实验技术系列的由学校审核批准，其他系列的由学校统一组织研究，确定聘任的具体意见。

5. 校长聘任：专业技术职务由校长聘任。

三、聘期及聘任合同

聘期一般为三年。单位负责人要与专业技术人员本人签订聘任合同。聘任合同的主要内容包括所聘任岗位的任务、指标或工作目标，合同期限，工作报酬、福利待遇，违反聘任合同应承担的责任。聘任时间从当聘的下一个学年开始算起。

四、聘任的组织工作

专业技术职务聘任工作在学校职称改革领导小组的统一领导下组织进行，各单位成立专业技术职务聘任小组（由单位党、政领导组成，一般7～9人），主要负责提出聘任高级专业技术职务的推荐意见，研究确定中级及中级以下专业技术职务的聘任。

五、有关政策问题

中国科学院、中国工程院院士终身聘任。在专业对口的前提下，允许专业技术人员跨单位应聘，学校批准后办理校内调转手续。专业技术人员可以拒聘，拒聘人员与不聘人员流动到人才交流中心。签订聘任合同，一般不超过60周岁，女性聘任在中级及中级以下技术岗位工作的年龄不超过55周岁，批准缓办退休手续的教授一次只签订一年；有试用期的实行试用期聘任。

六、续聘、辞聘和解聘

聘任合同期满，可以办理续聘手续，签订新的聘任合同。专业技术人员在聘任期间，工作表现良好，考核合格的，一般应予续聘。

有下列情况之一者，聘任期满后可以不再续聘：本人不再申请应聘；在上届聘任合同期间未履行聘任合同所规定的任务、目标；因健康原因难以履行聘任合同；经考核不具备完成本职工作的能力；已达到退休年龄；工作调动、脱产接受学历（学位）教育、出国或者其他特殊原因。

在聘任合同期间有下列情形之一者，应予解聘：严重违反或者不履行聘任合同；受到记大过以上处分或党内严重警告以上处分；旷工或无正当理由脱离工作岗位连续超过15天，或者一年内累计超过30天；对学校工作造成重大损失；违反学校规定，损害学校利益，影响本职工作，情节比较严重的。

在聘任期间有下列情况之一者受聘人员可以辞聘：学校违反聘任合同和国家有关法律、法规和政策，或者侵犯了应聘者合法权益造成后果；申请离职进修或者去港澳台及国外学习、定居，申请辞职者。

单位与受聘人员应严格执行聘任合同，若其中一方提出解约，必须提前三个月以书面形式通知对方，对方必须在接到书面解约报告30日内给以书面答复，逾期视为同意。

青岛海洋大学关于选拔培养学科带头人、跨世纪青年学科带头人、优秀青年骨干教师的意见

海大内人字〔1995〕191号

主要内容

为在学校造就一支有较深学术造诣、教学科研成绩显著、在学科建设和学科发展中能起带头作用和骨干作用的师资队伍，经学校研究决定，在现有教师中选拔一批学科带头人、跨世纪青年学科带头人、优秀青年骨干教师，并为其创造必要的条件，使其更好地发挥作用和更快地成长，以适应"211工程"建设需要，推动学校的学科发展和教学科研水平的提高，为创建一流大学奠定坚实的人才基础。现提出以下具体意见。

一、推荐选拔条件

热爱社会主义祖国，坚持党的基本路线，忠诚党的教育事业，具有良好的思想品质和职业道德，无私奉献、团结合作、教书育人，并同时分别具备下列业务条件。

1. 学科带头人：应是学校博士点、硕士点学科领域内学术造诣较深的，有明确研究方向的教授，其成果为国内领先或达到国际同类水平。努力探索教学改革，教学效果优秀，系统讲授过两门以上的本科生主干课并主讲水平较高的研究生学位课或专业课，培养或指导着硕士生、博士生。目前正作为主要研究者，承担着国家级科研项目或主持承担国家级或部（省）级攻关项目。主持完成过两项以上国家级科研课题或部（省）级较突出的项目。获得过国家级奖或部（省）级一、二等奖的主要获奖人优先考虑。近五年来在国际或国内核心刊物上发表10篇左右学术论文（其中二分之一为第一作者）或出版两部以上高水平的学术专著（主要作者）。

2. 跨世纪青年学科带头人：年龄在45岁以下，具有硕士、博士学位的教授，立志献身社会主义教育事业，德才兼备，在学科发展上崭露头角且学术潜能较突出，在校内外有较高的知名度。教学效果优秀，系统地主讲过两门以上的本科生主干课，指导研究生及主讲水平较高的研究生课程，经校教学评估专家委员会评估获优秀奖或教书育人优秀奖。获得过国家级优秀教学成果奖或省级一、二等奖的主要获奖人优先考虑。作为主要研究者承担着国家级科研项目或部（省）级攻关项目，能敏锐地跟踪本学科信息，具有较强的竞争潜力。科研成果获国家级科研奖或部（省）级一、二等奖的主要获奖人（前两位）优先考虑。近五年来在国际或国内核心刊物上发表10篇以上学术论文（其中二分之一为第一作者）或出版一部以上高水平学术专著（主要作者）。熟练掌握一门外国语，达到"四会"水平。近三年来，年终工作考核至少有一次为优秀。

3. 优秀青年骨干教师：年龄在40岁以下，具有副教授以上职称的教师或具有硕士以上学位的讲师。具有坚实的业务基础和较强的实践能力，能熟练地主讲两门课（一般是一门基础课、一门专业课），教学效果良好，经校教学评估专家委员会评估，获优良以上。有较强的科研能力，作为主要工作者参加国家级科研项目或部（省）级攻关项目，在科研工作中成绩突

出,同行专家确认在本学科内有竞争潜力,科研成果获部(省)级以上科研奖。在国际或国内核心刊物上发表有独创性的论文。掌握一门外国语,基本达到"四会"水平。近三年来,年终工作考核至少有一次为优秀。

二、推荐选拔程序

对照上述条件,个人向所在单位提出申请,并按要求填写呈批表。初评通过的,学术委员会主任签字后,将全部材料送交师资管理办公室。校学术委员会评审通过、学校研究批准后,全校公布并落实相应待遇。

院(系)学术委员会初评、校学术委员会评审均采取无记名投票的形式表决。委员会须有三分之二(含三分之二)以上成员出席会议方为有效。初评获出席成员三分之二(含三分之二)以上同意方为通过。校学术委员会评审,在确定的名额以内,并获出席成员三分之二(含三分之二)以上同意为通过。

三、有关政策及相应措施

1. 博士点学科中在岗博士生指导教师(包括国家评审和学校自审的),即为该学科带头人。其他学科参照上述精神,严格掌握学科带头人的评审条件,原则上不超过2人。已经评为国家、省、市跨世纪青年学科带头人的,即为学校跨世纪青年学科带头人。跨世纪青年学科带头人的数额一般掌握在教师数的2%～3%,优秀青年骨干教师的数额不超过教师数的8%。

2. 学科带头人(不包括在岗博导确定为学科带头人的)、跨世纪青年学科带头人、优秀青年骨干教师三年评审一次。在两次评审之间,个别教师取得重大成果,完全符合更高层次的条件,单位可以提出推荐意见,由学校直接研究批准。

3. 对于跨世纪青年学科带头人要合理使用,委以重任,吸收他们参加制订学校各类科研规划,承担学校争取的科研项目,并吸收参加学术委员会、学位委员会、职称评审委员会,支持他们出国研修,参加国际学术交流活动,鼓励他们不断提高学术水平。

4. 学校争取给予较多的培养经费,用于优秀青年骨干教师在职攻读博士学位(包括委培、定向),举办优秀青年骨干教师外语、计算机应用培训班,进一步提高他们的外语水平和计算机应用水平。

5. 在科研工作和实验室建设上进一步大力支持,学校资助一定的科研经费,帮助推荐申报国家及部(省)级科研基金项目。

6. 授予跨世纪青年学科带头人及优秀青年骨干教师荣誉称号,在职称晋升中优先考虑。

7. 建立人才信息库,严格考核管理,两次考核成绩不突出者,经院(系)建议,学校批准,可取消资格。

青岛海洋大学关于引进优秀留学人员来校工作的实施办法
海大人字〔1997〕2号

主要内容

为进一步提高办学水平,学校根据师资队伍建设规划,积极引进热爱祖国、热爱教育事业的优秀留学人员来校工作,特制定以下办法。

1. 对学成回国的留学人员,不受学校确定的评聘专业技术职务的时间限制,可以先聘后评,依据其业绩、水平及时聘任相应的专业技术职务。

2. 留学人员受聘来学校工作后,其配偶、未成年子女可随迁。学校将根据其配偶本人的条件,在校内外联系安排工作。

3. 学校一般为其提供二居室单元住房,业绩突出者解决三居室单元住房。

4. 为使回国留学人员尽快开展工作,学校提供一次性科研启动费3万～5万元,并协助申请国家教委回国留学人员科研基金。亦可在境外申请,批准后保留一年有效期,待来校工作后予以实施。

5. 为鼓励优秀留学人员来校工作,设兼职教授席,受聘短期工作,亦可进一步熟悉了解情况。来校短期工作的留学人员的工资待遇,由学校与留学人员议定。

6. 学校支持回国留学人员参加国际学术交流活动、国际合作项目研究、高访,或根据本人承担的课题需要,到国外进行一些研究工作。

7. 留学人员联系工作需向学校提供本人护照、学历或学位证明及驻外使领馆的留学人员证明,进修人员需提供本人护照、进修成绩证明。以上人员还需提供在国外的科研成果论文、专利证明和有关资料的复印件,出国前在国内评聘了专业技术职务的需提供有关证明。

青岛海洋大学教授职务阶段确认制实施意见（试行）
海大内人字〔1998〕145号

主要内容

为进一步加强师资队伍建设,不断完善专业技术职务聘任制,建立合理的竞争、激励机制,促进学校教学、科研整体水平的进一步提高,经学校研究,进一步深化职称改革,建立教授职务阶段确认制度。

一、指导思想

随着教师队伍中高学位人员比例和整体素质的不断提高,在高级职务评聘方面,稳定的高级职务岗位数与发展的教师队伍之间的矛盾日趋明显。专业技术职务任职资格的终身制直接影响到聘任的质量。一方面有的教师具有任职资格不得不聘,另一方面有些素质较好、水平较高的教师因为受岗位所限不能评聘。只有打破评聘的终身制,建立公平、合理的竞争机制,才能实现在严格考核基础上的择优评聘。实行阶段确认,建立有效的激励机制,有利于青年教授刻苦钻研业务,积极承担教学、科研任务,更好地履行教授职责,不断取得新成就。

二、范围和年限

已取得教授任职资格、聘任了教授、年龄不满50周岁的人员,任职每满三年,进行一次确认。

三、基本条件

1. 忠诚人民教育事业，学风端正，为人师表，教书育人，具有良好的政治思想素质、职业道德和团结合作精神。

2. 长期从事公共基础课、专业基础课教学的人员，每年承担的教学工作量是本单位人均教学工作量的1.5倍以上，其中本科教学任务不少于1倍，教学效果良好。作为主要参加者承担市级（含市级）以上科研项目或主持完成教学研究课题；作为第一作者在国内外核心期刊上发表论文2篇以上（含2篇）。

3. 教学科研工作兼顾的人员，每年要讲授一门或一门以上本科生、研究生基础课或专业基础课，承担的教学工作是本单位人均教学工作量的0.5倍以上，参加指导研究生，积极参加所在院、部的教学研究、教学管理工作。作为主要负责人承担省级（含省级）以上科研项目、教学研究项目一项或完成地、市级科研项目一项；在国内外核心期刊上发表论文4篇以上（含4篇，其中一级学报第一作者不少于2篇）。

4. 科研编制的（或以科研工作为主的），每年承担的教学工作量是本单位人均教学工作量的0.3倍以上，参加指导研究生。作为第一负责人至少承担并完成一项省级（含省级）以上科研项目，在国内外核心学术期刊上发表论文6篇（其中一级学报第一作者不少于3篇）。

5. 每年在院系做一次学术或教学研究报告会。

6. 出版教材或科研课题获省部级奖、地市级二等以上奖的人员可减少教学工作量的30%或减少发表论文2篇。在教学、科研管理、实验室建设、学科建设、师资队伍建设等方面取得突出成就的，可以适当减少教学科研工作量。

四、其他有关问题

1. 中国科学院院士、中国工程院院士，获国家自然科学一等奖的前二位，国家自然科学二等奖、国家科技进步一等奖、国家发明一等奖、国家教学成果（含教材）一等奖的第一位，符合基本条件第一项，经校职称改革领导小组认可，免于确认。

2. 符合基本条件第一项及下列条件之一者，经校职称改革领导小组认可，免于当次确认。

（1）教学、科研工作取得重大成就，获得国家自然科学一等奖的第三、四位，国家自然科学二等奖、国家科技进步一等奖、国家发明一等奖、国家级教学成果（含教材）一等奖的第二、三位，国家自然科学三等奖、国家科技进步二等奖、国家发明二等奖、国家级教学成果（含教材）二等奖的第二位，国家自然科学四等奖、国家科技进步三等奖、国家发明三等奖、国家级教学成果三等奖的第一位。

（2）山东省专业技术拔尖人才在五年管理期内。

（3）在科技开发方面取得重大成就，对学校有突出贡献。

3. 阶段确认工作随学校专业技术职务评聘工作组织进行。具体程序：师资办确定应参加阶段确认的教授名单；个人填写《青岛海洋大学教授阶段确认呈报表》，所在单位签署意见；学科评议组评议，无记名投票表决；校专业技术职务评审委员会根据学校教授岗位的总体情况等额或差额评审，无记名投票表决；校职称改革领导小组审批。

4. 一次确认没有通过者保留教授任职资格，但改聘为副教授。有关待遇执行副教授的标准。其中是学科带头人、跨世纪青年学科带头人、优秀青年骨干教师、教学拔尖人才的同时取消其资格；是博士生导师的不允许新招博士生。在副教授岗位上工作三年后，学校对其再进行一次教授资格确认，通过者将根据岗位情况聘任教授职务，未通过者取消教授任职资格。

5. 被取消教授任职资格的教师，再次申报教授不受任职年限限制，其资格要求和申报程序仍按《青岛海洋大学专业技术职务推荐评审办法（试行）》文件规定执行。工作成果从最后一次取得教授任职资格开始计算。

6. 科研系列研究员、教授级高工按以上教授任职资格阶段确认办法执行。

7. 凡是量化要求的指标，除注明时间的，其他均为三年的要求。

第五章
交流合作

学校不断加强国际合作与交流工作，逐步扩大了在国际上的学术影响力。为保障国际合作交流工作顺利开展，学校就留学生管理、聘请外国专家、参加国际学术会议、出国管理等制定了相应制度。

青岛海洋大学外国留学生工作管理规定
海大内办字〔1997〕170号

主要内容

为确保学校留学生教育在不断扩大规模的同时，进一步完善留学生工作的管理，本着归口管理的精神，制定如下规定。

一、宣传与招生工作

外事处负责对外宣传、联系及招生。各学院也可以学校名义对外招生宣传，但事前须将招生宣传材料包括办学目的、规模、时间、教学计划等报外事处审批。凡属连续性办学可实行一次性申报，但在每学期结束或下学期开始前须在外事处备案。未经外事处批准，任何单位和个人不得擅自与境外机构或个人签订有关办学协议。任何单位和个人不得截留学校生源。

二、录取及签证工作

学校所有本科专业皆可招收学士学位留学生；有硕士、博士授予权的学科或专业，可招收硕士、博士学位留学生。外事处负责将各类学生的申报材料汇总，统一上报上级主管部门审批。经上级主管部门批准录取的学生由外事处发给录取通知书和申请来华签证的文件。

三、报到及交费工作

学历生先到外事处报到，办理食宿及居留证申请等手续。再去教务处或研究生教育中心办理注册等手续。由教务处或研究生教育中心协调有关学院安排其学习事宜。非学历生先到外事处报到，办理食宿、居留证申请、入学登记等手续，然后去学院报到，由学院安排其学习等事宜。各类留学生的学费均由校财务处收取。各单位不得私自收费。

四、教学及日常管理

学历生的教学管理原则上参照学校全日制本、专科生或研究生教学管理的有关规定执行，主要由所在学院负责。教学计划参照全日制本、专科或研究生相同专业的教学计划，由学院制订，报教务处或研究生教育中心审核。学历生一般随本、专科或研究生专业上课。非学历生的教学及日常管理工作一般由所在学院负责，外事处负责监督。单独开班，要将教学计划、教材、教学日历等教学文件报外事处审核。跨学科、跨专业的留学生的教学及日常管理工作由外事处负责协调管理。各学院应优先安排国家教委奖学金生的学习、实习等事宜。各学院应设兼职外事秘书，负责对留学生的学习和日常管理。留学生实行上课考勤制度。各学院应定时为留学生组织实习活动。在留学生管理工作中，各学院应严格遵守外事纪律，注意加强涉外安全保密工作。

五、证件的发放工作

外国留学生的学生证和校徽由外事处统一制作、发放。留学生全部实行凭证听课制度。各类非学历生学习期满成绩合格，可发给结业证书。不交费或成绩不合格者，不发给结业证书。非学历生的结业证书由外事处统一印制、发放，其他单位不得擅自发放结业证书或出具结业证明。本、专科生完成规定的学习任务，且成绩合格，则由所在学院提出报告和成绩登记总表，经教务处审核，再由外事处上报上级主管部门批准，可发给毕业证书。本科生符合《中华人民共和国学位条例》规定，经报学校学位委员会批准可发给学位证书。研究生修业期满，成绩合格，学位论文通过答辩后，根据《中华人民共和国学位条例》规定，经报学校学位委员会批准，可发给学位证书和毕业证书。各院系应于每年一月底前将当年要毕业的学生名单报外事处，以便及时汇总上报，申办毕业证书。

青岛海洋大学聘请外国专家工作条例

海大内外字〔2000〕8号

主要内容

一、总则

聘请外国专家的目的是加强师资队伍建设，拓宽学科领域，提高教学与科技水平，培养具有国际视野的社会主义建设合格人才。凡对我国友好，愿与青岛海洋大学合作，具备一定学历，业务水平较高，符合学校学科建设、教学和科技工作需要、身体健康的外国专家，均可作为聘请对象。应聘来校工作不足一学期者为短期专家，超过一学期（含一学期）者为长期专家。短期专家应具有博士学位或副教授以上职称并在某学术领域有一定造诣；长期专家应具有硕士以上学历或讲师以上职称以及同等资历；语言外教应有本科以上学历，受过专业训练并具有一定语言教学经验。聘请外国专家的主要渠道有学校有关人员熟悉的、具有国际前沿水平的国外合作者或同行，校际交流确定的互访学者等。外国专家的聘请应优先考虑学校重点学科（专业）、新兴学科或薄弱学科以及重点实验室建设的需要，保障国家基础研究、国家科技攻关项目和重大科技开发项目的完成。除讲学外，学校鼓励采用多种聘用形式以提高外国专家聘请工作效益，如合作研究、专题咨询、联合办学、联合举办国际学术会议等。

聘请外国专家工作由国际合作与交流处（以下简称国际处）归口统一管理。未经批准，任何单位或个人不得擅自对外发邀请函或作出接待来访的承诺。

二、计划申报和审批

学校每年11月初开始制订下一年度的聘请外国专家计划,有聘请外国专家需求的单位于10月底前将本单位的聘请计划及填写好的《青岛海洋大学聘请外国专家申请表》(以下简称《申请表》)报国际处。筛选各单位报送的《申请表》材料,以确定学校下年度的外国专家聘请计划。计划确定后报主管校长批准并予以实施。

经学校批准的聘请项目,由国际处将外国专家来校确认函及其他需要材料报山东省人民政府外事办公室(简称省外办)审批。经批准后,省外办向外国专家发出《邀请通知书》,同时向学校发出《外国专家到职通知书》。

经国际处签字认可聘请的短期专家前期联系由院、系邀请人负责,长期专家(包括语言外教)前期联系由相关院、系和国际处共同负责,以校领导或学校名义聘请的外国专家的前期联系以及各项入境手续由国际处负责办理。

国际处鼓励并协助邀请人积极向教育部等政府部门申请专项基金。对于由院系筹资或由邀请人科研经费全额承担的聘请外专计划,学校优先批准和支持。

三、管理

在国际处的协调下,聘用单位和邀请人在应聘外国专家到校前应完成确定合作教师、翻译,组成接待小组;制订业务工作计划和活动日程安排;落实食、宿、行等生活保障措施;与外单位取得联系,安排访问细节。对于短期专家,在上述准备工作的基础上,聘用单位应负责起草《接待计划》报国际处,经三管校长审批后,以学校正式公文形式提前报送市外办及有关接待单位;对于长期专家和语言外教,由国际处会同聘用单位起草《聘用合同书》。

应聘外国专家在聘用阶段应严格按已商定好的《工作计划书》或《聘用合同书》完成自己所承担的工作任务,不得为获取额外报酬等私人目的在外兼职或承接与完成应聘任务无关的工作。外国专家抵校后,国际处应视其背景情况和在校逗留时间的长短尽快向其介绍我国的国情、校情和应注意的事项。外国专家工作任务的变动或因特殊原因需外国专家在外兼任某项工作,均须事先报国际处批准。外国专家在外固定兼职工作还须报上级主管部门批准。

凡与外国专家工作有接触的人员(其中包括听课的学生或参加科研的实验人员),均应认真学习《涉外人员守则》。参加接待工作的有关人员应做好接待工作,做到既热情周到,又不卑不亢,既尊重对方的信仰、习惯,又要坚持原则,善于引导,不应有损害国家和学校利益的言行。

以效益为中心,加大对聘用外国专家工作监督力度,对做出重要贡献的外国专家进行表彰奖励,对出现的问题及时解决。按政府有关部门的要求做好对语言外教目标管理和教学评估的工作,对教学优秀的授予荣誉称号并给予物质奖励。对表现突出的外国专家和外教,学校为其整理优秀事迹材料上报有关部门,争取获得上级有关部门及地方政府的奖励。出于学校学科建设的需要,对应聘在校有声望的优秀外国专家,为使其在离校后与学校建立经常性业务联系,继续为学校服务,可聘其为学校的名誉教授或客座教授。除了聘用单位具体实施聘请计划,国际处负责全过程管理外,外国专家聘用工作还涉及全校各职能部门所管辖的业务范围,须由相关部门完成所承担的职责。

四、礼遇、待遇和费用

礼仪活动应遵从适度和节约的原则,邀请人不得随意自行安排。遇重大节日由学校出面邀请外国专家参加庆典招待会。根据需要，可为外国专家举办一次宴请，出席人数和标准按上级有关规定精神办理。可参照上级对出国人员礼品费用标准的规定，向外国专家赠送带有纪念意义的礼品。外国专家向学校赠送礼品，应按礼品登记制度处理。

长期专家和语言外教的最高待遇标准：免费提供专家楼单间住宿和自炊条件，按政府有关部门规定标准按月发给工资，一般疾病负责治疗。短期外国专家的最高待遇为免费提供食、宿，承担其出入境城市到青岛的国内交通费和为其在市内的活动提供用车。外国专家携带的家属，不享受上述待遇。

为了加强对外宣传，丰富外国专家的生活，邀请单位可酌情为长、短期专家及语言外教组织在青岛市区范围内的参观旅游活动。所需费用由学校、院、系、所及邀请人共同承担。

五、总结和奖罚

邀请人应在外国专家离校后10日内，将聘用外国专家的工作总结报国际处。总结主要内容应包括实施情况、取得效益、外国专家对学校的意见和建议及经费决算。

对于聘请计划完成好、效益显著的单位和个人，国际处将在下次审批聘请计划时给予优先审批，并继续给予经费支持。对于聘请计划完成差，无效益或效益不显著的单位和个人，国际处将停止经费支持，乃至一定期限内不予批准聘请。

青岛海洋大学出国参加国际学术会议管理办法

海大内外字〔2000〕34号

主要内容

一、申请出国参加国际学术会议须具备以下条件

申请人员向会议提交的论文已被接受；会议所需使用的外语应达到听、说、读、写较熟练水平；政治上符合出国条件；身体健康，65岁以上的申请人须提供健康证明，70岁以上者一般不予考虑；历次出国参加国际学术会议回国后工作完成好的人员。

二、出国参加国际学术会议的审批程序

凡符合上述条件的人员，在落实项目经费并接到会议正式邀请信等有关材料后，先向所在单位提出申请，领取《青岛海洋大学出国、赴港澳台审批表》（以下简称审批表），至少提前两个月将审批表报所在单位。由所在单位有关负责人签署意见，并加盖公章，审批表"出国理由"一栏中须说明会议名称、内容、与会必要性、被接受论文题目。如有顺访计划的，须一并注明。申请人员持已经单位同意并签字的审批表及内容和时间与申请相符的邀请材料复印件、会议论文摘要和日程表送国际合作与交流处审核后报主管校长审批。主管校长批准后，国际合作与交流处报上级主管部门审批。

三、出国手续

出国任务批件下达后，由校党委组织部按出国人员政审程序办理出国政审手续。出国人员须持出国任务批件及政审批件复印件到安全机关进行出国安全教育并办理相应证明。办理完毕上述手续并持有效国外邀请材料者即可办理护照、签证等出国手续。

四、参加会议要求

会议期间应尽可能完成出国计划中提出的任务，可根据情况变化及时调整活动计划。除完成本人的学术交流任务外，还要利用一切可能的机会多接触国外学者和学术机构，掌握更多的信息。根据需要与可能，努力与国外学者和学术机构探讨建立合作交流关系。

五、回国后有关人员必须完成下述工作

出席国际学术会议人员回国后应及时根据会议交流、论文分析等情况写出高质量学术性总结送国际合作与交流处，以便推荐给教育部编办的《国际学术动态》杂志，同时填写《出席国际学术会议总结一览表》。由出席国际会议人员所在单位组织召开"出席国际学术会议汇报会"，吸收各方面人员参加，力求做到一人与会多人受益。上述事项内容在回国后一个月内完成。对参加学术会议后在教学、科研和对外合作方面所取得的效益进行总结，书面报国际合作与交流处。此内容的跟踪期限为一年，一般在每年12月以前上报。

六、其他工作

国际合作与交流处将根据上述内容评定派出人员的后期工作完成情况，评定结果作为派出人员再次申请出国参加学术会议审批参考。

第六章
服务保障

　　青岛海洋大学时期学校围绕财务、审计、资产管理、招标、基本建设、后勤改革、校园安全管理、档案管理等制定了50余项制度。财务方面，就加强财经管理工作、收费管理、"收支两条线"、专项经费项目管理等制定相应制度。审计方面，出台《青岛海洋大学内部审计工作规定》《青岛海洋大学基建、修缮工程决算审计规定》等制度。出台《青岛海洋大学国有资产管理办法》《青岛海洋大学仪器设备招标采购实施办法》等制度，为维护国有资产完整和安全，进一步规范学校仪器设备购置提供遵循。后勤社会化改革继续深化，形成了与学校行政主体分离、市场驱动的后勤服务新机制。校园安全方面，就综合治理、创建平安单位、校园管理巡察、计算机信息系统安全等制定相应制度。档案管理方面，出台《青岛海洋大学档案管理办法》，有力提高了档案工作管理水平。

青岛海洋大学内部审计工作规定
海大内审字〔1990〕138号

主要内容

　　为贯彻执行国家财经法规，加强对学校财务收支及经济活动的审计监督，维护财经法纪，提高经济效益和科学管理水平，保障教育事业健康发展，根据《中华人民共和国审计条例》《审计署关于内部审计工作规定》和《教育系统内部审计工作规定》，特制定本规定。

　　学校内部审计是国家审计体系的重要组成部分，是加强学校内部科学管理，维护财经法纪，提高资金使用效益，健全自我约束机制的重要环节。

　　学校设立审计处，在主管审计校长的直接领导下，依照国家法律、法规和政策，对本校及校属单位的财务收支、经济活动及其经济效益进行内部审计监督，对主管审计校长负责并报告工作，同时接受审计署驻国家教育委员会审计局的业务指导。主管审计校长应定期部署和检查学校内部审计工作开展情况，听取审计处工作汇报，及时批复审计报告，督促和检查审计决定的执行情况。根据审计工作需要和国家教育委员会关于配备审计人员的规定，在学校总编内核定审计处的人员编制，配备从事审计工作应具备的政治素质和审计业务知识的人员，并保持相对稳定；审计处负责人的任免、调动，根据《教育系统内部审计工作规定》应征求审计署驻国家教育委员会审计局的意见。审计人员要努力学习国家的方针、政策、财经法规和管理知识，提高政治和业务素质，遵守职业道德和《审计人员工作守则》，做到依法审计，坚持原则，忠于职守，客观公正，廉洁奉公，保守秘密。审计处和审计人员依法独立行使内部审计职权,受法律保护,任何单位和个人不得设置障碍、刁难和打击报复;学校对在审计工作中做出显著成绩的集体和个人应予表扬和奖励。

审计处对本校及校属单位以下事项进行内部审计监督:教育事业费、科研事业费、专项补助费、世界银行贷款、外汇等预算或计划的执行和决算,经费的使用和管理;基本建设投资(含自筹、捐赠资金)计划的执行和决算,投资的使用和管理;代管科研、科技三项、委托培养、对外服务、学校基金等预算外资金的收入、使用和管理;校属工厂、公司、中心等企业和实行独立核算的事业单位、后勤承包单位的财务收支、产值、销售、利润等计划的执行,资金的使用和管理;学校及所属单位与境内外经济组织兴办的合资合作经营的企业或项目所投入的资金、财产、技术的使用以及管理效益等;与教育事业费、科研事业费、基建投资、预算外资金、校属企业资金、后勤承包经费等收支有关的经济活动及其经济效益;固定资产、低值易耗品、材料等物资的采购、使用、管理;在财务收支及经济活动中对财经法纪的执行情况;内部控制制度的建立、执行情况;校属企业厂长(经理)的经济责任;校领导及上级交办或委托的其他审计事项。

审计处的主要职权:要求有关单位按时报送财务预算或计划、决算、会计报表和有关文件、资料;检查会计报表、账簿、会计凭证、资金和财产,查阅合同、协议和有关文件、资料;参加有关预算分配、基建投资安排、决算审查、重大经济合同、协议论证等经济方面的工作会议;对审计中的有关问题向有关单位和人员进行调查,提出质询,要求提供口头和书面材料,复制有关事实证据;向校长或有关部门提出改进管理,提高经济效益的建议,表扬和奖励模范遵守和维护财经法纪的单位和个人;提出责成被审计单位纠正和制止违反国家规定的财务收支、损失浪费以及追究有关人员责任和给予处罚的建议,监督检查经校长批准的审计处理决定的执行;对阻挠、破坏审计工作,以及拒绝提供有关资料的单位和人员,经校长批准可采取封存账簿、凭证,冻结资财等临时措施,并提出追究有关人员责任的建议;对审计工作中的重大事项向上级主管部门和国家审计机关反映。

审计工作程序:制订年度工作计划,经校长批准报国家教育委员会。审计项目确定后,应在实施审计前通知被审计单位,被审计单位应做好准备,配合审计处实施审计。对审计中发现的一般问题可随时口头或书面向被审计单位和人员提出意见;审计终结,应在调查、评价的基础上提出审计报告,征求被审计单位的意见,据以作出审计结论和处理决定,报经校长批准后下达;国家教育委员会委托代审项目,审计结论和处理决定由国家教育委员会批准下达。审计处理决定被审计单位和有关单位必须执行。审计处认为必要可进行后续审计。被审计单位对审计结论和处理决定如有异议,可在收到审计结论和处理决定之日起十五日内向校长提出申诉,校长根据国家有关法规和政策在二十日内做出是否更改处理决定。审计处和被审计单位对校长所做出的决定有异议时,可向审计署驻国家教育委员会审计局或国家审计机关申请复审。审计项目结束后,建立审计档案。

在实施审计中,对于拒绝提供会计报表、账簿、凭证及有关文件、资料,阻挠、破坏审计人员行使职权,抗拒破坏监督检查,弄虚作假,隐瞒事实真相,拒不执行审计决定,打击报复审计人员和检举人等上述行为之一的单位或个人,审计处可提出警告、通报批评、行政处分、经济处罚等意见,报请校长或监察部门处理。对于利用职权,谋取私利,弄虚作假,徇私舞弊,泄露国家秘密,玩忽职守,给国家和学校造成重大损失的审计人员,校长或监察部门酌情给予经济处罚或行政处分。

青岛海洋大学关于加强财经管理工作的若干规定
海大内财字〔1995〕94号

主要内容

　　为严格管理，加强纪律，尽快改善学校的财务状况，根据国家教委教财〔1994〕64号文精神，结合学校实际情况，特制定本规定。

　　一、实行"统一领导，分级管理"的财务管理体制

　　由校主要负责同志组成的党政联席会，统一领导协调全校的财经工作。党政联席会有关财经工作的主要议题是研究决定学校年度综合预算、决算，定期听取综合预算执行情况汇报并对存在的问题研究解决办法，研究决定学校重要财经问题。财务处作为财经管理的职能部门，对全校的财经活动实施归口管理。高新技术产业处、规划建设处、后勤集团、出版社等单位所设的财务机构，均为学校的二级财务机构，接受财务处的业务领导和监督，遵守国家财经法规，遵守学校制定的管理制度，不得发生越权行为。

　　二、调动各方面的积极性，多渠道筹资办学

　　各院系、各单位要积极筹措资金，努力增加各个渠道的资金收入，增加办学资金总量，要把筹资能力和绩效作为学校综合考核评估的一个不可缺少的内容。积极争取社会筹资和捐赠，所引进的资金归学校使用的，由学校按引进资金额的多少给有关单位或个人以奖励；归各单位使用的，由各单位参照学校的比例给予奖励。

　　三、校内实行统一的财经政策和制度

　　学校的各项财经政策和管理制度，由财务处在学校领导的组织、协调下统一制定，由学校正式公布实施。各单位在划定的权限内制定的分配办法，需经主管领导批准并报财务处备案；对不符合国家规定，不符合学校统一政策的应立即纠正。

　　四、加强收入管理，适当集中财力

　　经学校同意的事业性收费项目一律到财务处申请领用正式收据，任何单位或个人不得私自印制、购买非正式的收据进行收费。各单位必须按权责对等原则匹配收支，凡使用学校的人、财、物力而得到的收入，必须上交财务处，按学校规定分配，不允许将该上缴学校的收入私设"小金库"。凡属校级财力，均由财务处统一核算和管理，任何二级财务机构和各类经济实体，不得截留、挪用，实行"收支两条线"。禁止以任何名义把属于学校的收入转移到外单位存放。严格控制校外银行开户，需要时须经财务处审查同意，并报教育部、财政部审批。独立法人机构银行账户的开设按国家有关规定执行。

　　五、控制消费基金过快增长

　　各单位必须严格执行《工资基金暂行管理办法》，所发工资性支出（包括各种补贴、奖金、实物等）均属于工资总额，必须记入《工资基金管理手册》，按学校有关规定到财务处支取或转账，不得套取、坐支现金。按学校有关规定由各院系自主支配的委培、夜大、函授等经费,应保证必要的业务性支出,防止分配上过多向个人倾斜。

六、明确产权关系,发展校办产业

所有面向社会经营的校办产业要讲究经济效益,为学校多做贡献。学校与校办产业之间应尽快建立明晰的产权关系,产权的划分以投入的资本为依据;校办产业占用的房屋、场地、机器设备等条件开支以及由事业费垫支的人员工资、水、电、暖、邮电等费用,应全额记入成本,按月返交学校财务处。国家对校办产业优惠减免的税金,学校有支配权。"产业管理委员会"代表学校行使国有资产管理权,对投入校办产业的国有资产保值增值负有监管职责,应建立实行校办产业经济责任人年度工作报告(述职)制度。

七、加强会计队伍建设

上岗会计人员必须持有全国统一颁发的《会计人员从业资格证书》,应认真履行岗位责任制,做好本职工作。会计人员实行聘任制,通过平等竞争,择优聘任。不得聘用临时工(不含本校离退休人员)从事会计工作。建立健全会计人员业绩考核制度,调动广大会计人员努力学习、提高素质、参与管理、提高效益的积极性。

八、严格纪律,加强监督检查工作

按照财权和事权统一的原则,建立完善校内各级经济责任制,明确各级部门及有关管理人员的经济权限和应承担的职责。坚持行之有效的"一支笔"审批制度和离任审计制度。对基建经费和5万元以上修缮经费的支出,要建立"先审计后付款"制度。加强审计力量,除定期对财务处及二级财务机构进行审计外,对校内其他经济单位实行轮回审计制度。通过审计检查,促进各项规章制度的落实。财务、监察审计部门应协调配合,形成强有力的监督检查机制,通过检查,发现问题,堵塞漏洞,提高学校财经工作管理水平。

青岛海洋大学科研经费决算审签办法
海大内审字〔1995〕186号

主要内容

为了加强学校科研经费的管理,保证学校科研工作的顺利开展,提高科研经费的使用效益,现根据国家教委教审局〔1995〕24号文精神,结合学校实际情况,特制定本办法。

审签的范围:国家高技术研究发展计划("863计划")项目;国家、部委和地方科技攻关项目;国家、部委和地方各类基金项目、基础研究项目;"火炬计划"和重点科技成果推广计划项目;国家、部委和地方各类科技发展项目;国防口有关科技项目;其他需要审签的科技项目。

凡列入以上审签范围的科研项目,均由审计处实施审签,未经审签的,一律不得上报。

审签的内容:经费决算的编制是否符合国家的有关规定,数字是否真实、准确、完整;经费开支是否符合国家有关科技、经济政策、科研经费管理办法和财务制度;经费开支是否做到专款专用,有无截留、挪用、挤占科研经费等违反财经纪律的行为。

审签的程序与方法:承担科研项目的单位,在项目结束后,由项目负责人组织清查账目和资产，核实拨款和支出，并根据财务人员提供的经费支出情况，按照编报决算的要求，及时编制经费决算。经费决算经财务处负责人签章后，由项目负责人按规定上报经费决算期限的十日以前，报送审计处审计。审计处对报送的经费决算，应及时进行审计，并签署审计意见。对不符合编报要求的经费决算，审计处不予签署审计意见，并要求有关人员在规定时间内，对经费决算进行补充、修改。

汇总与上报：经费决算由科研处统一汇总，并按规定时间及时上报有关部门；审计处将审签情况和审签意见于年末报国家教委审计局。

青岛海洋大学档案管理办法
海大内办字〔1997〕36号

主要内容

一、总则

为加强学校档案工作，进一步提高档案工作管理水平，充分发挥档案在学校教育事业发展中的重要作用，根据《中华人民共和国档案法》《普通高校档案管理办法》《高等学校档案实体分类法》，制定本办法。

本办法中所称的学校档案，是指学校在从事教学、科研、管理及其他各项活动中直接形成的对学校和社会有保存价值的各种文字、图表、声像等不同载体形式的历史记录；是国家档案资源的组成部分，是党和国家的宝贵财富，必须实行集中统一管理，确保完整与安全。学校把档案工作纳入整体发展规划，纳入管理制度，纳入有关人员职责范围，加强对档案工作的领导与管理。

二、领导体制与机构设置

学校档案工作由一名校领导三管。各院、系、部、处、室由一位负责人分管本单位的档案工作，纳入职责范围。根据各单位的实际情况，设置一定数量的专、兼职档案工作人员，负责本单位档案的收集、整理和移交工作。档案馆既是学校档案工作的管理职能部门，也是永久保存和提供利用档案资料的基地和信息中心，是学校开展校史研究的基地，同时也是对青年学生进行爱国主义教育的基地。

校档案馆的基本职能：宣传、贯彻、执行国家有关档案工作的法令、政策和规定；在主管校领导的领导下，负责规划、计划、协调学校的档案工作，制订学校长期档案信息化发展规划，负责监督、指导、检查学校各个单位的档案工作，切实履行档案行政管理职能等。

三、档案队伍建设

档案工作人员必须努力学习马列主义、毛泽东思想及邓小平建设有中国特色社会主义理论，必须坚持四项基本原则，认真执行党和国家的各项方针、政策。热爱档案事业，保守党和国家的秘密，忠于职守，遵纪守法，具备档案业务知识、相应的信息科学技术知识以及相应的综合科学文化知识。为保证学校档案工作的开展，根据学校档案事业的不断发展，应有计划增加档案人员编制，加强队伍的信息科学技术知识结构建设，保证档案工作队伍的相对稳定。

四、经费、库房和设备

学校档案工作所需经费应单独立项，并纳入学校预算内统筹解决。学校各单位应对用于保存本部门归档文件及材料所需的档案装具及设备，给予一定数额的经费支持。学校为档案部门提供专用的、符合国家档案管理规范要求的环境和库房。为存放电子、声像等特殊载体档案，配备恒温、恒湿设备。学校有计划地建设数字档案馆，为档案馆配备独立的服务器组、数字档案转换、数字档案伺服支撑、音像档案采集编辑制作、复印等必要的仪器设备，及时更新完善档案信息管理系统，加强系统安全保密建设，加强馆舍安全系统建设，逐步实现档案管理数字、现代化。

五、文件材料的归档、移交和接收工作

学校的各项工作要与档案工作实行"四同步"管理，即布置、检查、验收、总结各项工作时要同时布置、检查、验收、总结档案工作。

建立归档制度并纳入学校的教学、科研、管理等方面工作的计划、制度建设之中，做到在教学、科研、管理等方面的工作阶段性结束时，有完整、准确、系统的材料归档。落实国家档案局开展电子文件收集工作的部署，在收集应归档材料的纸质载体的同时，收集齐全该份材料的电子版本，为学校数字档案馆档案信息管理系统中各归档单位的全文数据库建设奠定基础，使归档材料的全文电子版，早日为各归档单位日常工作服务。

学校实行部门、单位、课题组（以下统称归档单位）立卷的归档制度，积极开展日常归档材料的"预立卷"工作。各归档单位应依托学校档案信息管理系统的归档功能开展网上档案"预立卷"工作，在本单位各项工作开展的同时，坚持应归档材料的纸质载体与电子版文件的平时分类、收集、积累工作，及时做好应归档材料目录数据的录制建库与电子版全文数据的收集建库工作；于次年向档案馆移交之前，在档案馆专职人员的指导、验收下，整理分类积累的材料，在确保电子版文件与纸质材料一一对应后，制作案卷（盒内）目录，装订成卷（件），办理移交手续后，将两种载体的归档材料一并移交档案馆。

学校形成的档案门类有党群类、行政类、教学类、科研类、基建类、设备类、出版类、外事类、财会类、声像类、人物类、实物类。归档的文件材料应质地优良，应使用蓝黑墨水书写，杜绝圆珠笔书写文件，字体工整，声像清晰，符合有关规范和标准的要求。凡由学校院、系、所等单位联合召开的会议记录、协作项目及其他工作中产生的材料，均由牵头单位集中统一归档，保证档案的齐全、完整。个人在从事教学、科研、管理等职务活动中形成的有保存价值的各种资料，必须经本单位兼职档案员移交校档案馆，任何个人不得据为己有或拒绝归档；对个人在非职务活动中形成的有价值的资料、校档案馆可以征集或接受捐赠，视珍贵程度，学校可付酬金或给予奖励。档案进馆时，必须办理档案移交手续。档案移交人员和接受人员共同在档案移交清单上签字后，方可入馆。

六、档案的管理与利用

档案馆对进馆的档案要进行科学的分类、编号、排架，并编制检索工具，以便提供利用。档案馆建立库房管理制度，切实做好档案的安全、防火、防盗、防虫、防潮、防鼠等工作；加强档案安全保密管理，严格执行国家相关管理规范；加强数字档案馆信息安全建设与管理，保障档案信息管理系统安全运行。档案馆对保管期限已满的档案，应先进行鉴定，在确

认已失去保存价值后，应征得档案形成部门同意，主管校长批准，填写销毁清单，并由销毁人员和监销人员在清单签字后，在国家指定地点销毁。未经鉴定和批准，任何个人无权销毁任何档案。所有查阅利用的档案仅供工作参考，不得出版或出版摘引，特殊需要则必须专题报告至档案主管校领导审批同意，违反本条规定而引发的一切侵权后果由当事人负责。档案的解密、公开工作必须严格按照国家的相关程序操作。学校各门类档案的保管期限为永久、长期、短期三种。

七、考核、奖励与处罚

学校应对各单位的档案工作进行定期的检查与考核。对在档案工作中有突出成绩的单位和档案工作人员应给予及时的表彰和奖励。对违犯《中华人民共和国档案法》的行为，按照规定给予相应的行政、纪律上的处分或经济上的处罚。

青岛海洋大学社会治安综合治理领导责任制实施办法
海大党办字〔1999〕8号

主要内容

为进一步做好学校社会治安综合治理工作，落实领导责任制，共同承担起维护学校政治稳定、治安环境良好的政治责任，根据《山东省高等学校社会治安综合治理领导责任制实施办法》，结合学校实际，特制定本办法。

一、加强组织建设

学校成立社会治安综合治理委员会（以下简称校综治委），由校党委书记担任社会治安综合治理委员会主任，分管的副书记、副校长，党委、校长办公室主任，公安（保卫）处处长担任副主任，有关部门主要负责人及学生会主席任委员。校综治委下设办事机构，即综合治理办公室，办公室设在校保卫处。各学部党委、党总支、直属党支部建立社会治安综合治理领导小组，由书记任组长，委员由所属单位主要负责人组成。行政上建立治安保卫委员会，治保会主任由办公室主任担任。各部、处、系学生班级成立治保小组，把综治、治保工作落实到基层。

学校党政一把手是学校社会治安综合治理的第一责任人，代表学校与地方社会治安综合治理委员会签订责任书。学校各党总支、直属党支部书记是所在单位社会治安综合治理的责任人，学校党政一把手与各学部党委、党总支、直属党支部书记每年签订一次社会治安综合治理责任书。各学部党委、党总支、直属党支部可与下属单位签订责任书。如领导变动，由接任者继续履行。

二、社会治安综合治理领导责任制内容

把社会治安综合治理工作摆在重要位置，纳入学校及各单位教育、改革、发展与稳定的总体规划之中，真抓实管。社会治安综合治理组织健全，人员落实，发挥职能作用。社会治安综合治理各项任务、目标、要求明确。建立并落实议事制度。校综治委每季度进行一次安全稳定形势分析与自查，各综治领导小组搞好半年自查、年终总结及每月一次的安全教育和

安全自查，发现隐患及时整改。随时掌握工作动态和安全稳定信息，把不安全、不稳定苗头消除在萌芽状态。实行考评、奖惩制度，根据学校《创建平安单位活动奖罚暂行办法》兑现奖惩。创造稳定良好的育人环境。社会治安综合治理基础建设落实，治安管理和防范机制完善，学校及各单位治安秩序良好，师生有安全感。

各单位党政主要领导要把社会治安综合治理的责任落实到各自所管理范围内的单位、组织和个人。

认真行使社会治安综合治理一票否决权。对有下列情况之一的单位和直接责任者，在评奖、晋职晋级方面坚决予以否决：因领导不重视，责任不落实，造成本单位治安秩序混乱的；对不安定因素或群众纠纷不及时化解，处置不力，以致发生集体上访、非法游行、聚众闹事、停课、停工等危害稳定严重后果的；因工作不负责任发生重大案件和恶性事故，造成严重损失或恶劣影响的；因教育管理不力，本单位人员中违法犯罪情况比较严重的；因防范措施不落实，发生刑事案件或治安灾害事故，造成损失，又不认真查处改进的；发生重大刑事案件或治安问题有意隐瞒不报或弄虚作假的；校园良好育人环境受到污染和破坏的。

学校有计划地安排学生代表参与社会治安综合治理活动。

三、加强保卫队伍建设

按照核定编制加强保卫队伍的骨干力量，不断提高保卫队伍的政治素质和业务水平。按公安部和教育部的要求，配齐公安保卫的装备器材，关心保卫人员的相关待遇，改善工作条件，确保保卫队伍的稳定。

青岛海洋大学深化后勤改革方案

海大内总字〔1999〕27号

主要内容

一、指导思想

《中共中央关于教育体制改革的决定》中指出："高等学校后勤工作的改革对于保证教育改革的顺利进行极为重要。改革的方向是实行社会化。"为了适应学校改革与发展的需要，根据学校的具体情况与特点，在总结后勤改革经验的基础上，加快后勤改革步伐，在做好"三服务，两育人"的同时，逐步建立起企业化的管理体制和运行机制，按社会主义市场经济规律逐步形成了与教育事业相配套，具有相对独立运作体系的经济实体。

改革的原则：政企分开，产权明晰，理顺关系，提高效益，使后勤真正做到更好地为学校的教学、科研和师生生活提供优质服务；更好地为学校的建设和发展提供良好的物质保证；促进后勤提高适应能力，减轻学校负担，逐步向企业化社会化过渡；促进后勤内部体制的改革，减少学校投入，发挥最大效益，发展后勤产业和经济。

二、管理体制

按照"小机关、大实体"的格局，根据行政管理与服务职能分离的原则，将后勤管理与经营服务职能分离，实行甲乙方关系。甲方代表学校行使行政管理权。乙方作为经济实体，实行企业化的管理。

1. 政企分开，职能分离。组建后勤工作办公室（简称后勤办），其职能是实施固有资产产权管理，后勤工作规划管理，服务质量监督管理，代表学校掌握、分配、安排、检查、落实后勤各项费用的使用情况。代表学校以契约合同形式提出计划、任务、要求，并检查、监督、协调后勤方面的工作。

2. 转变职能，理顺关系。根据学校现有后勤范畴的单位和部门，按照专业化、产业化原则重新规划、组合，组建成具有独立法人地位的经济实体后勤集团。

3. 产权清晰，权责明确。后勤集团按企业化管理模式运行，先产权清晰，逐步实行经营权与产权规范分离，搞好经济核算。

4. 转换机制，科学管理。学校要创造条件逐步使后勤集团成为自主经营、自负盈亏、独立核算、自我发展、自我约束的产业实体，以利于减轻学校负担，发展和壮大后勤经济，建立起长期稳定的优质低价的后勤保障服务体系和产业实体。

三、运行机制

1. 后勤工作办公室代表学校与后勤集团形成契约服务关系。后勤办代表学校管理学校内的后勤服务市场。管好国有资产，用好国有资金，为学校提供一个良好的办学环境。对工程维修、生活服务、饮食卫生、水电管理、环卫绿化等服务项目以合同或招标的方式与后勤服务公司或其他单位形成甲、乙方契约关系。

2. 后勤集团按市场运行规律，建立灵活高效的运营机制，实行总经理负责制，按企业化管理模式管理，工资、奖金等费用由总公司自己负担。后勤集团有自主经营权，相对独立的人事权、独立的分配权。

3. 拨款制改为收费制后，后勤办要逐步建立起校内价格体系；采取多种措施，加强监督、检查力度。总公司实行签约服务，突出学校后勤服务的优势，扩大服务项目和服务范围，逐步形成规范化、集约化的经营服务体系。

4. 后勤改革需要学校大力扶持，为了使总公司逐步成为自主经营、自负盈亏、自我发展、自我完善、自我约束的产业实体，学校要在政策上给予支持，理顺关系，统一市场，总公司要全力做好为学校教学、科研和师生员工生活服务，校内市场统一归口由总公司负责开发、经营和管理。

5. 学校要积极向上争取在政策上对后勤服务性产业的优惠政策，对后勤集团使用的固有资产应实行校内评估，对直接用于师生员工、教学、科研、生活必需的固有资产，在一定时期内，实行免费提供使用。学校要加大对基础设施的投入，以利于保证教学、科研和学生生活设施的完好率。

青岛海洋大学关于贯彻落实"收支两条线"规定的意见

海大内财字〔1999〕156号

主要内容

为贯彻落实《中共中央办公厅、国务院办公厅关于转发〈监察部、财政部、国家发展计划委员会、中国人民银行、审计署关于1999年落实行政事业性收费和罚没收入"收支两条线"规定工作的意见〉的通知》（中办发〔1999〕21号）和财政部等部门《关于印发〈行政事业性收费和罚没收入实行"收支两条线"管理的若干规定〉的通知》（财综字〔1999〕87号）以及教育部《关于直属高校和事业单位落实"收支两条线"规定的通知》（教财厅〔1999〕5号）的精神，做好学校行政事业性收费"收支两条线"管理工作，根据学校实际情况，提出如下具体意见和要求。

对行政事业性收费和罚没收入实行"收支两条线"管理，是党中央、国务院为进一步加强廉政勤政建设，从源头上预防和治理腐败的重要举措，是公正执法，依法行政的重要保证。各单位要认真学习和领会有关文件精神，充分认识并深刻理解实行"收支两条线"管理的重要意义和作用。按照教育部关于落实"收支两条线"规定的总体部署，从大局出发，坚决执行中央规定，增强责任心和紧迫感，提高执行规定的自觉性。

各单位行政事业性收费和收费票据的使用和管理，要严格执行财政部《行政事业性收费和政府性基金票据管理工作规定》（财综字〔1998〕104号）和《山东省行政事业性收费和政府性基金票据管理办法》《青岛市行政事业性收费票据管理办法》《青岛海洋大学收费管理暂行规定》《青岛海洋大学票据管理暂行规定》等有关规定。对违反规定收费和使用票据的，根据有关规定予以处理。

建立以分管校长主抓，由监察审计处、财务处等部门参加的"收支两条线"工作联席会议制度，在监察审计处设立办公室，承担日常工作。每年由办公室组织有关部门对校内各单位的行政事业性收费和票据的管理、使用和经费的支出进行检查，及时发现并纠正在"收支两条线"管理中存在的问题。

为加强校内各单位收费和票据的管理、使用，对校内各单位的全部收费项目进行清理，凡未经学校批准的收费项目，都作为违规处理。凡经学校批准的收费项目，行政事业性收费的票据一律使用《山东省行政事业性收费、政府性基金票据》，单位内部代收和往来等不属于行政事业性收费一律使用《山东省往来结算统一收据》，同时《青岛海洋大学收费收据》停止对校外使用。不得使用自制或外购票据或不开票据收费。

落实"收支两条线"规定是党中央、国务院部署的一项重要工作，政策性和业务性强，各单位都要认真按照党中央要求，统一思想、提高认识，高度负责，狠抓落实。对此项工作各单位主要领导要亲自负责，规范管理，加强监督，严格纪律，确保"收支两条线"的管理工作在学校有序有效地推进、落实和深入。

青岛海洋大学关于进一步强化管理、坚决制止"小金库"有关意见的通知
海大内财字〔1999〕183号

主要内容

为贯彻教育部办公厅《关于高等学校进一步强化管理，坚决制止"小金库"有关意见的通知》（教财厅〔1999〕11号）精神，严肃学校财经纪律，保证各项事业健康有序发展，现将学校进一步强化管理，坚决制止"小金库"的有关意见通知如下：

一、学校各级领导要充分认识到"小金库"的危害性

凡违反国家和学校的财经法规及其他有关规定，侵占、截留、隐匿各种应交收入，或以虚列支出、资金返还等方式转移资金，私存私放，不将资金纳入学校预算管理，不将收支列入学校会计账内的行为，均属"小金库"行为。

私设"小金库"的目的，是为了谋取小团体或个人利益，逃避财务监督和群众监督，从事违规、违法活动。其危害巨大：一是造成学校收入流失，财力分散；二是不利于党风廉政建设，腐蚀人们的思想，成为贪污、腐败的温床；三是导致消费基金的非正常增长和经济秩序的混乱，影响学校整体发展；四是造成个人经济犯罪。

学校各级领导必须充分认识到"小金库"的危害性和严重性，从讲学习、讲政治、讲正气的高度，提高认识，采取切实有效的措施，防止和坚决制止"小金库"。要防微杜渐，正确处理改革创新与遵纪守法的关系，确保学校有一个良好的经济环境和经济秩序。一旦出现"小金库"问题，对主要责任人和有关单位、有关领导要坚决按照处罚规定严肃处理，决不姑息。

二、采取措施，强化管理，预防"小金库"的发生

各单位应按照国家、地方政府和学校颁布的财经法规和财务制度，结合本单位的实际情况，加强管理，采取切实可行的措施，预防"小金库"的滋生和蔓延。

1. 强化法制观念。各单位要加强单位内部各级领导和教职工的法制教育，尤其是要加强对单位负责人和财务人员的财经法规和规章制度的教育。

2. 建立责任制。各单位要建立预防"小金库"的各级经济责任制，严格履行各自职责，层层防范，层层落实。在建立经济责任制的过程中，做到责权利三者相结合。

3. 加强对二级单位的管理。学校财务部门对校内二级单位的财务工作要发挥指导、监督职能，规范二级单位的财务管理和会计核算。

4. 规范票据管理。学校财务部门负责集中统一管理全校的行政事业性收费票据和其他合法票据，建立严格的购领、使用登记、检查和核销等管理制度和程序，实行票款分离制度。

5. 建立内部约束机制。各单位要建立完善的内部控制制度，对各项收入和支出实施有效的监督，加强稽核，防止收入流失，资金转移。

6. 加强收费管理。各单位要严格贯彻中央关于"收支两条线"的规定，加强行政事业性收费管理和单位银行账户的管理。所有收入要纳入学校预算管理，如实入账。

三、严肃纪律，加大监督和处罚力度，严惩"小金库"的责任人员

1. 强化管理，特别要强化内部审计监督。要加强财务监督，定期或不定期地开展财务收支检查和专项检查工作。学校财务部门应与审计、纪检、监察等部门密切配合，互相支持，对群众反映比较强烈的单位和有举报问题的单位，要组织人员认真检查、核实，并作出严肃认真的答复和处理。学校应建立起财务部门监督、财会人员监督和全体教职工监督结合的内部综合监督机制，要加强内部审计力量，强化审计责任意识。内部审计部门要严格按照国家有关规定对违纪违规行为进行惩处，不能因为是校内单位，便大事化小，从轻处理，或将功补过。对内部审计失误要总结经验教训，重大审计失误要追究有关人员责任。

2. 严肃法纪，严惩违纪人员。要严格执行国家财经纪律，对查出私设"小金库"问题的单位，要按照财政部、审计署和中国人民银行《关于清理检查"小金库"的具体规定》（财监字〔1995〕29号）进行严肃处理。除给予单位经济处罚外，还要给予单位主要负责人和有关责任人党纪、政纪处分；构成犯罪的，应及时移交司法机关处理；必要时，要在校内外媒体上曝光。清理检查中发现的其他违反财经法规的问题，也要一查到底，按国家有关规定处理。

青岛海洋大学基建、修缮工程决算审计规定
海大审字〔2000〕3号

主要内容

一、总则

为了加强学校基建、修缮工程的监督和管理，确保工程质量，降低工程造价，提高资金使用效益，依法维护学校合法权益，结合学校情况，特制定本规定。审计处依据国家有关法规，在主管校长领导下，独立行使审计监督权。审计人员办理审计事项，应坚持原则，实事求是，客观公正。

二、审计范围

审计范围包括列入学校基本建设计划的基本建设工程项目及自筹基本建设工程项目，5万元以上的零星基本建设工程项目，单项工程在5万元以上的房屋修缮工程、装饰工程及其他公共设施维修工程项目。

三、审计内容

基建工程项目竣工决算审计内容包括竣工决算的编制依据是否符合国家、省、市有关规定，资料是否齐全，手续是否完备；竣工决算报表及说明书是否真实、完整、合法；工程量是否真实，套项及价格是否合理，计取各项费用及选用定额版本是否准确、合规；工程项目是否按照国家有关规定进行招标。修缮（装饰）工程项目竣工决算审计内容包括工程项目开工前的各项审批手续是否完备；工程项目招标、承包是否符合国家有关规定，所订合同或协议是否合规、合法；工程项目是否经校内建设监理公司监理；竣工决算报表的编制依据是否符合国家、省、市有关规定，资料是否齐全，手续是否完整；工程决算是否附有工程技术人员出

具的工程量签证单及质量验收证明书；工程量是否真实，套项及价格是否合理，计取各项费用及选用定额版本是否准确、合规；竣工决算报表及说明书是否真实、完整、合法。

四、审计程序和审计方式

凡在年度内进行工程项目的主管部门，必须在当年第一季度内提出拟竣工项目计划报送审计处备案。未列入年度内的计划项目，要及时补报审计处。工程项目竣工验收后，主管部门应督促施工企业及时编报工程决算书，经主管部门复核签章后，报送审计处审计。审计处对工程项目决算进行审计时，被审计单位应积极配合，及时提供工程决算书、合同或协议、招标文件、施工图纸、工程变更签证、主要材料审批会签表等有关资料。审计处对工程项目竣工决算亦实行审计制度。经由审计处审计后，财务部门方可办理工程价款的结算。未经审计处审计的工程项目，财务处及经费结算单位（含二级核算、独立核算单位和经济实体）不得办理结算手续。审计处因审计力量不足时，可采用聘用有关人员或委托社会审计组织进行审计，所发生的费用由基建、修缮经费中按规定列支。

青岛海洋大学仪器设备招标采购实施办法（试行）

海大设字〔2000〕139号

主要内容

为进一步规范学校仪器设备购置行为，建立公开、公平的竞争机制和公正的评标准则，保护学校利益，提高经济效益，根据国家有关招标法规，结合学校的实际情况，制定本实施办法。

凡单价10万元（含10万元）或一次批量购买价值10万元（含10万元）以上的仪器设备，采取公开招标的采购形式。对于国家强制实行国际招标的机电产品，依照国家有关招标法规及程序执行。

招标工作在主管校长领导下，由国有资产管理处组织实施。国有资产管理处根据仪器设备使用单位提供的产品名称、数量、技术规格、服务要求等条款编制招标文件，公开发标。

根据招标仪器设备的具体情况，组织7人以上（含7人，单数）评标小组，其中专业人员不得少于半数。

1. 单价在10万～20万元（或批量10万～20万元）的仪器设备，由国有资产管理处组织评标。评标小组由国有资产管理处及仪器设备购置单位有关人员，校内其他单位仪器设备专家组成。

2. 单价在20万～40万元（含批量20万～40万元）的仪器设备，由国有资产管理处组织评标。评标小组由国有资产管理处、监察处、审计处、财务处等单位负责人，仪器设备购置单位有关人员，校内其他单位仪器设备专家组成。

3. 单价在40万元（含批量40万元）以上的仪器设备，由主管校长组织评标，评标小组由国有资产管理处、监察处、审计处、财务处等单位负责人，仪器设备购置单位有关人员，校内其他单位仪器设备专家组成。

　　招标文件的主要内容包括仪器设备名称、数量、技术规格、服务条款,招标邀请,投标须知,投标书的书写规范,违约处罚条款。

　　开标:根据招标文件规定的开标时间、地点,评标小组全体成员及投标人代表当场开标,公开唱标,并做好记录。

　　评标:评标小组严格按照招标文件的各项条款内容,对投标书进行评审。评审分商务(投标人资质、信誉、服务条款等)、技术、价格三大部分。商务、技术均满足标书要求时,投标价格最低者中标。如投标人较多,可采取先初评,确定3个投标人,再进行复评的方式,依据价格、品牌、服务等因素综合评价,最终确定中标人。

　　投标书中有不符合招标文件条款的为废标。

　　国有资产管理处根据评标结果代表学校与投标人签约订货合同。

青岛海洋大学关于世界银行贷款"高等教育发展"项目仪器设备管理办法
海大设字〔2000〕142号

主要内容

　　为了做好世界银行贷款"高等教育发展"项目仪器设备的管理工作,充分发挥仪器设备的使用效益,提高实验教学质量,根据世界银行贷款"高等教育发展"项目可行性研究报告及学校实验教学中心建设计划要求,现制定本办法。

一、购置计划的编制

　　1. 利用世界银行贷款购置仪器设备,要根据各实验教学中心的仪器设备配备方案编制购置计划。仪器设备的配备即要体现先进性、前瞻性,档次又要合理,切合实际。仪器设备的套数应根据班级学生人数、实验循环分组情况和实际实验需要给予合理的配备。购置单价20万元人民币以上的大型精密仪器,要组织专家充分论证,写出论证报告,按程序严格审批、严格控制。

　　2. 校内配套经费主要用于购置与用世界银行贷款所购置的仪器设备相配套的辅助仪器设备及低值耐用品,或已列入实验教学中心建设计划但未用世界银行贷款购置的仪器设备,不得用于购置大型精密仪器设备。

二、仪器设备的购置

　　利用世界银行贷款购置仪器设备,按照教育部外资贷款办公室的要求,按年进度编制仪器设备清单,报教育部外资贷款办公室,由教育部外资贷款办公室负责通过国际招标形式进行招标采购。

三、仪器设备的验收

　　国有资产管理处设备科负责仪器设备的接运、办理进口、免税、索赔等手续,各实验教学中心负责仪器设备的安装、调试及质量验收。仪器设备到校后必须在10天内开箱验收(除外商来校验收的仪器外;进口仪器设备的验收须事先到商检部门报验,待商检部门到场或征得同意后才能开箱验收),20天内验收完毕。仪器设备验收时要填写好验收记录,验收完毕后写出验收报告，交校外资贷款办公室，由校外资贷款办公室每月上报教育部外资贷款办公室。在验收过程中发现仪器破损、短缺或质量问题应及时与校外资贷款办公室联系，办理索赔。

四、仪器设备的运行和管理

各实验教学中心在接到订货合同的同时，即安排好仪器设备的运行计划。仪器设备验收合格后，应立即投入使用，完成建设计划中所规定的实验教学任务。利用世界银行贷款购置的仪器设备要根据教育部外资贷款办公室提供的发票办理入库建账手续，并注明"世界银行贷款购置"字样，纳入学校仪器设备管理范围，按《青岛海洋大学仪器设备管理办法》进行管理。做好订货合同和设备档案的管理工作。将订货合同作为仪器设备的重要档案管理好，不得丢失，合同的文本由学校外资贷款办公室集中管理，并在较长时间内保存完好。搜集、保存好仪器设备的有关材料，加强仪器设备档案的管理。利用世界银行贷款及校内配套经费购置的仪器设备由各实验教学中心负责管理，不得任意转为它用。设备在运行过程中如发生故障，要及时与生产商联系，及时维修，不得拖延。仪器设备投入运行后，学校提供必要的运行及维护经费，确保仪器设备的正常运行。为了不断提高仪器设备的使用效益，学校鼓励实验技术人员不断提高业务水平，用好管好仪器设备，对成绩显著人员，学校给予表彰奖励。对因管理不善或使用不当造成损失严重的，学校要追究责任、严肃处理。

青岛海洋大学各级责任人经济责任制
海大财字〔2000〕164号

主要内容

为进一步加强和改进学校财务工作，确保各级行政领导、各有关部门在经济工作中依法履行职责，规范校内财经工作秩序，提高财经工作管理水平，根据教育部、财政部《关于高等学校建立经济责任制加强财务管理的几点意见》的要求和学校的实际，特制定本责任制。

本经济责任制所称责任人是指学校校长、总会计师、财务处长、二级单位财务责任人和基层财会人员。本经济责任制是指上述人员在学校经济管理工作中应该行使和履行的权利责任。

高等学校财经工作实行校（院）长负责制。在校长的直接领导下，按照"统一领导，分级管理"的原则，总会计师协助校（院）长全面领导学校的经济工作；财务处作为学校的一级财务机构，具体负责日常财务管理和会计核算工作；二级单位财务负责人是本单位财务工作的直接责任人，在国家和学校统一财经政策、财务会计制度的指导下，具体负责本单位的财务工作。各层次人员按照一级管好一级，一级带动一级的原则，各司其职，各负其责，把经济责任制贯穿于学校财经工作的全过程。

校长是学校的法人代表，是学校各项工作的总负责人，具有全面领导和管理学校各项工作的法定权力，对全校的财经工作实施统一领导，学校财务坚持校长"一支笔"审批制度，对学校会计工作和会计资料的真实性、完整性负责。组织审定学校年度财务预算、财务收支计划,基本建设和自筹基建计划,贷款计划、办学资金筹措和使用计划等。

总会计师协助校长全面领导学校的财经工作,直接对校长负责。组织编制和执行学校综合财务预算,审议10万元以上的预算调整方案。负责审批10万元以下的预算调整方案。负责拟订资金筹集方案,分解和下达各单位收入上交指标,培植和开拓财源,实现收入年增长目标。负责拟订资金使用方案,严格控制资金使用,保证支出真实、合法,提高资金使用效益等。

财务处长作为学校一级财务机构的行政负责人,在校长、总会计师的统一领导下,具体负责管理学校的日常财经工作。负责校内财经政策和财务制度的制定、完善和实施工作,规范校内财经行为。参与编制学校各项经济规划和远景发展规划,编制学校财务预算的建议方案,提交学校党政联席会审议。负责控制、监督学校综合财务预算的执行,杜绝无预算超预算开支等。

二级单位的财务活动是学校财务活动的有机组成部分,根据学校财务实行"统一领导、分级管理"的财务管理原则,二级单位财务负责人全面领导本单位的财务工作,并对会计工作的会计资料的真实性、完整性负责。组织领导会计机构、会计人员和其他相关人员严格执行《会计法》的各项规定,依法进行会计核算和会计监督。参与编制和执行单位预算、财务收支计划,拟定资金筹集方案,分解下达收入完成指标,督促各类收入的及时回收,实现收入年增长目标等。

基层财会人员协助单位负责人在国家和学校各项财务规章制度的指导下,建立健全单位财务收支、内部控制、成本核算等内部财务管理制度。负责根据国家统一会计制度的规定和会计业务需要设置总账、明细账、日记账和其他辅助性账簿,并对单位发生的经济业务依法进行会计核算,实行会计监督。参与编制单位预算、财务收支计划、资金的筹集和使用方案等。

学校将各级责任人财经工作实绩的考核纳入日常考核工作之中,做到经常化、制度化。对经济责任履行得好的单位和人员给予物质或精神奖励,并作为晋升晋级的依据之一;对未认真履行职责的要提出批评,限期整改;对严重违规违纪的责任人,将按照国家及学校的有关规定视程度依法依纪严肃处理。

青岛海洋大学专项经费项目管理办法
海大财字〔2002〕6号

主要内容

为加强专项经费管理,提高专项经费的使用效益,建立对学校专项经费的立项审批及跟踪问效制度,特制定本办法。

申请专项经费项目的单位或个人,立项前须在调查研究和充分论证的基础上,向学校写出申请专项经费的报告及项目可行性报告。可行性报告内容包括项目申请单位的基本情况、项目负责人基本情况、项目实施的必要性与可行性、项目风险与不确定分析、项目进度与计划安排等。送主管部门审查，经学校批准后确定为专项经费项目。

经学校批准立项的项目，由项目单位或项目负责人填写《青岛海洋大学专项经费项目管理书》，经主管校长签字同意后送财务处。财务处据此下达项目总预算经费的50%，项目正式启动。

专项经费项目在实施过程中，项目单位或项目负责人必须严格执行项目预算。财务处按照项目进度拨付预算经费，但在项目未完成前，一般最多拨付总预算经费的80%，特殊情况（如学科建设费、实验室建设费、设备购置费等）除外。

项目按预定时间完成，项目单位或项目负责人要认真填写《青岛海洋大学专项经费管理书》中项目成果栏及其有关栏目，填写完备后交财务处，财务处据此拨付预算经费。

项目单位或项目负责人未按照预定时间完成项目的，财务处停拨未拨付的经费。确有特殊情况不能按预定时间完成的，项目单位或项目负责人须写出书面报告，报主管部门审查，经主管校长签署意见后，视情况拨付预算经费。

专项经费的借款、报销，需由主管校长（或被授权人）签字。

在专项经费项目实施过程中和项目完成后，由财务处、审计处、监察处、国有资产管理处、规划建设处及有关部门和专家组成项目检查小组，对项目实行中期和末期检查，将检查结果报主管校长。对专项经费使用不当、未达到预期效果的，未拨的经费停拨；对造成损失、有违规违纪行为的，对项目责任人和直接责任人给予通报批评并视情况予以经济处罚。

青岛海洋大学国有资产管理办法

海大国资字〔2002〕7号

主要内容

一、总则

为加强学校国有资产管理，维护国有资产的完整和安全，确保资产的合理配置，提高资产的使用效益，防止资产流失，保障学校各项事业的健康发展，根据《行政事业单位国有资产管理办法》等有关文件精神，结合学校实际情况，制定本办法。

国有资产是指学校占有、使用的，在法律上被确认为国家所有，能以货币计量的各种经济资源的总和。包括国家拨给学校的资产，学校及其所属单位按照国家政策规定、运用国有资产组织收入形成的资产，以及接受捐赠和其他经法律确认为学校所有的资产。

学校国有资产管理工作的主要任务：认真贯彻执行党和国家的方针政策，维护学校的合法权益，建立和健全各项规章制度，明晰产权关系，对学校国有资产产权和其收益权实施监督管理，保障资产的安全和完整。优化学校的各项资产配置，提高国有资产的使用效益，保证国有资产的保值增值。

二、国有资产的表现形式及管理内容

国有资产的表现形式包括流动资产、固定资产、对外投资、无形资产和其他资产等。国有资产管理的内容包括产权的登记、界定、变动和纠纷的调处，资产的购置、使用、处置、评

估、统计报告、资产保全、资产使用效益考核评价, 非经营性资产转经营性资产的监督, 以及产权、收益权管理等。

三、管理机构及职责

学校对国有资产的管理, 坚持所有权和使用权相分离的原则, 实行"统一领导, 归口管理, 分级负责、责任到人"的管理体制。国有资产管理处是学校国有资产的主管部门, 在校长的领导下, 代表学校行使资产所有者的权力。对学校各单位占用的国有资产实施监督管理。各资产归口管理部门应针对各自管理的对象, 加强协同国有资产管理处制定相应的管理实施细则, 报学校审批后实施。学校各单位对本单位占有、使用的学校资产负有直接管理责任。负责贯彻执行学校有关资产管理的政策、规定, 确保占有、使用资产的安全、完整、不流失。

四、国有资产的登记、使用

学校作为事业单位按国家有关政策、法规, 对应属于国家所有的资产, 向国有资产管理部门申报, 办理产权登记, 取得占用国有资产法律认可的行为; 对各类占有国有资产的企业或实体进行资产、负债、所有者权益等产权登记, 依法确认产权归属关系的行为; 对内部各行政部门和直属单位占有、使用各类资产的情况进行调查、统计, 以确认占有、使用关系, 落实管理责任的行为。学校将按照国家有关规定, 每年接受上级国有资产主管部门组织的"产权登记"检查。

国有资产管理处会同有关部门定期对学校资产状况进行清查登记。做到家底清楚, 账账相符, 账卡相符, 账物相符。学校国有资产主管部门及各归口管理部门, 要按照有关规定制定相应的资产投入配置办法, 做到物尽其用, 发挥资产的最大使用效益。对于不合理占有、使用学校资产的现象, 要进行认真清理和必要的调剂, 做到定额配置, 超额部分有偿使用。对于长期闲置不用的资产, 资产主管部门有权调剂处置。

学校各单位购置大型、精密、贵重仪器设备, 珍版图书, 或者大宗一般仪器设备、材料、图书、药品等以及进行基本建设、大型修缮, 都应当制订年度计划, 组织考察论证, 公开招标, 评标, 并严格规范合同手续, 实行购建项目负责人责任制。对各项专利权、商标权、著作权、非专利技术、商誉以及其他财产权利, 应明晰产权关系, 及时办理注册登记手续。对使用学校名称(简称、字样)的社会组织、社会团体、个人及校内各单位、团体、个人, 应严格审查资格、资信, 逐一登记, 并定期检查清理。对损害学校权益的, 依法收回使用权。

五、非经营性资产转为经营性资产

非经营性资产是指学校为完成教学、科研及其他任务所占有、使用的资产。经营性资产是指学校在保证完成正常教学、科研工作的前提下, 按照国家有关政策规定用于从事生产、经营活动的资产。

非经营性资产转为经营性资产的方式有用非经营性资产作为初始投资, 在工商管理部门领取《企业法人营业执照》, 兴办具有企业法人资格的经济实体等。

非经营性资产转为经营性资产, 要按照国家有关文件进行评估, 核定其价值量, 作为国家投入的资本金, 并以此作为占有、使用该部分国有资产的保值增值考核基础。非经营性资产转经营性资产的审批程序包括单位申报, 国有资产管理处审核, 校长批准, 国有资产管理处登记, 建立专项管理制度。国有资产管理处有权对占用学校资产单位的经济效益、收益分配等情况进行监督检查, 及时纠正存在的问题。学校有关单位占有的非经营性资产转经营性资产，其资产的国家所有性质不变。

下列资产不准转作经营性使用：国家财政拨款；上级补助；维持事业正常发展，保证完成事业任务的资产；学校的房屋、土地使用权不得作为资本金转作经营性资产，企业不得转让和长期（十年以上）出租其建造在使用权属学校的土地上的房屋及建筑物，也不得用于抵押和提供担保。

六、资产处置和产权纠纷调处

有关单位处置资产（包括调拨、转让、报损、报废等），应事先向国有资产管理处报告，经过技术鉴定，并履行审批手续，未经批准不得随意处置。资产处置收入属国家所有，应在国有资产管理处监督下，按财务规定，入学校财务专户管理。资产产权纠纷的调处由国有资产管理处负责。调处工作按国家国有资产主管部门制定的有关产权纠纷调处办法执行。

七、资产的报告制度

学校各单位对所占用学校资产的状况，都要定期按季（或年）做出报告（报表和分析说明），报国有资产管理处。学校资产各占用单位，要严格按照规定填报资产报告，做到内容完整，数字准确。同时，对占用学校资产的变动、结存情况和使用效益作出分析说明。学校资产各归口管理部门，负责汇编本部门所管理资产的有关报表及变动分析说明，向学校领导报告；同时抄送学校国有资产管理处，作为编制学校资产汇总报告的依据。国有资产管理处要按照学校或上级有关部门规定的时间和要求，编报学校资产汇总表及分析说明，向学校领导、上级国有资产主管部门和财政部门报告，为制订学校发展规划及编制学校财务预算提供决策依据。

八、责任

占有、使用学校资产的各部门、各单位及工作人员都有管好用好国有资产的义务和责任，应依法维护资产的安全、完整。国有资产主管部门、各归口管理部门，在资产管理工作中有未按规定履行职责，对资产造成严重丢失或损坏，不反映、不提出建议、不采取相应管理措施等行为的，学校将追究其责任。学校各部门、各单位有未履行职责，放松资产管理，造成严重后果等行为的，资产管理部门有权责令其改正，并由学校追究主管领导和直接责任人的责任。资产管理部门以及占有、使用资产的单位和工作人员，违反国有资产管理规定，造成资产严重损坏和丢失，情节严重、构成犯罪的，移送司法机关依法追究刑事责任。

第七篇
中国海洋大学
（2002—　　）

　　2002年10月，经教育部批准青岛海洋大学更名为中国海洋大学。站在新的起点上，学校应国家需要，乘时代大势，抓历史机遇，积极推进内涵发展、特色发展、高质量发展，先后完成高水平特色大学和国际知名、特色显著的高水平研究型大学建设任务，正朝着特色显著的世界一流大学的建设目标破浪前行。

　　自2002年以来，学校高度重视制度建设，坚持制度治党、制度治校、制度治学，强化制度管人、制度管事、制度管权，制定实施学校章程，围绕党的领导和党的建设、人才培养、师资队伍建设、科学研究、交流合作、服务保障等方面，制定800余项规章制度，逐步构建和完善以学校章程为核心的中国特色现代大学制度体系和治理体系，为建设特色显著的世界一流大学、落实立德树人根本任务奠定了坚实制度基础，提供了坚强制度保障。

第一章
大学章程与领导制度

　　学校制定《中国海洋大学章程》，将其作为依法自主办学、实施管理和履行公共职能的基本准则和依据。坚持和完善党委领导下的校长负责制，制定实施党委全委会会议、党委常委会会议、校长办公会议议事规则和"三重一大"决策制度，加强党对学校的全面领导，紧密团结和依靠广大师生员工，扎根中国大地办大学。

中国海洋大学"三重一大"决策制度实施办法（修订）①
海大党字〔2016〕27号

主要内容

　　重大决策事项是指涉及学校改革、发展和稳定，关系广大师生员工切身利益的重要事项。主要内容：（1）学校贯彻执行党和国家路线方针政策、法律法规和上级重要决定的重大措施；（2）学校事业发展及校园建设、学科建设、人才队伍建设等规划以及年度工作计划，学校基本管理制度和重要规章制度的制定、修改与实施；（3）党的建设、党风廉政建设和意识形态等重要工作，落实党风廉政建设的党委主体责任和纪委监督责任的重要事项；（4）学校内部组织机构的设置调整方案，领导班子建设、干部队伍建设和学生工作中的重大问题；（5）学校财政规划，年度财务预算方案、决算情况的审定和预算执行与决算审计，学校贷款项目；（6）学校治理结构改革、重大教学科研改革措施，重要资产处置、重要办学资源配置方案；（7）学校宣传思想工作、大学文化和精神文明建设、学生思想政治教育、师德师风建设、保密管理、安全稳定、综合治理等工作中的重要事项，重大突发事件的处理意见；（8）教职工收入分配及福利待遇、校级以上重大表彰、全校性的重要奖惩等涉及教职工切身利益的重要事项；（9）学校全资、控股企业管理体制与运行机制改革等方面的重要事项，学校无形资产的授权使用；（10）学校领导班子认为应当集体研究决定的其他重要事项。

　　重要人事任免事项是指学校中层及以上干部的任免和需要报送上级机关审批的重要人事事项。主要内容：推荐校级干部和校级后备干部人选；决定学校中层干部的任免、考核、奖惩和调配；推荐各级党代会代表、人大代表和政协委员人选，推荐统一战线代表人士人选；任免学校经营性资产管理委员会负责人和成员，确定学校全资、控股企业的校方董事、监事及经理人选；审定学校学术委员会、学位评定委员会、专业技术职务评聘委员会、教学指导委员会及其分支机构和涉及全校性重要工作的领导小组的组成与调整。

重大项目安排事项是指对学校规模条件、办学质量等产生重要影响的项目设立和安排。主要内容：（1）一流大学和一流学科建设等国家各类重点建设项目安排；（2）重要设备、大宗物资采购和购买服务；（3）重大基本建设和大额度基建修缮项目；（4）国（境）内外科学技术文化交流与合作重要项目，重大合资合作项目以及对外投资项目；（5）其他重大项目安排事项。

大额度资金使用事项是指超过学校所规定的领导班子成员有权调动、使用的资金限额的资金调动和使用。主要内容：（1）年度预算内金额100万元以上（"以上"含本数，下同）的预算调整；（2）金额50万元以上的预算追加；（3）单项总额20万元以上的其他大额度资金运作事宜。

"三重一大"事项应以会议的形式集体研究决策，任何人不得以任何其他形式替代。会议应充分听取与会人员意见，确保决策的科学化、民主化、制度化。

凡属下列情况给国家、学校造成重大经济损失和严重社会影响的要追究责任：不履行或不正确履行"三重一大" 决策制度，不执行或擅自改变集体决定的；未经集体讨论决定而个人决策的；未提供全面真实情况而直接造成决策错误的；执行决策后发现可能造成失误或损失，能够挽回而不及时采取措施纠正，造成重大经济损失和严重后果的；其他因违反本办法而造成失误的。

中国海洋大学校长办公会议议事规则 [①]

海大党字〔2019〕97号

主要内容

校长办公会是学校行政议事决策机构，坚持全面贯彻党的教育方针，坚持社会主义办学方向，落实立德树人根本任务，紧密围绕学校改革发展稳定，科学决策、民主决策、依法决策，推进学校人才培养、科学研究、社会服务、文化传承创新、国际交流合作等工作。

校长办公会以校长办公会议的方式开展工作，主要研究提出拟由党委常委会讨论决定的重要事项方案，具体部署落实党委常委会决议的有关措施，研究决定教学、科研、行政管理等事项。

校长办公会议研究提议以下重要事项：（1）教师队伍建设、学生培养、学科建设、校园建设等学校内涵发展的重要工作规划，学校教学、科研、行政管理的重要改革措施、重要规章制度、重要工作计划等。（2）学校行政管理组织机构和人员编制的设置与调整方案，学术组织机构的设置与调整方案。（3）学校人才工作规划、重要人才政策、重要人才工程计划，涉及人才工作体制机制创新、人才成长环境优化等重要事项。（4）学校财政规划、年度财务预算方案、决算情况的审定，单项总额200万元以上（"以上"含本数，下同）的重大预算调整

[①] 学校于2003年制定《中国海洋大学校长办公会议事规则》，2016年、2019年先后进行修订，此处选取2019年版本。

及100万元以上的预算追加，50万元以上的对外重大捐赠，以及其他50万元以上的大额度资金运作事项。（5）学校重要资产处置、重要办学资源配置、无形资产授权使用方案。（6）单项涉及500万元以上资金的国家或地方各类重点建设项目、国内国（境）外科学技术文化交流与合作重要项目、重大合资合作项目、重要设备和大宗物资采购或购买服务、重大基本建设和大额度基建修缮项目等学校重大项目设立和安排方案，单项估算金额200万元以上的基本建设和修缮项目中的变更事项。（7）学术委员会、学位委员会等学术组织建设，学校学术评价、审议、评定工作中的重要事项。（8）教学、科研、行政管理的省部级以上重大表彰推荐和校级重大表彰事项。（9）大学文化建设和校风教风学风建设的重要事项。（10）教职工薪酬体系、收入分配及福利待遇、奖励、惩处和其他事关师生员工切身利益的重要事项。（11）校长认为需要提交党委常委会讨论决定的其他事项。（12）党委常委会认为需要先由校长办公会议审议的事项。

校长办公会议讨论决定以下事项：（1）贯彻落实党的教育工作方针政策以及上级部门决策部署，加强教学、科研、行政管理的工作措施。（2）执行学校党委常委会决定或决议事项的实施方案和重要措施。（3）学校教学、科研、行政管理等具体规章制度和工作计划安排。（4）学校人才引进、培养、使用工作的重要事项。（5）学校教师以及内部其他工作人员的人事聘任、解聘、考核、晋升、管理等重要事项。（6）学校年度财务预算方案的执行；大额度支出和年度追加预算的执行；单项总额50万元以上、不超过200万元的预算调整，20万元以上、不超过100万元的预算追加，不超过50万元的对外捐赠，以及其他20万元以上、不超过50万元的大额度资金运作事项或具体安排；财务管理与监督审计的重要事项。（7）学校重要资产处置、重要办学资源配置、无形资产授权使用方案实施中的重要事项。（8）学校50万元以上、不超过500万元的重大建设项目设立和安排方案；50万元以上、不超过500万元资金的合作项目设立及实施中的重要事项；单项估算金额50万元以上、不超过200万元的基本建设和修缮项目中的变更事项；不超过500万元的重大采购项目实施中的特殊情形或重要事项。（9）学校年度审计计划安排、重点审计项目执行等年度审计事项。（10）学校学科设置、建设与评估，专业设置与调整，学位授权点的申报与建设等重要事项。（11）人才培养方案制订与修订，课程体系建设和调整，教材编审，年度招生就业和学生毕业等重要事项。（12）科研项目设立，科研经费管理，科研成果申报、奖励与转化等重要事项。（13）学校服务国家和地方经济社会发展的重要事项。（14）学校对外交流与合作的重要事项。（15）实施思想品德教育，推进课程思政建设和教师、学生社会实践的重要措施。（16）学校学术委员会、学位委员会等学术组织提交审议的相关事项。（17）教师及内部其他工作人员政纪处分，学生学籍管理、奖励及违规处理等重要事项。（18）学校安全稳定和后勤保障工作的重要事项。（19）教职工代表大会、学生代表大会、研究生代表大会、工会会员代表大会和团员代表大会有关行政工作的提案、意见办理事项。（20）其他事关学校事业发展、师生员工切身利益的重要行政事项。（21）按规定需要由校长办公会议审议的其他事项。

校长办公会议一般每1～2周召开一次，遇有重要情况经校长同意可以随时召开。会议由校长召集并主持。校长不能参加会议的，委托副校长召集并主持。校长办公会成员为校长、副校长、总会计师、校长助理。会议必须有半数以上成员到会方能召开。会议成员因故不能出席时，应当在会前向校长请假。党委书记、副书记、纪委书记等可视议题情况参加会议。校长办公室主任、监察处处长参加会议。议题相关单位负责人可以列席会议，涉及师生切身利益的重大议题可以邀请师生代表列席。

校长办公会议议题由校长提出，也可以由学校领导班子其他成员、校长助理提出，校长综合考虑后确定。重要议题校长应当在会前听取党委书记意见，意见不一致的议题应暂缓上会。集体决定重要事项前，党委书记、校长和有关领导班子成员要个别酝酿、充分沟通。

校长办公会议研究讨论重要事项，议题须事先经相关单位深入开展调查研究，充分听取各方面意见，进行合法合规性审查和风险评估。对专业性、技术性较强的重要事项，应经过专家评估及技术、政策、法律咨询，涉及学术事务的重要事项，应充分听取学术委员会、学位委员会及其专门委员会（或工作组）等学术组织意见；对事关师生员工切身利益的重要事项，应通过教职工代表大会或其他方式，广泛听取师生员工的意见。

校长办公会议议题实行一事一报制度，议题相关材料应提前提交至校长办公室。校长办公室提前2天将会议议题及相关材料送达有关参会人员。校长办公会成员和其他参会人员应在会前认真阅读相关材料，深入分析议题内容，做好发表意见的准备。

校长办公会议按既定议程逐项进行。议题由提议领导或议题责任单位负责人汇报。出席人员应当充分讨论，对决策建议明确表示同意、不同意或缓议的意见，并说明理由。未到会领导班子成员的意见可以书面形式表达。校长应当最后表态。

校长办公会议研究讨论议题时，校长应当广泛听取与会人员意见建议，在此基础上对研究讨论的事项作出决定。如对重要问题发生较大意见分歧，一般应当暂缓作出决定。紧急情况下不能及时提交校长办公会议研究讨论的事项，可由校长与分管领导共同商议临机处置，事后应及时向校长办公会议通报。

校长办公会议审议议题时应当通知相关单位负责人到会，听取意见，回答问询。

校长办公会议议题涉及与会人员本人及其亲属的，或其他需要回避的情形，本人必须回避。

校长办公会议作出的决定，适合公开的依据有关规定及时公开。对需保密的会议内容和尚未正式公布的会议决定，参会人员应当遵守保密规定。

校长办公会议讨论决定的事项，由学校分管领导或相关单位负责组织实施。明确由相关单位负责的，由校长办公室负责传达和督促检查。

校长办公室负责校长办公会议决议执行落实的督查督办，并及时向校长或校长办公会议汇报执行落实情况。

校长办公会议讨论决定的事项，学校行政领导班子成员、相关责任单位和个人应当及时执行；对执行不力的，学校依照有关规定问责追责；决策执行过程中需作重大调整的，应当提交校长办公会议决定；需要复议的，按照相关规定重新提交议题。

校长办公室负责校长办公会议的会务工作，主要包括以下几方面：收集议题，印发会议材料，通知参会人员，做好会议记录；编发会议纪要，分送校领导、其他校长办公会成员；形成决议，发有关单位；归档会议材料。

中共中国海洋大学委员会常务委员会会议议事规则 ①

海大党字〔2019〕98号

主要内容

学校党委设立常务委员会（以下简称党委常委会）主持学校党委经常工作。

党委常委会会议讨论决定以下事项：

1. 学校党的建设重要事项。（1）学习贯彻习近平新时代中国特色社会主义思想、落实党的路线方针政策和上级党组织决策部署的重要措施。（2）加强党的政治建设的重要事项、重要措施。（3）学校党建工作规划和年度工作计划。（4）师生思想政治工作、师德师风建设的重要事项。（5）意识形态工作和民族宗教工作的重要事项。（6）基层党组织和党员队伍建设的重要事项。（7）党的纪律检查工作、党风廉政建设和巡察工作的重要事项。（8）加强对学校工会、共青团、学生会、研究生会、学生社团等群众组织，学术委员会、学位委员会等学术组织，教职工代表大会、统一战线、老干部和离退休等工作领导的重要事项。

2. 事关学校改革发展稳定及教学、科研、行政管理工作的重要事项。（1）教师队伍建设、学生培养、学科建设、校园建设等学校内涵发展的重要工作规划和工作计划，重要改革措施，重要规章制度。（2）学校内部组织机构和人员编制的设置与调整。（3）学校财政规划、年度财务预算方案、决算情况的审定，单项总额200万元以上（"以上"含本数，下同）的重大预算调整和100万元以上的预算追加，50万元以上的对外重大捐赠，以及其他50万元以上的大额度资金运作事项。（4）学校重要资产处置、重要办学资源配置、无形资产授权使用方案。（5）单项涉及500万元以上资金的国家或地方各类重点建设项目、国内国（境）外科学技术文化交流与合作重要项目、重大合资合作项目、重要设备和大宗物资采购或购买服务、重大基本建设和大额度基建修缮项目等学校重大项目设立和安排方案，单项估算金额200万元以上的基本建设和修缮项目中的变更事项。（6）学术委员会、学位委员会等学术组织建设，以及学校学术评价、审议、评定工作中的重要事项。（7）省部级以上重大表彰推荐，校级重大表彰事项。（8）学校安全稳定重要事项和重大突发事件的处理。

3. 干部选拔任用和干部队伍建设的重要事项。（1）学校干部队伍建设规划和干部教育、管理、监督的重要事项。（2）学校党政机构、学院（系）、直属附属机构、科研机构等内部组织机构领导班子成员的选拔任用。（3）学校全资、控股企业校方董事、监事及企业主要负责人人选。（4）学校中层以上干部在企业、社会团体的兼任职务。（5）推荐优秀年轻干部和上级党代会代表、人大代表、政协委员等人选。

4. 人才工作的重要事项。（1）学校人才工作规划、重要人才政策和重要人才工程计划。（2）人才工作体制机制创新、人才成长环境优化的重要措施。（3）人才政治把关的重要措施。

---

① 学校于2016年制定《中国共产党中国海洋大学委员会常务委员会议事规则（修订）》，2019年再次修订，此处选取2019年版本。

5. 大学文化建设和校风、教风、学风建设的重要事项。

6. 教职工薪酬体系、收入分配及福利待遇、奖励、惩处和其他事关师生员工切身利益的重要事项。

7. 决定召开党委全体会议，并对提议事项先行审议、提出意见。

8. 需要党委常委会会议讨论决定的其他事项。

党委常委会会议一般每1～2周召开一次，遇有重要情况经党委书记同意可以随时召开。会议由党委书记召集并主持。党委书记不能参加会议的，委托党委副书记召集并主持。党委常委会会议的出席成员为党委常委会委员。会议必须有半数以上党委常委会委员到会方可召开；讨论决定干部任免等重要事项，必须有三分之二以上党委常委会委员到会。党委常委会委员因故不能出席时，须在会前向党委书记请假。不是党委常委会委员的学校行政领导班子成员列席会议，不是党委常委会委员的党委办公室主任、纪委副书记列席会议，议题相关单位负责人可以列席会议，涉及师生切身利益的重大议题可以邀请师生代表列席。列席人员有发言权，没有表决权。

党委常委会会议议题由党委书记提出，也可以由党委常委会其他委员、学校领导班子其他成员或校长助理提出建议，经党委书记综合考虑后确定。重要议题党委书记应当在会前听取校长意见，意见不一致的议题应暂缓上会。集体决定重大事项前，党委书记、校长和有关领导班子成员要个别酝酿、充分沟通。

党委常委会会议研究讨论重要事项，议题须事先经相关单位深入开展调查研究，充分听取各方面意见，进行合法合规性审查和风险评估。对专业性、技术性较强的重要事项，应经过专家评估及技术、政策、法律咨询，涉及学术事务的重要事项，应充分听取学术委员会、学位委员会及其专门委员会（或工作组）等学术组织意见；对事关师生员工切身利益的重要事项，应通过教职工代表大会或其他方式，广泛听取师生员工的意见。

党委常委会会议议题实行一事一报制度，议题相关材料应提前提交至党委办公室，党委办公室提前2天将会议议题及相关材料送达有关参会人员。党委常委会委员应在会前认真阅读相关材料，深入分析议题内容，做好发表意见的准备。

党委常委会会议议事和决策实行民主集中制，在充分讨论的基础上，按照少数服从多数的原则形成决议或决定。如对重要问题发生较大意见分歧，一般应当暂缓作出决定。党委书记、校长应当最后表态。

党委常委会会议讨论决定重要事项时应当进行表决，表决可以根据讨论和决定事项的不同，采用口头、举手、无记名投票或者记名投票等方式进行，赞成票超过应到会党委常委会委员半数为通过。未到会党委常委会委员的意见可以用书面表达，但不计入票数。会议讨论和决定多个事项，应当逐项表决；决定多名干部任免时，应当逐人表决。紧急、特殊情况下不能及时召开党委常委会会议决策的，党委书记、副书记或者党委常委会其他委员可以临机处置，事后应当及时向党委常委会报告并按程序予以确认。

党委常委会会议议题审议时应当通知相关单位负责人到会，听取意见，回答问询。

党委常委会会议决议分为以下几种：批准或通过；原则批准或通过，按要求作相应修改后实施或发布；暂不形成决议，责成相关单位另行提出意见再行研究；不予批准。

党委常委会会议议题涉及与会人员本人及其亲属的，或其他需要回避的情形，本人必须回避。

党委常委会会议作出的决定或决议,适合公开的依据有关规定及时公开。对需保密的会议内容和尚未正式公布的会议决定,参会人员应当遵守保密规定。

党委常委会会议决定的事项,由学校分管领导或相关单位负责组织实施。明确由相关单位负责的,由党委办公室负责传达和督促检查。

党委办公室负责党委常委会会议决议执行落实的督查督办,并及时向党委书记或党委常委会会议汇报执行落实情况。

党委常委会会议决定的事项,学校相关责任单位和个人应当及时执行;对执行不力的,学校依照有关规定问责追责;决策执行过程中需作重大调整的,应当提交党委常委会会议决定;需要复议的,按相关规定重新提交议题。

党委办公室负责党委常委会会议的会务工作,主要包括以下几方面:收集议题,印发会议材料,通知参会人员,做好会议记录;编发会议纪要,分送党委常委会委员,根据情况送其他校领导、校长助理;形成决议,发有关单位;归档会议材料。

中共中国海洋大学委员会全体会议议事规则①

海大党字〔2021〕13号

主要内容

中国共产党中国海洋大学委员会(以下简称学校党委)对学校工作实行全面领导,履行管党治党、办学治校的主体责任,发挥把方向、管大局、作决策、抓班子、带队伍、保落实的领导作用,支持校长依法独立负责地行使职权,保证完成以人才培养为中心的各项任务。

坚持民主集中制,实行集体领导和个人分工负责相结合的制度,凡属重大问题按照集体领导、民主集中、个别酝酿、会议决定的原则,由学校党委集体研究决定。

学校党委通过召开全体会议(以下简称党委全委会)的方式,讨论决定以下事项:(1)学习贯彻习近平新时代中国特色社会主义思想、落实党中央和上级党组织决策部署、执行学校党员代表大会决议决定的重大措施;(2)学校章程、学校总体发展规划、一流大学建设方案、综合改革方案等事关学校改革发展稳定的重大事项;(3)学校党的建设的重大事项;(4)学校党委及领导班子任期目标、党委常委会工作报告、纪委工作报告、校长工作报告等;(5)决定召开学校党员代表大会和党代表会议,并对提议事项先行审议、提出意见;(6)选举学校党委书记、副书记和常委会其他委员,通过学校党的纪律检查委员会全体会议选举产生的书记、副书记,增补和撤销党委委员等;(7)推选出席上级党的代表大会或代表会议的代表;(8)事关师生员工切身利益的重大事项;(9)需要由党委全委会决定的其他重要事项。

---

① 学校于2016年制定《中国共产党中国海洋大学委员会全体会议议事规则(修订)》,2019年、2021年又先后两次进行修订,此处选取2021年版本。

党委全委会一般每半年召开一次，如遇重大问题可以随时召开。会议由党委常委会召集、党委书记主持。党委书记不能参加会议的，委托党委副书记主持。党委全委会的出席成员为党委委员。会议必须有三分之二以上党委委员到会方可召开。党委委员因故不能出席时，须在会前向党委书记请假。不是党委委员的学校行政领导班子成员列席会议，不是党委委员的党委办公室主任、纪委副书记列席会议，议题相关单位负责人可以列席会议，涉及师生切身利益的重大议题可以邀请师生代表列席。列席人员有发言权，没有表决权。

党委全委会的议题由党委常委会确定。议题一经确定，原则上不再变动，因特殊情况需临时增加或减少议题，须经党委常委会同意。议题实行一事一报制度，由分管校领导组织相关部门准备议题材料。党委办公室负责于会议召开前2天将议题及相关材料送达参会人员。党委委员应在会前认真阅读材料，深入分析议题内容，做好发表意见的准备。

党委全委会按既定议程逐项进行，议题由党委委员汇报，相关单位可以参加汇报。

党委全委会议事和决策实行民主集中制，在充分讨论的基础上，按照少数服从多数的原则形成决议或决定。如对重要问题发生较大意见分歧，一般应当暂缓作出决定。党委书记、校长应当最后表态。

党委全委会讨论决定重要事项时应当进行表决，表决可以根据讨论和决定事项的不同，采用口头、举手、无记名投票或者记名投票等方式进行，赞成票超过应到会党委委员半数为通过。未到会党委委员的意见可以用书面表达，但不计入票数。会议讨论和决定多个事项，应当逐项表决。紧急、特殊情况下不能及时召开党委全委会决策的，由党委常委会作出处理决定，事后应当及时向党委全委会报告并按程序予以确认。

党委全委会议题审议时应当通知相关单位负责人到会，听取意见，回答问询。

党委全委会决议分为以下几种：批准或通过；原则批准或通过，按要求作相应修改后实施或发布；暂不形成决议，责成相关单位另行提出意见再行研究；不予批准。

党委全委会议题涉及与会人员本人及其亲属的，或其他需要回避的情形，本人必须回避。

党委全委会作出的决定或决议，适合公开的依据有关规定及时公开。对需保密的会议内容和尚未正式公布的会议决定，参会人员应当遵守保密规定。

党委全委会决定的事项，由学校分管领导或相关单位负责组织实施。明确由相关单位负责的，由党委办公室负责传达和督促检查。

党委办公室负责党委全委会决议执行落实的督查督办，并及时向党委书记或党委全委会汇报执行落实情况。

党委全委会决定的事项，学校相关责任单位和个人应当及时执行；对执行不力的，学校依照有关规定问责追责；决策执行过程中需作重大调整的，应当提交党委全委会决定；需要复议的，按相关规定重新提交议题。

党委办公室负责党委全委会的会务工作，主要包括以下几方面：收集议题，印发会议材料，通知参会人员，做好会议记录；编发会议纪要，分送党委委员，根据情况送其他校领导、校长助理；形成决议，发有关单位；归档会议材料。

中国海洋大学章程

海大字〔2022〕31号

（2014年10月11日中华人民共和国教育部核准通过
根据2022年7月25日《教育部关于同意中国海洋大学章程部分条款修改的批复》修正）

序言

中国海洋大学创建于1924年，历经私立青岛大学、国立青岛大学、国立山东大学、山东大学等几个办学时期，于1959年发展成为山东海洋学院，1988年更名为青岛海洋大学，2002年更名为中国海洋大学。2001年成为国家"985工程"重点建设的高等学校，2017年入选国家"双一流"建设高校。

学校秉承"教授高深学术，养成硕学宏材，应国家需要"的创校宗旨，坚持"重特色、求质量，先做强、再做大"的总体发展策略，遵循"强化发展特色、协调发展综合，以特色带动综合、以综合强化特色"的学科发展思路，坚持"特色立校、科学发展、树人立新、谋海济国"，发展成为学科门类齐全、海洋和水产学科特色显著的高等学校，为国家培养了大批专门人才，为国家海洋事业持续健康发展做出了特殊贡献。

第一章　总则

第一条　为建立现代大学制度，规范办学行为，保障教职员工和学生权益，实现办学目标，依据《中华人民共和国教育法》《中华人民共和国高等教育法》《高等学校章程制定暂行办法》等法律和规章，制定本章程。

第二条　学校名称为中国海洋大学，中文简称为中国海大，英文译名为OCEAN UNIVERSITY OF CHINA，英文名称缩写为OUC。

第三条　学校注册地址为山东省青岛市松岭路238号。学校设有崂山校区、鱼山校区、浮山校区和西海岸校区，地址分别为青岛市松岭路238号、青岛市鱼山路5号、青岛市香港东路23号和青岛市三沙路1299号，在校区外也设置实习、实训场所和教学、研究机构。

第四条　学校由国家举办，行政主管部门是教育部。学校由教育部、自然资源部、山东省人民政府和青岛市人民政府共建。

第五条　学校是非营利性组织，具有独立事业单位法人资格，依法享有和履行相应的权利义务，自主办学，独立承担法律责任。

第六条　学校以人才培养、科学研究、社会服务、文化传承创新和国际交流合作为基本职能。

第七条　学校的主要教育形式为全日制普通高等学历教育，以本科生和研究生教育为主。

第八条　学校坚持和加强党的全面领导，高举中国特色社会主义伟大旗帜，以马克思列宁主义、毛泽东思想、邓小平理论、"三个代表"重要思想、科学发展观、习近平新时代中国特色社会主义思想为指导，增强"四个意识"、坚定"四个自信"、做到"两个维护"，全面贯彻党的基本理论、基本路线、基本方略，全面贯彻党的教育方针，坚持教育为人民服务、为中国共产党治国理政服务、为巩固和发展中国特色社会主义制度服务、为改革开放和社会主义现代化建设服务，坚守为党育人、为国育才，培养德智体美劳全面发展的社会主义建设者和接班人。

第九条 学校坚持社会主义办学方向，落实立德树人根本任务，遵循"以人为本、科学发展"的理念，坚持"海纳百川，取则行远"的校训，秉承"崇尚学术、谋海济国"价值追求，以扎根中国大地办特色显著的世界一流大学为发展方向，办人民满意的教育。

第二章 学校与举办者

第十条 学校举办者及主管部门依法依规对学校拥有指导发展规划、监督和规范学校办学行为、任免学校负责人、考核与评估学校办学水平和办学质量、配置和调整学校必需的教育资源，决定学校的分立、合并、终止等事项，对学校不当使用办学自主权的行为予以纠正及调整等职权。

第十一条 学校举办者及主管部门依法依规保障学校办学自主权，制止任何侵犯学校行使自主权的行为，并为学校的改革发展提供必要的支持；为学校提供必需的办学资金和相关资源，保障学校的办学条件；保障学校的学术自由，支持学校成为国家人才培养、科学研究基地；履行国家法律、法规和规章规定的其他义务。

第三章 管理体制与组织机构

第十二条 学校实行中国共产党中国海洋大学委员会（以下简称学校党委）领导下的校长负责制，坚持教授治学、民主管理、依法治校、社会监督。

第十三条 学校党委全面领导学校工作，履行管党治党、办学治校的主体责任，发挥把方向、管大局、做决策、抓班子、带队伍、保落实的领导作用，支持校长依法积极主动、独立负责地行使职权，保证教学、科研、行政管理等各项任务的完成。

第十四条 学校党委由党员代表大会选举产生，每届任期五年，对党员代表大会负责并报告工作。党的委员会全体会议（以下简称全委会）在党员代表大会闭会期间领导学校工作。学校党委设立常务委员会（以下简称常委会），主持党委经常工作。

第十五条 学校党委实行民主集中制，健全集体领导和个人分工负责相结合的制度，凡属重大问题按照集体领导、民主集中、个别酝酿、会议决定的原则讨论决定。

第十六条 学校党委全委会会议和党委常委会会议由党委书记主持。党委全委会会议必须有三分之二以上党委委员到会方可召开。党委常委会会议必须有半数以上党委常委会委员到会方可召开；讨论决定干部任免等重要事项，必须有三分之二以上党委常委会委员到会。党委全委会会议和党委常委会会议讨论决定重要事项时进行表决，赞成票超过应到会委员半数为通过。

第十七条 学校党委履行以下职责：

（一）宣传和执行党的路线方针政策，宣传和执行党中央以及上级党组织和本组织的决议，坚持社会主义办学方向，依法治校，依靠全校师生员工推动学校科学发展，培养德智体美劳全面发展的社会主义建设者和接班人；

（二）坚持马克思主义指导地位，组织党员认真学习马克思列宁主义、毛泽东思想、邓小平理论、"三个代表"重要思想、科学发展观、习近平新时代中国特色社会主义思想，学习党

的路线方针政策和决议,学习党的基本知识,学习业务知识和科学、历史、文化、法律等各方面知识;

（三）审议确定学校基本管理制度,讨论决定学校改革发展稳定以及教学、科研、行政管理中的重大事项;

（四）坚持党管干部、党管人才、党管机构编制原则,讨论决定学校内部组织机构的设置及其负责人的人选,按照干部管理权限,负责干部的教育、培训、选拔、考核和监督。加强领导班子建设、干部队伍建设和人才队伍建设;

（五）按照党要管党、全面从严治党要求,加强学校党组织建设,落实基层党建工作责任制,发挥学校基层党组织战斗堡垒作用和党员先锋模范作用;

（六）履行学校党风廉政建设主体责任,领导、支持内设纪检组织履行监督执纪问责职责,接受同级纪检组织和上级纪委监委及其派驻纪检监察机构的监督;

（七）领导学校思想政治工作和德育工作,设立党委教师工作委员会,落实意识形态工作责任制,维护学校安全稳定,促进和谐校园建设;

（八）领导学校群团组织、学术组织和教职工代表大会;

（九）做好统一战线工作。对学校内民主党派的基层组织实行政治领导,支持其依照各自章程开展活动。支持无党派人士等统一战线成员参加统一战线相关活动,发挥积极作用。加强党外知识分子工作和党外代表人士队伍建设。加强民族和宗教工作,深入开展铸牢中华民族共同体意识教育,坚决防范和抵御各类非法传教、渗透活动。

第十八条　中国共产党中国海洋大学纪律检查委员会是学校的党内监督专责机关,履行监督执纪问责职责,在学校党委和上级纪委双重领导下进行工作,主要任务是:

（一）维护党章和其他党内法规,检查党的路线方针政策和决议的执行情况,协助高校党委推进全面从严治党、加强党风建设和组织协调反腐败工作;

（二）经常对党员进行遵守纪律的教育,作出关于维护党纪的决定;

（三）对党的组织和党员领导干部履行职责、行使权力进行监督,受理处置党员群众检举举报,开展谈话提醒、约谈函询;

（四）检查和处理党的组织和党员违反党章和其他党内法规的比较重要或者复杂的案件,决定或者取消对这些案件中的党员的处分;进行问责或者提出责任追究的建议;

（五）受理党员的控告和申诉,保障党员权利不受侵犯。

第十九条　学校校长、副校长按照国家有关规定予以任免。

第二十条　学校校长是学校的法定代表人和行政负责人,在学校党委领导下全面负责学校的教学、科研和其他行政工作,行使下列职权:

（一）组织拟订学校总体发展规划、整体运行方案和重大改革实施方案,制定相关规章制度;

（二）组织学校人才培养、科学研究、服务社会、运行管理等各项工作;

（三）组织拟订内部组织机构设置方案,任免内部组织机构负责人,推荐副校长人选;

（四）聘任与解聘教师以及其他工作人员,对学生进行学籍管理、实施奖励和处分;

（五）组织拟订和执行经费预算方案,筹措办学经费,管理学校资产,维护学校合法权益;

（六）主持校长办公会会议,决策、协调、处理学校行政工作中的重要事项;

（七）依照法律、法规、规章决定其他重要事项。

第二十一条　校长每年向教职工代表大会报告工作；根据工作需要亦可就专门问题向教职工代表大会或其执行委员会报告工作。

第二十二条　校长办公会是学校的行政议事决策机构。校长办公会议由校长召集，校长在广泛听取与会人员意见建议的基础上，对研究讨论的事项作出决定。

第二十三条　校长办公会成员为校长、副校长、校长助理。会议必须有半数以上成员到会方能召开。党委书记、副书记、纪委书记等学校领导班子其他成员根据工作需要参加会议。校长办公室主任、监察处处长参加会议。工作需要时，由校长或校长委托副校长确定有关专家学者、单位负责人、师生代表列席会议。

第二十四条　学校重大事项决策、重要干部任免、重要项目安排和大额度资金使用等，由学校领导班子集体研究决定。需要党委全委会决定的重大事项，由党委常委会提交党委全委会审议并做出决议。

第二十五条　学校设置学术委员会。学术委员会成员由学校不同学科、专业具有正高级专业技术职务的人员经自下而上的民主推荐和公平公正的遴选产生。其中，担任学校及职能部门党政领导职务的委员，不超过委员总数的1/4；未担任党政领导职务以及不是院系主要负责人的委员，不少于委员总数的1/2。学术委员会委员实行任期制，每届任期四年，连任一般不超过两届，每次换届连任的委员人数不多于委员总数的2/3。学校根据需要聘请校外专家及有关方面代表，担任学术委员会特邀委员。

第二十六条　学术委员会是学校最高学术机构，在学校学科建设、学术评价、学术发展和学风建设等学术事务中行使审议、决策、评定和咨询等职权。学术委员会依照学术委员会章程开展工作。

第二十七条　学校学术委员会主要履行以下职责：

（一）审议学科、专业建设规划及设置；

（二）审议教学、科研成果与人才培养质量的评价标准及考核办法；

（三）审议学历教育标准以及人才培养方案；

（四）审议师资队伍建设规划、教师专业技术职务评聘学术标准和办法；

（五）审议学术机构设置方案；

（六）审议并决定学术道德规范与学术评价规则；

（七）审议并决定学术委员会各专门委员会规程、学术分委员会章程及相关机构和人员设置；

（八）对高级专业技术职务聘任人选、高层次人才引进岗位人选、名誉教授聘任人选、国内外重要学术组织的任职人选及各类人才计划人选等作出学术评价或评定；

（九）对重要学术成果推选作出评价或评定；

（十）对学校制订学术相关的全局性重大发展规划和发展战略，预算决算中教学、科研经费的总体安排、分配及使用，以及重大学术活动计划和重要对外学术交流合作计划等提出咨询意见；

（十一）审议、评定学术委员会章程规定的其他事项以及就学校认为需要听取学术委员会意见的事项提出咨询意见。

第二十八条　学院设置学术分委员会。学术分委员会在各自学院和有关学科的学术评价、学术发展和学科建设、学风建设等学术事务中行使审议、决策、评定和咨询等职权。

第二十九条　学术委员会根据需要设置专门委员会，代表学术委员会承担相关职责，处理专门领域学术事务。

第三十条　学术分委员会、学术委员会专门委员会接受学术委员会的指导和监督，向学术委员会报告工作。

第三十一条　学校设置学位评定委员会，负责学校学位授予及相关工作。校学位评定委员会设主席1人，由校长担任；委员若干，由相关校领导、学部、学院、中心负责人以及师德师风高尚且学术造诣深厚的教授担任，由主席提名。

第三十二条　校学位评定委员会依据法律法规及其章程开展工作，履行以下工作职责：

（一）审议学位授予的实施办法和具体标准，评价学位授权点的学位授予质量；

（二）作出批准授予或撤销学士、硕士、博士学位的决定，审议授予名誉博士学位的建议名单；

（三）审议学位授权点的增列、调整、撤销等事项；

（四）审议研究生导师资格确定和管理的相关办法；

（五）审议决定校学位评定委员会届内委员的任免；

（六）负责学校与学位相关的其他事项。

第三十三条　校学位评定委员会设置若干分委员会，履行校学位评定委员会赋予的职责。

第三十四条　学校设立理事会。理事会由共建单位代表、校内外著名专家、知名校友、社会贤达、捐助者代表等组成。

第三十五条　学校理事会是学校的咨询、协商、议事与监督机构，负责为学校规划重大发展战略、决策重大办学事项提供咨询，支持学校开展社会服务，参与评议学校办学质量等事项。

理事会依照《中国海洋大学理事会章程》组建并开展工作。

第三十六条　学校实行教职工代表大会制度。教职工代表大会是教职工参与学校民主管理和监督的基本形式，其主要职责是：

（一）听取学校章程制定、修订及执行情况报告，提出修改意见和建议；

（二）听取学校发展规划、教育教学改革、教职工队伍建设、校园建设以及其他重大改革和重大问题解决方案的报告，提出意见和建议；

（三）听取学校年度工作、财务工作、工会工作报告以及其他专项工作报告，提出意见和建议；

（四）讨论通过学校提出的教职工聘任、考核、奖惩办法以及与教职工利益直接相关的福利、校内分配实施方案；

（五）审议学校上一届（次）教职工代表大会提案的办理情况报告；

（六）按照有关工作规定和安排评议学校领导干部；

（七）监督学校章程、规章制度和决策的落实，对相关工作提出意见和建议；

（八）讨论法律、法规、规章规定的以及学校与学校工会商定的其他事项。

第三十七条　学校教职工代表大会依照《中国海洋大学教职工代表大会实施办法》开

展工作。

第三十八条　学校在学生中成立学生会、研究生会。学生会、研究生会是学校党委领导下的学生群众团体，是学生参与学校民主管理和监督的重要组织形式。学生会、研究生会在学校党委的领导和团委的指导帮助下，依照法律、学校规章制度和各自的章程，独立自主地开展工作，努力为同学服务。

第三十九条　校内各民主党派基层组织和统一战线团体依据《中国共产党统一战线工作条例》和各自章程开展工作，参与学校民主管理。

第四十条　学校工会、共青团、妇委会等群团组织在学校党委的领导下，按照各自章程开展工作、履行职责。

第四十一条　学校根据工作需要设置、变更或者撤销党委部门和行政部门，并根据实际情况合理调整各部门的职能。各部门根据学校的授权，履行管理和服务职责。

第四十二条　学校根据人才培养目标、规格和要求，制订和优化人才培养方案，分层分类组织实施教育教学活动，加强教材建设和管理，建立健全教育质量保障体系，努力提高人才培养质量。

第四十三条　学校独资或控股、具有独立法人资格的经营性单位，在学校经营性资产管理委员会的监管下，实行相对独立的经营与管理。

第四十四条　学校依据国家有关规定，与国内外高等学校、科研机构、国家机关和企事业单位联合设立相关机构，开展合作办学、合作研究与技术开发等活动。

第四十五条　学校按照学科专业性质和教学科研的需要设置学院和研究所等教学科研机构，承担学校办学各项具体工作。

学校按照国家有关规定，扩大和保障科研机构和科研人员享有相应的科研自主权，增强创新活力。

第四章　教职员工

第四十六条　学校教职员工队伍由教师、其他专业技术人员、管理人员和工勤人员等组成。学校根据国家有关规定和学校事业发展需要合理确定教职员工总量和各类教职员工比例，依据法律和国家相关规定，根据需要合理设置各类教职员工的高、中、初级工作岗位。

第四十七条　学校对教职员工实行岗位聘任制度。

第四十八条　学校按照依法制定的人事管理制度对教职员工定期进行考核，考核结果作为续聘、解聘、晋升、奖励等的依据。

第四十九条　学校依法建立听证、申诉等权利保护制度，保障教职员工的合法权益。

第五十条　教职员工享有下列权利：

（一）按工作职责使用学校的公共资源；

（二）平等获得自身发展的机会和条件；

（三）在品德、能力和业绩等方面获得公正评价；

（四）公平获得各种奖励及荣誉称号；

（五）知悉学校改革、建设和发展及涉及切身利益的重大事项；

（六）参与学校民主管理，对学校工作提出意见、建议和批评；

（七）就职务评聘、福利待遇、评优评奖、纪律处分等事项依法依规申请复核、提出申诉，对学校侵犯其人身、财产等合法权益的行为，依法申请复议或提起诉讼；

（八）法律、法规、规章规定和合同约定的其他权利。

第五十一条　教职员工应履行下列义务：

（一）爱国守法，坚定正确政治方向；

（二）遵守职业道德和学术规范；

（三）爱岗敬业，立德树人，勤奋工作；

（四）遵守学校规章制度；

（五）尊重学生，爱护学生；

（六）珍惜和维护学校名誉，维护学校利益；

（七）法律、法规、规章规定和合同约定的其他义务。

第五十二条　学校为教师开展人才培养、科学研究、社会服务、文化传承创新和国际交流合作等活动提供必要的条件，保障教师在学校办学中的主体地位。

第五十三条　学校建立教职员工发展制度，构建培训体系，鼓励和支持教师开展对外学术交流与合作。

第五十四条　学校向教职员工提供与学校发展水平相适应的工资与福利待遇；建立各类表彰奖励制度，表彰奖励为国家及学校做出突出贡献的教职员工。

第五十五条　学校鼓励和支持教职员工参与学校的民主管理和监督，对学校的工作提出意见或建议。

第五十六条　名誉教授、顾问教授、讲座教授、客座教授、兼职教授、在站博士后、访问学者、进修教师和其他教育工作者，在学校从事教学、科研、进修活动期间，依法享有相应的权利，履行相应的义务，学校为其提供必要的条件和保障。

第五章　学生

第五十七条　由学校依法录取并通过资格审核获得学籍的学生享有下列权利：

（一）参加学校教育教学计划安排的各项活动，使用学校提供的教育教学资源；

（二）参加社会实践、志愿服务、勤工助学、文娱体育及科技文化创新等活动，获得就业创业指导和服务；

（三）申请奖学金、助学金及助学贷款；

（四）在思想品德、学业成绩等方面获得科学、公正评价，完成学校规定学业后获得相应的学历证书、学位证书；

（五）在校内组织、参加学生团体，以适当方式参与学校管理，对学校与学生权益相关事务享有知情权、参与权、表达权和监督权；

（六）对学校给予的处理或者处分有异议时，向学校、教育行政部门提出申诉，对学校、教职员工侵犯其人身权、财产权等合法权益的行为，提出申诉或者依法提起诉讼；

（七）法律、法规、规章规定的其他权利。

第五十八条　由学校依法录取并通过资格审核获得学籍的学生应履行下列义务：

（一）遵守宪法和法律、法规；

（二）遵守学校章程和规章制度；

（三）恪守学术道德，完成规定学业；

（四）按规定缴纳学费及有关费用，履行获得贷学金及助学金的相应义务；

（五）遵守学生行为规范，尊敬师长，养成良好的思想品德和行为习惯；

（六）法律、法规、规章规定的其他义务。

第五十九条 学校以立德树人为根本任务，引导学生养成良好的思想品德和行为习惯，培育和践行社会主义核心价值观。

第六十条 学校依法建立学生申诉等权利保护制度，保障学生的合法权益。学校为在学习和生活中遇到特殊困难的学生提供必要的指导和帮助。

第六十一条 学校对取得突出成绩和为学校争得荣誉的学生集体和个人进行表彰奖励；对违纪学生给予相应的纪律处分。

第六十二条 学校鼓励、支持和保障学生参与学校的民主管理和监督。

第六十三条 在校学习的无学籍的受教育者其权利、义务等，由学生与学校按照平等自愿的原则依法另行约定。

第六章 学院

第六十四条 学院在学校授权范围内，自主开展人才培养、科学研究、社会服务、文化传承创新和国际交流合作等工作。学校本着事权相宜和权责一致的原则，指导和监督学院开展工作。

第六十五条 学院实行党政联席会议制度，集体讨论、表决决定或协商确定学院的教学、科研、人事、财务等方面的重大决策和重要事项安排。

第六十六条 学院党委在学校党委的领导下开展工作，负责学院党建和思想政治工作，保证党和国家的各项方针、政策和学校的决定在本学院的贯彻执行，发挥在干部队伍建设、教师队伍建设和人才培养中的主导作用，支持院行政领导班子和负责人履行职责。

第六十七条 院长是学院的行政负责人，全面负责学院的教学、科研和其他行政管理工作，定期向学校、本学院教职员工大会或教职员工代表大会报告工作。

第六十八条 学院学术分委员会负责处理本学院和有关学科的学术性事务。

第六十九条 学院学位评定分委员会负责处理本学院和有关学科的学位相关事务。

第七十条 学院根据需要成立由院内外专家、学者组成的院务委员会，对学院工作提供咨询和指导。

第七十一条 经学校审核同意，学院可设立、变更或撤销学院下设学系、研究所（中心）等机构。

第七十二条 独立建制的重点实验室、研究院（所）等，参照学院进行管理。

第七章 财务资产后勤

第七十三条 学校经费来源以政府财政补助为主、其他多种渠道筹措为辅。学校办学经费来源形式包括财政补助收入、事业收入、经营收入、上级补助收入、附属单位上缴收入和其他收入。

学校拓展经费来源，汇聚办学资源，积极争取社会支持，多渠道依法筹集办学资金，建立学校办学成本分担机制。

第七十四条 学校坚持勤俭办学原则，建设节约型校园，完善资源使用监控体系，提高资金使用效益。

第七十五条　学校实行统一领导、集中核算、分级管理的财务管理体制和运行机制,依法建立健全财务制度、经济责任制度和内部审计制度,保障财经工作规范有序。

学校建立健全内部控制体系,规范学校及校内各部门（单位）的经济行为,防范和管控各类经济风险,保障资金运行安全。

第七十六条　学校实行综合预算,强化预算执行控制,防范财务风险,规范收支行为,实施预算绩效管理,保障资金运行安全。

第七十七条　学校依法依规公开财务预算、决算以及收费标准等财务信息,接受监督。

第七十八条　学校依照国家有关规定,建立健全资产采购、配置、使用和处置等管理规定,加强国有资产管理,优化资源配置,提高资产使用效益,保障学校资产安全、完整。

第七十九条　学校依据国家法律法规和学校有关规定,加强无形资产的管理,维护学校的合法权益和良好形象。

第八十条　学校为教职员工和学生提供图书资料、档案管理、网络信息、后勤、医疗卫生等服务,保障教学、科研、管理等各项工作的顺利开展。各公共服务机构依学校授权和相关规章制度履行服务职能。

第八十一条　学校依据国家法律、法规及本章程自主管理学校事务,不受任何组织和个人的非法干涉。

第八十二条　学校依法实行信息公开制度,及时向社会发布办学信息,接受社会监督和评价。

第八章　学校与社会

第八十三条　学校利用自身优势和办学条件,推动协同创新和技术转移,开展多种类型的高等学历教育和非学历教育培训,通过多种方式服务社会并积极争取社会各方面的支持和帮助。

第八十四条　学校加强与国家海洋行政主管部门、其他涉海政府机构和社会团体的沟通与合作,努力为国家海洋事业发展提供支持和服务。

第八十五条　学校加强与山东省、青岛市及其他省市沟通与合作,努力为山东省、青岛市及其他省市的发展提供支持和服务。

第八十六条　学校根据国家需要和自身能力,积极开展面向欠发达地区的对口支援。

第八十七条　学校依法注册成立山东省中国海洋大学教育基金会。教育基金会依法依规从事相关活动,致力于加强学校与国为外各界的联系和合作,筹措资金,服务学校事业发展。

第八十八条　学校依法注册成立中国海洋大学校友会。校友会是全国性非营利社会组织,依法依规开展活动,负责校友的联系和服务工作。在学校各个时期学习过的学生、工作过的教职员工,以及被学校授予荣誉博士学位和各种荣誉职衔的中外各界人士均为校友。

第九章　学校标识

第八十九条　学校徽标为环状圆形,外部环状部分底色为白色,上部环绕红色的黑体字体"中国海洋大学",下部环绕蓝色的黑体字体"OCEAN　UNIVERSITY　OF　CHINA";内部圆形部分上部天蓝色代表天空,下部海蓝色和三条白色波浪线代表海洋;天蓝色部分上部为白色的横排华文新魏体字体"1924",表示学校创立的年份。

第九十条　学校校徽为写有"中国海洋大学"的长方形金属证章,字形为邓小平书写,红底白字、白底红字和蓝底红字样式分别供教职员工、本科生和研究生佩戴。

第九十一条　学校校庆日为10月25日。

第九十二条　学校的网址是www.ouc.edu.cn。

第十章　附则

第九十三条　本章程的制定和修改须经学校教职工代表大会讨论、校长办公会审议通过、党委会审定后，报国务院教育行政部门核准。

第九十四条　本章程是学校依法自主办学、实施管理和履行公共职能的基本准则和基本规范，学校其他规章应依据本章程制定和修改，不得与本章程相抵触。

第九十五条　本章程由学校党委会负责解释。

第九十六条　本章程经核准，自发布之日起施行。

第二章
党的建设

　　学校党委坚持党要管党、全面从严治党，围绕党的建设各方面制定实施一系列规章制度，建立健全党建工作制度体系，不断提升党建工作质量。政治建设方面，制定《中共中国海洋大学委员会关于加强党的政治建设的实施方案》，建立"第一议题"学习制度等，把政治标准和政治要求贯穿办学治校全过程和各方面。思想建设方面，制定《中共中国海洋大学委员会关于进一步加强和改进新形势下宣传思想工作的实施意见》，建立健全党委理论学习中心组学习制度等，持续强化理论武装。组织建设方面，制定《中共中国海洋大学委员会关于进一步加强和改进干部队伍建设的若干意见》，围绕干部选拔、任用、考核、管理、监督等制定一系列规章制度，大力加强干部队伍建设，还围绕二级党组织和党支部工作、党员发展、党费使用等制定一系列规章制度，不断提升基层党建工作标准化、规范化。党风廉政建设方面，制定《中共中国海洋大学委员会关于落实党风廉政建设党委主体责任和纪委监督责任的实施办法》，围绕作风建设、纪律建设和反腐败斗争，制定一系列规章制度，不断优化风清气正的政治生态和育人环境。此外，制定《中国海洋大学工会工作暂行规定》《中国海洋大学教职工代表大会实施办法》《共青团中国海洋大学委员会关于加强团的组织建设的若干规定》《中共中国海洋大学委员会关于加强新形势下统一战线工作的实施意见》等，加强统战群团工作。

中国海洋大学工会工作暂行规定
（2006年11月11日第十次工代会通过）

主要内容

　　校工会的基本任务：（1）执行会员代表大会的决议和上级工会的决定，开展学校工会的日常工作。（2）配合学校党政做好会员的思想政治工作。（3）围绕学校的根本任务和中心工作，开展教书育人、管理育人、服务育人活动，表彰先进，树立典型，总结、推广经验，引导会员群众增强全局意识和主人翁责任感，积极参加学校的改革和建设，完成好本职工作，为培养高素质人才、培育高水平成果，为落实科教兴国战略、创建世界一流特色大学做出贡献。（4）代表和组织教职工，通过会员代表大会以及其他民主形式，参与学校的民主决策、民主管理和民主监督，促进校务公开和民主办学。（5）在维护国家、学校总体利益的同时，努力维护会员群众的具体利益。（6）发挥工会经费审查委员会的作用，收好、管好、用好工会经费，管理好工会资产。（7）加强工会组织的自身建设，完善、健全有关规章制度，健全部门工会组织，培训专兼职工会干部，组织工会理论研讨和工作调研，指导和帮助部门工会开展工作，加强部门工会及工会小组建设，接受新会员，收缴会费，对工会会员进行工会基本知识教育。（8）做好各级劳动模范的推荐、评选宣传工作。

校工会组织的权力机关是校工会会员代表大会。校工会会员代表大会的代表以部门工会或直属工会小组为单位，由会员直接选举产生，代表名额按会员总数的6%～10%确定。代表为常任制，每届任期4年。

校工会委员会委员由校工会会员代表大会正式选举产生，任期4年。大会闭会期间由校工会主持日常工作。校工会下设劳动人事争议调解工作部、生活福利工作部、女教职工工作部、组织宣传工作部、文化体育工作部、青年工作部。办事机构设在校工会办公室、职工俱乐部及相关社团协会。

中共中国海洋大学委员会关于在全校深入开展廉洁教育的实施意见
海大党字〔2008〕13号

主要内容

深入开展廉洁教育的主要内容：以社会主义核心价值体系为引领和主导，加强法制和诚信教育，加强社会公德、职业道德、家庭美德和个人品德教育，组织学习党和国家关于党风廉政建设和反腐败方面的方针政策、法律法规等，通过不懈努力，逐步建立廉洁教育的长效机制，逐步构建起与学校育人传统相传承、与人才培养规格相匹配、与思想政治教育工作及思想政治理论课程相协调的廉洁教育体系。要通过全面开展廉洁教育，进一步提高党员干部的廉洁意识，进一步增强全体教职员工为人民服务的观念，引导青年学生树立报效祖国、服务人民的信念，不断提高青年学生的道德自律意识，增强拒腐防变的良好心理品质，逐步养成廉洁自律、爱岗敬业的职业观念。

深入开展廉洁教育，要坚持与学校思想政治教育相结合，与和谐校园建设、师德建设、大学文化建设相结合，与学生入学、毕业生就业教育等相结合，重在强化廉洁价值取向，引导广大师生员工牢固树立清廉、自律的观念。对青年学生的廉洁教育，要结合青年学生的身心特点、思想实际和认知规律，采用不同的教育方法，使廉洁教育贴近实际、贴近生活、贴近学生。注重运用生动形象直观的方法和活动形式，通过说理、讨论等，让青年学生在体验、感悟中得到启迪，使他们对廉洁的认知从感性认识上升到理性自觉。

深入开展廉洁教育的实施途径：认真组织实施教职员工廉洁教育；积极开展青年学生廉洁教育；积极开展廉洁教育进课堂工作；大力加强师德建设，充分发挥教师在开展廉洁教育中的引导和示范作用；加大廉洁教育宣传力度；纪委办公室、监察处要发挥职能与优势，加强对党员干部和教职工的拒腐防变教育，积极开展廉洁教育理论研究，大力推进学校党风廉政建设。

深入开展廉洁教育的保障措施：健全廉洁教育领导体制和工作机制；加强制度建设，规范学校管理，营造开展廉洁教育的环境；加强考核监督，探索廉洁教育长效机制。

共青团中国海洋大学委员会关于加强团的组织建设的若干规定

海大团字〔2010〕10号

主要内容

团支部是团的最基层组织,团支部工作水平直接影响着全校团的工作的整体水平,各团支部要按照本规定的要求,加强团支部的自身建设,使团的组织建设逐步规范化、制度化。

组织关系的转接:新生团员入学时,须带团员证到校团委办理组织关系转入手续。团员因退学、转学、肄业、毕业离校时,应持院团总支证明和团员证到校团委办理组织关系转出手续。团员因转专业、留级,应持团总支证明到团委办理校内组织关系转移手续。

团费:团员每月要自觉交纳1次团费,本科生团员每月交纳0.10元,研究生团员每月交纳0.20元,教职工团员每月交纳1元。

团员证:团员证是团员团籍的证明,凡学校团员必须具有团员证。

团员的发展:凡年龄在14岁以上28岁以下的在校学生和职工,承认团的章程,愿意参加团的组织,执行团的决议的,可以申请加入共青团。

离团与退团:团员年满28周岁,如不担任团干部,应办理离团手续。团员有退团的自由。

团内奖励:团内表彰的先进个人荣誉称号主要有优秀团员、优秀团干部、团的活动积极分子、五四青年奖、优秀青年志愿者、杰出青年志愿者。团内表彰的先进集体荣誉称号主要有先进团支部、红旗团支部、红旗团总支、先进青年志愿者服务队、共青团工作创新奖。

团内处分:团内警告、团内严重警告、撤销团内职务、留团察看、开除团籍。

团支部建设:团员在3人以上的班级可建立团支部。支部委员会由团员大会民主选举产生,每届任期1年,改选一般在学期末进行。支委会一般由3~5人组成,设书记、副书记、组织委员、宣传委员,根据需要可以设其他委员。支委会实行集体领导和个人分工负责相结合的原则,中心工作和重大问题的决定必须由支委会乃至团支部大会集体讨论,日常工作则各负其责。

团支部工作:进行思想建设、组织建设、思想道德素质建设,推荐优秀团员入党,开展学习活动、社会实践活动、校园文化活动,关心团员青年的切身利益,积极反映他们的意见和要求,帮助他们解决学习、工作、生活中遇到的各种困难,帮助其健康成长。

中国海洋大学关于实施文化引领战略的意见

海大字〔2012〕13号

主要内容

所谓文化引领战略,就是学校立足战略高度和长远目标,运用战略思维对大学文化建设进行系统谋划，明确目标、任务、途径，发挥大学文化的导向、激励、规范功能，通过师生传承创新，内化于心，外化于行，固化于制，以社会主义核心价值体系和大学精神引领发展，用中国特色现代大学制度及制度体系保障发展，根本性地引导学校内涵发展、和谐发展和科学发展。

实施文化引领战略的总体要求：高举中国特色社会主义伟大旗帜，以邓小平理论、"三个代表"重要思想、科学发展观为指导，以社会主义核心价值体系为根本，以推动学校内涵发展为中心，以传承创新海大文化为主线，以提高制度执行力为重点，以优化校园文化环境为载体，遵循文化发展规律，植根于中华优秀文化传统，借鉴吸收人类文明有益成果，科学规划，逐步展开，传承和发展富有海洋特色和时代特点的大学文化，不断增强师生对学校文化的认同感和归属感，使各个方面、各个层次、每一个人追求的目标都最大可能地成为学校发展总目标的有机组成部分，形成学校发展的最大合力和强大动力，建设共有精神家园。

实施文化引领战略的主要任务：（1）加强宣传教育，创新传播载体，使社会主义核心价值体系和海大文化更加深入人心。（2）加强制度文化建设，探索形成集体智慧、落实共同行动的体制机制，从根本上提高执行力。（3）崇尚行胜于言，知行合一，建设大学人的行为文化。（4）建设优雅校园环境和人文景观，营造文化育人氛围。（5）开展丰富多彩的校园文化活动，使师生的理想信念、道德情操、科学人文素养等得以全面提高，促进人的全面发展。（6）鼓励各单位深入总结、提炼、传播院系文化、学科文化，形成生机勃发、丰富多彩的大学文化生态。

实施文化引领战略的基本内容：围绕精神文化、制度文化、行为文化和环境文化，注重继承与创新相结合、科学与人文相结合、共性与个性相结合，整体推进大学文化建设。（1）精神文化建设。坚持以校训、校风、教风、学风等为基点和架构，弘扬中华传统文化，不断融合海洋文化因子，丰富和发展精神文化的内涵，运用精神文化的力量促进学校事业高质量、跨越式发展。（2）制度文化建设。不断完善现代大学制度，深入探索党委领导、校长负责、教授治学、民主管理的有效途径和办法，建立健全符合现代大学发展要求的内部管理制度体系，完善大学治理结构。（3）行为文化建设。健全完善师生在工作、学习和生活中的行为准则，坚持自律与他律相结合，使每个人都成为大学文化、大学精神的传承者、维护者和实践者。（4）环境文化建设。科学规划，精心布局，审慎建设、分步实施，建设温馨、宁静、典雅的环境文化，实现自然景观与人文景观的融合，价值取向和审美情趣的交汇，营造宽松和谐、崇尚创新、潜心学术、探求真知的文化环境。

中国海洋大学关于改进工作作风、密切联系师生的规定

海大党字〔2013〕13号

主要内容

1. 改进调查研究，密切联系师生。学校领导到教学、科研、服务等单位调查研究或召开现场办公会，要多接触师生员工，听真话，察实情，总结经验，解决问题，推动工作。进一步

完善校领导分工联系学院制度；坚持"校领导接待日"和校长信箱制度；积极畅通意见渠道；推进落实党务公开和信息公开制度。

2. 精简会议活动，提高会议实效。不开泛泛部署工作和提要求的会，不开内容重复的会；严格控制参会人数；会议要事先充分准备，深入听取意见，科学安排议程；邀请校领导出席会议活动由党委办公室、校长办公室统一协调安排；会议期间确需用餐的，原则上安排自助餐或工作便餐。

3. 改进新闻报道，精简文件、简报。重点报道教学、科研、服务社会等一线工作情况，重点报道师生员工；学校领导出席会议和活动确需报道的，文字要简练；赴一线单位调研一般不作报道；没有实质工作指导和经验总结交流意义、可发可不发的文件、简报（刊物）、新闻一律不发；凡是可通过网络发送的，不再印发纸质；推行"短实新"文风；各单位内部简报（可公开）尽量以电子方式发送；不得在短时间内要求相关单位就同一问题重复报文。

4. 加强出国（境）管理。严格执行出国（境）计划审批制度；各级干部出国（境）应根据工作需要尽量压缩在外停留时间；各单位严禁组织或参加无实质性内容的出国（境）考察；出国（境）期间严格按照标准安排食宿和交通。

5. 压缩办公经费。实行固定资产最低使用年限制度；按规定加强学校公车管理和使用；规范会议召开地点，工作会议和有关活动一般不发放请柬、不使用背景板和条幅，尽可能使用电子屏幕；工作会议不摆放花草，不发放宣传材料、画册、文具等。

6. 降低接待成本。由学校支付费用的公务接待，住宿一般安排在学术交流中心或相应标准的校外酒店，用餐安排工作餐，不用高档菜肴酒水；严禁超范围、超标准接待；严禁以会议和培训名义列支公务接待费用；严禁用公款相互宴请，大吃大喝；严禁用公款购买礼品相互赠送；严禁各单位节日期间用公款搞内部聚餐，其他形式活动也要从简从俭。

7. 狠抓监督检查和责任追究。各级干部要以身作则，认真执行本办法；各单位要把改进工作作风、密切联系群众、反对铺张浪费作为一项经常性工作来抓，并自觉接受监督。党委办公室、校长办公室负责本办法的督促落实，宣传部门要加强宣传引导，财务和审计部门要加强预算约束、财务管理和审计监督，纪检监察部门要定期开展督促检查、加强纪律监督，组织人事部门要将执行情况纳入教师干部管理和考核体系。

中国海洋大学关于进一步加强和改进调查研究工作的意见

海大党字〔2014〕15号

主要内容

1. 把调查研究作为重大决策的基础工作和必要条件。坚持把调查研究作为工作决策的必经程序。凡属涉及广大师生切身利益和学校事业发展的重大决策，原则上都应深入教学科研一线进行调研，广泛听取、吸收师生和单位的意见。

2. 统筹谋划调查研究的重点内容。调查研究工作应当以推动学校事业科学发展为目标，围绕关系学校当前和今后发展大局的重大问题、重点工作以及制约学校科学发展、和谐发展的体制机制和热点、难点问题。

3. 拓展丰富调查研究的方式方法。调查研究主要采取"专题调研"和"工作调研"两种方式。要不断拓展丰富工作调研的方式方法，如通过校领导接待日、校长信箱、调查问卷、网络信息平台等多种方法。建立校领导、部门负责人"情况通报会"制度。

4. 学校领导带头开展调查研究。学校领导要结合分管工作和分工联系单位，带头到教学、科研、服务等一线单位调查研究，近师生、听真话、察实情，研究有效解决问题的办法。

5. 合理安排调研活动。调研活动不能干扰教学科研服务单位的正常工作秩序，不就相似问题搞轮番或重复调研。

6. 充分发挥调研成果的作用。对在调研中形成的思路、对策和措施，牵头单位和责任单位要在实地调研的基础上进行科学分析、系统总结、深化提炼，形成典型性、系统性、综合性的调查报告或课题研究报告，并通过学校相关工作程序付诸实践，使调查研究成果及时转化为推动学校事业科学发展的政策和举措。

中国海洋大学信访工作暂行规定
海大字〔2015〕14号

主要内容

信访工作基本原则：高度重视初信初访；分级受理、归口办理，谁主管、谁负责；依法、及时、就地解决问题与疏导教育相结合。

学校成立中国海洋大学信访工作领导小组作为学校信访工作领导机构，主要负责信访工作的机制建设、整体协调，审定相关制度规范，研究处理重大信访事项和信访工作中的疑难问题，指导信访工作的开展。党委办公室、校长办公室作为领导小组办公室，设置信访与督办科处理日常工作。

学校各单位为相关信访事项的办理单位，主要负责人是本单位信访工作的第一责任人，并指派一名工作人员为本单位的信访联络人。

信访人提出信访事项的主要渠道和形式有书信、电子邮件、电话、传真、走访等。学校建立健全"校领导接待日"制度，定期接待来访；设立"校长信箱"，随时接受来信。学校各单位应公开本单位信访通信地址、电子邮箱、投诉电话、传真等相关信息。

各单位及工作人员办理信访事项，应当恪尽职守、秉公办事，查明事实、分清责任，及时妥善处理。

中共中国海洋大学委员会关于落实党风廉政建设党委主体责任和纪委监督责任的实施办法

海大党字〔2015〕13号

主要内容

学校党委是学校党风廉政建设和反腐败工作的责任主体，要加强对党风廉政建设的组织领导，将党风廉政建设融入学校发展总体规划，自觉担负起党风廉政建设的政治责任，推进学校党风廉政建设和反腐败工作深入开展。

学校纪委要全面落实监督责任，协助学校党委加强党风廉政建设和组织协调反腐败工作。

一、学校党委的主体责任

党委领导班子集体责任：加强组织领导，选好用好干部，坚决纠正损害群众利益的行为，强化对权力运行的制约和监督，深入开展党风廉政教育，支持纪检监察部门查处违纪违法问题。

第一责任人责任：党委书记和校长是学校党风廉政建设和反腐败工作第一责任人，对全校范围内的党风廉政建设和反腐败工作负第一责任人责任。

领导班子成员责任：学校领导班子成员根据分工，对职责范围内的党风廉政建设工作负主要领导责任，领导班子副职向学校党政主要负责人负责。

二、学校纪委的监督责任

学校纪委的监督责任主要包括加强组织协调，严明党的纪律，深化作风督查，严肃查办案件，强化党内监督。

三、二级单位的责任

学校各二级单位党政主要负责人是本单位党风廉政建设第一责任人，其他领导班子成员根据工作分工，对职责范围内的党风廉政建设负主要领导责任。

四、落实"两个责任"的保障措施

学校成立党风廉政建设和反腐败工作领导小组，负责组织落实学校党委的决策部署，检查考核学校各单位党风廉政建设落实情况。严格执行请示报告制度，逐级签订《党风廉政建设责任书》，建立述廉述责机制，健全廉政约谈制度，围绕学校党风廉政建设和反腐败工作任务落实情况开展经常性的监督检查，严格责任追究。

中国海洋大学教职工代表大会实施办法

（2016年4月27日中国海洋大学第五届教职工代表大会第六次会议通过）

海大党字〔2016〕35号

主要内容

教代会的职权：听取学校章程的制定和修订情况报告，提出修改意见和建议；听取学校发展规划、年度工作、财务工作、教职工队伍建设、教育教学改革、校园建设以及其他重大改革和重大问题解决方案的报告，提出意见和建议；讨论通过教职工福利、校内分配实施方案和教职工聘任、考核、奖惩办法以及与教职工利益直接相关的重要规章制度；在学校党委领导下，民主评议学校领导干部；监督学校章程、规章制度和决策的执行落实，提出整改意见和建议；审议学校上一届（次）教代会提案办理情况报告；讨论法律法规规章规定的以及学校与学校工会商定的其他事项。

教代会代表以各分党委、党总支（直属党支部）为选举单位，由教职工直接选举产生，一般应占全体教职工的6%~10%。

教代会每5年一届，每学年至少召开一次会议。

教代会设立执行委员会（简称执委会），执委会主要职责：教代会闭会期间，主持教代会日常工作，行使教代会有关方面的职权；执行教代会有关决议；讨论决定教代会职权内有关重要事项；选举执委会主任、副主任和教代会正、副秘书长。执委会每学期至少召开一次会议。

教代会根据工作需要设立民主管理工作委员会、提案工作委员会和青年工作委员会。

教代会秘书处设在校工会，校工会为教代会的工作机构，在学校党委和执委会的领导下，会同有关部门开展工作。

中共中国海洋大学委员会关于践行监督执纪四种形态的实施意见

海大党字〔2016〕39号

主要内容

指导思想：以党的十八大精神为统领，以习近平总书记系列重要讲话精神为指导，以中央纪委各项政策要求为遵循，以维护党章党规党纪、强化党内监督为重点，按照"纪严于法、纪在法前"的要求，用更高的标准、更严的纪律要求约束学校各级党组织和党员、干部、教师，切实加强源头治理，营造风清气正的校园氛围和育人环境，为学校事业持续健康发展提供坚实的政治保障。

工作原则：坚持抓早抓小、防微杜渐，加强日常监管，切实抓苗头、管小节、纠小错；坚持动辄则咎、及时纠偏，把问题解决在初始阶段，防止小错酿成大错；坚持治病救人、防止破法,防止党员、干部和教师走上违法犯罪的道路;坚持反腐惩恶、除恶务尽,保持惩治腐败高压态势,确保学校党组织和党员队伍的纯洁性。

目标要求:通过严明纪律把党的领导落到实处,抓住关键少数,管住全体党员,达到惩处极少数、教育大多数的效果。

主要任务:(1)加强日常监管,让咬耳扯袖、红脸出汗成为常态。要严肃党内政治生活、加强纪律教育、经常谈心交心、使提醒谈话常态化、扩大函询覆盖面、规范诫勉谈话。(2)做到违纪必究,让党纪轻处分和组织调整成为大多数。(3)提高审查时效,让重处分和重大职务调整成为少数。(4)保持高压态势,让严重违纪涉嫌违法立案审查的成为极少数。要突出惩处重点、做好纪法衔接。

中国海洋大学关于对领导干部进行提醒、函询和诫勉的实施办法
海大党字〔2016〕40号

主要内容

对领导干部进行提醒、函询和诫勉,应当坚持从严要求,把纪律挺在前面,抓早抓小抓苗头,防止小毛病演变成大问题;坚持关心爱护干部,注重平时教育培养,促进干部健康成长。

提醒:党委组织部或纪检监察部门在干部日常管理监督或者党内集中教育活动、中层领导班子换届、中层领导班子民主生活会、干部考核、干部考察、巡视、审计等工作以及信访举报中发现领导干部存在苗头性倾向性问题以及其他需要引起注意的情况,应当及时进行提醒。对领导干部进行提醒,一般采月谈话方式,也可以采用书面方式。

函询:针对信访、举报及其他途径反映领导干部政治思想、履行职责、工作作风、道德品质、廉政勤政、组织纪律等方面的问题,除进行调查核实外,一般采用书面方式对被反映的领导干部进行函询了解。对领导干部进行函询,应当向函询对象发送函询通知书。函询对象在收到函询通知书的15个工作日内,应当实事求是地作出书面回复。党委组织部和纪检监察部门对领导干部回复函询的材料应认真审核,并建立函询档案管理制度,对有关材料进行留存。

诫勉:领导干部有下列问题之一,虽构不成违纪但造成不良影响的,或者虽构成违纪但根据有关规定免于党纪政纪处分的,应当对其进行诫勉:(1)不严格遵守党的政治纪律、组织纪律等各项纪律、规矩以及学校规章制度的;(2)贯彻落实党的路线方针政策和上级决议、决定以及工作部署不力的;(3)执行民主集中制不够严格,个人决定应由集体决策事项或者在领导班子中闹无原则纠纷的;(4)执行《党政领导干部选拔任用工作条例》不够严格,用人失察失误的;(5)不认真履行职责,不敢担当,不作为、慢作为、乱作为或者妨碍他人依法依规履行职责,造成不良影响或损失的;(6)不认真落实中央八项规定精神和厉行节约反对浪费规定的;(7)脱离实际、弄虚作假,损害群众利益和党群关系的;(8)无正当理由不按时报告、不如实报告或隐瞒不报个人有关事项的;(9)对在职责范围内发现的违纪违规行为不及时处理、不及时报告、不整改问责的;(10)纪律松弛、监管不力,对身边工作人

员发生的违纪违法行为负有责任的；（11）在巡视、检查、审计等工作中发现有违规违纪行为的；（12）从事有悖社会公德、职业道德、家庭美德活动的；（13）其他需要进行诫勉的情形。对领导干部进行诫勉，可以采用谈话方式，也可以采用书面方式。受到诫勉的领导干部，取消当年年度考核评优和评选各类先进的资格，6个月内不得提拔或者重用。

中共中国海洋大学委员会关于进一步加强和改进新形势下宣传思想工作的实施意见

海大党字〔2016〕64号

主要内容

指导思想：高举中国特色社会主义伟大旗帜，以马克思列宁主义、毛泽东思想、邓小平理论、"三个代表"重要思想、科学发展观为指导，深入贯彻落实党的十八大和十八届历次全会精神，深入贯彻落实习近平总书记系列重要讲话精神，认真学习宣传以习近平同志为核心的党中央治国理政新理念新思想新战略，全面贯彻党的教育方针，强化政治意识、责任意识、阵地意识和底线意识，以立德树人为根本任务，以深入推进中国特色社会主义理论体系进教材进课堂进头脑为主线，以提高教师队伍思想政治素质和教书育人的责任感为基础，以加强学校网络宣传等阵地建设为重点，积极培育和践行社会主义核心价值观，不断坚定广大教师中国特色社会主义道路自信、理论自信、制度自信、文化自信，培养德智体美全面发展的社会主义建设者和接班人。

基本原则：坚持党性原则、强化责任；坚持育人为本、德育为先；坚持标本兼治、重在建设；坚持改革创新、重在实效；坚持齐抓共管、形成合力。

总体思路：坚持立德树人，坚持团结稳定鼓劲、正面宣传为主的工作方针，围绕中心工作，服务学校大局，牢牢把握高校宣传思想工作的着力点，不断巩固马克思主义在高校的指导地位。加强思想理论建设，坚定理想信念；加强社会主义核心价值观教育，巩固共同思想道德基础；加强意识形态阵地引导和管理，壮大主流思想舆论；推动文化传承创新，建设特色独具的中国海大文化；构建全员全过程全方位育人格局，形成教书育人、实践育人、科研育人、管理育人、服务育人长效机制；加强校内外宣传，创新形式，丰富内容，贴近师生，聚焦育人创新典型，形成强大的鼓舞力量，为学校事业发展提供有力的思想保证、舆论支持和文化环境。

中共中国海洋大学委员会关于加强新形势下统一战线工作的实施意见

海大党字〔2016〕83号

主要内容

加强党外代表人士队伍建设：把党外代表人士队伍建设纳入学校干部队伍和人才队伍

建设总体规划，积极为党外干部搭建校内实践锻炼平台，努力为党外干部搭建校外实践锻炼平台。

加强各民主党派基层组织和党外知识分子联谊会工作：加强民主党派成员和党外知识分子的思想政治引领，提升各民主党派基层组织和党外知识分子联谊会班子成员素质，支持各民主党派基层组织和党外知识分子联谊会加强自身建设。

做好归侨、侨眷、留学归国人员工作和港澳台海外工作：支持侨联开展工作，做好留学归国人员工作，重视港澳台和海外统战工作。

做好民族宗教相关工作。

加强统战理论研究与宣传工作。

健全和落实统战工作制度：包括与党外代表人士联谊交友制度，向党外代表人士传达重要文件制度，向党外代表人士征求意见制度，邀请党外代表人士参加学校重要会议制度，支持党外代表人士发挥作用制度，支持民主党派和无党派人士参与学校民主监督制度。

加强和改善党对统战工作的领导：学校党委要履行主体责任，统战部要发挥牵头协调作用，二级党组织和统战委员要切实覆行统战工作职责，把统战工作纳入各级党组织的述职评议考核内容。

中国海洋大学党委理论学习中心组学习制度实施细则
海大党字〔2017〕28号

主要内容

党委理论学习中心组学习，是学校党委领导班子和党员领导干部在职理论学习的重要组织形式，是严肃党内政治生活、强化党性修养的重要内容，是加强党委领导班子思想政治建设的重要制度，是建设学习型服务型创新型党委，提高党员领导干部政治素养、理论水平和领导能力的重要途径。

党委理论学习中心组由学校党委常委、政治面貌为中共党员的校长助理和党委办公室、校长办公室、机关党委、党委组织部、党委宣传部、党委统战部等部门负责人组成，非中共党员的学校领导班子成员和校长助理可受邀列席。

党委理论学习中心组组长由党委书记担任，负责领导学习活动，审定学习计划。党委分管宣传工作的副书记为副组长，负责制订学习计划、确定研讨专题、安排并主持学习活动。党委宣传部负责起草学习计划、通知集中学习、提供学习材料、安排专题学习专家讲座、做好学习考勤记录及中心组学习总结，并向青岛市委宣传部及高校工委报送中心组学习情况，完成组长、副组长交办的有关理论学习方面的其他工作。

党委理论学习中心组学习内容：（1）马克思列宁主义、毛泽东思想、邓小平理论、"三个代表"重要思想、科学发展观、习近平总书记系列重要讲话和治国理政新理念新思想新战略。（2）党章党规党纪和党的基本知识。（3）党的路线、方针、政策和决议，党中央的重要工作部署和重要会议精神。（4）国家法律法规。（5）社会主义核心价值观。（6）党的历史、中国历史、世界历史和科学社会主义发展史。（7）推进中国特色社会主义事业所需要的经济、政治、文化、社会、生态、科技、军事、外交、民族、宗教等方面的知识。（8）国内外高等教育和科技发展重大形势，国家高等教育重要会议和重要文件精神。（9）上级党组织要求学习的其他重要内容。

党委理论学习中心组的主要学习形式包括集体学习研讨、专题讲座、个人自学、专题调研、参观考察、座谈交流、撰写学习心得等。

党委理论学习中心组原则上每月进行一次集中学习，一般安排在月末的周五上午。

每次集中学习讨论前，党委理论学习中心组成员要根据学习内容或中心议题认真阅读有关书目和材料，准备发言提纲。

有特殊情况不能够参加集中学习者，应向主持人请假，缺席的学习内容需要参加补学，由党委宣传部安排提供补学的材料。

党委理论学习中心组成员结合学校改革发展以及分工职责，原则上每年至少写一篇心得体会、调研报告或理论文章。

中共中国海洋大学委员会关于进一步加强和改进干部队伍建设的若干意见

海大党字〔2017〕50号

主要内容

指导思想：以习近平总书记关于干部工作的系列重要讲话精神为指导，进一步解放思想、改革创新，围绕中心、服务大局，加强战略规划，抓好基础工作，完善体制机制，牢固树立干事创业、奋发有为的积极导向，努力建设一支信念坚定、为民服务、勤政务实、敢于担当、清正廉洁的高素质干部队伍，为学校事业持续健康发展提供坚强组织保证。

目标任务：按照控制规模、优化结构、提高素质、增强效能的要求，健全与学校事业发展相适应的党政管理组织体系，不断完善干部选拔任用、考核评价、教育培训、管理监督和激励保障机制，进一步推进学校干部工作的科学化、民主化和制度化。

基本原则：坚持党管干部、以人为本原则，坚持德才兼备、以德为先原则，坚持注重实绩、群众公认原则，坚持分级分类管理原则，坚持突出重点、整体优化原则。

抓好基础工作：加强干部队伍思想政治建设，做好选人用人工作，加强干部考核评价工作，加大干部教育培训工作力度，切实抓好培养选拔优秀年轻干部和后备干部工作。

推进制度建设：完善干部任职资格制度，完善干部任前公示与任职试用期制度，完善干部职务任期制，完善干部交流制度，完善干部退出机制，建立健全中层正职干部任期目标责任制，完善干部管理监督机制，完善干部激励保障机制。

中国海洋大学二级单位党政联席会议议事规则（试行）

海大党字〔2017〕65号

主要内容

党政联席会议是二级单位议事决策的主要形式。二级单位通过党政联席会议，讨论和决定本单位的重要事项。凡属本单位的重大问题，都要按照"集体领导、民主集中、个别酝酿、会议决定"的原则，由党政联席会议集体讨论，作出决定。

二级单位党政之间既要明确职责，又要协同合作；既要合理分工，又要形成合力。二级党组织要充分发挥政治核心和保证监督作用，支持本单位行政领导班子和负责人在其职责范围内独立负责地开展工作。

党政联席会议的主要组成成员为二级单位的党政领导班子成员。

党政联席会议主持人由二级单位党政主要负责人根据会议议题内容协商确定。

党政联席会议一般每1~2周召开一次，须有三分之二以上的组成成员到会方可召开。

党政联席会议讨论决定问题，实行少数服从多数的原则。决定重大问题要进行表决，须获得应到会党政联席会议组成成员半数以上同意方可形成决议、决定。表决可采取口头表决、举手表决或无记名投票表决等方式进行。

党政联席会议议事范围：（1）学习贯彻党的理论、路线、方针、政策，贯彻执行学校党委、行政的决策部署，讨论解决在贯彻执行中遇到的突出问题。（2）研究决定党风廉政建设、思想政治工作、安全稳定工作中的重要问题和重大举措，以及需要党政共同落实的党的工作重要事项。（3）研究制定单位发展战略、重大改革方案、学科建设、人才队伍建设、干部队伍建设等规划和教学、科研、管理等方面的重要制度规定。（4）研究决定招生、教学与管理、学生就业创业指导与服务等人才培养工作中的重大问题。（5）研究决定内设机构设置、调整及其负责人的任免。（6）研究决定岗位设置与聘任、职员职级和职称评聘、考勤管理、人才引进等工作中的重要问题。（7）研究决定业绩津贴分配、院级以上表彰奖励和处分等关系师生员工权益的重大事项。（8）研究制订年度工作计划、总结以及阶段性重要工作和活动的安排。（9）研究决定重大地方合作项目、国（境）内外科学技术文化交流与合作项目。（10）研究决定年度财务预算、决算情况和预算执行情况，重要资产处置、重要办学资源配置以及大额度资金的调动和使用。（11）研究决定向学校请示、报告的有关重要问题。（12）其他需要党政联席会议集体研究、决定的重要事项。

中共中国海洋大学委员会巡察工作办法

海大党字〔2020〕54号

主要内容

巡察工作以马克思列宁主义、毛泽东思想、邓小平理论、"三个代表"重要思想、科学发展观、习近平新时代中国特色社会主义思想为指导，增强"四个意识"、坚定"四个自信"、做到"两个维护"，坚持中央巡视工作方针，坚守政治巡察职能定位，发现问题、形成震慑，推动改革、促进发展，为学校一流大学建设提供有力支撑。

巡察工作坚持学校党委统一领导，相关部门协同配合，坚持实事求是、依法依规，坚持群众路线、发扬民主。

成立巡察工作领导小组，向学校党委负责并报告工作。组长由学校党委书记担任，副组长由学校党委常务副书记和党委副书记、纪委书记担任。领导小组下设巡察工作办公室（以下简称巡察办）。领导小组成员单位由党委办公室、纪委办公室、巡察工作办公室、党委组织部、党委宣传部、党委教师工作部、财务处、审计处等有关部门组成。

设立巡察工作组（以下简称巡察组），承担巡察任务，巡察组向领导小组负责并报告工作。巡察组一般由5～11人组成，包括组长、副组长和巡察专员，实行组长负责制，副组长协助组长开展工作。巡察组构成及组长、副组长人选由巡察办根据每次巡察任务提出建议名单，经领导小组审定并报学校党委审批后授权，一次一授权。

巡察工作对象为校内二级党组织领导班子及其成员，以及学校党委确定巡察的其他对象，原则上在学校党委一届任期内实现巡察全覆盖。

学校党委要把"两个维护"作为根本政治任务，对标对表中央关于深化政治巡视、强化政治监督的"四个落实"要求，深化政治巡察，提高巡察工作针对性和实效性，全面查找政治偏差，主要检查以下内容：（1）落实党的路线方针政策和党中央重大决策部署情况。重点检查贯彻落实习近平新时代中国特色社会主义思想、党的十九大和十九届四中全会精神情况；贯彻落实党的政治建设要求，坚持和加强党的全面领导情况；贯彻落实习近平总书记对高等教育重要指示批示精神情况；贯彻落实中央重大决策、部党组和学校党委工作部署，研究提出落实举措、取得成效情况；坚持党的教育方针和社会主义办学方向，落实立德树人根本任务情况；加强和改进高校思想政治工作情况；落实意识形态工作主体责任情况；高素质教师队伍建设情况。（2）落实全面从严治党战略部署情况。重点检查履行全面从严治党主体责任，主要负责人履行第一责任人责任，班子成员履行"一岗双责"情况；纪检委员履行监督责任情况；贯彻执行《中国共产党纪律处分条例》《中国共产党问责条例》情况；坚持运用监督执纪"四种形态"情况；持之以恒认真执行中央八项规定及其实施细则精神情况；纠正"四风"，尤其是形式主义、官僚主义突出问题情况；领导干部廉洁自律情况；领导班子成员严格约束自己，严格教育管理亲属和身边工作人员情况。（3）落实新时代党的组织路线情况。重点检查领导班子是否坚强有力，选人用人及领导干部担当作为情况；坚持民主集中制情况；履行党建主体责任情况；基层党组织建设情况。（4）落实巡视巡察、审计、主题教育发现问题的整改情况。重点检查整改工作责任落实情况；整改效果、长效机制建立情况。（5）学校党委要求了解的其他问题。

学校党委可以根据工作需要，针对重点人、重点事、重点问题或者巡察整改情况，开展机动灵活的专项巡察。

巡察组可以采取以下方式开展工作：（1）听取被巡察单位工作汇报或专题汇报。（2）与被巡察单位领导班子成员和师生代表进行个别谈话。（3）受理反映被巡察单位领导班子及其成员和其他相关人员的问题反映。（4）向有关知情人询问情况。（5）调阅、复制有关文件、档案、会议记录等资料。（6）召开座谈会。（7）列席被巡察单位有关会议。（8）进行民主测评、问卷调查。（9）以适当方式到被巡察单位的下属单位了解情况。（10）开展专项检查。（11）提请有关部门予以协助。（12）学校党委批准的其他方式。

工作程序：巡察准备，巡察实施，巡察情况报告，巡察反馈，巡察整改，问题处理，结果运用，信息公开。

巡察工作人员应当严格遵守巡察工作纪律，严格执行回避、保密、请示报告制度，依纪依规开展巡察。

被巡察单位领导班子及其成员应当自觉接受巡察监督，积极配合巡察组开展工作。

党员有义务向巡察组如实反映情况。

中国海洋大学二级党组织书记履行全面从严治党责任和抓基层党建工作述职评议考核办法

海大党字〔2020〕73号

主要内容

开展二级党组织书记履行全面从严治党责任和抓基层党建工作述职评议考核（以下简称述职评议考核），必须坚持以习近平新时代中国特色社会主义思想为指导，把党的政治建设摆在首位，全面从严治党；坚持围绕中心、服务大局，推动基层党建与事业发展深度融合；坚持加强指导、务求实效，重在解决问题，坚决防止形式主义。

述职评议考核对象覆盖学校所有二级党组织书记。

述职评议考核应聚焦坚持和加强党的全面领导，落实党中央和上级党组织关于基层党建工作部署要求，履行基层党建工作责任，以提升组织力为重点，突出政治功能。主要包括以下内容：（1）推进基层党组织和广大党员、干部深入学习贯彻习近平新时代中国特色社会主义思想，认真落实习近平总书记重要指示批示精神和党中央重大决策部署，把"不忘初心、牢记使命"作为全体党员、干部的终身课题，增强"四个意识"、坚定"四个自信"、做到"两个维护"等情况；（2）推动二级党组织履行抓基层党建工作主体责任，二级党组织书记履行全面从严治党责任和抓基层党建工作第一责任人职责，班子其他成员履行分管领域基层党建工作责任等情况；（3）落实基层党建工作重点任务，推进基层党组织建设，加强党支部建设和党员队伍建设，加强党员干部教育管理监督，落实"一线规则"等情况；（4）紧紧围绕学校和本单位事业发展大局，充分发挥基层党组织战斗堡垒作用和党员先锋模范作用等情况；（5）推动基层党组织落实党风廉政建设责任制、意识形态工作责任制等全面从严治党有关工作情况。

学校党委结合上级工作要求和学校年度工作要点等，每年制订本年度述职评议考核方案，明确年度述职评议考核重点任务，注重考核上年度述职评议考核整改清单落实情况和巡视巡察反馈中涉及基层党建工作问题整改情况，着力解决突出问题，防止面面俱到、走过场。

将基层党建考核统一纳入二级党组织书记述职评议考核。述职评议考核每年集中开展一次，一般安排在当年年底或次年年初进行。述职采取现场述职和书面述职相结合方式进行，现场述职3年内实现全覆盖。

述职评议考核年度集中考核一般按照以下程序进行：（1）自查自评；（2）调研检查；（3）述职评议；（4）综合评价；（5）结果运用；（6）整改落实。

中共中国海洋大学委员会"第一议题"学习制度
海大党字〔2021〕33号

主要内容

"第一议题"学习制度是指学校各级党组织要将习近平总书记重要讲话、重要指示批示精神和党中央重大决策部署作为党委常委会会议、党委理论学习中心组（扩大）学习、教职工理论学习、组织生活会等重要会议的第一议题，第一时间传达学习，第一时间研究部署，第一时间贯彻落实。

主要内容：习近平总书记重要讲话和指示批示（关于教育、科技、海洋强国等重要论述），党中央重大决策部署、重要会议精神、重要文件等，其他需要传达学习贯彻的事项等。

学习可采取集体学习、交流研讨、邀请专家解读、观看专题片等有效形式。学习要紧扣主题，做好会议记录，力戒形式主义，确保学习质量。

根据上级有关要求和学校决策会议决议需要制订贯彻落实方案的，责任领导、责任单位要及时形成可执行、可督导、可检查的具体措施。要将理论与工作实际相结合，确保将学习成效切实转化为指导推动学校事业发展的强大动力。

各级党组织要把执行"第一议题"学习制度作为加强党的政治建设、强化党员干部政治历练的重要抓手。全体党员要把执行"第一议题"学习制度作为不断提高政治判断力、领悟力、执行力的重要途径。

中国海洋大学中层干部选拔任用工作实施办法

海大党字〔2021〕39号

主要内容

选拔任用中层干部,坚持下列原则:(1)党管干部。(2)德才兼备、以德为先,五湖四海、任人唯贤。(3)事业为上、人岗相适、人事相宜。(4)公道正派、注重实绩、群众公认。(5)民主集中制。(6)依法依规办事。

选拔任用中层干部,把政治标准放在首位,将中层领导班子建设成为坚持党的基本理论、基本路线、基本方略,全心全意为广大师生员工服务,具有推进新时代中国特色社会主义高等教育事业发展和一流大学建设的能力,年龄结构、专业结构和知识结构合理,团结坚强的领导集体。

选拔任用中层干部,树立注重一线和多岗位锻炼的导向,大力选拔敢于负责、勇于担当、善于作为、实绩突出的干部。注重发现和培养选拔优秀年轻干部,用好各年龄段干部。统筹做好培养选拔女干部、党外干部、少数民族干部工作。对不适宜担任现职的领导干部应当进行调整,推进领导干部能上能下。

中层干部必须信念坚定、为民服务、勤政务实、敢于担当、清正廉洁,具备下列基本条件:(1)具有较强的思想政治素质,坚持以马克思列宁主义、毛泽东思想、邓小平理论、"三个代表"重要思想、科学发展观、习近平新时代中国特色社会主义思想为指导,增强"四个意识"、坚定"四个自信"、做到"两个维护",自觉在思想上政治上行动上同党中央保持高度一致,认真贯彻党的教育方针,坚持社会主义办学方向,严守政治纪律和政治规矩,经得起各种风浪考验。(2)具有胜任岗位职责所必须的专业知识和职业素养,熟悉高等教育工作和相关政策法规。(3)具有较强的组织领导能力,严格执行民主集中制,有全局观念和民主作风,善于团结合作,包括团结同自己有不同意见的同志一道工作。(4)具有强烈的责任心,坚持原则,敢于担当,有斗争精神和斗争本领,全身心投入工作,个人业务发展服从学校事业发展。(5)具有良好的品行修养,培育和弘扬社会主义核心价值观,恪守职业道德,尊师重道,为人师表,追求真理,淡泊名利,坚持党的群众路线,正确行使党和人民赋予的权利,严于律己,清正廉洁,师生威信高。

提拔担任中层干部的,应当具备下列基本资格:(1)具有大学本科以上("以上"包括本级别或本数,下同)学历。(2)具有正常履行职责的身体条件。(3)达到学校规定的干部教育培训有关要求;确因特殊情况在提任前未达到要求的,应当在提任后一年内完成。(4)担任党的领导职务的,应具有3年以上党龄。其中,提拔担任处级领导干部的,还应当具备:(5)具有学校二级教学科研单位工作经历或在2个以上单位任职的经历。(6)提拔担任正处级领导干部的,应任副处级职务2年以上;提拔担任副处级领导干部的,应任正科级职务(七级职员)3年以上。提拔担任学校党委工作部门、团委负责人和二级教学科研单位分管学生工作的党组织负责人的,原则上应具有学生工作经历。教务处、研究生院等部门的正职，原则上应具有院系教学科研经历和正高级专业技术职务。专业技术人员担任正处级领导干部，应具有正高级专业技术职务；专业技术人员担任副处级领导干部，应具有副高级以上专业技术职务。

敢于担当作为、表现特别优秀或者工作特殊需要的，经学校党委常委会研究，并报上级主管部门批准，可以破格提拔使用。任职试用期未满或者提拔任职不满1年的，不得破格提拔。不得在任职年限上连续破格。不得越两级提拔。破格提拔的特别优秀干部，应当政治过硬、德才素质突出、群众公认度高，且符合下列条件之一：（1）在关键时刻或者承担急难险重任务中经受住考验、表现突出、做出重大贡献；（2）在条件艰苦、环境复杂、基础差的单位工作实绩突出；（3）在其他岗位上尽职尽责，工作实绩特别显著。因工作特殊需要破格提拔的干部，应当符合下列情形之一：（1）领导班子结构需要或者领导岗位有特殊要求的；（2）专业性较强的岗位或者重要专项工作急需的。

分析研判和动议。党委组织部应当深化对干部的日常了解，坚持知事识人，把功夫下在平时，全方位、多角度、近距离了解干部。根据日常了解情况，对中层领导班子和领导干部进行综合分析研判，为学校党委选人用人提供依据和参考。学校党委或党委组织部根据工作需要和领导班子建设实际，结合综合分析研判情况，提出启动干部选拔任用工作意见。党委组织部综合有关方面建议和平时了解掌握的情况，就选拔任用的职位、条件、范围、方式、程序和人选意向等提出初步建议。党委组织部将初步建议向学校干部工作领导小组报告，对初步建议进行完善，经充分沟通酝酿后，形成工作方案。对动议的人选严格把关，根据工作需要，可以提前核查有关事项。研判和动议时，根据工作需要和实际情况，如确有必要，也可以把公开选拔、竞争上岗作为产生人选的一种方式。公开选拔、竞争上岗一般适用于中层副职领导职位。

民主推荐。选拔任用中层干部，应当经过民主推荐。民主推荐包括谈话调研推荐和会议推荐，推荐结果作为选拔任用的重要参考，在1年内有效。中层班子换届，民主推荐按照岗位设置全额定向推荐。个别提拔任职，可以按照拟任岗位进行定向推荐，也可以根据拟任岗位的具体情况进行非定向推荐。根据工作需要，可以在民主推荐前对推荐职位、条件、范围以及符合职位要求和任职条件的人选，在学校领导班子范围内进行沟通。民主推荐应综合学校领导、有关单位负责人、师生代表等有关方面意见。个别特殊岗位需要的干部人选，可以由学校党委直接推荐或者由党委组织部向学校党委推荐，报上级主管部门同意后作为考察对象。

考察。学校党委根据工作需要和干部德才条件，将民主推荐与日常了解、综合分析研判以及岗位匹配度等情况综合考虑，深入分析、比较择优，充分酝酿确定考察对象。考察对象一般应当多于拟任职务人数，意见比较集中的，也可以等额确定。考察对象确定后，党委组织部依据选拔任用岗位的职责条件，组织开展考察工作，全面考察其德、能、勤、绩、廉等方面情况，严把政治关、品行关、能力关、作风关、廉洁关。坚持"凡提四必"，严格审核考察对象的干部人事档案，查核个人有关事项报告，就党风廉政情况听取纪委意见，对反映问题线索具体、有可查性的信访举报进行核查。对需要进行经济责任审计的考察对象，事先按照有关规定委托审计处进行审计。

讨论决定和任职。中层干部的选拔任用，由学校党委常委会集体讨论决定。对拟破格提拔的人选在讨论决定前,必须报经上级组织(人事)部门同意。党委常委会讨论决定干部任免事项,必须有三分之二以上的常委到会。与会成员对任免事项,应当逐一发表同意、不同意或者缓议等明确意见,党委书记、校长要末位表态。在充分讨论的基础上,采取无记名投票方式进行表决。需要报上级备案的干部,应当按照规定及时向上级组织(人事)部门备案。学校纪委、工会、共青团组织的干部选拔任用在讨论决定前还应和上级有关部门充分协商。实行中层干部任前公示制度,平级调整及新提任的中层干部,在学校党委常委会讨论决定后、下发任职通知前,应当在全校范围内进行公示。中层干部的任职时间,自党委常委会决定之日起计算。由党的代表大会(党员大会)等选举的,任职时间自当选之日起计算。实行中层干部任职试用期制度,新提任中层干部试用期为1年。实行中层干部任职谈话制度,对决定任用的干部,学校党委组织任前集体谈话或由党委指派专人同干部本人谈话。试用期满正式任职的干部,由学校党委指派专人与其谈话。

交流、回避。实行中层干部交流制度,实行职务任期制,每届任期为5年,干部在同一岗位连续任职一般不超过2个任期或10年。实行中层干部任职回避制度,凡有夫妻关系、直系血亲关系、三代以内旁系血亲以及近姻亲关系的,不得在校内同一单位担任领导职务,不得担任双方直接隶属于同一领导人员的职务或者直接上下级领导关系的职务,也不得在其中一方担任领导职务的单位从事组织、人事、纪检、审计和财务工作。有导师与研究生关系的,不得在同一机关职能部门工作;已在同一机关职能部门工作的,应对其中一方任职岗位进行调整。实行中层干部选拔任用工作回避制度。

免职、辞职、降职。中层干部有下列情形之一的,一般应当免去现职:(1)达到任职年龄界限或者退休年龄界限的。(2)受到责任追究应当免职的。(3)不适宜担任现职应当免职的。(4)因违纪违法应当免职的。(5)辞职或者调出的。(6)离职学习期限超过1年的。(7)因健康原因,无法正常履行工作职责1年以上的。(8)因工作需要或者其他原因,应当免去现职的。实行中层干部辞职制度。实行中层干部降职使用制度。

中国海洋大学院级行政领导班子换届调整实施办法

海大党字〔2021〕40号

主要内容

院级行政领导班子换届调整在学校党委领导下进行,由党委组织部负责组织实施。

院级行政领导班子换届调整可以在本院内部进行,必要时也可以在校内外公开招聘行政领导班子成员。

院级行政领导班子实行任期制,每届任期为5年,班子成员在同一岗位连续任职一般不超过2届或10年。

院级行政领导班子的构成及班子成员任职资格如下:(1)院级行政领导班子设院长1人,业务副院长一般3人。(2)院级行政领导班子成员应具有大学本科以上学历。(3)具有正常履行职责的身体条件。(4)完成学校和所在单位安排的教育培训;确因特殊情况在提任前未完成的，应当在提任后一年内完成。（5）院级行政领导班子的构成应考虑学科布局。院长人选应具有正高级专业技术职务，原则上应是学院主要学科领域的学术带头人。业务副院长人选应具有副高级以上专业技术职务。（6）院级行政领导班子应注重加强梯队建设，优化班子年龄结构，班子副职人选构成中一般至少有1人年龄在40周岁以下。（7）根据学院规模等情况可配备1名行政副院长兼任办公室主任。

换届调整程序主要包括动议、民主推荐、考察、研究决定、公示发文等。

中国海洋大学系级行政领导班子换届调整实施办法
海大党字〔2021〕41号

主要内容

系级行政领导班子换届调整由学院党委负责组织实施。

系级行政领导班子实行任期制，每届任期为5年，班子成员在同一岗位连续任职一般不超过2届或10年。

系级行政领导班子的构成及班子成员任职资格如下：（1）系级行政领导班子设主任1人，副主任1~2人。（2）系级行政领导班子成员应具有正常履行职责的身体条件。（3）系级行政领导班子的构成应考虑学科专业布局。主任人选原则应具有正高级专业技术职务，副主任人选一般应具有副高级以上专业技术职务。（4）系级行政领导班子应注重加强梯队建设，优化班子年龄结构，班子人选构成中一般至少有1人年龄在40周岁以下。

换届调整程序主要包括动议、民主推荐、考察、研究确定及公示、备案批复、学院公布。

中共中国海洋大学纪律检查委员会关于加强纪委全委会自身建设的意见
海大纪字〔2023〕2号

主要内容

一、旗帜鲜明讲政治，做到对党绝对忠诚

1. 坚持不懈用习近平新时代中国特色社会主义思想统一思想、统一意志、统一行动。认真落实"第一议题"制度，深学笃用习近平新时代中国特色社会主义思想，提高政治判断力、政治领悟力、政治执行力。

2. 全面学习、全面把握、全面落实党的二十大精神。深学习、实调研、抓落实，切实把党的二十大精神学深悟透、融会贯通、落实落地。

3. 始终把坚持和加强党的全面领导贯穿工作全过程。深刻领悟"两个确立"的决定性意义，在思想上政治上行动上同以习近平同志为核心的党中央保持高度一致。

二、履职尽责创一流，做到敢于善于斗争

1. 坚决扛起"两个维护"重大政治责任。坚持把"两个维护"作为最高政治原则和根本政治规矩，心怀"国之大者"，部署推进政治监督具体化、精准化、常态化。

2. 坚定贯彻学校第十一次党代会战略部署。深刻理解领会学校第十一次党代会精神，带头抓好学习宣传贯彻。

3. 加强对学校纪检监察工作的集体领导。认真贯彻民主集中制，讨论决定学校纪委重要事项。

4. 坚持以严的基调推进正风肃纪反腐。发扬斗争精神，坚定斗争意志，增强斗争本领，协助党委推进全面从严治党，确保校园风清气正。

三、廉洁自律做表率，做到自身正自身硬

1. 带头加强作风建设。严格执行中央八项规定及其实施细则精神，带头坚决反对和纠治"四风"。

2. 严格遵守纪律和规矩。时刻以更高标准和更严要求约束自己，坚守政治红线、纪律高压线、廉洁底线。

3. 自觉接受各方面监督。用好批评和自我批评武器，自觉接受组织和师生监督，做自身正自身硬的纪检监察铁军。

中共中国海洋大学纪律检查委员会委员履行职责发挥作用的实施办法（试行）

海大纪字〔2023〕3号

主要内容

学校纪委委员履行职责、发挥作用要坚持以习近平新时代中国特色社会主义思想为指导，深刻领悟"两个确立"的决定性意义，增强"四个意识"、坚定"四个自信"、做到"两个维护"。要发扬斗争精神，坚定斗争意志，增强斗争本领，用好深学习、实调研、抓落实工作方法，在党风廉政建设和反腐败斗争一线砥砺品格操守，在围绕中心、服务大局中彰显担当作为。要坚持自身正自身硬自身廉，始终做到依规依纪、谦虚谨慎，避免形式主义、官僚主义，防止特权思想、特权行为。

工作职责：（1）把坚决维护习近平总书记党中央的核心、全党的核心地位，坚决维护党中央权威和集中统一领导作为最高政治原则和根本政治责任，自觉维护党章和其他党内法规，深入贯彻上级及学校党委关于全面从严治党、党风廉政建设和反腐败工作的部署要求，严格执行学校纪委的决议和决定。（2）参与集体领导，研究并确定学校纪委年度工作计划、重大工作部署；讨论并通过学校纪检监察工作制度；听取重要问题线索和重大案件查办情况汇报，讨论并决定对违规违纪党组织、党员的纪律处分意见；讨论并决定对失职失责党组织和党员干部的问责或追责意见；讨论并决定对党组织、党员申诉的处理意见或复议、复查结论；听取并审议学校纪委工作报告；研究并决定其他重要事项。（3）分工联系二级单位，加强对联系单位学习贯彻习近平总书记重要讲话和重要指示批示精神，落实党中央、教育部党组、山东省委、学校党委决策部署，履行全面从严治党责任，贯彻执行民主集中制，领导干部特别是"一把手"和领导班子成员公正用权、依法用权、廉洁用权、担当作为等情况的监督。根据工作要求，参加联系单位的民主生活会等重要会议，参与相关专项监督工作。（4）积极开展纪律教育和廉洁教育，加强全面从严治党、党风廉政建设和反腐败工作的形势任务以及家风家教等宣传教育，推进廉洁文化建设。（5）根据工作需要，参与相关问题线索处置工作。（6）围绕全面从严治党、党风廉政建设和反腐败工作重点，师生反映强烈的问题以及纪检监察工作难点，深入开展调查研究，有针对性地提出对策建议。（7）加强对学校纪检监察干部履职用权情况的监督。（8）完成学校纪委交办的其他工作任务。

保障机制：主要包括学习、培训、调研机制，重要情况及时通报机制，重要事项集体决策机制，意见建议办理反馈机制，日常沟通联系协调机制。

中共中国海洋大学纪律检查委员会加强政治监督的实施意见
海大纪字〔2023〕5号

主要内容

指导思想：以习近平新时代中国特色社会主义思想为指导，深入学习贯彻党的二十大精神，认真落实上级纪检监察机关和学校党委工作要求，坚持鲜明的政治导向，增强斗争精神和斗争本领，努力做到党中央决策部署到哪里、政治监督就跟进到哪里，以有力监督推动全校各级党组织和广大党员、干部深刻领悟"两个确立"的决定性意义，增强"四个意识"、坚定"四个自信"、做到"两个维护"，全面贯彻党的教育方针，深入落实立德树人根本任务，奋力开创特色显著的世界一流大学建设新局面。

工作原则：坚持政治导向，坚持问题导向，坚持精准聚焦，坚持融入日常。

监督对象：学校各级党组织和全体党员，重点是各级领导班子和领导干部特别是"一把手"。

监督内容：（1）落实党的理论和路线方针政策情况；（2）坚持社会主义办学方向情况；（3）落实立德树人根本任务情况；（4）推动落实学校事业发展情况；（5）履行全面从严治党责任情况；（6）权力正确规范运行情况。

监督方式：强化日常监督，聚焦落实党中央和上级决策部署以及管党治党、办学治校重要事项，针对系统性、普遍性问题和师生反映强烈、损害师生利益的突出问题开展专项监督。根据工作需要，可以采取会议监督、调研监督、谈心谈话、受理信访、监督巡视巡察整改、听取述责述廉、完善廉政档案等方式。

工作要求：健全"发现问题、严明纪法、整改纠偏、深化治理"的工作闭环，充分发挥监督保障执行、促进完善发展作用。坚决避免形式主义、官僚主义，坚决防止特权思想、特权行为。

中共中国海洋大学委员会发展党员工作实施细则（修订）

海大党字〔2023〕28号

主要内容

发展党员工作应当贯彻党的基本理论、基本路线、基本方略，按照控制总量、优化结构、提高质量、发挥作用的总要求和坚持标准、保证质量、改善结构、慎重发展的方针，有领导、有计划地进行，坚持入党自愿原则和个别吸收原则，成熟一个，发展一个。

提出入党申请：符合党章规定并自愿申请入党的入党申请人应当向工作、学习所在单位党组织提出书面申请。党组织收到入党申请书后，应在1个月内派人同入党申请人谈话，了解入党申请人的入党动机、思想动态、学习工作情况、主要经历和家庭情况等，介绍入党条件和程序，对其提出希望要求。

入党积极分子的确定和培养教育：在入党申请人中确定入党积极分子，应当采取党员推荐、群团组织推优等方式产生人选，由党支部委员会（不设党支部委员会的由支部大会，下同）根据推荐、推优情况研究确定。党组织应当指定一至两名正式党员作入党积极分子的培养联系人。党组织应当采取吸收入党积极分子听党课、参加党内有关活动，给他们分配一定的社会工作以及集中培训等方法，对入党积极分子进行教育。入党积极分子每季度至少要向党组织汇报一次思想、学习和工作情况。党支部每半年要对入党积极分子进行一次考察。

发展对象的确定和考察：对经过1年以上培养教育和考察、基本具备党员条件的入党积极分子，在听取党小组、培养联系人、党员和群众意见的基础上，经党支部委员会讨论同意并报上级党组织审查备案后，可列为发展对象。入党积极分子被确定为发展对象后，党组织必须对发展对象进行政治审查。学校党校举办党员发展对象培训班，对发展对象进行短期集中培训。

预备党员的接收：党支部委员会应当对发展对象进行严格审查，经集体讨论认为合格后，报具有审批权限的党委预审。经预审合格、公示无异议的发展对象，上级党委向其发放《中国共产党入党志愿书》。支部大会按照程序讨论接收预备党员。此后由学校党委指派组织员对发展对象进行入党材料审查和谈话。预备党员必须由党委审批。

预备党员的教育、考察和转正：党组织应及时将上级党委批准的预备党员编入党支部或党小组，通过党的组织生活、听取本人汇报、个别谈心、集中培训、实践锻炼等方式，对预备党员接续进行教育和考察。预备党员必须面向党旗进行入党宣誓，要经常向入党介绍人和党支部汇报自己的思想、学习和工作等方面的情况。预备党员的预备期为1年。预备党员转为正式党员、延长预备期或取消预备党员资格，应当经支部大会讨论通过和上级党委批准。党员的党龄，从预备期满转为正式党员之日算起。

中国海洋大学基层党组织选举工作办法（修订）

海大党字〔2023〕37号

主要内容

学部、学院（中心）党组织每届任期为5年；其他二级党组织设立党的委员会的每届任期为5年，设立党的总支部委员会、支部委员会的每届任期为3年。二级党组织下辖的党支部委员会每届任期为3年。党的基层组织设立的委员会任期届满应当按期进行换届选举。

党的委员会一般由5至9人组成，最多不超过11人，设书记、副书记。党的总支部委员会一般由5至7人组成，最多不超过9人，设书记、副书记。党支部委员会由3至5人组成，一般不超过7人，设书记和组织委员、宣传委员、纪检委员等，必要时可以设1名副书记；正式党员不足7人的党支部，设1名书记，必要时可以设1名副书记。

二级党组织委员会委员产生的主要程序：（1）召开上届委员会会议确定新一届委员会组成原则，并组织所辖党支部酝酿推荐，根据多数党支部的意见提出候选人初步人选。（2）上届委员会对委员候选人初步人选的德、能、勤、绩、廉等情况进行全面考察，召开委员会会议，根据考察结果初步拟定委员候选人预备人选名单。（3）上届委员会将初步拟定的委员候选人预备人选名单返回各支部征求意见后，召开委员会会议，根据多数党支部的意见确定委员候选人预备人选名单。（4）召开党员大会的，候选人预备人选名单报学校党委审查同意后，组织党员酝酿确定候选人，提交党员大会进行选举。召开党员代表大会的，候选人预备人选名单报学校党委审查同意后，提请大会主席团讨论通过，由大会主席团提交各代表团酝酿讨论，根据多数代表的意见确定候选人，提交党员代表大会进行选举。

党的支部委员会委员的产生，由上届委员会根据多数党员的意见提出人选，报上级党组织审查同意后，组织党员酝酿确定候选人，在党员大会上进行选举。党的基层组织设立的委员会的书记、副书记的产生，由上届委员会提出候选人预备人选，报上级党组织审批同意后，在委员会全体会议上进行选举。不设委员会的党支部书记、副书记的产生，由全体党员充分酝酿，提出候选人预备人选，报上级党组织审批同意后，在党员大会上进行选举。

进行选举时，有选举权的到会人数不少于应到会人数的五分之四，会议有效。选举设监票人，负责对选举全过程进行监督。选举采用无记名投票的方式。进行正式选举时，被选举人获得的赞成票超过应到会有选举权人数半数的，始得当选。

中国海洋大学监督工作联席会议制度实施办法（试行）

海大党字〔2023〕63号

主要内容

在学校党委统一领导下，建立监督工作联席会议（以下简称联席会议）制度，充分发挥纪委党内监督专责机关职能，以党内监督为主导，推动各类监督贯通协调、形成合力，释放更大监督效能，为实施新时代海大工程、加快建设特色显著的世界一流大学提供坚强保障。

联席会议召集人为学校纪委书记，成员单位一般包括纪委办公室、纪委监督检查室、监察处、党委巡察工作办公室、党委组织部、党委教师工作部、人事处、财务处、审计处。

联席会议的主要职责是学习贯彻上级及学校党委关于全面从严治党、党风建设和反腐败工作的决策部署，以及关于监督工作的部署要求；推动联席会议成员单位之间加强信息沟通，会商重要事项，共享监督成果；根据需要，统筹各类监督力量和监督措施，协同做好监督工作；听取并研究联席会议成员单位在监督工作中发现的普遍性、倾向性问题；其他需要研究沟通协调的事项。

联席会议一般由召集人召集，根据议题需要，由全部或部分成员单位主要负责人参加，可视情请有关校领导出席、吸收其他相关部门参加。联席会议每学期召开1～2次，也可根据工作需要随时召开。联席会议办公室设在纪委办公室，负责会议协调、组织、记录、保障、督办等工作。

通过联席会议制度，健全完善成员单位之间的信息沟通、工作协同、成果共享、线索移交等工作机制，形成常态长效的监督合力。

中国海洋大学督查督办工作实施办法

海大党字〔2023〕73号

主要内容

督查督办工作基本原则：围绕中心，突出重点；归口办理，加强协同；科学规范，注重效率；实事求是，务求实效。

党委办公室、校长办公室是学校督查督办工作的日常办事机构，负责具体组织、协调、实施督查督办日常工作。

督查督办工作具体范围：上级重大决策部署、重要决定、重要文件、重要会议要求办理的事项，上级领导同志批示交办的事项；学校党委常委会、校长办公会及其他重要会议决策中需要督查督办的议定事项；学校发展规划、年度工作要点及学校决策部署等重点工作任务落实情况；学校领导批示、交办的重要工作事项；重大信访事项及师生员工反映强烈的热点难点问题办理情况；其他需要督查督办的事项。

学校各单位是督查督办事项的承办单位，各单位主要负责人是落实督查督办工作的第一责任人，对督查督办落实情况的及时性、准确性、真实性负责。

督查督办工作基本形式包括定期督查督办、专项督查督办、联合督查督办、挂牌督查督办。

督查督办工作实行限期办结制度、定期通报制度、年度考核制度。

中国海洋大学中层领导班子和领导干部年度考核实施办法
海大党字〔2023〕89号

主要内容

考核工作坚持以习近平新时代中国特色社会主义思想为指导，贯彻落实新时代党的建设总要求和新时代党的组织路线，坚持把政治标准放在首位，坚持严管和厚爱结合、激励和约束并重，调动学校中层领导班子和领导干部积极性、主动性、创造性，激励领导班子干事创业、担当作为，激励广大干部守初心、担使命，为一流大学建设贡献力量。

考核工作在学校党委领导下进行，坚持党管干部，德才兼备、以德为先，事业为上、公道正派，注重实绩、群众公认，分级分类、简便有效，考用结合、奖惩分明的原则。

中层领导班子考核内容主要包括政治思想建设、领导能力、工作实绩、党风廉政建设、作风建设等方面情况。实施考核时，机关职能部门和直属业务单位的考核侧重于立足学校事业发展，推进学校重点工作、完成学校重要任务情况；教学科研单位的考核侧重于办学指标方面取得的发展进步情况。

中层领导干部考核内容主要包括德、能、勤、绩、廉等方面情况。实施考核时，对中层正职领导干部的考核侧重于组织领导与决策、抓班子带队伍、破难题促发展，推动本单位事业高质量发展等情况；对中层副职领导干部考核侧重于组织协调、执行落实、开拓创新、推进分管工作取得有力提升和突破等情况。

考核工作流程主要包括形成年度总结，各单位述职述廉与民主测评，学校召开述职评议会议。述职评议结果以一定权重进行汇总统计，按照教学科研单位、机关职能部门、直属业务单位三个类别分别排序。

中层领导班子考核结果分为优秀、良好、一般、较差四个等次。中层领导干部考核结果分为优秀、称职、基本称职和不称职四个等次。

中国海洋大学二级党组织工作细则（修订）①

海大党字〔2023〕94号

主要内容

学校党委根据二级单位工作需要和党员人数，设立党的委员会、总支部委员会、支部委员会。

二级党组织应当强化政治功能，履行政治责任，保证教学、科研、管理等各项任务完成，支持本单位行政领导班子和负责人开展工作，健全集体领导、党政分工合作、协调运行的工作机制。其主要职责：（1）宣传和执行党的路线方针政策以及上级党组织的决议，并为其贯彻落实发挥保证监督作用。（2）通过党政联席会议，讨论和决定本单位重要事项。召开党组织会议研究决定干部任用、党员队伍建设等党的建设工作。涉及办学方向、教师队伍建设、师生员工切身利益等事项的，应当经党组织先行把关，再提交党政联席会议决定。（3）加强党组织自身建设，具体指导党支部开展工作。（4）领导本单位的思想政治工作。（5）坚持党管干部、党管人才，加强本单位干部队伍和人才队伍建设。（6）领导本单位群团组织、学术组织和教职工代表大会。做好统一战线工作。（7）做好党组织的日常管理工作。

二级党组织书记主持二级党组织全面工作，履行全面从严治党和抓基层党建工作第一责任人职责。

工作制度包括民主集中制、委员会会议制度、党政联席会议制度、民主生活会制度、党支部书记例会制度、理论学习中心组学习制度、联系师生制度。

学校党委加强对二级党组织工作的领导，每年开展二级党组织书记履行全面从严治党责任和抓基层党建工作述职评议考核，对党内先进集体和优秀个人进行表彰，对违反党章和其他党内法规，不履行或者不正确履行职责的二级党组织及其负责人进行问责。

中国海洋大学党支部工作细则（修订）②

海大党字〔2023〕95号

主要内容

党支部是党的基础组织，是党组织开展工作的基本单元，是党的全部工作和战斗力的基础，担负着直接教育党员、管理党员、监督党员和组织师生、宣传师生、凝聚师生、服务师生

---

① 学校于2005年制定《中国海洋大学院（系）党总支工作细则（试行）》，2017年修订成为《中国海洋大学二级党组织工作细则》，2023年再次修订，此处选取2023年版本。

② 学校于2005年制定《中国海洋大学党支部工作细则（试行）》，2017年、2023年先后进行修订，此处选取2023年版本。

的职责。

党支部根据党员人数和便于开展活动、发挥作用的原则设置。凡是有正式党员3人以上的单位，都应当成立党支部。

基层党支部设置应当与教学、科研、管理、服务等机构相对应。教师党支部一般按照学部、学院（中心）内设的教学、科研机构设置，学生党支部一般按照年级班级或者学科专业设置。可以依托重大项目组、科研平台或者学生社区等设置师生党支部，注重在本科低年级建立党支部、开展党的工作。机关、直属单位的党支部一般按照部门或单位设置。离退休教职工党支部一般按照就近、便于开展活动的原则设置。

党支部党员大会是党支部的议事决策机构，由全体党员参加，一般每季度召开1次。党支部委员会是党支部日常工作的领导机构，党支部委员会会议一般每月召开1次，根据需要可以随时召开。

党员人数较多或者党员工作地、居住地比较分散的党支部，按照便于组织开展活动原则，应当划分若干党小组，党小组会一般每月召开1次。

党支部应当组织党员按期参加党员大会、党小组会和上党课，定期召开党支部委员会会议。"三会一课"应当突出政治学习和教育，突出党性锻炼，以"两学一做"为主要内容，结合党员思想和工作实际，确定主题和具体方式，做到形式多样、氛围庄重。党支部每年至少召开1次组织生活会，一般每年开展1次民主评议党员，应当经常开展谈心谈话。

第三章

人才培养

学校坚持把立德树人作为根本任务，以培养德智体美劳全面发展、具有民族精神和社会责任感、具有国际视野和合作竞争意识、具有科学精神和人文素养、具有创新意识和实践能力的高素质创新型人才为目标，以造就国家海洋事业的领军人才和骨干力量为特殊使命，围绕学生思政与学生管理、本科教育、研究生教育、留学生教育、继续教育与非学历教育等，制定实施一系列规章制度，建立健全人才培养制度体系，不断提升人才培养质量。在学生思政与学生管理方面，围绕学生思想政治教育、评奖评优、解困助学、就业创业等制定了80余项制度；在本科教育方面，坚持"通识为体，专业为用"的本科教育理念，实行有限条件的自主选课制度和学业识别与毕业专业识别确认制度，制定本科教学章程，围绕招生录取、教学规划、教学运行管理、学生学业与学籍管理等制定了100余项制度；在研究生教育方面，围绕招生录取、研究生培养、学位授予与管理等制定了60余项制度；在留学生教育、继续教育、非学历教育方面，先后制定20余项制度。

第一节　学生思政与学生管理

中共中国海洋大学委员会关于进一步加强和改进大学生思想政治教育的意见

海大党字〔2005〕7号

主要内容

一、充分认识进一步加强和改进大学生思想政治教育的重要性

学校大学生思想政治状况的主流是积极、健康、向上的。随着全球经济发展变化，随着我国对外开放不断扩大、社会主义市场经济的深入发展，各种思想和文化相互激荡，大学生思想活动的独立性、选择性、多变性、差异性明显增强，使当前大学生思想政治教育面临着许多新情况、新问题和新挑战。在学校，也有少数学生不同程度地存在理想信念模糊、诚信意识淡薄、社会责任感不强、艰苦奋斗精神淡化、团结协作观念较差等问题。面对新形势、新情况，学校大学生思想政治教育工作还存在一些不适应：全员育人的意识和责任还需进一步增强，大学生思想政治教育工作队伍建设还需进一步加强，网上宣传和舆论引导还需进一步加强。

二、加强和改进大学生思想政治教育的指导思想、基本原则和主要任务

指导思想：坚持以马克思列宁主义、毛泽东思想、邓小平理论和"三个代表"重要思想为指导，深入贯彻党的十六大精神，全面落实党的教育方针，紧密结合全面建设小康社会的实际，以理想信念教育为核心，以爱国主义教育为重点，以思想道德建设为基础，以大学生全面发展为目标，解放思想、实事求是、与时俱进，坚持以人为本，贴近实际、贴近生活、贴近学生，努力提高思想政治教育的针对性、实效性和吸引力、感染力，培养德智体美全面发展的社会主义合格建设者和可靠接班人。

基本原则：坚持教书与育人相结合，坚持教育与自我教育相结合，坚持政治理论教育与社会实践相结合，坚持解决思想问题与解决实际问题相结合，坚持教育与管理相结合，坚持继承优良传统与改进创新相结合。

主要任务：以理想信念教育为核心，深入进行树立正确的世界观、人生观和价值观教育；以爱国主义教育为重点，深入进行弘扬和培育民族精神教育；以基本道德规范为基础，深入进行公民道德教育；以大学生全面发展为目标，深入进行素质教育。

三、进一步加强和改进大学生思想政治教育的措施

充分发挥课堂教学在大学生思想政治教育中的主导作用，积极发挥思想政治理论课对大学生思想政治教育的主渠道作用。学校的各门课程都具有育人功能，每一个教师都负有育人职责。形势与政策教育是思想政治教育的重要内容和途径，哲学社会科学课程负有思想政治教育的重要职责。广大教师要德以修己，教以导人，注重挖掘所授课程的思想政治教育资源，在传授专业知识的过程中，自觉地渗透思想教育和道德教育。

大力加强校园文化建设，主动占领网络思想政治教育阵地，牢固树立"树魂立根"的教育理念，开展深入细致的思想政治工作。重视并加强大学生心理健康教育与咨询工作。加强国防教育，认真组织大学生参加军政训练。牢固树立"以学生为本"的工作理念，努力解决大学生的实际问题。发挥共青团和学生会、研究生会的作用，推进大学生思想政治教育。依托班级、社团等组织形式，开展大学生思想政治教育。

中国海洋大学关于进一步加强和改进班主任工作的意见

海大学字〔2005〕19号

主要内容

一、充分认识进一步加强和改进班主任工作的重要意义

班主任是学校教师队伍的重要组成部分，是从事德育工作和开展大学生思想政治教育的骨干力量，工作在学生教育管理第一线，在思想、学习和生活等方面负有指导学生、关心学生的职责，是大学生健康成长的指导者和引路人。加强班主任队伍建设，是加强和改进大学生思想政治教育和维护高校稳定的重要组织保证和长效机制之一，对于全面贯彻党的教育方针，把大学生思想政治教育的各项任务落到实处，具有十分重要的意义。

二、加强和改进班主任工作应遵循的指导思想

坚持以马克思列宁主义、毛泽东思想、邓小平理论和"三个代表"重要思想为指导,深入贯彻党的十六大精神,全面落实党的教育方针,为班主任创造良好的政策环境、工作环境和生活环境,提高班主任队伍的整体水平,进一步提高学校大学生教育管理工作的水平和实效。

三、做好班主任的选聘配备工作

做好班主任的选聘配备工作,是加强班主任队伍建设的基础。班级是大学生的基本组织形式,是学校对学生实施教育和管理的基层单位。每个班级配备一名班主任(60名学生以上的班级可配备2名班主任)。原则上,专职学生工作干部不能兼任班主任,每位教师只能担任一个班的班主任,班主任的任期为四年,一般不得少于两年。

严格班主任的聘任条件。班主任应从思想素质好、业务水平高、奉献精神强的教师中选聘,原则上应具备相关学科专业背景和较强的组织管理能力。学部、各院(系)要高度重视班主任的选聘工作,必须坚持政治强、业务精、纪律严、作风正的标准,把德才兼备、乐于奉献、潜心教书育人、热爱大学生思想政治教育事业的人员选聘到班主任队伍中来。专任教师晋升高一级教师职务时,原则上要有担任班主任等学生教育管理工作的经历。

四、进一步明确班主任的工作职责

班主任应认真贯彻执行党的教育方针和学校的各项规章制度,全面负责学生的思想教育和日常管理工作,对学生加强思想引导、专业辅导、生活指导、心理疏导及职业规划指导,使学生成为德智体美全面发展的社会主义合格建设者和可靠接班人。(1)抓好学生的日常思想教育工作,组织学生开展各种适合大学生特点的思想政治教育活动。(2)对学生选课、专业方向选择、专业学习及学习方法等进行指导。(3)协调相关资源,帮助指导学生参加专业学习和课题研究,定期为学生开设或组织专题学术讲座,指导学生开展社团活动、社会实践活动和科技创新活动。(4)及时了解掌握学生的思想动态、学业进展情况及专业能力、素质培养情况,帮助指导学生解决思想问题及在学习、生活中遇到的困难和问题。(5)协助培养班级干部,指导学生干部开展工作,经常参加班委会,培养学生自我管理、自我教育、自我服务的能力。(6)抓好学生的日常管理工作。(7)坚持每月不少于一次的班级例会、每学期一次班级工作总结制度。(8)做好经济困难学生的帮扶工作,关心大学生的心理健康,对学生进行安全教育。(9)指导大学生开展职业生涯规划和就业工作。(10)注意加强与学生及其家庭的联系沟通,共同做好学生的教育、管理和服务工作。

五、大力加强班主任队伍的培养培训工作

制订班主任培训规划,建立多形式的培训体系,做到先培训后上岗,坚持日常培训和专题培训相结合,学校培训与学部、院(系)培训相结合。

六、继续加强对班主任的工作考核

班主任的考核由学部、各院(系)组织实施,报学生工作处、教务处、人事处审核,每年进行一次。主要考核班主任工作职责的完成情况和工作效果。考核的结果分为三个等级:优秀,指完成工作任务且成绩突出;合格,指能够完成工作任务;不合格,指不能按时完成工作任务且工作质量不高。

七、切实落实班主任的待遇

班主任在晋升专业职务时，要充分考虑其担任班主任的工作经历和业绩。班主任的岗位津贴纳入学校内部分配体系统筹考虑，经考核合格者每人发放津贴1200元/年。班主任表彰奖励纳入学校教职工表彰奖励体系中，对于成绩突出者，学校授予优秀班主任称号。

中国海洋大学学生奖励条例（试行）

海大学字〔2007〕54号

主要内容

学校对学生的奖励主要分为颁发奖学金和授予荣誉称号。

学校设立的奖学金有优秀新生入学奖学金、学生奖学金、理科人才培养基地奖学金、国家生命科学与技术人才培养基地学生奖学金、专项奖学金、毕业生服务西部奖学金等。

奖学金评选实行申报制。申请奖学金者除具备所申请奖学金的具体条件外，还必须符合以下条件：坚持四项基本原则，拥护党的路线、方针、政策；遵守国家法律法规及校规校纪，品行端正，无违法违纪行为；学习态度端正，勤奋刻苦，成绩合格；当学年思想政治素质测评等级为"良好"以上（含"良好"）。

奖学金评审程序：（1）本人申报、班级初评；（2）院（系）进行初步审核；（3）学生工作处进行审核；（4）上报主管校长批准执行。

学校设立的学生个人荣誉称号包括优秀学生标兵、优秀学生、优秀学生干部、优秀毕业生。学校设立的集体荣誉称号包括先进班集体及其他优秀集体奖。

各院（系）学生荣誉称号的评定工作在学生素质测评和奖学金评定工作的基础上进行，由各院（系）具体实施；优秀学生标兵、优秀学生、优秀学生干部、先进班集体的评选一般在每学年第一学期前四周内进行，优秀毕业生在学生毕业前评选。

中国海洋大学学生会工作条例

海大学生字〔2009〕1号

主要内容

中国海洋大学学生会是在校党委的领导下，在校团委的直接指导下，广大青年学生自我管理、自我教育、自我服务的组织。

校学生会的基本任务：遵循和贯彻党的教育方针，组织同学开展学习、科技、文体、社会实践、志愿服务等多种活动，促进同学全面发展；维护校规校纪，倡导良好的校风、学风，促进同学之间、同学与教职员工之间的团结，协助学校建设良好的教学秩序和学习、生活环境；组织同学开展勤工助学、校园公益等自我服务活动，协助学校解决同学在学习和生活中遇到的实际问题；沟通学校党政与广大同学的联系，通过各种正常渠道，反映同学的建议、意见和要求，参与涉及学生的学校事务的民主管理，维护同学的正当权益。帮助指导院学生会开展工作。积极加强本校与外校之间的联系和交流，促进各学生组织之间的交流。

中国海洋大学研究生奖励条例
海大研字〔2012〕21号

主要内容

学校对研究生的奖励主要分为颁发奖学金和授予荣誉称号。各类奖励的评审应遵循公开、公平、公正的原则。研究生奖励工作由研究生教育中心主管，由各院（系）研究生奖励工作领导小组负责组织实施。

校设立的奖学金有基本奖学金、学业奖学金和专项奖学金等。各类奖学金的评选和发放按照各奖学金的管理办法进行。

学校设立以下研究生个人荣誉称号：优秀研究生、优秀研究生干部、研究生实践活动积极分子、优秀毕业研究生、其他。学校设立以下集体荣誉称号：研究生先进班集体、其他。

学校授予"优秀研究生""优秀研究生干部""研究生实践活动积极分子""优秀毕业研究生"获得者相应的荣誉称号，颁发证书，发放奖品，在全校通报表扬。学校授予"研究生先进班集体"获得者相应的荣誉称号，颁发奖状，在全校通报表扬，按15元/人一次性发放奖励金作为班级活动费用。

中国海洋大学研究生国家助学金管理暂行办法
海大字〔2014〕14号

主要内容

为完善研究生奖助政策体系，根据《研究生国家助学金管理暂行办法》（财教〔2013〕220号）的精神，自2014年秋季学期起，学校为符合条件的研究生发放研究生国家助学金。研究生国家助学金由中央财政出资设立，用于补助研究生基本生活支出。

博士研究生资助标准每生每年12000元，硕士研究生资助标准每生每年6000元。学校每年按12个月将研究生国家助学金发放到符合条件的研究生个人银行账户。

超过规定基本学制年限的延期毕业生不再享受研究生国家助学金，实际修业年限少于规定基本学制年限的研究生按照实际修业年限发放国家助学金。硕博连读研究生根据当年所修课程的层次阶段确定身份参与国家助学金的发放。

中国海洋大学研究生国家奖学金评审实施办法

海大研字〔2014〕21号

主要内容

博士研究生国家奖学金奖励标准为每生每年3万元，硕士研究生国家奖学金奖励标准为每生每年2万元。学校每年根据国家下达的名额，统筹安排研究生国家奖学金的名额分配、评审和发放，充分发挥国家奖学金的激励作用。

研究生国家奖学金基本申请条件：热爱社会主义祖国，拥护中国共产党的领导；遵守宪法和法律，遵守学校规章制度；诚实守信，学风严谨，道德品质优良；学习态度端正，成绩优异，并能将知识内化为创新潜能；创新思维活跃，发展潜力突出。

博士研究生国家奖学金获得者应至少满足下列条件之一：在读期间，在本学科领域内有较高影响力的学术期刊上正式发表或有明确创新点的已接收待发表的高水平学术论文，或其他具有较高学术价值或应用价值的科研成果；获得具有应用价值的发明专利授权或重要的实用新型专利授权；参加国际性、全国性的学术活动，成绩优异。

研究生国家奖学金每年评审一次。有意愿申请国家奖学金的研究生，须由本人向所在院（系）的研究生国家奖学金评审分委员会提出申请，并提交研究生课程学习成绩单、科研成果及获奖证书等证明材料。各院（系）根据实际情况，按不超过学校下达名额120%的比例进行推荐。采取公开答辩的形式，根据研究生表现出的创新思维与潜力、创新成果的水平等，确定本院（系）推荐获奖研究生初步名单。学校研究生国家奖学金评审领导小组办公室根据各院（系）申报情况进行审核后提交学校研究生国家奖学金评审委员会最终评定。

中国海洋大学学生违纪处分规定（修订）

海大学字〔2017〕47号

主要内容

为维护学校正常的教育教学和生活秩序，保障学生合法权益，培养德、智、体、美等方面全面发展的社会主义建设者和接班人，根据《中华人民共和国高等教育法》《普通高等学校学生管理规定》《高等学校学生行为准则》等有关法律及规定，结合学校实际情况，制定本规定。

学校给予学生处分，应当坚持教育与惩戒相结合，与学生违纪行为的性质和过错的严重程度相适应。学校对学生的处分，应当做到证据充分、依据明确、定性准确、程序正当、处分适当。学生有按本规定及学校相关规定进行陈述、申辩和申诉的权利。

对有违纪行为的学生，学校可视情节轻重，给予下列纪律处分：警告，严重警告，记过，留校察看，开除学籍。警告、严重警告处分期限为6个月，记过、留校察看处分期限为12个月。处分期自处分决定书印发之日起计算。

处分管理权限和程序：学生工作处、研究生院为学生纪律处分的主管部门。学生违纪行为发生后，与学生违纪行为相关的部门应立即对学生违纪情况进行调查取证，并通知学生所在学院（中心）协助调查，并做好违纪学生的思想教育工作。调查结束后，调查部门应将调查详细情况、学生违纪证据材料，送交学生所在学院（中心）。学院（中心）召开党政联席会议研究提出学生处分建议，学生工作处或研究生院根据学院（中心）的处分建议和违纪事实研究作出拟处分决定，报主管校领导或校长办公会决定。

学院（中心）负责对受处分学生进行批评教育和考察，鼓励、帮助和督促其改正，解除处分后，学生获得表彰、奖励及其他权益，不再受原处分的影响。

中国海洋大学关于进一步加强和改进大学生心理健康教育的意见

海大学字〔2017〕62号

主要内容

一、深刻认识加强和改进大学生心理健康教育的重要性和紧迫性

大学生心理健康教育是素质教育的重要内容，是新时期培养高素质合格人才的迫切需要和重要环节，是加强和改进大学生思想政治教育工作的重要任务。加强和改进大学生心理健康教育，要以中国特色社会主义理论体系为指导，深入贯彻习近平总书记系列重要讲话精神，遵循思想政治教育和大学生心理发展规律，提高大学生的社会适应能力、挫折承受能力和情绪调节能力，促进学生心理素质与思想道德素质、科学文化素质和身体素质的全面协调发展。

二、明确加强和改进大学生心理健康教育的基本原则和目标体系

基本原则：坚持心理健康教育与思想教育相结合，坚持普及教育与个别咨询相结合，坚持课堂教育与课外活动相结合，坚持教育与自我教育相结合，坚持解决心理问题与解决实际问题相结合。

目标体系：（1）心理素质提升。开展心理健康教育，增强心理健康能力，培养健康人格。（2）心理困扰咨询。开展心理辅导工作，为有心理困扰的大学生提供心理咨询服务，预防心理问题的发生。（3）心理危机干预。开展心理普查与危机干预工作，及时发现和积极帮助有精神疾患的学生，避免不良事件的发生。

三、积极拓展心理健康教育的工作思路和方法

充分发挥课堂教育在大学生心理健康教育中的主渠道、主阵地作用。充分发挥学校心理健康教育与咨询中心的作用，做好大学生心理辅导和咨询工作。充分发挥校园文化的引导作用，营造积极、健康、和谐、高雅的育人氛围，陶冶学生高尚的情操，促进其全面发展和健康成长。建立校级、院（系）级、学生社团三级心理健康服务网络。学校教职员工都肩负教育引导大学生健康成长的责任。要关心大学生心理健康，做好大学生心理健康教育工作。要

根据学生思想动态和心理状况，在教学、管理和服务中，有意识、有针对性地做好教育引导工作。

四、加强大学生心理健康教育的规范化、科学化、专业化建设

着力建设以专职教师为骨干，获得心理咨询师资格的辅导员、班主任、校医院医务工作者积极参与的、专兼结合、相对稳定、素质较高的大学生心理健康教育工作队伍。重视大学生思想政治教育工作人员，特别是辅导员、班主任和研究生导师在大学生心理健康教育中的重要作用。定期组织培训，使他们了解和掌握心理健康教育的基本知识和方法，帮助大学生处理好学习成才、择业交友、健康生活等方面遇到的具体问题，促进大学生心理健康教育工作的开展。不断提高心理健康教育的科学研究水平。

五、健全和完善大学生心理健康教育的工作机制和保障机制

学校成立大学生心理健康教育工作领导小组，进一步完善大学生心理健康教育工作机制。学校心理健康教育与咨询中心要充分发挥其工作职能，在学生工作处、研究生院、校医院等相关部门的配合下，为学生提供心理健康教育和咨询服务。院（系）要不断总结近年来加强大学生心理健康教育工作的做法和经验，深入分析和把握当前大学生心理健康教育工作面临的新问题，结合学科特色和生源特点，将心理健康教育与专业教育相结合，与学风建设相结合，与学生的日常管理相结合，积极探索心理健康教育新途径。

中国海洋大学辅导员队伍建设实施细则
海大党字〔2018〕2号

主要内容

辅导员是高校思想政治工作队伍的重要组成部分，是开展大学生思想政治教育的骨干力量，是学生日常思想政治教育和管理工作的组织者、实施者和指导者。

辅导员工作的要求：恪守爱国守法、敬业爱生、育人为本、终身学习、为人师表的职业守则；围绕学生、关照学生、服务学生，把握学生成长规律，不断提高学生思想水平、政治觉悟、道德品质、文化素养；引导学生正确认识世界和中国发展大势、正确认识中国特色和国际比较、正确认识时代责任和历史使命、正确认识远大抱负和脚踏实地，成为又红又专、德才兼备、全面发展的中国特色社会主义合格建设者和可靠接班人。

辅导员的主要工作职责：思想理论教育和价值引领，党团和班级建设，学风建设，学生日常事务管理，心理健康教育与咨询工作，网络思想政治教育，校园危机事件应对，职业规划与就业创业指导，理论和实践研究，其他学生思想政治工作。

辅导员应当符合以下基本条件：中共党员，具有较高的政治素质和坚定的理想信念；热爱大学生思想政治教育事业，具有强烈的事业心和责任感；具有从事思想政治教育工作相关学科的宽口径知识储备；具备较强的组织管理能力和语言、文字表达能力，及教育引导能力、调查研究能力；具有较强的纪律观念和规矩意识；身心健康，具备工作岗位所必需的身体素质和心理素质。

为保障辅导员队伍专业化职业化发展,根据学校专职辅导员专业技术职务评聘和管理岗位职务职级晋升聘任的有关规定,落实专职辅导员职务职级"双线"晋升。专职辅导员专业技术职务评聘实行单列计划、单设标准、单独评审,重点考察工作业绩和育人实效。

实施辅导员素质能力提升计划,组织辅导员岗前培训和岗位专题培训,专职辅导员每人每年参加不少于16个学时的校级培训,至少每5年参加1次国家级或省级培训。

中国海洋大学研究生资助与奖励办法
海大研字〔2018〕27号

主要内容

研究生助学金包括以下四类。(1)基本助学金:由国家助学金和学校助学金两部分组成,用于补助研究生基本生活支出。(2)"三助一辅"岗位津贴:助研岗位津贴,助教、助管、学生辅导员岗位津贴。(3)硕士预修助学金。(4)特殊困难补助金。

学校设立入学"绿色通道",确保家庭经济困难研究生新生可缓交学费并顺利入学。由政府主导,金融机构向高校家庭经济困难学生提供的不需要担保或抵押的信用助学贷款,帮助其解决在校期间的学费和住宿费用。研究生资助还包括退役士兵教育资助、学生应征入伍服兵役国家资助、直招士官国家资助、赴基层单位就业学费补偿国家助学贷款代偿,具体要求见教育部及学校相关规定。

研究生奖学金包括学业奖学金、国家奖学金、卓越奖学金、专项奖学金四类。其中,学业奖学金分为学习奖学金、学术(实践)创新奖学金、文体和社会活动奖学金、科技竞赛奖学金。专项奖学金包括支援国家建设奖学金及其他由社会机构或个人设立的奖学金。

研究生荣誉称号包括以下四类:优秀研究生,优秀研究生干部,优秀毕业研究生,优秀研究生群体。

学校成立中国海洋大学研究生资助与奖励工作委员会,全面负责学校研究生资助与奖励工作。学校成立中国海洋大学研究生奖学金评审专家委员会,负责研究生国家奖学金和卓越奖学金的评选。各学院(中心)成立研究生资助与奖励工作小组,在学校奖助委员会领导下负责制定本单位研究生奖助评选实施细则并组织评选工作。

中国海洋大学研究生助学金管理办法
海大研字〔2018〕28号

主要内容

研究生助学金用于资助学校纳入全国研究生招生计划、具有中华人民共和国国籍的全日制研究生(有固定工资收入的除外)。

研究生助学金包括基本助学金、"三助一辅"岗位津贴、硕士预修助学金、特殊困难补助金四类。基本助学金由国家助学金和学校助学金两部分组成，用于补助研究生的基本生活支出。"三助一辅"包括研究生担任助研、助教、助管和学生辅导员四类。硕士预修助学金由学校出资设立，用于补助学校录取的高水平大学或学科的推荐免试研究生在硕士入学前一年选修研究生课程、参与科研工作的生活支出。特殊困难补助金由学校出资设立，用于补助本人或家庭因突发特殊状况而导致经济困难的研究生。

学校奖助委员会全面负责研究生助学金管理工作。研究生院负责基本助学金、硕士预修助学金、特殊困难补助金发放名单及标准的确定，导师助研津贴的管理，研究生担任助管岗位的设置及招聘、培训和考核等工作。教务处负责研究生担任助教岗位的设置及招聘、培训和考核等工作。学生工作处负责研究生担任学生辅导员岗位的设置及招聘、培训和考核等工作。财务处负责助学金发放、博士研究生助研岗位津贴冻结、硕士研究生助研岗位津贴发放统计等工作。

中国海洋大学研究生学业奖学金管理办法
海大研字〔2018〕29号

主要内容

研究生学业奖学金实行申请制，由学校一次性发放并记入其学籍档案。

申请的基本条件：热爱社会主义祖国，拥护中国共产党的领导；遵守宪法、法律和校规校纪；诚实守信，品学兼优；积极参与科学研究和社会实践。

申请学业奖学金的学术成果：须属于本学科领域并以中国海洋大学为第一署名单位、申请人为第一作者，已用于获得奖学金的成果不得重复使用。

评选学年内有以下情形之一者，不具备研究生学业奖学金申请资格：因个人原因学籍状态处于休学或者其他保留学籍情况，处于学校纪律处分期限内尚未解除，超出基本修业年限。

学业奖学金分为学习奖学金、学术（实践）创新奖学金、文体和社会活动奖学金、科技竞赛奖学金四项。

学校奖助委员会全面负责学校研究生学业奖学金管理工作。研究生院负责学业奖学金评选的组织、奖励名额的分配、各学院（中心）奖学金评选实施细则的审核等工作。学院（中心）奖助工作小组负责根据本办法制定本单位研究生学业奖学金评选实施细则，并组织本单位研究生学业奖学金的评选工作。

中国海洋大学学院学生思想政治工作考核评估办法（试行）

海大党字〔2018〕65号

主要内容

指导思想：以习近平新时代中国特色社会主义思想为指导，贯彻党的教育方针，坚持社会主义办学方向，落实立德树人根本任务，以学生发展为中心，激发调动工作活力，凝聚增强协同合力，巩固完善全员全过程全方位育人工作格局，不断提升学校学生思想政治工作质量与水平。

基本原则：考核评估工作坚持"以评促建、以评促管、以评促改、重在实效"的原则，坚持传承传统和与时俱进相结合，传承德育评估20余年的成功经验做法，坚持以"大思政"观，贯彻落实新时代新要求，一体化推动工作持续加强与改进。

组织与实施机构：成立中国海洋大学学院学生思想政治工作考核评估组，负责制定考核评估办法和指标体系，统筹协调考核评估工作。

考核评估内容：主要包括组织机制与队伍建设、思想教育与价值引领、素质能力培养与提升、事务管理与服务保障、特色工作等方面。

考核评估等级：考核评估分为学院自评、学校评选。学院自评等级分为优秀、良好、合格、不合格。学校设立"中国海洋大学学院学生思想政治工作优秀奖""中国海洋大学学院学生思想政治工作特色奖"，获奖单位数量分别不超过参评单位总数的30%。

考核评估方式与程序：考核评估实行"一年一评估，两年一评比"的"双评"模式。在评估年，对学院（中心）一年来的工作进行评估，方式为学院（中心）自查自评。在评比年，对学院（中心）两年来的工作进行考评，重在总结经验、培育特色。具体程序包括学院自评、评优申报、评优答辩、现场考察和学校审定。

中国海洋大学毕业生就业管理与服务工作实施办法（暂行）

海大就业字〔2019〕2号

主要内容

工作方针与原则：落实党中央、国务院关于促进高校毕业生就业创业工作的决策部署，建立完善"以市场为导向、政府调控、学校推荐、学生与用人单位双向选择"的就业机制，贯彻统筹安排、合理使用、加强重点、兼顾一般的方针；在保证国家需要的前提下，贯彻学以致用、人尽其才的原则；鼓励和支持毕业生面向基层、面向西部就业，通过"特岗计划""三支一扶""大学生村官""大学生志愿服务西部计划"等项目就业，到中小微企业就业。

进一步强化"市场导向、学校统筹、学院（中心）为主、分级负责、全员参与"的就业工作运行体系；各学院（中心）应认真落实就业工作"一把手"工程，将毕业生就业工作置于本单位工作的突出位置，积极宣传政策，切实做好服务；学生就业创业指导与服务中心代表学校统筹协调做好毕业生就业工作并对毕业生就业实行监督和管理。

就业协议：山东高校毕业生就业信息网（以下简称信息网）是办理毕业生就业手续的唯一政府官方办公平台，毕业生签约、解约、派遣、二次派遣、调整改派、档案转寄等均在信息网上办理。

就业协议书的签订程序：（1）经供需见面和双向选择后，毕业生、用人单位应当及时签订就业协议书，并在学校规定时间内通过信息网完成就业协议书的签订和登记手续。（2）就业协议书签订完成后，毕业生应于十日内向学校提交书面就业协议书原件，与用人单位网上签订就业协议书的毕业生提交至所在学院（中心），与用人单位线下签订就业协议书的毕业生提交至学生就业创业指导与服务中心。（3）凡选择到北京、上海、天津以及广东省、江苏省、浙江省、河北省等所辖省、市属用人单位工作的非本地生源的毕业生，就业协议书应经当地毕业生就业工作主管部门同意并盖章或出具相关接收函件后，学校方可列入毕业生就业建议方案。

就业协议书签订完成后，毕业生、用人单位和学校三方都应严格履行协议，若有一方提出变更协议，须征得另两方同意，并由违约方承担相应责任，未经协商，任何一方不得单方面变更或终止协议。

通过以下几种就业形式就业的毕业生，应在学校上报就业方案之前在信息网相应栏目录入就业信息并按要求上传证明材料：（1）毕业生与用人单位不签订就业协议书而直接签订"劳动合同"的，须提供与用人单位签订的劳动合同复印件并加盖所在学院（中心）党委公章。（2）毕业生应征入伍的（含预征），须提供入伍通知书复印件并加盖学院（中心）党委公章。（3）选择"自主创业"的毕业生，须提供所创立企业工商营业执照复印件并加盖所在学院（中心）党委公章。（4）选择灵活方式就业的毕业生，须提供《毕业生灵活方式就业证明表》。

派遣：学校严格按照就业方案派遣毕业生，就业方案落实后不再进行调整。经学校统一组织择优推荐，且事先征得毕业生本人同意到国家政府机构、军队及国家重点保证单位就业，却中途退出或被用人单位录用后违约的毕业生，学校将其派遣回生源所在地。能够就业而以其他理由表示不就业的，经学校批准同意，将其派遣回生源所在地，自谋职业。结业生落实工作单位的，可以派遣，但需在报到证上注明"结业"字样。

报到：毕业生持报到证在规定的时间内到接收单位报到，接收单位凭报到证办理接收手续。毕业生报到后，应主动到单位人事部门落实档案接收情况，如有问题应及时与学校学生就业创业指导与服务中心联系。

其他规定：学校支持和鼓励毕业生到基层和祖国需要的艰苦地区建功立业，继续组织实施"大学生志愿服务西部计划""三支一扶计划"等国家和地方项目。毕业生到中西部地区和艰苦边远地区基层单位就业、服务期在3年以上（含3年）的，其学费由国家实行代偿。学校支持和鼓励毕业生应征入伍服义务兵役。在入伍时，国家对其在校期间缴纳的学费实行一次性补偿或获得的国家助学贷款（国家助学贷款包括校园地国家助学贷款和生源地信用助学贷款）实行代偿。学校支持和鼓励毕业生自主创业。各相关部门和学院（中心）要积极总结和推广毕业生创业的典型经验，以多种形式开展创业教育，大力倡导创新创业精神，培养学生的创业能力。对自主创业的毕业生学校将在办理企业登记、税务登记等方面给予协助。

中国海洋大学全面落实研究生导师立德树人职责实施办法（试行）

海大党字〔2020〕8号

主要内容

研究生导师是研究生培养的第一责任人，肩负着培养高层次创新人才的使命与重任。为全面落实研究生导师立德树人职责，努力造就一支有理想信念、道德情操、扎实学识、仁爱之心的研究生导师队伍，根据《教育部关于全面落实研究生导师立德树人职责的意见》（教研〔2018〕1号）等文件精神，制定本办法。

研究生导师应遵循教书育人规律、学生成长规律，创新指导方式，潜心研究生培养，把立德树人贯穿于育人全过程，做研究生成长成才的指导者和引路人。要着力提升研究生思想政治素质，着力加强研究生学术创新能力培养，着力加强研究生实践创新能力培养，注重指导研究生恪守学术道德规范，持续优化研究生培养条件，持续增强对研究生的人文关怀。

学院（中心）党委负责把研究生导师立德树人职责覆职情况纳入教职工年度考核，考核结果作为职称评定、职务晋升、绩效分配、评优评先的重要依据。

学校将研究生导师立德树人职责履职情况作为招生资格审核、招生指标分配的首要标准，重点审核师德师风、培养条件、研究生的科研成果、学位论文评阅结果、学位论文抽检结果、优秀学位论文评选结果和助研岗位津贴发放情况等。

中国海洋大学家庭经济困难学生认定工作办法

海大学字〔2022〕30号

主要内容

总则：家庭经济困难学生认定工作的对象，是指本人及其家庭的经济能力难以满足在校期间的学习、生活基本支出的纳入全国招生计划的全日制本科生和研究生。

家庭经济困难学生认定工作基本原则：坚持实事求是、客观公平，坚持定量评价与定性评价相结合，坚持公开透明与保护隐私相结合，坚持积极引导与自愿申请相结合。

认定机构及职能：学校学生资助工作领导小组负责全面领导学校家庭经济困难学生的认定工作。学生工作处负责具体组织学校家庭经济困难学生认定、管理、动态调整等工作。学部、各学院（中心）成立以分管学生工作的副院长为组长，辅导员、班主任、导师代表等相关人员参加的认定工作组，负责本单位家庭经济困难学生认定的具体组织和审核工作。班级成立由班主任（导师代表）、辅导员、学生代表等组成的认定评议小组，负责认定的民主评议工作。

认定标准：综合考虑学生家庭收入、支出、债务，地区经济社会发展水平、突发状况、学生消费等相关因素，结合学校实际情况，家庭经济困难学生认定分为特殊困难、困难和一般困难三个档次。

认定程序：学校家庭经济困难学生认定工作于每学年初进行一次，每学期按照家庭经济困难学生实际情况进行动态调整。工作程序包括提前告知、个人申请、班级评议、学院认定、结果公示、学校备案等环节。

管理监督：学部、各学院（中心）每年定期对家庭经济困难学生进行资格复核，并随机抽选一定比例的家庭经济困难学生，通过家访、个别访谈、大数据、信函索证、量化评估等方式进行核实。

中国海洋大学本科学生国家助学金管理办法
海大学字〔2022〕31号

主要内容

本科学生国家助学金用于资助纳入全国招生计划的全日制本科在校生中的家庭经济困难学生。国家助学金用于资助家庭经济困难学生生活费用支出，助力家庭经济困难学生提升综合素质、实现全面发展。根据教育部实际拨付资金额度和学校实际，学校本科学生国家助学金在每生每年3000～4000元范围内分2～3档发放。

国家助学金的基本申请条件：具有中华人民共和国国籍；热爱社会主义祖国，拥护中国共产党的领导；遵守宪法和法律，遵守学校规章制度；诚实守信，道德品质优良；勤奋学习，积极上进；家庭经济困难，生活俭朴。

国家助学金的审核程序：符合申请条件的学生在每年秋季学期开学初向所在学部、学院（中心）提出申请，学部、学院（中心）根据学生提出的申请对其家庭经济状况、思想政治表现、学习实践情况等方面进行全面审核，确定资助名单和资助金额，并将审核通过的学生名单及有关材料报学生工作处。学生工作处结合家庭经济困难学生认定情况，对学部、各学院（中心）提交的助学金初步名单和资助金额进行审核，确定评审结果，报学校学生资助工作领导小组通过后，按时报送全国学生资助管理中心。

中国海洋大学本科学生素质综合测评办法
海大学字〔2022〕38号

主要内容

一、总则

学生素质综合测评是学校学生教育管理工作的重要内容，是学校人才培养工作的重要方面,旨在通过树立目标、明确导向,激发学生成长成才的内生动力。

学生素质综合测评由思想政治素质测评、科学文化素质测评、发展性素质测评三项组成,采取定性与定量结合、自评与他评结合的方法评定。学生素质综合测评及各单项测评结果分为"优秀""良好""合格"和"不合格"四个等级,其中"优秀"等级的比例原则上不超过35%,其他等级占比由学部、学院(中心)依据实际情况合理确定。

学生素质综合测评工作遵循"公开、公平、公正"的原则。

二、测评内容

学生素质综合测评成绩由思想政治素质测评成绩、科学文化素质测评成绩、发展性素质测评成绩三项加总得出。学部、学院(中心)根据本单位实际情况,具体确定学生素质综合测评成绩组成比例,原则上科学文化素质测评成绩所占比例不低于70%,思想政治素质测评成绩所占比例不低于发展性素质测评成绩所占比例。

思想政治素质测评包括思想道德、行为规范两个方面。科学文化素质测评主要是学生学业成绩方面。发展性素质测评包括身心素养、社会工作、实践活动、创新创业活动四个方面:身心素养主要包括学生身体素质、心理素质和参与课外体育锻炼、体质测试情况等,社会工作主要包括学生在各级党团组织、学生组织、班级担任学生干部履行职责情况等,实践活动主要包括学生积极参加社会实践、志愿服务、公益活动、文体活动、国(境)内外交流等活动情况,创新创业活动主要包括学生参加学科类科技竞赛、课外学术竞赛、发表文章著作、取得发明专利、参加大学生创新创业训练计划、创新创业竞赛等活动情况。

三、测评机构与程序

思想政治素质测评成绩由辅导员、班主任、班级(专业)同学等根据学生个人学年表现和学年自评总结综合评定得出。

科学文化素质测评成绩通过对测评学年学生学业成绩量化计算得出。学部、各学院(中心)具体确定纳入量化计算的课程科目范围。

发展性素质测评成绩依据学生提供的发展性素质证明,结合学生个人学年表现,按学年进行量化计算得出。涉及多项学生干部兼职时,根据其履职情况,按量化得分最高的项计算一次。

中国海洋大学本科学生奖学金评审办法
海大学字〔2022〕39号

主要内容

一、总则

本办法适用于在学生素质综合测评基础上进行的国家奖学金、国家励志奖学金、山东省政府奖学金、山东省政府励志奖学金和学校设立的优秀本科学生奖学金、社会捐赠奖学金的评审。学生奖学金评审遵循"公开、公平、公正"和"覆盖面广、高额不兼"的原则,按照自下而上、民主评选的方式进行。

二、评审基本条件

学生奖学金评审的基本条件：拥护中国共产党的领导，思想政治表现突出；遵守国家法律法规以及学校规章制度，品行端正，当学年未受到学校纪律处分或处分已解除；学习勤奋刻苦，坚持"求是、求博、求精、求新"的学风；积极参加社会工作、课外实践、创新创业等活动，不断增强综合素质；当学年学生素质综合测评及各单项测评结果均应为"合格"及以上。

三、评审机构与程序

学生工作处是学生奖学金评审的主管部门，负责审议奖学金的设立、变更、调整，研究奖学金评审的相关重要事项。学生奖学金评审实行申报制，凡符合条件者均可自主提出申报，学校择优评审。

学生奖学金评审以班级（专业）为基本单位组织进行。学部、学院（中心）领导小组负责对班级（专业）优秀本科学生奖学金初步评审结果进行审核，对国家奖学金、国家励志奖学金、山东省政府奖学金、山东省政府励志奖学金和社会捐赠奖学金班级（专业）初步推荐人选进行评审，确定学生奖学金评审（推荐）结果。

中国海洋大学本科学生荣誉称号评选及管理办法

海大学字〔2022〕41号

主要内容

学生集体荣誉称号包括"先进班集体标兵"和"先进班集体"，其中"先进班集体标兵"是学校授予学生集体的最高荣誉。学生集体荣誉称号评选数量或比例如下："先进班集体标兵"一般每学年全校评选10个，"先进班集体"评选比例不超过当学年全校参评班级总数的15%。

学生个人荣誉称号包括"优秀学生标兵""优秀学生""优秀学生干部"和"优秀毕业生"，其中"优秀学生标兵"是学校授予学生个人的最高荣誉。学生个人荣誉称号评选数量或比例如下："优秀学生标兵"一般每学年全校评选10人；"优秀学生"评选比例不超过当学年全校参评学生总人数的15%；"优秀学生干部"评选比例不超过当学年全校参评学生干部总人数的10%，原则上不超过当学年全校参评学生总人数的3%；"优秀毕业生"评选比例不超过每届毕业生总人数的15%。

学生工作处是学生荣誉称号评选的主管部门，负责审议荣誉称号的设立、变更、调整，研究荣誉称号评选的相关重要事项。

学部、学院（中心）学生工作领导小组负责组织实施、审核监督本单位学生荣誉称号评选（推荐）工作，处理评选（推荐）过程中出现的问题。学生荣誉称号评选（推荐）以班级（专业）为基本单位组织进行。

中国海洋大学本科学生国家奖学金、国家励志奖学金管理办法
海大学字〔2022〕42号

主要内容

本科学生国家奖学金和国家励志奖学金由中央政府出资设立,用于奖励纳入全国招生计划内的在校二年级以上(含二年级)全日制本科学生。其中,本科学生国家奖学金用于奖励特别优秀的学生,国家励志奖学金用于奖励资助品学兼优的家庭经济困难学生。

本科学生国家奖学金的奖励标准为每人每年8000元,国家励志奖学金的奖励标准为每人每年5000元。

本科学生国家奖学金的申请条件:具有中华人民共和国国籍;符合《中国海洋大学本科学生奖学金评审办法》中的评审基本条件;当学年学习成绩排名和素质综合测评成绩排名均位于班级(专业)前10%,无不及格科目;社会实践、创新能力、综合素质等方面特别突出。

国家励志奖学金的申请条件:具有中华人民共和国国籍;符合《中国海洋大学本科学生奖学金评审办法》中的评审基本条件;当学年学习成绩排名列班级(专业)前35%;家庭经济困难,生活俭朴,考评学年被认定为家庭经济困难学生。

本科学生国家奖学金、国家励志奖学金每学年评审一次。

中国海洋大学本科学生勤工助学管理办法
海大学字〔2022〕57号

主要内容

勤工助学是学校学生资助工作的重要组成部分,是提高学生综合素质和资助家庭经济困难学生的有效途径,是实现全员育人、全过程育人、全方位育人的有效平台。勤工助学活动按照学有余力、自愿申请、信息公开、扶困优先、竞争上岗、遵纪守法的原则,在不影响正常教学秩序和学生正常学习的前提下有组织地开展。勤工助学活动由学校统一组织和管理。

学校学生资助工作领导小组全面领导勤工助学工作,协调学校有关部门在人员配备、资金落实、办公场地及岗位设置等方面为勤工助学活动提供指导、服务和保障。学生工作处负责勤工助学的日常管理工作,校内各设岗单位具体负责本单位勤工助学活动的日常管理。

勤工助学活动坚持扶困为先、育人为本。学生工作处和各设岗单位应当加强对勤工助学学生的思想政治教育,培养学生热爱劳动、自强不息、创新创业的奋斗精神,爱岗敬业的职业精神和诚实守信的契约精神,提升学生综合素质。对在勤工助学活动中表现突出的学生予以表彰和奖励。对违反勤工助学相关规定的学生,可按照规定停止其勤工助学活动。对在勤工助学活动中违反校纪校规的,按照校纪校规进行教育和处理。

校内勤工助学岗位设置以校内教学助理、科研助理、行政管理助理和学校公共服务等为主。学校按照每位家庭经济困难学生月平均上岗工时原则上不低于20小时的标准，测算全校每月需要的勤工助学总工时数（20工时×家庭经济困难学生数），统筹安排、设置校内勤工助学岗位。校内勤工助学岗位类型分为固定岗位和临时岗位。

在校内开展勤工助学活动的，学生及用人单位须遵守国家及学校勤工助学相关管理规定。学生在校外开展勤工助学活动的，学生工作处经学校授权，代表学校与用人单位和学生三方签订具有法律效力的协议书。签订协议书并办理相关聘用手续后，学生方可开展勤工助学活动。协议书须明确学校、用人单位和学生等各方的权利和义务，开展勤工助学活动的学生如发生意外伤害事故的处理办法以及争议解决方法。

第二节　本科教育

中国海洋大学关于本科教育教学工作的若干规定
海大教字〔2003〕13号

主要内容

55岁以下的教授、副教授每学年至少应为本科生讲授一门学校开课计划中设置的课程，如无特殊原因，连续两年未讲授本科课程，学校不再聘任其担任教授、副教授职务。

教师晋升专业技术职务（助教、讲师、副教授、教授），申报当年，须无本科教学方面的不良记录。不良记录是指在学校教学检查、教学督察中教师本人存在教学问题的记录；以及由学生投诉、举报，经教务处核查落实，确认是由教师本人原因导致教学问题、造成教学事故的记录。

教师晋升高级专业技术职务（副教授、教授），两年内（含申报当年）须经过学校组织的教学评估且评估结论为良好以上。

新引进的教师，入校当年申报高级专业技术职务，从申报当年开始两年内须接受教学评估且评估结论为良好以上，未达到要求的，学校不再聘任其担任高级专业技术职务（副教授、教授）。

学校每年至少按1∶1的比例投入专项配套经费支持学校承担的国家级和省级教育教学研究项目，并对项目研究成果进行重点培育。教师承担国家级（教育部）和省级（教育厅）教学研究项目、获得国家级（教育部）和省级（教育厅）教学成果奖，在职称评定、岗位聘任、考核奖励时，与教师承担同级别科研项目和获得同级别科研成果奖享有相同的政策待遇。

从2003年入学新生开始，执行新的教学计划和新的学籍管理办法，要求做到：学校启用有利于学生跨专业、跨年级自主选课的教学管理系统；各院（系、中心）开设各个专业的"专业导入性"课程；在本科学习年限内全程安排通识教育层面的课程和专业教育层面的课程，缩短开课周期，合理调整通识课程和专业课程的开课顺序。

从2004年开始，实行本科毕业论文和毕业设计抽样外审制度，毕业论文或毕业设计通过外审的学生，准予按时毕业；毕业论文或毕业设计外审不合格的学生，给予结业处理或延期毕业。

逐步实现大学外语教学语种多样化，在现有大学英语课程的基础上，逐步增设大学日语、大学法语、大学朝鲜语、大学德语等课程；本着统筹建设、资源共享的原则，全校大学外语课由外国语学院负责组织全院教师实施教学。

借助研究生资源扩充实验教学人员队伍，实验教学工作繁重的院（系、中心），应挑选各方面素质比较好的研究生，进行本科实验教学工作培训和考核；考核合格者，聘为"研究生助教"，协助教师开展本科生实验教学，其工作报酬从研究生助教经费中列支；由研究生助教实际承担的实验教学工作，不再重复记入教师的教学工作量。具有中级以上专业技术职称的实验技术人员经考核评估合格，可以独立承担实验教学工作，并按照本科教学津贴发放办法，领取相应的全额本科教学津贴，或等量减免其原工作岗位的相应工作量。

本科实验教学业务费的使用实行预算申报和专款专用制度，确保学校稳定投入，确保各院（系、中心）业务费每年按一定额度或一定比例，真正用于实验教学和教学实验室的运行与维护。

中国海洋大学精品课程建设实施办法
海大教字〔2003〕45号

主要内容

精品课程建设是国家"高等学校教学质量与教学改革工程"的重要组成部分，是学校的核心工作之一。学校设立精品课程建设基金，列入年度预算，专款专用。

精品课程建设遵循原则：（1）示范性原则。列入精品课程建设计划的课程，须在教师队伍、教学内容、教学方法、教材形式等方面具有示范性。（2）重点性原则。精品课程建设以学校通识课、学科基础课以及国家重点学科特色课和特色专业课为重点。（3）可持续性原则。列入精品课程建设计划的课程，须在教师梯队、课程内容、教学设备建设等方面具有可持续性。

符合下列条件的课程，可以申报列入学校精品课程建设计划：（1）本科、高职各专业已连续开设3年以上的课程。（2）主讲教师具有高级专业技术职务，长期从事与课程相关的研究工作。（3）教学梯队和教辅队伍学历、职称和年龄结构合理。（4）教学大纲、授课教案、习题、实验指导、参考文献目录等教学文件及参考资料已经上网或具备上网条件，该课程具有实现网络教学的条件。（5）有系列配套的高水平教材。（6）课程内容系统、科学，具有体现本学科领域研究前沿和最新成果的功能。

学校精品课程的评审分两步：第一步，教务处委托学校教学评估专家常设委员会对申报精品课程建设的课程进行评议；第二步，教务处将通过学校教学评估专家常设委员会评议的课程报送学校学术委员会审批，通过者准予立项建设。

精品课程建设经费额度由学校根据年度精品课建设总经费和课程建设内容等确定，分为前期建设费和持续建设费两部分，前期建设费一次性拨付，持续建设费按照年度评估结果拨付。精品课程建设经费用于支持完善与课程有关的教学文件、教学设备以及支持教学方法、教学内容和教学手段的改革与课程上网等。

学校根据精品课程评估标准对列入精品课程建设计划的课程进行验收，验收合格的课程由学校授予"中国海洋大学精品课程"称号。学校对获得"中国海洋大学精品课程"称号的课程进行连续三年的跟踪评估，每年评估合格的，拨付年度持续建设经费。

中国海洋大学本科教学章程（草案）
海大教字〔2004〕26号

主要内容

一、总则

中国海洋大学是教育部直属的国家重点综合性大学，学校的根本任务是依法实施高等教育、培养具有创新精神和实践能力的高级专门人才。学校全面贯彻国家的教育方针，坚持教育为社会主义现代化建设服务，为人民服务，与生产劳动和社会实践相结合，培养德智体美等方面全面发展的社会主义事业的建设者和接班人。

学校倡导并施行通识教育与专业教育兼容、一般教育与特色教育结合的本科教育，培养学生一专多能，全面发展。

二、课程

课程是实现教育目标的主要载体，课程教学是本科教学的基本形式。本章程所指课程，为教学活动中除毕业实习之外独立设置的教学科目，教学形式可以是（或可以包括）讲授、课堂讨论、实验、教学实习、网络学习等。

本科课程，根据实现本科培养目标的需要，以专业为单位分层面设置。本科通识教育层面：设置涉及多学科、多领域，旨在提高学生思想道德素质、文化素质、业务素质和身体心理素质的课程，包括政治理论、体育、军事、外语、计算机、数学等课程，以及美学、艺术、人文科学、社会科学、自然科学、技术科学和环境科学等领域的课程。学科基础教育层面：设置讲授学科基础知识、训练学科所需基本技能的相关课程。专业知识教育层面：设置传授专业领域一般知识和通用技能的课程。工作技能教育层面：设置介绍专门工作领域、提供工作专门知识和方法技能的课程。

每门课程都要制定相应的教学大纲，以纲要形式规定课程的目的任务、基本内容、知识结构、广度和深度、主要题目、章节划分、教学要点、教学方法、教学要求、教学时数、教学进度和考核方法。

三、教学机构

学校是举办本科教育、从事本科教学的法定实体。学校本科教学工作由校长统一领导，分管副校长和（或）校长助理协助校长工作。教务处是在校长领导下负责管理本科教学、教务工作的职能机构。

根据教育目标和教学内容,校内分类分级设置教学组织机构:主要组织实施通识教育的,按授课性质和种类设置教学中心(部、系);主要组织实施专业教育的,按学科门类或学科类设置学部、学院、人才培养基地,按专业性质设置系;集中组织实施实验教学、实践教学的,按教学内容和规模设置实验教学中心、教学实验室、教学实习基地;在学院、系、教学中心内,可按教学科目设置教研室,按课程类别设置教学小组、课程小组。

四、教师

本科教学工作由专职教师和兼职教师共同承担完成。专职教师,是指取得国家高等学校教师资格、以教学为职业、受聘承担校内教学工作的人员;兼职教师,是指其他高等学校教师或以其他社会分工为职业、受聘承担校内教学工作的授课人员。

学校实行教师职务制度,教师受聘可以担任助教、讲师、副教授、教授职务;取得教师职务,既具备了承担相应本科教学工作的资质,也要履行相应的本科教学职责。助教:承担本科课程辅导、课堂讨论、习题课、实验课和实习等教学环节的工作;特殊情况下,承担体育、大学外语、计算机基础等本科通识性课程教学工作的助教,经评定合格,可以承担一门课程的全部教学工作。讲师:独立承担本科课程教学工作,组织与指导本科实习和毕业论文、毕业设计;承担实验室的建设,组织与指导实验室工作,编写实验教材及实习指导书。副教授:独立担任并领导或指导本科课程教学工作,组织并领导或指导本科毕业论文、毕业设计的教学工作;主持或参加编写、审议本科教材和教学参考书;指导实验室的设计、建设、更新实验教学项目和改进实验方法。教授:组织领导或指导本科专业设置和课程体系建设,领导或指导并承担本科课程教学工作;组织并领导或指导本科教材的编写、实验室建设、实验教学、毕业实习、毕业设计。

学校聘用教师从事本科教学工作,坚持择优选拔、学用一致的原则,保持受聘教师从事专业和承担课程的稳定性。受聘教师要忠诚人民的教育事业,遵守国家教育法规,具有高尚师德、优良教风、敬业精神和社会责任心。受聘教师要结合自己的实际工作开展教育教学研究,学习先进教育思想,合理采用教育技术,适时更新教学内容,不断改进教学方法,切实提高教学水平和教学质量。受聘教师按照专业培养目标和课程教学大纲要求,在学校有关规定范围内,具有自主组织教学、自主评判学生学业成绩和要求教学条件保障等权利。

五、学生

通过普通高等学校入学考试,经录取或转学取得学校学籍的本科学生,依法缴费入学并参加课程学习和其他教学活动。

学生要遵守国家法令、学校规章和学习纪律,要努力学习科学文化知识,不断提高思想觉悟,培养优良道德品质。学生具有跨年级、跨专业学习校内开设的本科课程(或参加教学活动)的权利;具有学习优质校外课程、网络课程的权利;具有质疑课程内容、教学方法、考核成绩和检举授课教师教学不良行为等权利。

学生参加课程学习或参加其他教学活动,需事先申请并获得批准注册。学生的学业评价以课程和学分为标准,课程和学分标准在教学计划中规定。

本科学生在校学习基本年限为四年,提前完成规定学业的,最早可以提前一年毕业,延迟完成规定学业的,最晚可以延迟两年毕业。

六、教学组织

学校按照本科专业设置组织教学。每个本科专业都要制订教学计划，确定培养目标和课程设置，并对学时学分分配、考核方式、学业要求、各个教学环节内容的安排等做出规定。

教学计划由教务处组织承办本科专业的院级教学单位制订，经学校组织专门的专家委员会审议通过，由学校颁布执行。

教学计划中设置的课程，由授课教师所在单位会商设课专业所在单位，组织授课教师制定教学大纲，经授课教师所在单位院级学术委员会审议通过，由学校颁布执行。教材使用计划经授课教师所在单位系级学术机构审议通过，由学校通告采用。

每门课程（或每项其他教学科目）的教学工作，都要按照教学大纲的要求和教学日历的安排进行。实际开设的课程（或其他教学科目），授课教师须事前准备好教案（或教学设计），按照教案（或教学设计）实施教学。

根据课程内容和教学目标，课程教学可以采取课堂讲授、课堂讨论、命题研究、案例分析等教学方法、教学形式。课程答疑、实验、实习、课外作业等，是教学工作的重要内容和实施教学的有效方法，每门课程（或每项其他教学科目）的教学过程中，都要予以适当安排；对应每四个学时的授课应安排一次答疑，学生的实验、实习报告和课外作业，都要予以审阅批改。

对参加每门课程（或每项其他教学科目）学习的学生，均须进行学习成绩评价；学习成绩评价要贯穿于整个教学过程，要面向各个教学环节；学生的学习成绩，由考核教师按照课程教学大纲规定的考核办法，或按照经院（系）批准、教务处备案的考核办法，根据考核学生课程学习的情况自主确定。课程（或其他教学科目）的考核方式、最终成绩构成的分值分配等与考核有关的信息，须事先向学生通告。

教学实习、课程设计、毕业实习、毕业设计、毕业答辩等环节的教学活动，由学院（系）组织进行，参加这些教学活动的学生在学院（系）专门选派的教师指导下，完成学习任务。

学生在规定学习年限内的学业情况，由学院（系）按照专业教学计划的要求予以评价，评价结论由教务处核验并经学生本人确认无误后，形成学生学习档案由学校留存。学生结束在校学习，由学院（系）提出是否颁发学历证书的建议，经教务处核验确认、校长批准，学校颁发学历证书。

七、教学经费

学校在预算内设立本科日常教学经费和本科专项教学经费，用以保障本科教学日常支出和本科教学基础设施建设。学校预算内的本科教学经费要专款专用，除本科教学工作内部可以互相调剂使用外，不能移作他用。

中国海洋大学本科实习教学管理规定
海大教字〔2006〕80号

主要内容

院系是实习教学的主要组织者和实施者，主要职责：按照各本科专业人才培养目标的要求,组织制定实习教学大纲、实习教学方案,选派实习指导教师,组织实习指导教师队伍和实习基地的建设,开展实习教学研究活动,探索实习教学新模式,总结实习教学经验,保证实习教学质量。教务处负责统筹安排全校本科实习教学工作,检查和评估实习教学质量。

实习教学工作的准备:制定实习教学大纲,形成实习教学方案,落实实习场所。

实习教学工作的实施:实习指导教师是实习教学工作的具体实施者,是决定实习教学效果的关键因素。实习指导教师应是责任心强、实践经验丰富、实践能力强且熟悉实习场所情况的、年富力强的教师。实习指导教师应切实负起指导职责,要针对不同的实习任务采取不同的指导方法。实习学生需做好实习记录,撰写实习报告和个人实习总结。实习教学原则上集中进行。院(系、中心)要采取切实有力措施,及时解决实习教学中出现的各种问题,并做好每次实习教学情况的总结与存档工作。教务处将视具体情况组织对实习教学情况进行检查。

实习考核与成绩评定:实习教学考核原则上以考查方式进行,采取"优秀""良好""中等""及格"和"不及格"五级记分制。鼓励实习指导教师采取多样化的考核方式,如撰写实习报告、笔试、口试、现场操作、设计以及大作业等。实习成绩原则上应呈正态分布。实习成绩"不及格"者,须重修。不参加实习或擅自离开实习岗位者,须重修。重修实习经费自理。

实习教学工作的纪律与安全:所有参与实习的人员均须严格遵守学校和实习单位的规章制度,特别是实习现场的安全、保密规定和劳动纪律。实习期间如发生意外事故,实习指导教师要迅速向学校报告,并采取有效措施妥善处理。实习结束后,实习指导教师须写出详细的事故情况报告上交学校。因故不能参加实习者,应按规定向院系履行请假手续,并报教务处备案。实习期间请假,须经带队实习指导教师批准,并报教务处备案。

实习教学工作的总结与评估:实习教学工作结束后,应组织实习指导教师对实习教学工作进行全面分析和总结,形成书面报告。要收集整理学生的实习报告、实习记录、实习成绩表、实习教学工作总结等材料,并妥善存档。

中国海洋大学授予学士学位工作细则

海大教字〔2007〕1号

主要内容

授予学士学位的基本条件:拥护中国共产党的领导、拥护社会主义制度;较好地掌握本门学科的基础理论、专门知识和基本技能,学习成绩优良,初步具有从事科学研究工作等专业性实际工作的能力;在学校规定的修业年限内,按照本科教学计划,完成课程学习及毕业论文(毕业设计或其他毕业实践环节)工作,取得规定学分,并经审核准予毕业。

学士学位的申请与审批程序:对符合授予学士学位基本条件的本科毕业生,由学生所在学部、院(系、中心)统一填写《申请授予学士学位毕业生名单》并由学生本人签字确认,经所在学部、院(系、中心)学位评定分委员会全体委员二分之一以上(含二分之一)表决通过后,由分委员会主席签字,报送教务处审核、汇总;教务处将汇总的《申请授予学士学位毕业生名单》报校学位评定委员会审议，作出是否授予学士学位的决定，决定以无记名投票方式进行，学校学位评定委员会全体委员二分之一以上（含二分之一）表决通过后，由校学位评定委员会主席签字在学校公布。学士学位证书由教务处会同各学部、院（系、中心）颁发；对于已授予的学位，如发现有舞弊或严重违反有关规定的，经学校学位评定委员会复议后，予以撤销。

中国海洋大学本科通识限选课课程建设暂行办法
海大教字〔2007〕13号

主要内容

通识课是学校为加强通识教育而设置的一类课程。通过通识课程的学习，学生可以奠定全面发展的基础，训练不同学科的思维方式，培养自主学习和创造知识的能力。

通识课程按修课要求分为三种类型，即通识必修课、通识限选课和通识任选课。在校本科生除必须修读通识必修课外，还需修读一定学分和一定门次的通识限选课程。通识限选课按照认识论与方法论、自然科学、语言与文学、社会与行为科学、历史学与传统文化以及美学与艺术六大知识领域分组设置。

通识限选课的教学工作应由学校的教学骨干和各领域的专家学者承担。课程设计应注重启发思想、传授方法，课程内容本着"少而精"的原则予以安排。学校倡导多位教师共同开设一门课程，也鼓励一门课程视情况分不同校区不同班次开课；一门课程一般为34学时，在一学期内完成。

通识限选课课程的建设：通识限选课采取滚动更新、逐步完善的方法进行建设。符合限选课要求的全校通识任选课和其他按照通识限选课要求申报的新课程，经学校本科教育教学专家委员会审议通过，可以作为通识限选课程予以建设。对通识限选课程涉及领域有研究或有一定造诣的教师均可申报开设本科通识限选课。申报开设通识限选课时，需提交通识限选课程申请表、教学大纲和课程简介等材料。教师可单独或联合申请承担通识限选课教学任务。联合申请时需确定课程负责人一名。经审议确定建设的通识限选课，学校以校级课程建设立项的方式予以支持。立项建设的通识限选课程，不得随意更换课程负责人，也不得随意停开。如有特殊原因确需更换课程负责人或停开通识限选课程，需事先提出书面申请，征得教务处批准。学校对立项建设的通识限选课进行检查、评估。评估合格的课程继续支持建设，评估不合格的课程将被暂停，待限期整改合格后方可继续开课。

中国海洋大学关于实施本科专业专项建设工作的意见

海大教字〔2007〕40号

主要内容

一、指导思想

遵循高等教育规律,适应时代发展需求,体现先进教育理念,以培养具有创新精神和实践能力的高素质人才为宗旨,以提高教学质量为中心,以适应国家需求为导向,合理调整专业结构,系统开展专业建设,改革培养模式,提升教学能力,优化课程体系,更新教学内容、教学方法和教学手段,使学校本科专业整体水平达到国内领先,部分专业达到国际先进水平。

二、本科专业设置

（一）基本原则

根据社会发展需求,合理设置本科专业;符合中国海洋大学总体发展规划和"厚基础、宽口径、强能力、高素质"人才培养要求,体现学校"通识教育与专业教育相渗透,一般教育与特色教育相结合"的本科教育理念;严格专业设置条件,高起点、高标准举办新专业;鼓励按照建设"专业群"的理念,合理调配办学资源,充分利用现有学科和教学资源跨学科设置专业;原则上不增设国家控制设置的专业;根据社会发展和新兴产业的特殊需求,可酌情增设目录外专业。

（二）基本要求

申报增设本科专业应满足以下要求:有科学翔实的人才需求论证报告,有专业建设规划以及与人才培养目标相适应的教学计划和课程设置方案,拥有完成教学计划所需的教师队伍和辅助人员队伍,具备实验室、仪器设备、图书资料、实习场所等基本办学条件。

（三）审批程序

拟增设本科专业,由院系提出申请;经院系学术委员会讨论通过交教务处审核;教务处将审核同意增设新本科专业的申请提交学校教育教学专家委员会审议,审议结果经校长办公会批准后报教育部。

三、本科专业建设

（一）建设目标

重点建设30～35个学校主干专业,建设15～20个省级品牌专业省级特色专业,同时建设5～7个国家级特色专业。使学校本科专业的学科结构和规模结构更加科学合理,本科专业办学水平整体保持国内先进,部分专业达到国际先进水平。

（二）建设内容和要求

要有切合自身实际、符合学校办学理念和发展规划、顺应国内外人才需求变化趋势的办学水平定位和培养规格定位;要有体现自身办学水平定位的人才培养方案以及相应的教学计划;要有能够满足学科发展要求和保障开设专业核心课程的教师队伍;要有满足培养规格要求、服务于学生人格完善和全面发展的课程体系和教学机制;要有支撑实现人才培养目标的实践教学体系；要努力探索研究型教学方法的有效实施方式，不断改进教学效果；要有教材选用的办法和保障使用优质高水平教材的措施；要有适合本专业人才培养和教学运行的管理制度。

（三）建设措施

学校将根据教育部、省教育厅的有关要求和学校实际情况，对专业建设给予必要的政策和资金支持。设置专业建设责任教授岗位，设立专业建设基金，建设师资队伍，启动专业评估工作。

（四）学校主干专业的遴选

符合申报条件的专业可由院系申报、学校评选，公示无异议后经校长批准，公布学校主干专业名单。

（五）主干专业建设管理

院系是学校主干专业建设的责任人。学校主干专业建设团队的职责：制订专业建设目标、建设规划和年度建设计划，落实专业建设方案和人才培养方案；根据专业建设目标、建设规划和年度建设计划，实施师资、课程、教材、实践教学体系和条件等方面的建设工作，深化教学内容、课程体系、人才培养模式和教学管理机制等方面的改革，实现专业建设的预期目标。学校主干专业建设的周期为4～6年。学校将对主干专业建设情况进行年度检查。主干专业建设周期结束，学校将组织检查验收。

中国海洋大学大学生创新实践基地建设与管理办法
海大教字〔2011〕8号

主要内容

一、创新实践基地的建设

创新实践基地的职能是为学生开展创新实践活动提供场地、条件支持和指导教师。创新实践基地的建设采取学校和院（系）共建的方式。创新实践基地建设申请采取随报随审的办法，原则上每个院（系）只能申请建立一个基地。学校组织有关专家对基地建设申请进行审议。学校优先考虑在受益面广、实践教学基础好的院（系）进行基地建设。

二、创新实践基地的管理

创新实践基地由所在院（系）负责管理。基地所在院（系）需在规定时间向教务处提交基地的年度工作总结和下一年度的工作计划。学校对基地建设和日常工作的开展进行不定期检查。各基地所在院（系）要采取切实有效的措施，加强创新实践基地的管理。

三、创新实践基地的评估

学校每两年对基地建设情况进行一次评估。在创新实践基地建设和基地日常管理中成绩突出的单位及个人，学校将给予表彰及奖励。

中国海洋大学专业评估办法
海大教字〔2013〕44号

主要内容

专业评估指导思想：贯彻"通识为体，专业为用"的本科人才培养理念，坚持"以评促建，以评促改，重在内涵，发展特色"的原则，按照学校人才培养目标的要求，组织开展专业评估工作。

专业评估目的：客观评价全校各专业建设情况和办学水平，进一步强化专业自我监测和自我完善意识，优化专业结构，促进专业内涵发展，推动专业综合改革，培育专业特色优势，提高专业水平和人才培养质量。

专业评估对象：学校设置的所有本科专业。

专业评估组织：学校本科教学工作水平评估办公室（简称本科评估办）负责专业评估工作的组织和实施。聘请3～5位相应专业背景的学者、行业或企业代表组成专业评估专家小组，对专业承办院（系）进行现场考察评估，反馈评估报告。

专业评估形式：结合学校学科专业发展规划，采取分类评估，主要分为三类专业进行评估。A类专业：未来五年发展规划目标保持或达到国际领先水平。B类专业：未来五年发展规划目标保持或达到国内领先水平。C类专业：未来五年发展规划目标保持或达到国内先进水平。

专业评估标准：按照分类评估的要求，本科评估办根据不同类型专业的建设要求组织制定各专业评估标准。A类专业评估标准：各专业至少选择一个国际领先水平的相同或相似专业作为评估比较对象。B类专业评估标准：各专业至少选择一个国内领先水平专业作为评估比较对象。C类专业评估标准：各专业至少选择一个国内先进水平专业作为评估比较对象。

专业评估程序：确定专业评估类型，专业自评，现场评估，公布专业评估报告。

专业评估报告的使用：专业评估报告包含评估意见和评估结论两部分，是学校调整专业设置和专业基本建设投入等工作的依据。评估结论为通过、不通过两种。评估结论为通过的专业，四年内可不再接受评估；评估结论为不通过的专业，整改建设两年后，再次接受评估，若仍不通过则停止招生。

中国海洋大学本科教育教学研究专家委员会工作章程
海大教字〔2013〕130号

主要内容

中国海洋大学本科教育教学研究专家委员会是在学校统一领导下，对学校本科教育教学研究工作进行规划、审议、决策和监督的学术组织。专家委员会遵循教育教学规律，依照科学、公平、公正的原则开展工作。

专家委员会承担以下工作任务：组织开展全校本科教育教学研究工作；研究讨论学校本科教育教学工作方面的规划和重大教育教学改革的措施；负责指导本科专业规划与建设；负责校级本科教学质量与教学改革工程项目的立项、督导和结题验收工作，省级、国家级本科教学质量与教学改革工程的遴选、推荐工作；负责学校本科通识教育课程的规划和建设工作；负责校级本科教育教学研究基金项目的立项、评审和结题验收工作，省级、国家级本科教育教学研究改革项目的遴选、推荐工作；负责校级教学成果奖的评选工作，省级、国家级教学成果奖的遴选、推荐工作；负责督促、指导各院（系）本科教育教学工作的开展；学校安排的其他与本科教育教学研究相关的工作。

学校从各学院（系）选聘熟悉本科教育教学工作、在教学学术研究中有较高造诣的专家及相关业务部门负责人组成专家委员会。专家委员会委员实行任期制，每届任期四年，可以连任。

专家委员会每学期召开两次全体会议，研究和讨论有关学校本科教育教学工作方面的重大问题。专家委员会对重大问题的决定和对本科教育教学研究相关项目的审议意见，要在充分讨论的基础上通过投票决定，投票时必须要有三分之二及以上的委员出席，决定须经三分之二及以上的出席者通过。

中国海洋大学本科实践教学工作标准实施办法
海大教字〔2013〕134号

主要内容

实践教学包括实验、实习、课程设计、社会调查与实践、毕业论文（设计）、大学生创新创业实践活动等。

实践教学工作标准主要针对实践课程教学，对教学文件、教学准备、教学过程、教学考核和教学总结提出明确要求和量化标准。

实践教学工作标准实施的管理：实践教学工作标准实施实行校、院二级管理；教务处是学校实践教学管理的职能部门，负责全校实践教学环节工作标准实施的总体管理和协调工作；教务处进行宏观管理和质量监督，协调和处理在实践教学过程中出现的问题，开展总结交流，组织相关专家进行实践教学环节水平评估；各教学单位要贯彻执行学校实践教学工作的有关规定和工作标准要求，结合本单位专业特点和人才培养目标，制定本单位实践教学管理规范、各环节工作标准，制订和编写实践教学计划、实践教学大纲和指导书，进行实践教学的组织、实施、指导、协调、检查、质量控制和总结等工作，重点突出组织落实和过程管理。

实践教学工作检查：学校实践教学工作检查由教务处、本科教学工作水平评估办公室、高教研究与评估中心和各教学单位共同开展；教务处主要负责审查各专业实践教学计划、实践课程大纲，检查实践教学计划的落实情况，以及各实践教学环节实施的计划和工作总结；

本科教学工作水平评估办公室通过专业评估和院系年度本科教学状态评价,对专业实践教学体系和各环节开展情况及水平进行评价;高教研究与评估中心通过教学督导团和课程评估专家按照工作标准对具体实践课程的开展情况,如教学文件、教学准备、教学过程和考核等方面进行检查和综合评价;各教学单位通过各种形式对本单位各实践教学环节进行检查和总结,确保实践教学的质量。

中国海洋大学本科教学优秀奖评选办法（2015 年修订）
海大教字〔2015〕168号

主要内容

为深化本科教育教学综合改革,大力表彰在本科教学和人才培养领域做出突出贡献的教师,全面提高人才培养质量,学校设立中国海洋大学本科教学优秀奖。本科教学优秀奖设一等奖、二等奖、三等奖,每两年评选一次,每次评出一等奖不超过3名,二等奖不超过10名,三等奖不超过20名。

凡遵循党的教育方针,忠诚人民教育事业,教学工作认真负责,为人师表,积极参加教育教学改革,完成其所聘岗位本科教育教学工作且成绩突出的教师,符合下列条件之一者,均可参加本科教学优秀奖的评选:积极钻研教学业务,开展教学研究与改革,在创新教育思想、改革教学内容、教学方法、教学手段、考试方式等方面成效显著,同行教师和学生评价高;积极承担实验课教学,在更新实验内容、改革实验教学方法、改善实验条件、切实提高学生的动手能力与实验研究能力等方面做出显著成绩;在指导学生进行生产（专业）实习、毕业实习等实践教学工作中,创新实习组织方式,改进教学内容和教学方法,教学水平高、实习效果好。

评选程序:院（系）确定推荐人选名单;院（系）公示被推荐人的推荐书及相关材料,公示期不少于5个工作日,无异议后由院（系）学术分委员会形成推荐意见;院（系）将推荐教师名单、推荐书及相关材料报教务处;本科教学优秀奖由本科教育教学研究专家委员会进行评审;专家委员会评审结果公示5个工作日,无异议后报主管校长批准,予以公布。

中国海洋大学优秀教学成果奖评选办法
海大教字〔2015〕169号

主要内容

本办法所称的教学成果,是指反映教育教学规律,具有独创性、新颖性和实用性,在本科教学实践中对提高教学水平和教育质量、实现培养目标产生明显效果的教育教学成果。具体包括以下两方面。

1. 在转变教育思想和教育观念，调整专业结构，改革人才培养模式、课程体系、教学内容及其相关的教材，改进教学方法和教育技术，创新考试评价方式，落实以学生为中心的教育理念，培养学生的创新精神和实践能力，提高教育质量等方面所取得的成果。

2. 在组织教学工作、推动教学及教学管理改革，加强教学基本建设，开展质量保证与监控工作，建立自我约束、自我发展机制，实现教学管理现代化等方面形成的管理方案、研究论文、报告、规章制度等成果。

学校设"中国海洋大学优秀教学成果奖"，授予在教育教学工作中做出突出贡献，取得显著成果的集体或个人。校级教学成果奖每两年评选一次，每次评出特等奖不超过3项、一等奖不超过10项、二等奖不超过20项。在教育教学改革方面迈出重大步伐，达到国内领先水平，并取得重大人才培养效益的，可获得校级教学成果特等奖；达到国内先进水平，并取得较大人才培养效益的，可获得校级教学成果一等奖；在教育教学改革方面成效显著，具有较好推广应用前景的，可获得校级教学成果二等奖。

校级教学成果的主要完成人须具备以下条件：遵纪守法，爱岗敬业，具有良好的思想品德和学术风范；具有连续5年以上从事本科教学、教育教学管理、教学研究或教学辅助工作经历；直接参加成果的方案设计、论证、研究和实施全过程，并做出主要贡献；每项成果申报的主要完成人一般不超过5人。

中国海洋大学本科毕业论文（设计）工作管理规定
海大教字〔2016〕143号

主要内容

毕业论文（设计）要求学生综合运用所学的基础理论、基本技能和专业知识，进行与本专业相关的课题研究（工程设计），开展科学研究方法（工程设计）的训练。

院（系）是毕业论文（设计）工作的主体和第一责任人，负责建立本教学单位毕业论文（设计）的质量管理体系、组织本教学单位毕业论文（设计）工作。教务处负责对毕业论文（设计）工作进行宏观管理和质量监督；负责协调处理毕业论文（设计）工作中出现的问题，开展总结和交流；组织开展与毕业论文（设计）相关的其他工作。

指导教师负责确定毕业论文（设计）的选题，制定毕业论文（设计）任务书并明确毕业论文（设计）评分标准，确定毕业论文（设计）工作进度；负责检查学生毕业论文（设计）的进展情况和完成质量，定期安排当面答疑和讨论，并将实质性指导内容形成指导工作日志。每名指导教师所带毕业论文（设计）的人数原则上不超过6人。

毕业论文（设计）的选题必须符合本专业培养目标要求，与社会发展、生产实践、科学研究等实际任务相结合，难易适中，工作量饱满，并有一定的创新性，使学生得到比较全面的素质、能力训练。选题一经确定，不得随意更改；如确需更换，须由指导教师提出申请、明确更换理由，经院（系）批准后实施。

中期检查由院（系）组织实施，其主要任务是检查毕业论文（设计）任务的完成情况，包括查看学生的调研报告、文献综述以及外文资料翻译、实验方案及其可行性分析报告、实验记录、设计草图或论文纲要等。对检查中发现的问题,要及时采取有效的补救措施。

毕业论文(设计)完成后须经指导教师和评审教师评阅,并分别给出成绩,写出评语。各院(系)组建答辩委员会,负责组织本院(系)毕业论文(设计)的答辩工作。答辩环节包括学生陈述和教师提问两项内容,答辩小组应现场评定答辩成绩,写出答辩评语。

毕业论文(设计)的成绩评定,采用五级记分制,即优秀、良好、中等、及格和不及格。学校实行毕业论文(设计)随机盲评复核制度。凡毕业论文(设计)成绩不及格者,可申请重做。

中国海洋大学全日制本科学生学籍管理规定(修订)①
海大教字〔2017〕55号

主要内容

一、入学与注册

新生入学须持录取通知书和学校规定的其他有关证件与材料,按录取通知书规定的日期和要求到校办理报到入学手续。学校在报到时对新生入学资格进行初步审查,审查合格的办理入学手续;审查发现新生的录取通知、考生信息等证明材料,与本人实际情况不符,或者有其他违反国家招生考试规定情形的,取消入学资格。凡属弄虚作假、徇私舞弊取得学籍者,一经查实,取消学籍;情节恶劣者,报请有关部门查究。

每学期开学时,学生须按学校规定的注册日期,持本人学生证和缴纳学费证明到所在学院办理注册手续。学生因故不能按期到校注册,须及时向所在学院请假并提供必要的证明材料。未按学校规定缴纳学费或者有其他不符合注册条件的,不予注册。

二、修业年限

本科生在校修业基本年限为4年,学生可申请缩短或延长修业年限,缩短修业年限不得超过1年,延长修业年限不得超过2年,上述年限均不含休学时间。学生提前毕业,须在拟毕业学年春季学期向拟毕业专业所在学院提出提前毕业申请,学院审核同意后,报教务处审批。学生延长修业年限,须在规定日期内向所在学院提出延期毕业申请,经学院审核同意后,报教务处审批。

三、选课与考核

学生须按专业培养方案并通过选课获得参加课程学习和考试的资格。学生选课确认后,应按课程教学要求参加学习和考试。课程考试合格取得相应学分;考试不合格、旷考及考试违纪行为的认定和成绩处理,具体办法另行规定。学生参加各类科技活动、创业锻炼、社会实践、文艺演出、体育比赛等,成绩突出者,可申请创新创业教育学分。

---

① 学校于2004年制定《中国海洋大学全日制本科学生学籍管理规定》,2010年、2017年先后进行修订,此处选取2017年版本。

四、休学和复学

学生有下列情形之一者，应予休学：经校医院或二级甲等以上医院诊断须停课治疗、休养，缺课时间占一学期总课时的三分之一及以上的；因创业、社会实践、国内外进修等原因需要中断学业，请假时间超过一学期总学时的三分之一及以上的；因其他某种特殊原因，本人申请或学校认为必须休学的。

学生休学期满，须按学校要求提供相关证明材料，因病休学者还需由二级甲等以上医院出具病历及健康证明，经学校指定医院复查合格后准予复学，办理复学手续并在原专业学习；学生可以要求再次休学，但累计休学时间不得超过2学年。

五、转学与转换院系、班级

学生入学后，有下列情形之一者，可申请转换学校学习：学生确有专长，转换学校学习更有利于发挥其专长的；学生入学后发现患有某种疾病或有某种生理缺陷，经二级甲等以上医院检查证明，不适合在本校学习，但尚能在其他高校学习的；经学校确认学生有某种特殊困难，不转换学校则无法继续学习的。

同时符合下列条件的在校学生，可申请转换院系、班级学习：入学满2学年以上；在交期间修读课程取得的学分中，拟转入院系的专业类课程学分数与学校为该专业相应年级开出的专业类课程总学分相差不超过10学分。

六、学业警示与退学

学生在校期间，一学期修课取得的学分不足12学分（夏季学期和秋季学期合并计算），予以学业警示。学业警示累计达到两次者，可申请试读，试读期间保留学籍。

学生有下列情形之一者，予以退学：学期开学时，超过2周未注册且无正当理由的；未经批准连续2周未参加学校规定的教学活动的；受到学业警示累计达到两次且未申请试读或申请试读未获批准的；试读期间再次受到学业警示的；休学期满，逾期2周未办理复学手续的；累计休学时间达到最长休学期限，经校医院或二级甲等以上医院健康复查不合格的；经学校指定医院诊断，无法继续在校学习的；逾期未办理延长修业年限手续的；不符合延长修业年限条件、不能继续在校学习的；达到最长修业年限，学业未达到结业要求的。

七、毕业与结业

毕业：德、智、体鉴定合格，在修业年限内达到专业培养方案规定的毕业最低课程和学分要求，准予毕业，颁发毕业证书。符合前一种情形，同时辅修其他专业并达到该专业课程和学分辅修要求的，颁发该专业辅修证书。

结业：德、智、体鉴定合格，在修业年限内未达到任何一个专业培养方案规定的毕业最低课程和学分要求，但获得的学分数达到任一专业培养方案规定的毕业最低学分要求的80%以上，准予结业，颁发结业证书。符合结业条件的学生，可在结业后2年内申请"结业后返校重考"。成绩合格，符合本科毕业要求的，学校换发本科毕业证书，毕业时间按发证日期填写。

八、学士学位

学生取得毕业证书，符合《中华人民共和国学位条例》和《中国海洋大学授予学士学位工作细则》的有关规定，授予学士学位。学生达到辅修专业毕业要求，且主修专业与辅修专业不属于同一学科门类的，颁发辅修专业学位证书。

九、学生申诉

学校成立学生申诉处理委员会，负责受理学生对处理决定不服提起的申诉。学生对取消入学资格、取消学籍、退学处理决定有异议，在接到学校处理决定书之日起10日内，可以向学校学生申诉处理委员会提出书面申诉。学生申诉处理委员会对学生提出的申诉进行复查，并在接到书面申诉之日起15日内，做出复查结论并告知申诉人。需要改变原决定的，由学生申诉处理委员会提交校长授权的专门会议重新研究决定。

中国海洋大学全日制本科课程考试管理办法
海大教字〔2019〕49号

主要内容

考试是教学过程的重要环节，是教学质量管理与评价的重要内容。本办法中的考试是指学校组织的全日制本科课程考试，包括期中考试、期末考试及其补考和缓考等。

一、考试的组织与管理

教务处是学校全日制本科课程考试工作的主管部门。全校公共课程的考试由教务处负责组织实施，专业课程的考试由各学院（系、中心）在教务处统一安排下组织实施。课程开课单位负责本单位开设课程的考试组织工作，依据本科课程教学大纲对本单位教师确定的课程考试内容、方式、方法等进行审核。

二、考试方式与命题

考试命题由课程开课单位负责，命题人为课程任课教师或开课单位指定的其他教师。对使用试卷进行考核的课程，每门课程需由命题人命制A、B两套试题供考试时选用。试卷一般按100分钟的考试时间确定题量，按照学校统一要求的格式印刷和装订，字迹清晰，图表准确，无漏页、无错订。试卷在考试前属于学校保密资料，严禁命题人和接触试题的工作人员泄漏试题内容。

三、考试安排

课程期末考试应安排在校历规定的考试周内进行，如提前考试须经开课单位分管教学工作的负责人审核同意后报教务处批准。任课教师可根据教学进度组织进行期中考试，学校组织安排面向低年级学生开设的公共基础课期中考试。学校统一考试的考场由教务处统筹安排，各教学单位自行安排的考试必须报教务处备案。学校组织在职教职工参加监考工作，每个考场监考人员不少于2人。

四、成绩评定与管理

理论类课程综合成绩实行百分制记分，实验、实习、论文类课程综合成绩实行五级制记分。课程综合成绩由期末考试成绩和平时成绩构成，平时成绩的占比一般不低于30%，具体比例在课程教学大纲中规定，由任课教师在开课时向学生说明。学生可通过教务综合信息集成服务平台查询本人课程成绩。学生对考试成绩有异议的，可在课程考试结束后续学期开学起两周内申请核查试卷。

五、考试违纪的认定及处理

考试工作人员在考试过程中发现考生有违纪、作弊行为的，应及时予以制止并在监考记录单相应位置详细记述违规情节，同时对考生用于作弊的物品和试卷予以收缴。考试违纪、作弊行为的纪律处分由学校有关部门根据《中国海洋大学学生违纪处分规定》进行处理。

中国海洋大学一流本科教育行动计划（2019—2024）
海大教字〔2019〕143号

主要内容

一、总体要求

（一）指导思想

以习近平新时代中国特色社会主义思想为指导，坚持社会主义办学方向，落实立德树人根本任务，秉承学校"教授高深学术，养成硕学宏材，应国家需要"的创校宗旨，遵循学校"通识为体，专业为用"的本科教育理念，以学生发展为中心、以人才培养质量为重点，深化本科教育综合改革，全面提高人才培养能力，培养德智体美劳全面发展的社会主义建设者和接班人，为学校世界一流大学建设奠定坚实基础。

（二）基本原则

遵循"价值引领、融合创新、质量为本、追求卓越"的基本原则，以"重构新时代本科知识"为统领，推动一流专业建设和课程教学改革，促进本科教育教学内涵发展。价值引领：引导教师潜心教书育人，以德立身、立学、施教，担当学生健康成长的指导者和引路人；引导学生爱国、励志、求真、力行，养成良好的道德品质和行为习惯，为国家富强和民族复兴而刻苦学习。融合创新：推动新知识与经典知识融合、学科交叉融合、科教融合、产教融合、国际与本土融合以及传统教学方法与现代信息技术融合，推动本科教育教学全面改革创新。质量为本：落实"产出导向、持续改进"的建设理念，将质量意识、质量标准和质量管理落实到教育教学各个环节，内化为师生的共同价值追求和自觉行动。追求卓越：以学生发展为中心，不断促进教学相长，让学生获得更有意义的学习和成长经历；引导师生追求卓越，不断自我超越。

（三）主要目标

创新人才培养体制机制，完善以促进学生全面发展为根本目的，以科教融合、产教融合协同育人为重要途径的本科教育教学体系。推动形成"三全育人"工作格局，打造国际先进、特色鲜明的涉海拔尖人才培养模式，构建现代化的教学质量保障体系，打造一支潜心教书育人的教师队伍，营造一流的育人文化，培养一流本科人才。

二、主要举措

（一）把思想政治教育贯穿本科教育全过程

1. 推动形成三全育人工作新格局。

2. 加强思想政治理论课建设。

3.推进课程思政建设。

（二）推动专业改革，构建多样化人才培养体系

1.深化专业供给侧改革。

2.提高专业建设质量。

3.实施卓越人才培养计划。

4.实施基础学科拔尖学生培养计划。

5.深化本科人才培养国际合作。

6.完善辅修制度、探索微专业教学模式。

7.探索本科荣誉学位制度。

8.进一步发挥教学运行体系优势。

（三）促进教学创新，持续提升教育教学水平

1.多维度提升课程质量。

2.推进通识教育再起航计划。

3.推动公共基础课程全面改革。

4.打造科教融合系列创新课程。

5.推进实验教学改革。

6.加强体育、美育和劳动教育。

7.完善本科课程助教制度。

8.加强学生学业辅导。

9.建设精品教材体系。

（四）推动信息技术与教学改革的深度融合

1.推进在线课程平台建设。

2.推动信息技术与教学创新的融合。

（五）推动创新创业教育提质升级

1.推进创新创业教育体系建设。

2.构建创新创业人才培养模式。

（六）优化内部质量保障体系

1.全面开展专业评估与专业认证。

2.完善教学质量保障体系。

（七）提高教师教书育人能力

1.加强基层教学组织建设。

2.促进教师教学能力持续提升。

3.促进教学研究和教学成果的总结应用。

4.建立教师教学激励机制和荣誉体系。

三、实施保障

（一）加强组织领导

充分发挥学校党委对本科教育教学工作的全面领导作用，完善党委常委会和校长办公会定期研究、推动本科教育教学工作的机制；建立学校、部门、学院本科教育教学工作一把手负

责制，加强统一领导，注重顶层设计，组织、协调各职能部门和各教学单位围绕一流本科建设目标，明确责任，制订行动方案，确保各项建设任务有效落实。

（二）完善保障机制

围绕本科教育教学改革，加强政策配套和导向，配齐、配强校院两级教学管理队伍，建立针对教育教学具体任务的学校学院联动、各部门之间联动的工作机制，完善考评制度，引导干部、教师将主要精力投入本科教育教学工作；加大本科教育教学建设投入，建立本科教育教学经费稳步增长的长效机制，围绕一流人才培养目标，统筹中央财政专项经费和学校自筹经费，拓展教学经费融资渠道，加强教学改革、实验实习平台、教学环境改造、教学服务和管理系统的建设，营造良好的教书育人环境。

中国海洋大学本科教学督导工作实施细则（修订）
海大高教字〔2020〕4号

主要内容

学校在高等教育研究与评估中心设立教学督导工作办公室，在分管教学的副校长领导下全面负责学校教学督导工作的组织、管理与服务工作，并聘请成立教学督导专家团队，广泛开展督教、督管、督学和导教、导管、导学等各项工作。

督导专家负责对学校的本科教学过程、教风学风建设、教师教学质量、教学秩序、教学管理、教学环境及设施等方面进行督促、检查、指导；有权对学校开设的任何课程随堂听课、看课、指导、评价；对教学效果较差的教师有责任帮其整改、提高教学质量；对干扰和影响教学秩序的言行有权予以制止和提出批评；对影响正常教学工作的教学设施、设备、教学环境、教学管理与服务等有权提出改进的意见和建议。工作内容：听取学校线上线下各类本科教学课程，参与学校的课程教学评估、考试巡视等教学活动，组织专项调研、督导工作。听课工作要求：每学期听课不少于25节（次）。对授课教师从师德师风、教学态度、教学内容、教学方法、教学效果等各方面进行全面诊断和考察，对学生学习状态及学习效果给予关注。

学校聘任曾长期从事本科教育教学工作、具有丰富的教育教学和管理工作经验的在职或已退休专家担任督导专家，共同完成学校本科教育教学质量保障工作。

中国海洋大学本科招生工作管理规定（试行）
海大招字〔2021〕1号

主要内容

本科招生工作围绕立德树人根本任务，坚持公平竞争、公正选拔的原则，全面考核考生德智体美劳情况，综合评价、择优录取新生。学校不断完善考试评价体系，稳步推进分类考试、综合评价、多元录取考试招生模式改革。

本规定适用于学校全日制普通本科招生工作，包括普通类型和特殊类型招生，其中特殊类型招生是指强基计划、综合评价、艺术类、体育类等招生类型。

学校本科生招生工作领导小组，全面领导学校本科生招生工作，集体研究决定招生工作中的重大事宜。本科生招生工作领导小组组长由校长担任，副组长由分管本科生招生工作的副校长和纪委书记担任，成员由教务处处长、监察处处长、本科生招生办公室主任等组成。本科生招生办公室为学校本科招生的常设机构，在学校招生工作领导小组的领导下，贯彻执行国家招生政策和规章，具体负责学校招生工作的组织实施。

学校在国家政策的指导下根据人才培养、办学条件等实际情况确定招生规模，统筹考虑各省、自治区、直辖市考生人数、生源质量、区域协调发展和学校往年计划等因素编报分省计划，报教育部审批后由各省级招生管理部门向社会公布。

招生章程是学校面向社会公布有关招生信息的必要形式，学校依据招生章程开展本科生招生工作。招生章程主要内容包括学校全称、校址，办学层次和类型，招生计划分配的原则和办法，预留计划数及使用原则，外语语种、身体健康状况要求，进档考生的录取规则、学费标准、联系电话、网址等信息。

学校加强对招生队伍的教育和培训，组织招生宣传咨询队伍开展科普和专业介绍讲座、重点中学走访咨询、夏季志愿填报集中咨询等招生宣传工作，同时，利用网络、电视、广播、报刊等多媒介主动发声，广泛宣传，进一步提升学校的社会影响力、认可度和美誉度。

学校严格按照向社会公布的学校招生章程中的录取规则进行录取，并按照各省级招生管理部门规定的时间和程序，按时提交调档比例、核对招生计划，及时完成网上阅档、退档、审核、提交等环节工作。网上录取结束后，根据录取名单发放录取通知书。

学校严格落实信息公开制度，认真执行招生信息"十公开"要求，不断完善信息公开的范围、内容、方式和时间，自觉接受纪检监察部门监督。

考生、考试工作人员在学校本科招生报名、考试、录取等各环节出现违规行为的，严格按照《国家教育考试违规处理办法》（教育部令第33号）和《普通高等学校招生违规行为处理暂行办法》（教育部令第36号）的规定进行处理，依法依规追究当事人及相关人员责任；涉嫌犯罪的，及时移送司法机关追究法律责任。

中国海洋大学教材选用管理办法

海大教字〔2021〕6号

主要内容

教材选用坚持凡选必审。选用的教材必须经过学校统一审核。坚持质量第一。优先选用国家和省级规划教材、精品教材及获得省部级以上奖励的优秀教材。坚持适宜教学。选用的教材要符合教学规律和认知规律，便于课堂教学，有利于激发学生学习兴趣。坚持公平公正。教材选用程序要实事求是，客观公正，要严肃选用纪律，严禁违规操作。

选用的教材要运用辩证唯物主义和历史唯物主义的方法，无政治性和政策性错误。选用的教材要符合经济、社会发展和科技进步对人才培养的需要，与本专业、本学科、本专业学位类别的人才培养目标相匹配。选用的教材要符合课程教学的要求，有利于激发学生学习兴趣，有利于学生知识、能力和素质的培养。选用的教材应体现科学性、先进性和适用性的有机统一，能反映本专业、本学科、本专业学位类别国内外科学研究和教学研究的先进成果。选用的教材应文字精练、表达规范、文图配合恰当、图表清晰准确、符号及计量单位符合国家标准。

教材选用坚持集体决议，选用结果实行公示和备案制度。学校教材建设领导小组组织成立教材选用专家组，负责全校教材选用审核工作。

中国海洋大学推荐本科应届毕业生免试攻读研究生工作实施办法（修订）[①]
海大教字〔2021〕9号
主要内容

推荐本科应届毕业生免试攻读研究生（以下简称推免）是激励本科生勤奋学习、勇于创新、全面发展的重要举措和有效机制。为规范推免工作，进一步树立科学的评价导向，按照教育部有关文件精神和具体要求，制定本办法。

学校成立由校领导牵头、各有关职能部门负责人及专家教授代表组成的推免工作领导小组，负责领导推免工作，推免工作具体事务由教务处负责组织实施。各学院（中心）成立推免工作组，负责本单位推免工作，制定本单位推免生遴选办法和实施细则。推免工作组由分管学生工作、本科教学工作、研究生教学工作的学院（中心）领导和教师代表组成，成员一般不少于7人。

推免类别包括普通推免生、研究生支教团推免生、在校研究生辅导员推免生和国防科工单位补偿计划推免生等。推免工作注重对学生本科学习阶段的过程性评价，将本科学习阶段平均成绩作为最基础的遴选指标，不再专门组织遴选推免生的考试，包括笔试、面试等。学生参加科技竞赛获奖、科研工作获得成果、发表高水平论文视为有特殊学术专长。

学校推免工作领导小组根据教育部当年下达给学校的推免名额，以学院（中心）学生人数为主要依据，确定各学院（中心）推免名额。学院（中心）推免工作组根据学校下达的推免名额，结合本单位各专业具体情况确定各专业推免名额。推荐程序包括排名统计、个人申请、资格审查、遴选认定、确定拟推荐名单、公示及报送。

[①] 学校于2002年制定《中国海洋大学推荐本科应届毕业生免试攻读研究生工作实施办法》，2008年、2014年、2016年、2021年先后进行修订，此处选取2021年版本。

中国海洋大学关于教授、副教授为本科生授课的规定

海大教字〔2021〕56号

主要内容

为进一步加强教师队伍建设，规范教授、副教授为本科生授课工作，根据中共中央、国务院《关于深化新时代教育评价改革总体方案》等文件精神，结合学校实际，制定本规定。

教授、副教授为本科生授课是学校的基本教学制度，承担本科教学任务是教授、副教授任职的基本条件，本科教学工作是教师考核的基本内容。

教授、副教授每学年为本科生授课不得低于32课时，学部、各学院（中心、实验室）在此课时要求基础上制订本单位实施方案。教授、副教授为本科生授课应主要讲授公共基础课、专业基础课、专业核心课、新生研讨课、学科前沿课和通识教育课。教授、副教授应把学术积累和优秀科研成果转化为教学资源，并结合引进国内外优质教学资源，建设高水平课程。

学部、各学院（中心、实验室）的党政主要负责人作为落实此项工作的第一责任人，完善本单位教授、副教授为本科生授课制度，优先安排教授、副教授为本科生上课，其中最低课时要求不得低于学校规定。

有以下情况的教授、副教授，由本人提出申请，经学院、学校审核批准后，可减免当年本科授课任务：因身体原因无法承担教学任务；在岗时间不足以完成一门课程的教学任务；参加经学校批准的国内外研修；新入职当学年，经综合评估教学能力和水平达不到授课要求；根据国家省市有关规定经学校研究确定的其他情况。

学校对教授、副教授为本科生授课工作进行教学计划管理、教学评估管理和年终考核管理，对教授、副教授为本科生授课组织安排不力的单位定期予以通报，列入学院年终绩效考核负面清单。教授、副教授未经批准减免，未达到为本科生授课最低要求的，当年年度考核结果不得确定为"合格"及以上档次，连续两年未达到最低要求的，年度考核结果确定为"不合格"。新入职经过一年学习提高期后仍不具备上课条件的，年度考核结果确定为"不合格"。

中国海洋大学基层教学组织建设管理办法

海大教字〔2021〕85号

主要内容

基层教学组织是学校实现立德树人目标、落实教学任务、促进教师发展、传承教学文化、深化教学改革的基本单位，为进一步加强基层教学组织建设，特制定本办法。

学部、各学院（中心）按照有利于教学活动组织与管理的原则，结合专业特点和课程性

质统筹安排，加强基层教学组织建设。设置模式：基层教学组织在系（部）下设置，也可在学院下直接设置。设置原则：学部、各学院（中心）应创新基层教学组织形式，注重理论教学和实践教学环节的衔接，注重教学团队与科研团队融合，推动"教学—科研"一体化基层教学组织建设。负责人选聘：每个基层教学组织设1个主任岗位，超过20人的基层教学组织，可酌情设1个副主任岗位。

各学院（中心）基层教学组织工作要覆盖本单位开设的所有课程和各实践教学环节，其主要工作职责包括教学基本建设与规划，日常教学工作组织与管理，教学研讨交流和青年教师培养，教学研究与创新。

基层教学组织实行成立审核备案制、工作考核制。基层教学组织的设置方案由所在学部、学院（中心）党政联席会研究通过，经教务处审核后，报学校备案。学部、各学院（中心）负责对本单位基层教学组织进行年度考核，考核结果分为"优秀""合格"和"不合格"，优秀率原则上不超过30%。

中国海洋大学本科生选课管理办法
海大教字〔2021〕110号

主要内容

学生应根据自身学业规划、学习能力和培养方案要求选修课程。春季、秋季学期所选课程总学分一般不少于15学分、不超过35学分，夏季学期不超过9学分。超学分选课，须经相关院系同意、教务处批准。对有先修课要求的课程，须在先修课程修读合格情况下才能选修。参加课程补考的学生，不能在补考学期选修该门课程。同一授课时段只能选修一门课程。

学校施行网上选课模式，学生选课通过"中国海洋大学教务综合信息集成服务平台"（以下简称选课系统）进行，具体选课相关信息以该平台公布为准。选课每学期进行一次，学校在选课前公布选课通知和网上选课操作规程，学生应根据通知要求的选课具体操作步骤和注意事项按时完成选课相关操作。每学期选课一般分多轮进行。每一轮选课结束后，学校按照中选规则对选课数据统一处理并公布该轮选课结果。选课各轮全部结束后，中选课程即为学生的个人课程表，不再更改。学生选中课程后，须参加该课程教学活动，课程成绩计入成绩单，成绩合格者取得相应学分。

每学期选课，选课系统给每位学生预置选课权重分共100分。学生选课时，可对不同的课程投入不同的权重分，在同一优先级下投入权重分值高的学生将优先选中该门课程。专业课的选修，按照开课专业年级学生（优选班级）、重修学生、开课专业高年级学生、权重分值高者、其他专业高年级学生、学号随机的顺序确定中选学生。非专业课的选修，按照重修学生、权重分值高者、高年级学生、学号随机的顺序确定中选学生。

中国海洋大学本科荣誉学士学位授予办法（试行）

海大教字〔2021〕125号

主要内容

学生德智体美劳全面发展，综合素质优秀，无任何违法违纪情况，符合主修专业学士学位授予条件，且毕业论文（设计）成绩为优秀，并满足如下条件之一，均可申请荣誉学士学位：

1. 主修专业平均学习成绩排名列所在专业前5%，且培养方案规定的专业核心课程平均学习成绩达85分及以上。

2. 主修专业平均学习成绩排名列所在专业前20%，且以第一作者、以中国海洋大学为第一作者单位正式发表1篇及以上高水平论文，或参加学校认定的全国性科技学术竞赛获得国家级最高等次奖（第一位次），或在学术研究、科技创新等方面取得经专家认定的其他突出成绩。

3. 获得行远书院结业证书，且主修专业平均学习成绩排名列所在专业前20%。

荣誉学士学位人选由学校学位评定委员会审定，获得荣誉学士学位的人数一般不超过当年毕业学生总数的5%。

中国海洋大学本科课程教学评估工作办法

海大高教字〔2021〕9号

主要内容

中国海洋大学自1986年开始启动实施并持续开展课程教学评估工作，该项工作对激励广大教师更加重视教育教学工作、努力提高教学质量发挥了重要作用。为进一步促进课程建设和教师教育教学能力与水平的提升，制定本办法。

中国海洋大学本科课程教学评估专家常设委员会（以下简称常设委员会）负责全面领导、指导学校本科课程教学评估工作，适时组织制定课程教学评估工作实施细则、课程教学质量评估指标体系，制订学期课程教学评估工作计划，研究学期课程教学评估专家的人选或聘任事宜，解决课程教学评估工作中出现的疑难问题。常设委员会主任、副主任及委员均由学校任命。

学校选聘常设委员会成员及校内外在岗或退休的教授、副教授组建课程教学评估专家队伍。专家队伍分为学科组、同行组、横向组三个类别，分别由与参评课程所属学科相近相关的大学科同行专家，与参评课程所属学科基本一致的小学科同行专家和具有丰富教学经验、了解本科课程教学整体情况、能够开展横向比较的专家组成。

评估工作的基本程序：每学年的春季和秋季学期期中启动下一学期的本科课程教学评估申报工作；课程评估办公室审核确定参评课程，分类组织课程教学评估工作；学期第3周，召开评估工作启动会，安排布置学期课程教学评估工作，明确工作要求，所有参评教师及评估专家均应参会；学期第10~12周，分别召开学科组会议和横向组第一次会议，研究、讨论课程评估过程中出现的主要问题；学期第14~16周，在随堂听课、深入学部、学院（中心）及学生调研、听取意见和反复讨论的基础上，各学科组撰写形成对参评课程的评估意见；学期第17~18周，召开评估评定会。

评估等级评定标准及结果：与会专家按照"看、听、议、投"四步法进行课程教学评估的等级评定，并以实名方式按百分制进行打分、投票。课程教学评估结果分为四个等级：分数≥90为优秀；80≤分数<90为良好；60≤分数<80为合格；分数<60为不合格。

学校对获优、良等级的教师给予奖励，同时颁发荣誉证书。根据学校有关规定，课程教学评估结果可作为教师考核、评聘、晋升、选优的依据，任何人不得更改。

第三节　研究生教育

中国海洋大学招收攻读博士学位研究生规定

海大研字〔2003〕15号

主要内容

培养目标：培养德、智、体全面发展，具有坚实宽广的基础理论和系统深入的专门知识，具有独立从事科学研究工作的能力，在科学技术上做出创造性成果的高级人才。

招生类别包括非定向生、自筹经费生、定向委培生。

报考条件：坚持党的基本路线，品德良好，勤奋学习，遵纪守法，身体健康，年龄一般不超过45周岁；已获得硕士学位的在职人员，应届硕士生或符合同等学力有关要求的考生；有两位与本门学科相关的副教授以上的专家书面推荐；学校符合硕博连读条件的硕士生。

入学考试或考核方式：统一考试，其对象为应届硕士生和已获硕士学位的在职人员及同等学力考生；硕博连读，在通过中期考核的硕博连读生中选拔。

报名和资格审查：符合报考条件的人员须凭单位介绍信，并缴纳报名费。根据考生提供的材料进行资格审查，不符合报考条件的考生不准参加考试。

中国海洋大学关于博士研究生培养工作的规定

研内字〔2006〕46号

主要内容

博士生培养,必须全面贯彻"面向现代化、面向世界、面向未来"这一总的指导思想,必须坚持德、智、体全面发展的方针,贯彻理论联系实际的原则。

博士生入学以后,导师在规定时间内根据本专业培养方案、培养目标及博士生的具体情况,确定该生的培养计划。博士生的培养方式以科学研究工作为主体,除学校规定的课程以外,要参加有关讲座学习和阅读有关文献。博士生的培养实行导师负责制。成立由导师负责的、以博士点学术梯队为主体的指导小组,具体负责博士生的课程学习、能力培养、论文工作和思想政治工作。博士生修读年限一般为3~6年,硕博连读一般为4~8年。

博士课程包括学位公共课、学位专业课、专业选修课、前沿讲座和补修课。在论文工作开始之前,应进行开题报告,开题报告由导师负责主持,可吸收导师组成员及其他教授、副教授参加。在学位论文完成过程中,至少应每个月向导师汇报一次论文进展情况,获得导师的及时指导。

中国海洋大学关于硕士研究生培养工作的规定

研内字〔2006〕47号

主要内容

硕士研究生的培养目标为拥护中国共产党的领导,拥护社会主义制度,愿为社会主义现代化服务,在本学科内具有坚实的理论基础,掌握系统的专门知识,具有较宽的知识面,掌握现代实验技术,具有独立进行科学研究、教学工作和承担专门技术工作或其他实际工作的能力,能够达到《中华人民共和国学位条例》规定的硕士研究生的学术水平。

第一学期内,本着导师学生双向选择的意愿并根据学科发展的需要,确定指导教师。第一学期结束前,在导师指导下,根据本专业培养方案的要求,拟制订个人培养计划。硕士生修读年限一般为2~3年。

硕士研究生的中期筛选应在课程学习完成后,进入论文工作前进行。一般在第三学期进行,中期筛选的内容包括开题报告、课程和学分完成情况及政治思想等综合表现。在论文完成过程中,应定期向导师汇报论文进展情况,并以适当方式与同学交流以获得导师的及时指导和同学们的帮助。

中国海洋大学关于申请指导硕士研究生资格管理办法

海大学位〔2010〕7号

主要内容

硕士生导师主要职责如下：

1. 遵守国家和学校学位与研究生教育方面的规定，对所指导硕士生的培养质量全面负责。

2. 对硕士生进行理想、学术规范及学术道德等方面的教育，并对硕士生的学术活动负责；关心和了解硕士生的思想、学习及生活状况并给予正确的引导。

3. 为硕士生提供研究条件、培养经费和生活资助。

4. 在学院的统一安排下，参与本学科研究生招生与培养。

5. 根据因材施教原则和本学科硕士生培养方案的要求，指导硕士生制订个人培养计划，确定学位论文研究方向；负责审查论文开题报告；为硕士生开设课程、组织中期筛选等；督导硕士生执行和完成培养计划；按照硕士生培养进展情况，提出提前、延期或者中止培养计划的报告及处理意见，按《中华人民共和国学位条例》及有关规定，指导硕士生申请相应学位和就业。

6. 协助做好硕士生教育和管理其他方面的工作。

7. 校外硕士生导师应参加学校组织的重要研究生教育活动及工作会议；须与校内相近研究方向的一名硕士生导师建立合作培养关系；指导中国海洋大学硕士生所发表的学术成果第一署名单位应为中国海洋大学，且硕士学位论文答辩一般应在中国海洋大学校内进行。

8. 专业学位硕士生实行双导师培养制，以校内导师指导为主，校外导师参与实践教学培养过程、课题研究、课程与论文等多个环节的指导工作。

硕士生导师资格申请条件如下：

1. 拥护党的基本路线，热爱研究生教育事业，治学严谨，身体健康。年龄为55周岁及以下。

2. 具有博士学位，或具有硕士学位但已在该学科任副教授以上专业技术职务两年及以上。已具有教授专业技术职务（或相当职称），或有其他突出学术贡献者，其学历（学位）要求可适当放宽。在职攻读博士学位的教师，应在通过其博士学位论文答辩后申请指导硕士生。

3. 具有明确的研究方向，近五年内已取得较高水平的科研成果。

4. 目前正承担较高层次的科研课题，为课题主要负责人，有足够的科研经费。理、工、农、医类学科申请者要求目前主持省级科研项目或参与国家级研究课题；人文社科类学科申请者目前主持有价值的研究课题；基础类学科的教师，条件可以适当放宽。

5. 原则上应系统地讲授过本科生课程，能承担一门以上的本学科硕士生课程的教学工作。

6. 掌握一门外国语，能熟练地阅读本专业的外文资料，具有学术交流和撰写学术论文的能力。

校外申请者聘任条件如下：

1. 申请指导学术学位硕士生导师资格的校外申请人应为学校合作单位的科研人员，应与学校有关硕士学位授权专业有实质性的教学和科研合作；申请人能为硕士生提供校外高水平科研工作条件，能够对硕士生培养过程给予切实有效的指导。

2. 申请指导专业学位硕士生导师的校外申请者，在技术开发和科技推广及应用第一线工作，具有较强解决实际问题能力；近五年获得较有价值的科技推广成果；曾主持或参加较大技术开发课题、推广项目或规划设计项目；一般应具有高级技术职称、本科以上学历。须由一名相近专业校内导师提名，与校内硕士生导师合作培养专业学位硕士生。

硕士生导师备案程序为本人申请，院学位评定分委员会初审，学位办审核备案。申请招收硕士生导师须为经学校备案公布的在岗硕士生导师，年龄不超过57周岁（身体状况良好的两院院士招生不受年龄限制）。

中国海洋大学研究生学术不端行为处理办法

海大学位〔2010〕8号

主要内容

为维护学术尊严，严明学术纪律，杜绝各类学术不端现象，根据《中华人民共和国学位条例》等相关规定，制定本办法。本办法适用于所有申请中国海洋大学博士、硕士学位者在学术活动中的造假、抄袭、剽窃等违背公认的学术准则的行为。

对出现学术不端行为的尚未毕业的学历教育研究生，可视情节轻重给予下列处理：全校通报批评；延期一年答辩；取消答辩及申请学位资格。对已毕业但未获学位的学历教育研究生以及尚未取得学位的非学历教育各类型研究生的学术不端行为，可视情节给予下列处理并通知所在工作单位：全校通报批评；一年内不得申请学位；取消申请学位资格。对已经取得中国海洋大学学位的研究生，学术不端行为情节严重的，一经查实，撤销已授予的学位并通报所在工作单位。

学术不端行为的鉴定程序包括成立调查小组、调查取证、作出处理决定、送达处理决定。

学术不端行为的处理：对引用他人的观点、资料和数据等未注明出处者，视整段雷同内容占整篇学术成果的百分比例大小给予相应处理。对伪造或篡改实验数据、研究成果等行为者，视情节给予相应处理。对学术成果虚假署名者，视情节给予全校通报批评、延期一年答辩或一年内不得申请学位、取消申请学位资格或撤销已授予学位等处理。

对于有学术不端行为的研究生，其指导教师负有连带责任，可依据国家和学校相关规定对研究生指导教师进行处理。

中国海洋大学研究生学籍管理规定[①]

海大研字〔2014〕30号

主要内容

一、入学与注册

研究生新生须持录取通知书和学校规定的有关材料，按规定日期到校办理入学报到手续。新生办理完入学报到手续后，学校在三个月内按照国家招生规定对其思想品德、业务水平、健康状况和入学资格进行复查。

每学期开学时，在校研究生须按学校规定的日期返校，由本人持研究生证到院（系）办理注册手续。

二、转导师、转专业与转学

研究生在同一专业内转导师由院（系）审批，报研究生院备案。研究生一般不得转专业。确因专业调整、原指导教师工作岗位变动、身体不适应或所在院（系）认为确实不适宜在本专业培养等特殊情况的，可以申请转专业。研究生一般不得转学。若确因患病或者有身体健康方面的特殊困难无法继续在本校学习者，可以申请转学。研究生转学，须经两校同意，由转出学校报所在地省级教育行政部门确认转学理由正当，可以办理转学手续。

三、学制与修读年限

研究生的基本学制：博士研究生3年，硕士研究生2～3年；以录取当年招生简章公布的学制为准。研究生的修读年限：研究生实行弹性学制，博士研究生的修读年限一般在基本学制基础上最长可延长3年；硕士研究生修读年限一般在基本学制基础上最长可延长2年。

四、请假、休学与复学

研究生应按培养计划的要求参加教学活动以及学校规定的其他活动，因故不能参加的，必须办理请假手续。研究生在学期间若确因培养需要须出国研修的，应按中国海洋大学研究生出国（境）管理的相关规定办理手续。研究生因身体健康原因不能坚持学习的，由本人提出休学申请。

五、退学

研究生有下列情形之一的，应予退学：在学校规定修读年限内（含休学或其他申请保留学籍情况的）未完成学业或学业成绩未达到学校要求的；休学期满，在学校规定期限内未提出复学申请或申请复学经审查不合格的；经学校指定医院诊断，患有疾病或意外伤残无法继续在校学习的；未请假离校连续两周未参加学校规定的教学活动的；申请自费留学的；本人申请退学的；按学校规定其他应予退学的。

六、毕业、结业与肄业

研究生在学校规定的修读年限内通过培养计划规定的课程学习和培养环节，完成学位

[①] 学校于2003年制定《中国海洋大学研究生学籍管理规定》，2005年、2014年先后进行修订，此处选取2014年版本。

论文并通过论文答辩，德、智、体诸方面考核合格者，准予毕业，学校颁发毕业证书。符合中国海洋大学学位授予条件者，经校学位评定委员会讨论通过后授予学位，颁发相应的学位证书。

研究生在学校规定年限内，修完教育教学计划规定内容，未达到毕业要求，准予结业，由学校发给结业证书。学习满一学年以上但退学者发给肄业证书。

中国海洋大学学位授权点动态调整办法（试行）

海大研字〔2017〕40号

主要内容

学位授权点动态调整应坚持以服务需求、提高质量为主线，以优化人才培养的学科和类型结构为重点，着力推动学位与研究生教育的内涵式发展。

一、动态调整规则

1. 撤销学位授权点，可按以下情况增列其他学位授权点：

撤销博士学位授权一级学科，可增列下述之一：（1）其他博士学位授权一级学科，但所增列学科应已为硕士学位授权一级学科或为拟同时增列的硕士学位授权一级学科；（2）其他硕士学位授权一级学科；（3）博士专业学位授权类别；（4）硕士专业学位授权类别；（5）工程硕士专业学位下的授权工程领域。

撤销硕士学位授权一级学科，可增列下述之一：（1）其他硕士学位授权一级学科；（2）硕士专业学位授权类别；（3）工程硕士专业学位下的授权工程领域。

2. 撤销博士专业学位授权类别、硕士专业学位授权类别、工程硕士专业学位下的授权工程领域，可按以下情况增列其他学位授权点：

撤销博士专业学位授权类别，可增列下述之一：（1）其他博士专业学位授权类别；（2）硕士专业学位授权类别；（3）工程硕士专业学位下的授权工程领域。

撤销硕士专业学位授权类别或工程硕士专业学位下的授权工程领域，可增列下述之一：（1）其他硕士专业学位授权类别；（2）工程硕士专业学位下的授权工程领域。

二、动态调整程序

1. 学位授权点撤销，按以下方式进行：

学位评定分委员会对无法达到学位授权点合格评估基本要求或不再符合办学目标的学位授权点，向校学位评定委员会提出主动撤销申请。

自我评估结果为不合格的学位授权点，由校学位评定委员会作出撤销决定；自我评估结果为限期整改的学位授权点，整改期结束后评估结果仍为不合格的，由校学位评定委员会作出撤销决定。

2. 学位授权点增列，按以下方式进行：

学位评定分委员会认为需要增列的学位授权点，向校学位评定委员会提出增列申请。申请增列的学位授权点须符合国务院学位委员会发布的《博士硕士学位授权点申请基本条件

（试行）》。

校学位评定委员会根据学校学科建设发展规划和动态调整要求，确定增列方案。

中国海洋大学博士研究生"申请–考核"制招生工作实施办法（试行）
海大研字〔2017〕48号

主要内容

学校研究生招生工作领导小组对"申请–考核"制招生工作进行统一组织和领导。学院成立研究生招生工作小组组织制定本单位博士生"申请–考核"制招生工作实施细则。学院按一级学科（群）或者相近二级学科成立材料审核专家组和面试专家组，在学院研究生招生工作小组指导下具体实施材料审核和面试等工作。

拟开展博士生"申请–考核"制招生工作的学科专业，应在编制当年博士生招生简章及目录时向研招办提交实施细则，经学校研究生招生工作领导小组审批同意后，列入学校当年博士生招生简章及目录。

申请人须符合下列基本条件：符合学校当年博士生招生简章中规定的报考条件；具有较强的外国语交流能力；学院规定的其他申请条件和要求。

"申请–考核"制招生准备工作：制定并公布本单位实施细则；遴选培训工作人员；命制综合考核试题。

工作程序及要求包括本人申青、材料审核、综合考核。考试总成绩根据综合考核的笔试成绩和面试成绩计算得出，具体算法由各学院制定。思想政治素质和品德考核不合格者、体检不合格者不予录取。

录取：学院研究生招生工作小组根据招生计划、考生材料审核结果和综合考核结果等做出综合判断，按照"按需招生、德智体全面衡量、择优录取、宁缺毋滥"的原则提出拟录取名单，报学校研究生招生工作领导小组审定后予以公示。

实行招生工作问责制、信息公开制度、复议制度、回避制度。

中国海洋大学硕博连读研究生选拔工作实施办法
海大研字〔2017〕49号

主要内容

组织领导：学校研究生招生工作领导小组对硕博连读研究生选拔工作进行统一组织和领导，学院成立由院长任组长，相关党政负责人、纪检委员、研究生秘书等为成员的研究生招生工作小组，组织制定本单位硕博连读研究生选拔工作实施细则，全面负责本单位硕博连读研究生选拔工作。

选拔方式："贯通式"硕博连读；"分段式"硕博连读。

申请基本条件：拥护中国共产党的领导，坚持正确的政治方向，热爱祖国，愿意为社会主义现代化建设服务，遵纪守法，品行端正；身体和心理健康状况符合国家和学校相关规定；完成规定课程学习，课程成绩优秀，专业基础扎实；国家大学英语六级水平考试成绩426分及以上；具有较强创新意识和科研潜力，至少两名所报考学科专业领域的教授出具书面推荐意见；经硕士生指导教师推荐和拟接收的博士生指导教师同意；符合学院规定的其他申请条件和要求。

硕博连读研究生选拔准备工作：制定并公布本单位实施细则；遴选培训工作人员。

选拔程序：本人申请，资格审核，专家组考核和推荐名单确定，综合考核与录取。

中国海洋大学学位评定委员会章程

海大字〔2018〕10号

主要内容

校学位评定委员会一般由35～41人的单数组成，每届任期一般为5年，可连任。校学位评定委员会设办公室，作为日常办事机构，负责处理校学位评定委员会的日常工作。校学位评定委员会下设学位评定分委员会，作为学科建设与学位管理的基层组织。

校学位评定委员会履行以下工作职责：审议学位授予标准、学位授予实施细则及人才培养方案；审定并作出授予或撤销学士、硕士和博士学位的决定；审定并作出建议授予或撤销名誉博士学位的决定；评价学位授权点的学位授予质量；审定学校学位授权点增列、调整、撤销的方案；审定研究生导师资格确定的相关办法；审定批准和撤销博士研究生指导教师资格的决定；审定届内委员的任免；研究并处理学位争议；负责处理学校与学位相关的其他事项。

学位评定分委员会履行以下工作职责：制订与审查学位授予标准和培养方案；审查并建议授予或撤销学士、硕士和博士学位人员名单；审批硕士、博士学位论文答辩委员会成员名单；审查并向校学位评定委员会提交学位授权点规划建设和调整方案；组织并实施学位授权点建设与评估、学位授予质量的监督与评估；审批硕士研究生指导教师任职资格，初审并推荐博士研究生指导教师资格及招生资格；研究学位授予中存在异议、争议的事项，并提出处理意见；完成校学位评定委员会委托的其他工作。

校学位评定委员会实行例会制，每年至少召开两次全体会议。校学位评定委员会及学位评定分委员会召开的会议，出席委员人数占应出席委员人数的三分之二以上（含）方为有效。表决可采取举手或投票方式进行。如无特殊说明，表决时，同意人数须达到出席委员人数的三分之二以上（含）且达到应出席委员人数的二分之一以上（含）方为通过。缺席委员不得委托他人或以通讯方式表决。

中国海洋大学博士研究生指导教师资格评（认）定与招生管理办法

海大研字〔2018〕21号

主要内容

博士生指导教师（以下简称博导）资格是为指导博士生而确定的教师资格。博导资格可通过"评定"或"认定"两种方式获得。

工作职责：负责博士生的思想道德教育及学术引导、科研指导、规范教导、成果督导等工作。根据国家和学校相关规定，为博士生提供必要的学习科研条件、培养经费、助研津贴。

评（认）定办法：博导资格评（认）定面向本校在岗教师和本校已有的博士学位授权点。申请者选择1个一级学科博士学位授权点进行申报。申请者须具有副高级以上（"以上"含本层次或本数，下同）专业技术职务，且具有博士学位；年龄不超过55周岁（截至当年6月30日），具有硕士研究生指导教师资格，并完整培养过1届以上硕士研究生；承担1门以上研究生课程，或作为教师团队成员承担1门研究生课程的三分之一以上教学任务；近三年内本人及培养的研究生均未出现学术不端行为。

近五年主持的理、工、农、医类科研项目须满足以下条件之一：国家级科研项目2项以上；国家级科研项目1项，且单项实际到账（不含外拨）经费不低于80万元的其他类项目1项以上。

近五年主持的人文、社会科学类科研项目须满足以下条件之一：国家级科研项目或国家社科基金重大项目子课题1项以上；教育部人文社科项目1项，且单项实际到账（不含外拨）经费不低于10万元的其他类人文社科项目1项以上。

具有较高学术造诣和影响力，近五年以第一作者或通讯作者且以中国海洋大学为第一署名单位发表本学科内具有一定影响的高水平学术论文或成果：

理、工、农、医类须满足以下条件之一：在*Nature*、*Science*、*Cell*或*PNAS*期刊上发表学术论文；被SCI或EI收录的学术论文3篇以上，其中在中国科学院*JCR*期刊分区小类一区刊物发表学术论文1篇以上；被SCI或EI收录的学术论文5篇以上，其中被SCI收录的3篇以上；被SCI或EI收录的学术论文2篇以上，且作为第一完成人获得单项到校转让费不低于30万元的国家发明专利1项以上；获得国家自然科学奖一等奖（前五位）、二等奖（前四位）或省部级自然科学奖一等奖（前三位）、二等奖（前二位）；或获得国家技术发明奖一等奖（前五位）、二等奖（前四位）或省部级技术发明奖一等奖（前三位）、二等奖（前二位）；或获得国家科学技术进步奖一等奖（前四位）、二等奖（前三位）或省部级科学技术进步奖一等奖（前二位）、二等奖（首位）；或获得行业领域设立的科技奖励（奖励证书上加盖国务院相关部门公章）一等奖（前二位）、二等奖（首位）。

人文、社会科学类须满足以下条件之一：在《中国海洋大学人文社科核心期刊目录》中发表论文3篇以上，其中A级1篇以上；在《中国海洋大学人文社科核心期刊目录》中发表论文3篇以上，其中B级、C级以上各至少1篇；在《中国海洋大学人文社科核心期刊目录》中发表论文5篇以上,其中C级以上至少3篇;在《中国海洋大学人文社科核心期刊目录》中发表论文3篇以上,且获得教育部高等学校科学研究(人文社会科学)优秀成果奖三等奖以上(前二位)或省级哲学社会科学优秀成果一等奖以上(前二位)或省级哲学社会科学优秀成果二等奖(首位)1项以上;获教育部高等学校科学研究(人文社会科学)优秀成果奖三等奖以上(首位)或省级哲学社会科学优秀成果奖一等奖以上(首位)。

山东省自然科学基金杰出青年基金获得者、"泰山学者"青年专家、"泰山学者"产业领军人才、"青年英才工程"第一层次入选者,经学院推荐可申请直接提交校学位评定委员会评定;对学科建设起重要作用并在某方向有杰出成就者经学院推荐、同行专家评审通过后,可申请提交校学位评定委员会评定。

获以下学术称号或进入以下人才工程并处于执行期的申请人,可通过认定方式获得博导资格:中国科学院院士、中国工程院院士;"长江学者"特聘教授;"千人计划"特聘教授;"万人计划"杰出人才和领军人才;国家自然科学基金杰出青年基金获得者;"泰山学者攀登计划"特聘专家、"泰山学者"特聘专家;"筑峰人才工程"特聘教授;"繁荣人才工程"特聘教授;"绿卡人才工程"教授;在一流大学(A类)和高水平科研院所具有本学科博导资格的人员(此条件不适用于校外博导资格认定);"长江学者"青年学者;"千人计划"青年项目入选者;"万人计划"青年拔尖人才;国家自然科学基金优秀青年基金获得者。

评(认)定程序为本人申请,职能部门审核,学位评定分委员会推荐,同行专家评审,校学位评定委员会审议,公示,公布。博导资格评定1~2年开展1次,博导资格认定由校学位评定委员会会议确定。

校外博导申请者须满足评(认)定条件,并符合以下条件:原则上正式受聘为学校兼职教授一年以上;与学校相关博士学位授权点具有实质性教学和科研合作。

博导招生基本条件:截至招生年度6月30日,校内博导年龄不满62周岁,校外博导不满57周岁,身体状况良好的院士不受年龄限制;近三年承担科研项目并取得较好学术成果,招生年度具有在研项目;有能力按照学校要求发放博士生基本修业年限内助研津贴。

为促进学校"青年英才工程"计划实施,支持40岁以下青年学者迅速成长,尽早形成学术团队,对其"第一层次"教师,经本人申请,学院推荐,可直接取得博士生招生资格,但必须参加最近一次博导资格评定。若未能获得博导资格,则取消后续博士生招生资格直至通过博导资格评定并符合博导招生条件。

中国海洋大学研究生教育成果奖评选办法(试行)

海大研字〔2019〕24号

主要内容

为表彰和奖励在研究生教育的理论研究与教育教学实践工作中开拓创新、做出突出贡献、取得显著成效的集体和个人,促进研究生培养质量的持续提高,根据国务院颁发的《教学成果奖励条例》等文件精神,学校特设立"中国海洋大学研究生教育成果奖"(以下简称

"教育成果奖"），并制定本办法。

学校教职员工在研究生教育理论研究中取得重大研究成果，或者在研究生教育教学实践中取得突出成就，可申请"教育成果奖"。"教育成果奖"的推荐、评审和授奖工作坚持学术道德与规范；坚持公开、公正、公平；坚持质量第一；坚持同行专家评审。

"教育成果奖"分为特等奖、一等奖和二等奖。在研究生教育理论研究或研究生教育教学实践上迈出重大步伐，达到国内领先水平，经过四年以上实践检验取得重大人才培养效益的，可获得校级教育成果特等奖；达到国内先进水平，经过三年以上实践检验取得较大人才培养效益的，可获得校级教育成果一等奖；在研究生教育理论研究或研究生教育教学实践上成效显著，具有较好推广应用前景的，可获得校级教育成果二等奖。

中国海洋大学硕士研究生招生工作管理规定（试行）
海大研字〔2019〕31号

主要内容

硕士研究生招生工作坚持按需招生、全面衡量、择优录取和宁缺毋滥的原则。硕士研究生招生考试分初试和复试两个阶段进行。初试由国家统一组织，复试由学校统一组织。全国统一命题科目及自命题科目试题（包括副题）、参考答案和评分参考（指南）等按照教育工作国家秘密范围的有关规定严格管理。

硕士研究生学习方式分为全日制和非全日制两种。全日制和非全日制研究生考试招生依据国家统一要求，执行相同的政策和标准。硕士研究生就业方式分为定向就业和非定向就业两种。

学校成立研究生招生工作领导小组，负责统筹领导和管理学校研究生招生工作。研究生院负责组织实施学校研究生招生工作，并统一协调学校有关部门和学院（中心）按照职责开展相关招生工作。学院（中心）负责组织实施本单位研究生招生工作。

报名：报名包括网上报名和现场确认两个阶段。学校对考生报考信息和现场确认材料进行全面审查，确定考生的考试资格。

命题：全国统考和全国联考科目的命题工作由教育部考试中心统一组织，自命题科目的命题工作由学校统一组织。学院（中心）按照学校要求成立各考试科目命题小组。试题要有一定的区分度，难易程度要适当。

初试：学校按教育部的有关规定确定考试科目并使用相关试题。初试方式均为笔试。初试考务工作由学校按照有关文件规定组织实施。

评卷：全国统考和全国联考科目评卷工作由省教育招生考试院统一组织。省教育招生考试院聘请学校有关教师承担评卷工作。自命题科目评卷工作由学校统一组织，学院（中心）具体实施。

复试：复试主要是考查考生的创新能力、专业素养和综合素质等，是硕士研究生录取的必要环节，复试不合格者不予录取。外国语听力及口语测试均在复试中进行，成绩计入复试总成绩。

调剂：学校按教育部有关政策制定调剂工作办法，并提前在"全国硕士生招生调剂服务系统"和学校网站公布。学校接收所有调剂考生均通过教育部指定的"全国硕士生招生调剂服务系统"进行。

思想政治素质和品德考核是保证入学新生质量的重要工作环节，主要考核考生本人的现实表现，内容应当包括考生的政治态度、思想表现、道德品质、遵纪守法和诚实守信等方面。对于思想品德考核不合格者不予录取。

中国海洋大学研究生课程管理规定
海大研字〔2021〕5号

主要内容

课程教学是研究生培养工作的重要组成部分，是研究生掌握坚实基础理论和系统专业知识的重要途径。研究生课程和教学实行学院（中心）、学校两级管理。开课学院（中心）负责研究生课程内容建设、教学、考核的组织实施；研究生院负责教学的监督、检查、课程评估等工作。

研究生课程体系应充分贯彻培养目标和学位标准，依据培养方案的要求进行设置，兼顾不同培养层次课程体系的系统性与整体性。学术学位研究生的课程体系一般按一级学科（专业）设置，以科研创新能力培养为核心，注重研究方法类、学术前沿类课程的开设；专业学位研究生的课程体系按专业学位类别或领域设置，侧重培养研究生职业能力和素养，突出应用性和实用性。

研究生课程分为公共必修课、基础课、核心专业课、专业课、补修（前置）课、公共选修课和学分互认课程，其中公共必修课、基础课、核心专业课为学位课程。

研究生课程任课教师应将专业教育与思想政治教育有机融合，既做学业导师又做人生导师。课程负责人、主讲教师一般应具有副教授（或相当专业技术职称）以上职称或博士学位。任课教师应严格按所授课程的教学大纲、教学计划授课，对课程教学内容和教学过程负责，按时做好开课、考勤、考核和成绩记录、教学档案归档、教学评估等工作。

中国海洋大学学术学位研究生培养工作规定（试行）
海大研字〔2021〕7号

主要内容

培养目标：培养拥护中国共产党领导，热爱祖国，遵纪守法，身心健康，具有高度社会责任感、科学严谨的学习态度、求真务实的科研作风及德智体美劳全面发展的社会主义建设者和接班人。硕士研究生应掌握本学科宽广的基础理论和系统的专业知识，具有从事科学研究或承担技术研发的能力；博士研究生还应具有较为突出的创新意识、探索精神和独立从事科学研究的能力。

培养年限：硕士生的基本修业年限为3年；硕士起点普通博士生（简称普博生）的基本修业年限为4年；本硕博贯通培养研究生硕博阶段的基本修业年限为5年；硕博连读研究生（简称硕博连读生）基本修业年限为6年。

培养方式：课程学习为基础、科学研究为核心、论文撰写等为主要途径，培养研究生从事学术研究的能力。导师是研究生培养的第一责任人，研究生的日常培养工作实行导师负责和导师组共同指导相结合的办法。博士生培养应建立由该博士生导师为组长、本学科和跨学科专家2～4人组成的导师组，对研究生培养的重要环节和学位论文的重要问题共同把关。

培养方案：各学科根据自身培养目标和要求，制订研究生培养方案。培养方案应包括培养目标、研究方向、学习年限、学分要求、课程体系、培养环节、学位论文要求和学术成果要求等内容。

培养计划：培养计划由导师（组）和研究生共同制订。导师（组）根据本学科培养方案结合研究生个人情况，指导研究生制订个人培养计划（一般应在入学前制订），每学期根据学业进展进行查验和必要的修订。

课程学习：课程学习在研究生培养中具有基础性作用，是研究生培养质量的重要保障。研究生课程学习实行学分制。课程考核合格者，获得相应学分。研究生课程分为公共必修课、基础课、核心专业课、专业课、公共选修课、补修（前置）课程等。

培养环节：指除课程学习以外的环节，研究生应进行系统规范的科研训练、做好学术研究记录、完成论文答辩之前各个培养环节方能进行预计毕业资格审查。各学科可对培养环节作出具体规定，必须包括但不限于实践训练、学术活动、学科综合考试（博士生）、开题报告（博士生）、开题审核（硕士生）、论文研究进展报告、学位论文预答辩（博士生）、学位论文答辩。

学位论文要求：学位论文是由研究生本人独立完成，具有一定创新性、系统性、完整性的学术论文。各学科根据国务院学科评议组编制的《一级学科博士、硕士学位基本要求》确定研究生学位论文的基本要求。

成果要求：各学科需结合学科属性及发展目标制定研究生申请学位的成果要求，经校学位评定委员会审定后执行。

中国海洋大学研究生学位论文评审工作细则（修订）
海大研字〔2023〕1号

主要内容

学位论文评审工作实行校学位评定委员会办公室（以下简称学位办）统筹组织，学部、各学院（中心）（以下简称学院）共同参与的工作机制。博士学位论文由学位办负责组织评审。硕士学位论文由校、院两级共同组织评审，在综合评价硕士学位论文质量的基础上，学校确定试点学院或学科自行组织硕士学位论文评审。

学位论文采用双盲评审的形式，即送审时隐去论文作者和导师的相关信息，反馈评阅结果时隐去评审专家的相关信息。

博士学位论文由不少于3位同行专家评审。硕士学位论文由不少于2位同行专家评审，其中在职攻读硕士学位论文及同等学力人员申请硕士学位论文至少由3位同行专家评审，全国专业学位研究生教育指导委员会有明确要求的，按照具体要求执行。

学位论文评审意见中的评审结论分为A、B、C、D四种：A.达到学位论文水平要求，同意答辩或稍作修改后答辩。B.达到学位论文水平要求，同意进一步修改后答辩。C.基本达到学位论文水平要求，须重大修改并重新送审。D.尚未达到学位论文水平要求，不同意答辩。评审意见中的"是否建议推荐参加优秀学位论文评选"，将作为校优秀学位论文评选和省优秀学位论文推荐工作的重要参考。

所有评审结论均为A或B的学位论文可按答辩程序要求进入答辩环节。评审结论中有2个及以上的C或D，或有1个D且其他评审结论均为B时，终止本次评审程序。满足复审或申诉条件的，可选择相应的复审或申诉程序；若放弃复审或申诉，则本次评审程序终止。终止评审的学位论文，原则上于下一批次学校集中组织论文送审时方可重新提交送审申请。

学位论文在进入答辩前须通过专家评审。在学校规定的申请学位的有效期限内，原则上研究生申请学位论文送审（含复审和申诉后重新评审）的次数不超过4次。

学位论文评审意见的反馈时间一般不超过40天（自送审之日起计算），复审和申诉反馈时间不计算在内。

第四节　留学生教育

中国海洋大学外国留学生管理细则
海大外字〔2009〕10号

主要内容

为了促进外国留学生事业的发展，加快实现学校成为世界知名高水平特色大学的建设目标，本着"统一领导，归口管理，明确职责，协调配合"的原则，制定本细则。

国际教育交流中心负责全校各类外国留学生的管理工作；负责与留学生主管机构，包括校内外、国内外各级各类留学生管理和教育部门的沟通；负责其他细则中未详尽之事宜。教务处负责全校留学本科生的教务和教学监督、检查、指导工作等。财务处负责各类留学生学费收费标准的申报及备案、学费收取、学费分配。研究生教育中心负责留学学历研究生的教务和学籍管理；负责留学学历研究生的入学考试、课程设计及教学大纲的审核、教学协调、学习成绩、学分的管理等工作。图书馆负责留学生图书证的办理和发放。各有关院（系）负责留学生及单设班的教学大纲、培养标准和目标的制定等。

留学生的招生宣传及对外签约工作统一由国际教育交流中心组织实施,校际留学生交流协议应归口由分管留学生工作的校领导签署或批准。

各类外国留学生抵校后,在国际教育交流中心报到,凭国际教育交流中心出具的报到手续单到财务处交纳学费,凭财务处出具的交费收据到国际教育交流中心办理签证、居留证及学生证,并到所在院系办理其他手续。

各有关院（系）指定的留学生工作负责人及具体工作人员协调留学生的教学管理。学校建立留学生学籍管理平台、开通网上选课系统和毕业生网上查询系统,平台和系统信息相关部门可共享。

中国海洋大学招收和培养国际学生管理办法

海大外字〔2018〕68号

主要内容

为进一步规范国际学生的招收和培养工作,推动和发展学校国际学生教育事业,根据《学校招收和培养国际学生管理办法》（中华人民共和国教育部、中华人民共和国外交部、中华人民共和国公安部令第42号）和《来华留学生高等教育质量规范（试行）》（教外〔2018〕50号）的相关规定,结合学校实际,制定本管理办法。

招收和培养国际学生,应当遵守中国法律法规和国家政策;应当维护国家主权、安全和社会公共利益。国际学生应当遵守中国法律法规,尊重中国风俗习惯,遵守学校规章制度。

国际教育学院会同教务处、研究生院按照国家和学校相关招生规定,制定和公布国际学生招生简章。国际教育学院对报名申请就读学校的外国公民的入学资格和经济保证证明进行审查,对其进行考试或考核。

国际学生在学科专业上的培养目标和毕业要求与所在专业的中国学生一致,符合相应教育层次、专业的教育教学标准或相关规范。学历国际学生免修国防教育、军事课程（含军事理论教学和军事技能训练）及政治理论课程。政治理论课是学习哲学、政治学专业的国际学生的必修课,须按照其专业教学计划修读。汉语和中国概况是学历国际学生的公共必修课。使用外国语言接受教育的学历国际学生,可以使用相应外国语言撰写学位论文,进行学位论文答辩,但须有中文论文摘要。

学校配备专（兼）职国际学生辅导员,了解国际学生的学习、生活需求,及时做好信息、咨询、文体活动等方面工作。学校鼓励国际学生参加有益于身心健康的文体活动,为其参加文体活动提供便利条件。国际学生可以加入校内学生社团组织并参与活动。学校为国际学生提供食宿等必要的生活服务设施,相关单位建立健全并公布服务设施使用管理制度。学校尊重国际学生的民族习俗和宗教信仰,但不提供宗教活动场所。

国际教育学院会同各培养单位开展国际学生风险监测评估工作,对国际学生个体或群体的学业、健康、安全等方面的风险事项进行识别、分析和预警,及早采取防范和干预措施。学校采取有效措施,切实维护国际学生的各项合法权益,规范处理国际学生的举报和投诉。

在国际学生招收和培养过程中出现以下行为的,学校按照《中华人民共和国教育法》及学校的有关规定对责任人和负责人进行追责:违反国家规定或学校招生规定招生的;在招生过程中存在牟利行为的;违规颁发学位证书、学历证书或其他学业证书的;教学质量低劣或管理与服务不到位,造成不良社会影响的;其他违法违规行为。

第五节　继续教育与非学历教育

中国海洋大学成人高等教育招生工作规定(修订)
海大继教字〔2016〕4号

主要内容

为了进一步健全成人高等学历教育招生工作制度,保证学校成人招生工作顺利进行,根据学校有关要求,现作如下规定。

一、招生宣传

按照教育部批准的招生计划设置专业,制定成人高等教育招生简章。在报纸、网络等媒体上进行招生宣传,要实事求是,不做虚假宣传。各教学站点可在招生简章的要求范围内,根据当地实际情况进行招生宣传,但宣传内容必须报学校继续教育学院审核同意。

二、招生录取

严格执行教育部批准的招生计划,服从省级招生组织对招生计划的统一调剂,做好新生录取工作。采取计算机远程网上录取方式开展录取工作,实行学校负责、省级招生组织监督的录取体制,按照"公平竞争、公正选拔"的原则,择优录取新生。如生源不足,可以录取征集志愿的考生,但考生必须服从专业调剂。学校执行省级招生组织确定的有关增加分数或降低分数要求投档的政策和规定。个别专业因上线生源较少不能组班的,通过电话征求考生意见可录取到相近专业,若考生不服从专业调剂,作退档处理。

三、规范收费

严格执行省招生、物价部门的有关成人教育收费规定。加强对所属函授站点的管理,进一步明确收费项目、收费标准,规范收费行为,杜绝乱收费现象的发生。

四、健全制度

严格执行教育部《关于实行高校招生工作责任制及责任追究办法的通知》精神。加强招生工作人员队伍的自身建设,加强学习,提高认识,自觉维护学校招生工作的良好声誉。

成人教育招生工作,继续教育学院院长作为第一责任人,对本部门的招生工作负全面领导责任;招生工作人员严格执行有关程序和规定,在规定的职责范围内正确履行相应的职责。在招生工作中若有违纪违规行为,按照规定和"谁主管,谁负责"的原则,追究有关当事人的相应责任。建立和完善重要事项报告制度、调整计划使用备案制度、回避制度和招生督察等制度,强化管理和监督,对发现问题予以及时纠正和处理。全面体现招生工作的公平、公正,进一步健全和完善监督制约机制,促进学校招生工作持续健康发展。

中国海洋大学成人高等教育教学规范

海大继教字〔2016〕8号

主要内容

总则：学校成人高等教育的任务是依法实施成人高等教育，提高在职人员的学历层次，培养具有创新精神和实践能力的应用型专门人才。学校全面贯彻国家的成人教育方针，坚持教育为社会主义现代化建设服务，为人民服务，与生产劳动和社会实践相结合。教学工作是学校成人教育的中心工作，是学校实施成人教育的主体和基础，是保证成人教育质量的关键。

课程：本规范所指课程，为教学活动中除毕业实习之外独立设置的教学科目，教学形式可以是讲授、课堂讨论、实验、教学实习、网络自主学习等。学校开设的课程在专业教学计划中规定，教学计划制订或修订后保持相对稳定。凡教学计划中规定开设的课程都要进行考核。考核分考试、考查两类。考核方式要按照教学计划中规定的实行。

教师：成人高等教育教学工作主要由学校专职教师兼任，也可聘任本校优秀在读研究生、其他高等学校教师或社会上具有实践经验能满足承担教学工作要求的人员兼任部分课程的教学工作。学校聘用教师从事教学工作，坚持择优选拔、学用一致的原则，保持受聘教师承担课程的稳定性。

受聘教师要遵守国家教育法规，努力学习业务，了解成人在职学员的特点，认真备课，按时上课，做好授课、批改作业、答疑、命题、阅卷、试题分析等各项工作。受聘教师应具有高尚师德、敬业精神和社会责任感，要结合自己的实际工作开展成人教育教学研究，学习先进教育思想，合理采用教育技术。

学生：学生要遵守国家法令、学校规章和学习纪律，要努力学习科学文化知识，不断提高思想觉悟，培养优良道德品质。学生具有优先学习其录取和入学专业课程、参加该专业教学活动的权利。学生须参加课程学习和其他教学活动，经教师评判，取得合格成绩。学生在教师指导下参加教学活动，完成规定学业的，可获得相应的学历证书；专升本学生符合学位授予条件的，可授予成人教育学士学位。

检查评估：学校不定期对各函授站的教学管理工作进行检查评估，对于认真组织函授教学，办学质量高、社会效益好的函授站，学校给予表彰；对组织教学不力、不能保证教学质量的，停止招生或取消与学校合作函授办学资格。

中国海洋大学成人高等教育课程考核管理办法
海大继教字〔2016〕11号

主要内容

继续教育学院是学校成人高等教育课程考核工作的主管部门。所有课程由继续教育学院统一组织命题。各院（系）、函授站（教学点）负责组织实施本单位成人高等教育课程考试工作。班主任负责考生的思想教育工作，教育学生遵守考试纪律。

教师应根据课程的特点采取各种科学合理、灵活多样的考试方式。考试命题的主体是任课教师，也可以是指定的其他教师或命题组。考试命题必须以教学大纲、考试大纲为依据，根据成人在职人员的特点科学确定考题内容，要重点考查学生利用所学知识分析问题、解决问题的能力。每门课程的考试要出A、B两套试题，供考试选用。试卷按照学校统一要求的纸张大小和格式进行打印，字迹要清晰，图形要准确，无漏页无错订。

校本部成人高等教育学生期末考试原则上安排在每个学期的最后两周进行。各函授站（教学点）学生利用寒暑假面授的，应安排在面授期间考试；利用双休日或节假日面授的应安排在学期末考试。考生按单人、单桌、单行排列。原始成绩单和学生成绩总表为学校永久档案。课程考试成绩实行百分制或五级制记分。

中国海洋大学成人高等教育学生学籍管理规定
海大继教字〔2018〕2号

主要内容

一、入学与学籍

新生入学须持学校的录取通知书、准考证、身份证，专升本学生须持国家承认学历的专科毕业证书等有关证件，按学校规定日期到继续教育学院或所属函授站（教学点）报到并办理入学交费、注册手续。

每学年开学时，学生必须按学校确定的报到注册日期，到继续教育学院或所属函授站（教学点）交费、注册。

二、学制与修业年限

高中起点专科和专科起点本科学制为2.5年，高中起点本科学制为5年。学生在校修业年限不能少于相应教育层次规定的最短修业年限，也不能超过相应教育层次规定的最长修业年限。

三、成绩考核与评定

每学期结束，按照教学计划规定的课程和要求进行考核（考试、考查）。课程考核分为考试和考查。考试课程的成绩实行百分制（60分为及格分数，60分以下为不及格分数），考查课程的成绩采用五级分制（优秀、良好、中等、及格、不及格）。

四、休学、复学、降级、退学

有下列情况之一不能坚持学习的，可在学期开学前申请休学：因重大疾病等原因，经医院诊断须停课治疗、休养的；应征参加中国人民解放军（含中国人民武装警察部队），须办理休学的；经单位证明，因工作需要或其他原因无法坚持正常学习的；因其他原因，不能坚持学习的。学生休学期满，应于学期开学前向继续教育学院申请办理复学手续，经审查批准后编入原录取专业的相应年级学习。

学生有下列情况之一不能毕业的，可在本届学生毕业后一年之内申请降级：达到规定修业年限时超过8门（不含8门）课程成绩不合格的；在校期间所有考试结束后仍有课程成绩不合格的；因其他原因，可予降级的。

学生有下列情况之一的，按退学处理：因各种原因不能继续学习，本人自愿退学的；一学期内旷课超过总学时二分之一的；经医院确诊因病不能正常学习的；休学期满未办理复学手续或申请复学经复查不合格的；在校学习时间和休学时间之和超出最长修业年限的；休学期满复学时其原录取专业停办的；有其他情况应予退学的。

五、转学、转专业、转学习形式、转函授站（教学点）

学生转学，应由本人提出书面申请，经转出与转入学校同意并经两校所在地省级教育行政部门批准，方可办理转学手续。学生因个人工作原因申请转专业，需要提交相关证明及申请。学习形式有业余和函授两种，学生可根据自身的情况在新生入学报到时办理转换学习形式手续。

六、纪律、考勤

学生要严格遵守国家法律、法规和学校的各项规章制度。学生上课（包括课堂教学、实习、实验、毕业设计等教学环节）实行考勤制度。因故不能上课的，必须请假。凡未经请假的，按旷课处理。

七、奖励和处分

对于思想品德好、学习成绩优、班级工作表现出色的学生，学校给予表彰。对于违反国家法律、法规及学校规章制度的学生，视其情节轻重，按有关规定分别给予通报批评、警告、严重警告、记过、留校察看、开除学籍等处分。开除学籍的学生只发给学习证明。

中国海洋大学授予成人高等教育本科毕业生学士学位实施细则
海大学位〔2019〕2号

主要内容

凡被学校正式录取的成人高等教育（函授、业余）本科学生，符合本学士学位授予实施细则各项规定条件者，均可向校学位评定委员会申请授予成人高等教育学士学位。

申请成人高等教育学士学位者须满足下列条件：拥护中国共产党的领导，拥护社会主义制度，遵纪守法，品行端正；完成教学计划的各项要求，经审核准予毕业，各门课程成绩及毕业论文（含毕业设计或其他毕业实践环节）成绩均为良好（含良好）以上；在规定时间内通过国家或学校规定的学位外语考试和学位专业课考试；通过所学专业的学位论文答辩。

满足申报条件者填写申报表，提出书面申请，学生所在系或函授站（教学点）对申报者进行资格审查，并将符合条件学生名单汇总报送继续教育学院，由继续教育学院对申报者资格进行核定。继续教育学院将符合申请条件的学生名单提交所属学科学位评定分委员会审议，所属学科学位评定分委员会审议通过的学生名单，由继续教育学院报送校学位评定委员会审批。由校学位评定委员会审议做出是否授予成人高等教育学士学位的决定。

中国海洋大学关于推进非学历教育高质量发展的实施意见
海大字〔2022〕30号

主要内容

一、总体要求

指导思想：坚持以习近平新时代中国特色社会主义思想为指导，全面贯彻党的教育方针，坚持社会主义办学方向，落实立德树人根本任务，主动服务国家战略、经济社会发展和人的全面发展，构建方式更加灵活、资源更加丰富、学习更加便捷的终身教育体系；依托学科专业优势和特色，以服务海洋强国建设为己任、以社会需求为导向、以质量提升为根本、以特色发展为驱动，助力培养国家海洋事业和经济社会发展需要的高素质人才。

基本原则：立德树人，特色发展，统筹发展，质量为本。

发展目标：充分发挥学校学科特色和综合优势，坚持立足青岛、扎根山东、服务全国，打造服务海洋事业和地方发展、面向专业技术人员、企业管理人员和党政干部的一流非学历教育基地，实现非学历教育高质量发展。

二、重点任务

进一步明确非学历教育办学职责：学校是非学历教育的办学主体，学校成立非学历教育工作领导小组，统筹学校非学历教育相关工作。非学历教育管理处是学校非学历教育归口管理部门，负责全校非学历教育项目的审批、工作的统筹协调和规范管理。校内各教学院系（部、中心）是非学历教育的直接办学部门。

加强非学历教育办学统筹规划与管理：学校党委履行管党治党、办学治校主体责任，强化基层党组织对涉及非学历教育工作的政治把关作用；建立非学历教育中长期规划编制、年度执行情况审查、财务审计、监督检查等机制，并纳入学校党委（常委）会议事事项和"三重一大"决策范畴；建立覆盖非学历教育立项、招生、收费、教学、评价、发证等各环节的质量管理体系；财务、审计、教师管理、学生管理、巡视巡察、纪检监察等部门要将非学历教育监督检查纳入日常工作。

加强非学历教育教学管理：遵循教育教学基本规律，对接行业与社会发展需求，对接发展目标，以学习者职业能力提升和人的全面发展为导向，科学制订教学方案，科学选用培训教材，科学设置培训课程。鼓励各单位根据培训需要，编制高质量教材，并建立自编教材的审核机制。

强化非学历教育品牌项目建设：积极服务海洋事业与地方经济社会发展，以项目建设为抓手，提升品牌影响和市场竞争力。立足行业，打造海洋品牌项目群，扩大行业培训主导优势；面向地方，发挥新兴学科优势，打造社会通用品牌项目群，强化地方培训鲜明特色；大力发展在线培训，丰富在线培训资源，建立在线培训平台，形成完善的在线培训体系。

完善非学历教育学习支持服务模式：深化教学模式改革，充分利用现代信息技术，通过多种途径、多种方式促进教与学的有效交互，推动学习者深度参与，强化学习者学习体验，推进信息技术与教育教学的深度融合。加强学习行为分析与研究，开展常态化学业预警。创新教育教学手段，提升教学效果与水平。

加强非学历教育师资队伍建设：强化师德师风建设，完善非学历教育师资管理办法，选聘、培育优秀人才参与非学历教育工作，鼓励学科带头人、骨干教师参与非学历教育教学工作。设定授课师资准入条件，动态调整师资库，以学校专任教师为主体、校外专家学者为辅助，建立一支德才兼备、专兼职结合的高水平非学历教育师资队伍。把教师非学历教育业务培训纳入学校整体工作，根据非学历教育办学规律，建立教师非学历教育培训常态化机制。

加快非学历教育信息化建设：坚持学校信息化建设一体化的原则，推进非学历教育与学历教育平台兼容、数据互联与信息共享，实现学校信息化建设的整体推进与协同发展。加强非学历教育信息化软硬件建设，充分运用云计算、人工智能、大数据等现代信息技术，持续提升非学历教育教学、管理和服务的信息化水平，建设集约高效、精准服务、安全可靠、共享开放的非学历教育信息化系统。

推进教学资源共建共享：统筹校内教学资源建设，建立统一的数字化课程技术标准，推动非学历教育与学历教育课程资源的统筹规划、共同培育、共同建设。不断丰富课程资源的内容和形式，建设满足教育教学与学习者个性化学习需求的各类高质量课程资源，建成形式多样、内容丰富的非学历教育资源体系。健全校内协同共享机制，推动不同教育形式间课程资源的双向开放与充分利用。

中国海洋大学非学历教育管理办法（试行）

海大非学历教字〔2022〕1号

主要内容

总则：非学历教育是指学校在学历教育之外面向社会举办的，以提升受教育者专业素质、职业技能、文化水平或者满足个人兴趣等为目的的各类培训、进修、研修、辅导等教育活动。

管理体制：学校成立分管校领导为组长的非学历教育工作领导小组，统领学校非学历教育工作。非学历教育管理处是学校非学历教育归口管理部门，学校其他相关部门依照各自业务职责协助管理非学历教育工作。校内具备教学管理能力的单位（以下简称办学部门），经过批准可以单独或与校外单位合作举办非学历教育项目。

项目申报与审批：办学部门举办非学历教育项目，应由本单位领导班子集体讨论决定后申报。办学部门自行举办的非学历教育项目原则上应提前5个工作日向非学历教育管理处申报，与校外单位合作举办的非学历教育项目须提前一个月申报。非学历教育管理处收到申报后，组织相关部门和专家依据相关法规政策对申报项目的可行性和规范性进行评议。所有项目经审批通过后方可实施，未经审批实施的非学历教育项目，一律视作违规。

合作办学：办学部门应严格控制非学历教育合作办学，确需与校外单位开展课程设计、教学实施等方面合作办学的，须严格遵循"依法办学、优势互补、资源共享、合作共赢"原则。合作前，应对合作单位的主体资格、教育资质、委托代理权限、运营状况、资信情况、社会信誉等进行审查。合作办学要坚持学校主体地位，严禁转移、下放、出让学校的管理权、办学权、招生权和教学权；严禁项目整体外包；不得允许校外合作单位委托社会中介机构或雇用个人代理招生；不得允许校外合作单位再次转让合作办学权；合作办学中不得非法获取、泄露、出售教师和学员的个人信息。

合同管理：办学部门申报非学历教育委托项目须附委托协议书或合同，申报非学历教育合作办学项目须附合作办学协议或合同。合同文本原则上统一采用学校标准模板，办学部门须对合同内容的真实性、合法性、可行性负责。

招生管理：非学历教育项目的招生简章和招生宣传内容必须合法、真实、明晰、准确，经非学历教育管理处审核后方能公开使用。公开使用的招生简章和宣传内容须与送审样稿一致。

教学管理：办学部门要建立非学历教育项目教学管理制度和质量保障机制，加强项目设计、课程研发、教学组织、效果评价等建设，明确教学目标和计划安排，严格学习纪律和考勤考核，加强学员管理。办学部门须建立稳定的非学历教育项目管理队伍，建立质量保障体系，建设稳定的非学历教育师资队伍。

中国海洋大学高等学历继续教育管理办法

海大继教字〔2023〕5号

主要内容

学校高等学历继续教育在继续教育学院统筹组织管理下，由校内各相关学院、校外教学点共同协作举办。各责任方办学需符合国家教育方针政策以及教育部、山东省有关文件要求，各司其职、协调分工，共同推动我校高等学历继续教育规范发展、高质量发展。

继续教育学院是学校高等学历继续教育的归口管理部门。校内各相关学院、校外教学点是高等学历继续教育教学和管理实体，为高等学历继续教育工作配备专业的教育教学与管理服务队伍，严格执行相关规章制度，持续改善质量保障条件，完成高等学历继续教育工作任务，确保人才培养质量。

为保障高等学历继续教育的教学质量，建立健全教学质量保障体系，学校成立由分管校领导为组长，教务处、研究生院学科建设与学位管理办公室、非学历教育管理处、继续教育学院、监察处等职能部门主要负责人为成员的继续教育管理领导小组，负责对高等学历继续教育办学开展指导、评价、监控、反馈。

学校成立由继续教育学院负责人为组长，继续教育学院、各相关学院分管高等学历继续教育工作的负责人为成员的继续教育质量保障工作小组。

学校成立高等继续教育教学督导专家委员会，聘请教育教学经验丰富的相关专家，对学校高等学历继续教育质量提升开展研究、指导、评估和决策咨询。

建立高等学历继续教育学位论文内审制度，继续教育教学督导专家委员会协同各学院对拟申请学位学生的学位论文进行质量审核。

第四章
科学研究

学校高度重视科学研究工作，围绕科研项目管理、科研经费管理、重点实验室建设与管理、知识产权管理、成果转移转化等制定一系列规章制度，不断加强对科研工作的管理，着力提升科研能力与水平。制定《中国海洋大学学术委员会章程》《中国海洋大学学术委员会议事规则》等，加强和规范学术委员会建设，充分发挥学术委员会在学科建设、学术评价、学术发展和学风建设等事项上的重要作用。

中国海洋大学科技经费管理办法
海大科字〔2004〕6号

主要内容

科学技术处是理工类科技项目的主管部门，文科处是文科项目的主管部门，学校科技项目管理部门负责科技经费的分配和使用，主要职责：根据国家有关法律、法规的规定，确定科技经费的分配方案；根据财务处提供的经费到校情况，及时、准确地出具科技经费下款通知单；协助财务处会同课题负责人编制课题研究经费预算、决算；检查、监督经费的管理和使用情况。

财务处是学校财务的主管部门，负责科技经费的财务管理和会计核算，其主要职责：确保科技经费的准确、及时分配和正常支出；监督课题负责人在其权限内的各项支出；定期向学校科技项目管理部门和课题负责人通报科技经费的使用情况和问题；会同课题负责人编制课题研究经费预算、决算。

课题负责人的主要职责：及时、准确地提供科技经费的课题内部分配方案；负责课题研究经费的使用和管理；及时向财务处、学校科技项目管理部门汇报科技经费使用中的问题；严格执行批准的预算，接受上级有关部门和学校科技项目管理部门、财务处的监督、检查；负责编制课题研究经费预算、决算。

科技经费支出范围包括与课题研究有关的所有直接费用、间接费用（管理费用）和协作研究支出。

科技经费按照经费来源的不同分为纵向科技经费、横向科技经费、成果转让类科技经费。

科技经费形成的有形资产和无形资产的使用权和经营权归学校所有，国有资产的管理按照国家和学校的有关规定执行。

中国海洋大学重点实验室建设与管理暂行办法

海大科字〔2004〕7号

主要内容

重点实验室是学校从事高水平基础研究和应用基础研究、聚集和培养优秀科技人才、进行国内外学术交流的重要基地。重点实验室是学科建设的重点，是具有相对独立性的科研实体，实行集中投入、滚动支持政策。学校以建设国家重点实验室为目标，进行国家级、省部级、市级和校级重点实验室的一体化建设。

申请重点实验室建设的基本条件：（1）重点实验室名称及研究方向应结合国家需求和国际前沿，应具有前瞻性，在所处研究领域中具有先进水平或特色。（2）重点实验室应具有较好的研究基础，在本学科领域已有一席之地。近5年来，应承担多项国家级项目，且经费强度较高；研究成果（奖励、专利、SCI/EI收录、引用等）显著。（3）重点实验室应具有一支专业结构和年龄结构合理的研究队伍，且已初具规模。实验室首席科学家应具有良好的学术背景，且具有较强的组织管理能力。（4）重点实验室具有一定面积的研究场所，有稳定的管理、技术人员队伍与比较健全的管理制度。（5）原则上，一个学院集中建设一个重点实验室，所依托院系能为实验室提供必要的配套条件及一定比例（≥30%）的匹配经费，确保实验室建成后有足够的运行费用。

重点实验室实行主任负责制。实验室主任负责实验室的全面工作。省、部级以上重点实验室设常务副主任一名，负责实验室的日常管理。

重点实验室学术委员会是实验室的学术指导机构，主要任务是研究审议实验室的目标、任务和研究方向，审议实验室的重大学术活动、年度工作，审定开放研究课题。学术委员会会议每年至少召开一次。学术委员会成员由本学科和相关学科的国内外著名专家组成，一般不超过15人。

中国海洋大学横向项目经费管理办法

海大字〔2016〕28号

主要内容

技术咨询、技术服务、技术开发、技术转让等横向项目经费纳入学校财务统一管理，项目负责人应依据合同进度督促委托方及时拨付横向项目经费到校。

横向项目经费支出分为直接费用、业务接待费和间接费用。直接费用可以列支与项目申请、执行、验收等相关的设备费、材料费、测试化验加工费、燃料动力费、差旅费、会议费、国际合作交流费、出版/文献/信息传播/知识产权事务费、劳务费、专家咨询费、审计费、修缮费、办公用品费等。业务接待费主要用于开展横向项目业务活动发生的业务接待餐费等。间接费用是指学校在组织实施横向项目过程中发生的无法在直接费用中列支的相关费用。

项目（或账卡）负责人应遵守国家法律法规，按业务需要报销相关费用，与项目的相关性、真实性以项目（或账卡）负责人认定为准，并承担相应责任。

中国海洋大学人文社会科学纵向科研项目管理办法
海大文科字〔2017〕3号

主要内容

人文社会科学纵向科研项目是指全国哲学社会科学规划办公室、教育部、中央其他各部委以及各级省（直辖市）、市政府等资助的人文社会科学类研究项目。

省部级以上的项目（后期资助及中华学术外译项目除外）实行开题报告制度。

项目负责人应按照项目申请书的承诺、该类项目的管理办法和《中国海洋大学人文社会科学省部级以上纵向项目中期检查及结题要求》及时结题。省部级以上项目延期超过1年，项目负责人不得在延期项目结题之前申报或承接任何其他科研项目。

学校人文社会科学教师承担校外单位主持的国家社会科学基金重大项目子课题或教育部哲学社会科学研究重大课题攻关项目子课题，须经文科处批准。

中国海洋大学自然科学类科技项目管理办法
海大字〔2017〕27号

主要内容

学校是科技项目管理的责任主体，应认真履行法人责任。科学技术处是学校科技工作的主管部门，负责制定科技管理有关规章制度，负责科技项目的申报、合同签订、过程管理和结题验收等，协助财务、审计等相关部门开展项目经费预算和决算、监督检查和审计等，协调、审批外协科研任务等其他与科技项目实施有关的重要事项。学校其他有关部门或单位争取的科技项目凡涉及学校科技力量参与时，须经科学技术处审核。

二级单位作为科研活动的基层管理单位，为科技项目执行提供条件保障，是科技项目的依托、管理和执行单位，负责科技项目日常管理和监督工作，包括组织项目申报、实施和结题验收等；负责科技项目的测试化验加工、设备（包括船舶）租赁等服务外包业务（参与招投标除外）审批与监督；协助项目负责人开展项目经费预算和决算、科研财务助理聘用等与科技经费实施相关事务，监督经费合理使用；协助项目负责人开展科技档案归档、专利申请及奖励申报等；做好公用共享数据的保存、管理与开放共享等工作。

项目负责人是项目实施和科研经费使用的直接责任人，全面负责项目申报、实施、过程管理、结题验收、数据资料整理与归档和经费使用等工作，按照项目合同（任务书）等项目主管部门相关要求开展研究工作；负责编制项目经费预算和决算，按照经费管理有关规定使用经费；对项目研究的科学性、成果的真实性，以及经费预算编制与使用的合规性、合理性、真实性和相关性等承担相应管理、经济和法律责任；自觉接受上级主管部门和学校的监督检查与审计等。

科技项目实行项目负责人负责制。项目负责人对项目实施负有直接责任，应按项目的内容和进度要求完成科研任务并及时做好结题验收工作。

学校鼓励科技项目成果的保护、应用、转化及申报取得知识产权。凡符合申请专利要求的科技成果原则上应申请专利，并按专利申请有关规定办理。

中国海洋大学知识产权管理办法

海大科字〔2020〕2号

主要内容

学校对以下标识依法享有专有的权利：（1）注册商标；（2）校名、校徽、校标；（3）学校的其他服务性标记。上述标识包括但不限于"中国海洋大学""Ocean University of China""青岛海洋大学""Ocean University of Qingdao""山东海洋学院""Shandong College of Oceanography""OUC""中海大""中国海大""海之子"、中国海洋大学徽标以及学校的圆形海浪图案等。

学校师生员工执行学校及所属单位任务，或主要利用学校及所属单位的物质技术条件所完成的发明创造或者其他科技成果是职务发明创造或职务科技成果，知识产权归学校所有。

职务发明创造申请专利的权利属于学校，学校为专利权人。

由学校主持、代表学校及所属单位意志创作，并由学校承担责任的作品，为学校法人作品，著作权由学校享有。

学校师生员工执行学校及所属单位任务，主要利用学校及所属单位的物质技术条件，并由学校承担责任的工程设计、产品设计图纸、计算机软件、集成电路布图设计、电子出版物、地图等职务作品，以及法律、行政法规规定、协议或合同约定著作权由学校享有的职务作品，作者享有署名权，著作权的其他权利归学校享有。

在执行学校及所属单位科研教学等工作任务过程中形成的信息、资料、程序等技术秘密归属学校。由学校研制开发或者以其他合法方式所掌握的、不为公众所知悉、具有商业价值并经权利人采取相应保密措施的技术信息、经营信息等商业秘密归属学校。

学校派出到校外访问、进修、留学及经学校批准开展合作项目研究或从事创新创业的人员，对其在校已进行的研究而在校外可能完成的发明创造、获得的知识产权，应当与学校及校外单位签订协议或合同，确定知识产权的归属。

来校学习、进修或者开展合作项目研究的人员，在校期间参与学校承担的研究项目或学校安排的任务所完成的发明创造及其他科技成果，除另有协议或合同外，其知识产权归属学校。

学校的离退休、调离以及被辞退的人员，在离开学校一年内完成的与其在校期间承担的本职工作或任务有关的发明创造或其他科技成果，其知识产权归属学校。

学校科技成果转移转化领导小组是学校知识产权管理与运营的领导机构，统筹协调和管理学校知识产权等工作。

学校知识产权属于国有无形资产，执行学校国有资产相关管理办法，实行归口管理，分工负责。归口管理部门具体职能分工如下：校长办公室负责学校校名、校徽、校标、服务标记、注册商标的管理和保护；科学技术处负责学校专利权、计算机软件著作权以及与自然科学相关的项目形成的知识产权的内部管理；服务蓝色经济发展工作办公室与科学技术处共同负责知识产权的评估、推广与转化工作；文科处负责学校人文社会科学研究成果的著作权及相关知识产权的管理；本办法未涉及的其他类型的知识产权，按照学校国有资产相关管理办法的分工，由学校其他相关部门负责管理。

学校各学院（中心）、教育部重点实验室安排专（兼）职知识产权管理人员，协助上述部门开展知识产权日常管理。

成果完成人应主动、及时向学校知识产权归口管理部门进行职务科技成果披露，涉密职务科技成果的披露要严格遵守保密有关规定。

学校对职务发明创造申请专利的权利和专利权可以依法处置，实行产权激励，使发明人或者设计人合理分享创新收益，促进相关发明创造的实施和运用。

职务科技成果的完成人依法享有在有关技术文件和作品上署名及获得奖励和报酬的权利。

未经归口管理部门允许，学校所属单位及师生员工均不得私自使用学校标识。如需使用，应向归口管理部门提出申请，并签订相关协议或合同。在使用过程中，不得损害学校的声誉等合法权益。

学校师生员工发表论文或其他技术文件等，均应以注署、副署或加附注说明的方式反映学校的名称，进修人员和合作研究人员如在协议或合同中另有约定，按约定执行。

在承担各类科技项目过程中，项目负责人对宜申请专利的发明创造，应及时申请专利，然后再发表论文、参加展览；对不宜申请专利，但有商业价值的科技成果，应作为本单位的技术秘密加以保护。

在项目结题后两月内，项目组或研究人员应将全部管理、技术与成果资料，包括但不限于立项材料、实验报告、实验记录、作品、图纸、声像、手稿等原始资料收集整理后交学校档案馆归档，提出知识产权运用建议。

学校师生员工应在工作协议或合同中明确保护学校知识产权的义务。博士后研究人员，非全职人才工程人员，来校访问学习、进修或者开展合作项目研究的学生、研究人员，入校时应在其相关合作协议或合同中就知识产权保护问题明确责任与义务。

学校及所属单位、师生员工接受委托，或委托他人，或与国内外单位（个人）合作进行科研和技术开发，应当依法签订书面协议或合同，明确知识产权归属以及相应的权利义务等内容。

凡涉及知识产权内容的协议或合同都必须经学校知识产权归口管理部门审核后签订。

学校进行科技成果评估、挂牌、公示、产权转让、许可使用、作价投资入股等，应当经学校知识产权归口管理部门审查，按照《中国海洋大学关于加强科技成果转移转化工作的办法（试行）》《中国海洋大学科技成果转让、许可管理细则（试行）》《中国海洋大学国有资产管理办法》《中国海洋大学科技成果资产评估备案实施细则》等相关办法执行。

离退休、调离、被辞退、毕业的人员，来校学习、进修或者开展合作项目研究的学生和研究人员，在离开学校前，必须将在校期间所从事研究工作的全部技术资料交还所在单位，由所在单位按照档案管理制度交档案馆进行归档，不得带离学校，不得自行复制，不得侵犯学校权益。

学校师生员工在开展国内外学术交流与合作过程中，对属于学校保密的信息和技术，按照国家和学校有关规定严格保密。学校知识产权归口管理部门对在国内外科技展览会参展的项目应当加强审核和管理，做好科技保密管理工作。

学校支持和鼓励专业技术人员到企业挂职、兼职创新或在职创办企业，对于经学校批准到企业挂职、兼职创新或者在职创办企业的专业技术人员，学校知识产权归口管理部门应当与专业技术人员约定挂职、兼职、创办企业期间内的保密、知识产权保护等事项。创业项目涉及学校知识产权、科研成果的，学校、专业技术人员、相关企业须签订协议或合同，明确权益分配等内容。未经学校允许，任何人不得利用职务科技成果从事创办企业等行为。

学校独享所有权的知识产权证书、学校与外单位共有的知识产权证书原件或复印件等档案资料，由学校档案馆按照档案管理制度进行管理，其他单位和个人不能留置。

学校档案馆严格执行档案借阅制度，对于借阅须保密的、涉及知识产权方面的档案，应经学校知识产权归口管理部门同意签字后方可借阅。

中国海洋大学学术委员会章程（修订）①

海大字〔2020〕25号

主要内容

校学术委员会是学校最高学术机构，在学校学科建设、学术评价、学术发展和学风建设等学术事务中行使决策、审议、评定和咨询等职权。

校学术委员会应当遵循学术规律，尊重学术自由，倡导学术平等，鼓励学术创新，促进学术发展和人才培养，提高学术质量；公平、公正、公开地履行职责，保障教学科研人员和学生在教学、科研和学术事务管理中充分发挥主体作用，促进学校科学发展。

校学术委员会由学校不同学科、专业具有教授或相当专业技术职务的人员组成，其中应有青年教师代表。校学术委员会人数应为50人左右的单数。其中，担任学校及职能部门党政领导职务的委员，不超过委员总人数的四分之一；不担任学校党政领导职务及学院主要负责人的专任教授，不少于委员总人数的二分之一。校学术委员会组成实行席位制，由教授席位、院士席位和岗位席位构成。

---

① 学校于2012年制定《中国海洋大学学术委员会章程》，2014年、2020年先后进行修订，此处选取2020年版本。

校学术委员会设常务委员会。校学术委员会闭会期间,常务委员会行使校学术委员会职权。

校学术委员会根据学科建设、科学研究、学术评价、教学指导、学术道德等工作需要设立专门委员会。专门委员会根据校学术委员会的授权,具体负责相关学术事务,并开展相应工作。院级单位设置学术分委员会。

学校下列学术事务由校学术委员会审议并决定:学科、专业建设规划,自主设置或者申请设置学科专业;教学、科研成果与人才培养质量的评价标准及考核办法;学位授予标准及学位授予实施规则,学历教育标准及人才培养方案;专业技术职务评定的学术标准;学术道德规范、学术评价标准、学术争议处理规则;校学术委员会、专门委员会和学术分委员会章(规)程;学校认为需要由校学术委员会审议决定的其他学术事项。

学校下列学术事务在校长办公会讨论之前,先交由校学术委员会审议评价:学术机构设置方案;师资队伍建设规划,教师专业技术职务评聘办法;高级专业技术职务聘任人选、高层次人才引进人选、名誉(客座)教授聘任人选、国内外重要学术组织的任职人选、各类人才计划人选;重大学术活动计划(含对外)和重要对外学术交流合作计划;重要学术成果的评价和推选;校长办公会委托审议评价的其他学术事务。

学校在决策下列事务前,向校学术委员会征求咨询意见:与学术事务相关的全局性重大发展规划和发展战略;学校预算决算中教学、科研经费的总体安排、分配及使用;开展中外合作办学、赴境外办学、对外开展重大项目合作;学校认为需要听取校学术委员会意见的其他事项。

学术分委员会分别在各自单位和有关学科建设、学术评价、学术发展和学风建设等学术事务中行使决策、审议、评定和咨询等职权。

校学术委员会通过全体会议、常务委员会会议开展工作。重要工作或事项必须通过会议形式审议决定。

中国海洋大学科技成果转移转化管理办法

海大字〔2023〕10号

主要内容

学校在职教职工、离职未满一年的原教职工及离退休人员、进修人员及学生在校期间执行学校任务或者主要利用学校物质技术条件所取得的科技成果属于职务科技成果(以下简称科技成果),除另有书面约定外,其知识产权属于学校,未经学校同意,职务科技成果的完成人不得私自转化。学校与其他单位合作取得的科技成果知识产权的归属按相关协议约定或法律法规确定。

学校成立科技成果转移转化领导小组(以下简称领导小组),组长由校长担任,副组长由分管科研管理、成果转化和资产的校领导担任,成员由人事处、科学技术处、文科处、财务处、国有资产与实验室管理处、青岛中国海洋大学控股有限公司、经营性资产管理委员会办公室等单位负责人组成。领导小组负责统筹协调和管理学校知识产权、科技成果转移转化工作，研究推动解决科技成果转移转化工作中遇到的问题，促进科技成果转移转化。

学校科学技术处作为领导小组的办事机构，具体职责如下：协调和管理学校科技成果转移转化工作，制定相关规章制度；负责培育具有重大应用前景的科技成果（自然科学类）；负责管理、推广、对接科技成果等；负责管理技术转让和技术许可项目，牵头开展科技成果作价投资项目；负责校外兼职、离岗创业人员涉及学校科技成果权益归属的审核，通过签订书面合同等形式明确科技成果归属、保密义务、权益分配等有关内容；负责管理科技成果转移转化专项基金，制定并执行促进科技成果转化的奖励政策等；开展与科技成果转移转化相关的其他工作。

二级单位是科研活动的基层管理单位，负责配合科技处对本单位科技成果进行管理，审核并监督本单位科技成果转移转化的真实性、完整性和可实施性；负责审核因从事科技成果转移转化而校外兼职、离岗创业的成果完成人所兼职务或创业领域与研究方向、学科发展相关性，并对成果完成人进行管理和考核。

科技成果转移转化实行成果完成人负责制，成果完成人是科技成果转移转化的直接责任人，负责提交《中国海洋大学科技成果转移转化申请表》，按照合同及协议享受权利、履行义务，统筹分配科技成果转移转化收益，对科技成果转移转化的真实性、完整性和可实施性负责。

学校采用下列方式进行科技成果转移转化：自行投资实施转化；许可他人使用科技成果；向他人转让科技成果；以科技成果作价投资，折算股份或者出资比例；以科技成果作为合作条件，与他人共同实施转化；国家允许的其他转化方式。

学校科技成果转移转化收益全部留归学校，由财务处统一核算管理，并按照本办法进行收益奖励与分配。科技成果转移转化的奖励和报酬的支出，计入学校绩效工资总量，但不受核定的绩效工资总量限制，不作为社会保险缴费基数。

第五章
师资队伍

学校坚持把师资队伍建设摆在事业发展的突出位置，深入实施人才强校战略，持续深化人事人才体制机制改革，围绕师德师风建设、人才工作、教师发展、人事服务与管理等，制定约100项规章制度，为建设一支师德高尚、业务精湛、结构合理、充满活力、潜心育人的高素质专业化创新型教师队伍提供了坚强制度保障。出台《中共中国海洋大学委员会关于完善教师思想政治和师德师风建设工作体制机制的实施意见》等多项制度，不断健全师德师风建设长效机制。制定"筑峰人才工程""繁荣人才工程""名师工程""绿卡人才工程""青年英才工程"等人才工程实施办法，建立健全独具中国海大特色的人才工程体系。还就教师培养、教师奖励、职务评聘、考核评价等制定一系列制度，全方位服务保障教师发展。

中国海洋大学人才引进暂行办法
海大人字〔2004〕61号

主要内容

引进对象为中国科学院院士、中国工程院院士、学科带头人、学术带头人、青年学术骨干。

学校为中国科学院院士、中国工程院院士提供科研基金，省市每年提供科研活动经费；提供办公实验用房，配备学术梯队和助手；省市和学校每年发放院士津贴；提供公寓或住房补贴、安家费，协助安排配偶或子女的工作。

学科带头人一般应具有博士学位，年龄不超过50周岁，学术研究处国际学科发展前沿，有较强的创新能力，在国内外有较大影响并得到同行或社会认可。学校根据学科特点和研究计划，为其提供科研启动基金；提供安家费，提供公寓或购房补贴，协助解决家属工作和子女入学。学科带头人享受国家工资、福利待遇等。

学术带头人一般应具有博士学位，年龄不超过45周岁，学术造诣较高、学术研究处国内学科发展前沿、有创新能力和较大的发展潜力，具有一定影响力并得到同行和社会认可。学校根据不同学科特点和研究计划，为其提供科研启动基金，提供安家费，提供公寓或购房补贴，协助解决家属工作和子女入学。学术带头人享受国家工资、福利待遇等。

青年学术骨干在国内外知名大学或科研机构获博士学位，年龄不超过40周岁，具有一定的学术水平和较大发展潜力，有良好的团队协作精神。学校为其提供科研启动费，提供安家费，提供公寓或购房补贴或房租补贴，协助解决子女入学。青年学术骨干享受国家工资、福利待遇。

引进程序为公开招聘，院系考察，学校审批。

中国海洋大学岗位设置管理暂行办法
海大人字〔2007〕117号

主要内容

岗位设置管理坚持科学设岗、合理调控，优化结构、精干高效，总量控制、统筹兼顾，按岗聘用、规范管理原则。

岗位类别：岗位分为专业技术岗位、管理岗位和工勤技能岗位三类。学校可根据事业发展需要，经上级批准设置特设岗位，用于聘用急需的高层次人才等特殊需要。

专业技术岗位是指从事专业技术工作、具有相应专业技术水平和能力要求的工作岗位。岗位分为教师岗位和非教师专业技术岗位，教师岗位是专业技术岗位的主体。管理岗位是指在学校、学院以及其他内设机构中担负领导职责或管理任务的工作岗位。工勤技能岗位是指为满足学校教学、科研和日常运行等需要，承担技能操作和维护、后勤保障、服务等职责的工作岗位。

岗位名称：教师岗位分为12个等级，包括正高级岗位、副高级岗位（以上统称高级岗位）、中级岗位和初级岗位。非教师专业技术岗位参照专业技术职务任职资格条例，根据专业水平、地位和作用，分设不同等级。管理岗位分为八个等级。现行厅级正职、厅级副职、处级正职、处级副职、科级正职（主任科员）、科级副职（副主任科员）、科员、办事员依次分别对应国家事业单位三至十级职员岗位。工勤技能岗位包括技术工岗位和普通工岗位，根据实际情况，学校只设置技术工岗位。

岗位结构比例：专业技术岗位占学校岗位总量的74%左右（其中教师岗位为学校岗位总量的55%以上），管理岗位为学校岗位总量的18%左右。

岗位任职基本条件：学校根据上级有关文件精神，参照现行的党政管理干部选拔任用规定、专业技术职务评聘条件要求和工人技术等级考核管理的有关规定，按照不低于国家规定的要求，分别制定各类各级岗位的聘用条件。

岗位聘用：

1. 学校在教育部核定的岗位总量和结构比例内，根据事业发展的需要，兼顾各类人员结构现状，制订岗位设置实施方案，按照公开招聘、平等竞争、择优聘用的原则开展岗位聘用工作。

2. 专业技术一级岗位人员的聘用工作，按照国家有关规定执行；管理岗位四级以上职员的聘用工作，按照干部人事管理的有关规定执行。

3. 教师岗位二级和三级由学校统一组织评聘；教师岗位四级以下由各单位按照学校的统一要求，在限定的岗位数内组织评聘。

4. 管理岗位五级以下、专职辅导员、非教师专业技术岗位和工勤技能岗位由学校统一组织评聘。

5. 评聘的基本程序：公布岗位名称、岗位数量、岗位职责、任职条件；个人申请；资格审查；专家评议；签订聘用合同，公布聘用决定等。

6. 教师岗位实行分类管理。教师高级岗位（教授三级以上岗位除外）分为教学型、教学研究型和研究教学型三类。其中，教学型岗位主要从事教学工作，教学研究型和研究教学型岗位承担教学、科研双重任务。

7. 学校聘用人员原则上不得同时在两类岗位上任职。根据学校管理工作特点，确因工作需要同时任职的，应按照从严控制、规范管理的原则，按干部人事管理权限批准确定。

8. 根据教育部规定，专职辅导员纳入教师岗位管理，并可根据其条件参与相应的职员职级评定。

9. 为鼓励优秀人才脱颖而出，学校对有真才实学、业绩显著、贡献突出者，可在核定的岗位职数内按有关规定破格聘用。

10. 新进的毕业生在试用期满后，管理人员按照有关规定确定相应的岗位等级；专业技术人员按照岗位条件要求确定岗位等级；工勤技能人员通过初级工技术等级考核后，可确定为工勤技能技术工五级岗位。

11. 出国人员在学校批准的期限内保留其岗位，逾期未归者予以辞退。

12. 在首次聘任时，超编单位暂以现有在编教职工数，缺编单位以新核定的编制数为基础核定岗位总量。超编单位应根据学校核定的编制数和内部结构比例，通过自然减员、调出、解聘、低聘等方式，逐步达到规定的岗位总量和结构比例。

13. 为妥善处理岗位聘任与已实施的高等学校岗位工资套改工作相互衔接的关系，现有事业编制人员，在首次聘任时，按照不低于现聘职务或岗位等级的原则进行聘任。聘期结束，经考核仍无法达到相应岗位要求的，将在下一聘期中予以低聘，直至解聘。

14. 学校高度重视并妥善处理首次聘任过程中的聘余人员，具体管理办法按照《中国海洋大学待岗人员管理办法（试行）》和《中国海洋大学教职工离岗退养管理办法（试行）》规定执行。

聘期管理：学校与受聘人员在平等自愿、协商一致的基础上，根据各类岗位特点，采取短期、中期和长期合同的聘用方式，与受聘人员签订聘用合同，明确受聘岗位职责、工作条件、工资福利待遇、聘用合同变更、解除和终止的条件以及聘用合同期限等方面的内容。聘用合同期限内调整岗位的，应当对聘用合同的相关内容作出相应变更。

岗位考核：岗位考核坚持以年度考核与聘期考核相结合的原则。考核分为年度考核和聘期考核。年度考核主要考核聘用人员的思想政治表现、职业道德、工作态度、工作进展或绩效。聘期考核主要考核聘用人员履行岗位职责和聘用合同的情况。考核结果分别为优秀、合格和不合格三个等级。年度考核结果记入档案，作为岗位异动、奖惩、工资晋升和聘期考核的重要依据。

中国海洋大学关于深化实施人才强校战略的意见

海大字〔2010〕36号

主要内容

一、指导思想和建设思路

以科学发展观为指导，面向国家人才强国、科教兴国和建设海洋强国的战略需求，瞄准国际科技发展前沿，着眼建设特色显著的高水平研究型大学的发展目标，按照"重特色、求质量，先做强、再做大"的总体发展策略和"强化发展特色、协调发展综合，以特色带动综合、以综合强化特色"的学科发展思路，围绕学科发展、创新人才培养等世界一流大学建设的核心要素，统筹学科专业建设、平台基地建设和人才发展。紧扣"造就领军人才、用好现有人才、培养未来人才"等环节，以体制和机制创新为动力，以学校"985工程"和"211工程"建设为依托，以国际化培养为重要途径，以大力实施国家和省市各类人才计划及学校"筑峰/绿卡/繁荣/英才"人才工程等为抓手，以进一步深化岗位设置管理与聘任制度改革和薪酬分配制度改革为突破口，不断深化实施人才强校战略，着力构建结构优化、创新能力强的高水平人才队伍，为培育世界一流学科、全面提升人才培养质量提供强有力的人才资源保障。

二、总体目标

到2015年，围绕学科专业建设、平台基地建设、创新人才培养和服务社会能力提升，进一步优化人才队伍结构，统筹教师、专职科研、工程与实验技术等专业技术队伍和管理干部队伍的协调发展，培养和造就一支规模适中、结构优化、布局合理、效能优良的适应学校事业发展的高水平人才队伍。

三、主要举措

围绕学校事业发展重点，统筹各类专业技术队伍建设，进一步增强师资队伍建设的针对性和主动性：深化实施各项人才工程；支持基础学科和重点课程队伍建设；实施"百名外籍专家引智计划"；实施"高技术人才计划"；加强实验技术队伍建设。

完善人才能力培养和专业进修制度，着力打造一支敬业爱岗、富有创新精神的高素质教师队伍：实施青年教师教育教学能力提升计划；实施青年教师外语应用能力提升计划；实施教师科技创新能力提升计划。

打造专业化管理服务队伍，进一步提高管理服务队伍整体效能：积极推进职员制改革；坚持德才兼备、以德为先的用人标准，完善干部选拔任用机制，加大竞争性选拔力度；加强和改进干部教育培训工作，增强管理干部队伍的学习和服务意识，进一步提高管理服务质量和针对性。

积极稳妥地推进人事管理制度改革：深化人事管理机制和运行机制改革；探索建立能进能出的学术梯队遴选机制；探索建立教师专业技术职务资格评定制度；探索建立新进党政管理干部聘用试用期制度；探索建立专职科研队伍；建立完善分类管理的人才评价考核机制。

中国海洋大学教职工行政纪律处分规定（试行）

海大人字〔2013〕25号

主要内容

教职工违法违纪，应当承担纪律责任的，依照本规定给予处分。给予教职工处分，要坚持公正、公平和教育与惩处相结合的原则。给予教职工处分，要事实清楚、证据确凿、定性准确、处理恰当、程序合法、手续完备。教职工涉嫌犯罪的，应移送司法机关依法追究刑事责任。

处分分为警告、记过、降低岗位等级或者撤职、开除四类。受处分的期间：警告，6个月；记过，12个月；降低岗位等级或者撤职，24个月。

教职工受到处分，其年度考核、岗位聘任、工资待遇按以下规定处理：

1. 受到警告处分的，在受处分期间，不得聘用到高于现聘岗位等级的岗位；在作出处分决定的当年，年度考核不能确定为优秀等次。

2. 受到记过处分的，在受处分期间，不得聘用到高于现聘岗位等级的岗位，年度考核不得确定为合格（称职）及以上等次。

3. 受到降低岗位等级处分的，自处分决定生效之日起降低一个以上岗位等级聘用，按照学校规定确定其工资待遇；在受处分期间，不得聘用到高于受处分后所聘岗位等级的岗位，年度考核为不合格（不称职）。

4. 受到开除处分的，自处分决定生效之日起，终止其与学校的人事关系。

教职工同时有两种以上需要给予处分的行为的，应当分别确定其处分。应当给予的处分种类不同的，执行其中最重的处分；给予开除以外多个相同种类处分的，执行该处分，但处分期应当按照一个处分期以上、两个处分期之和以下确定。教职工在受处分期间受到新的处分的，其处分期为原处分期尚未执行的期限与新处分期限之和，但是最长不得超过48个月。

教职工两人以上共同违法违纪，分别给予相应的处分。有下列情形之一的，应当从重处分：

1. 在两人以上的共同违法违纪行为中起主要作用的；

2. 隐匿、伪造、销毁证据的；

3. 串供或者阻止他人揭发检举、提供证据材料的；

4. 包庇同案人员的；

5. 法律、法规、规章规定的其他从重情节。

有下列情形之一的，可以从轻处分：

1. 主动交代违法违纪行为的；

2. 主动采取措施，有效避免或者挽回损失的；

3. 检举他人重大违法违纪行为，情况属实的。

教职工违法违纪行为情节轻微，经过批评教育后改正的，可以免予处分。

学校成立教职工行政纪律处分工作领导小组，负责教职工的违法违纪处理工作，领导小组办公室设在人事处。成立教职工行政纪律处分申诉委员会，负责受理教职工对所受纪律处分的申诉工作。

中国海洋大学教学名师评选办法

海大教字〔2015〕170号

主要内容

一、教学名师职责

1. 维护教学名师的崇高荣誉，积极投身教学和科研工作。

2. 在做好自身教学工作的同时，总结传授教学经验，发挥示范带头作用，带动学校教学整体水平不断提高。

3. 开展教学研究，实施教学改革，参与专业建设，编写出版高水平高质量教材，高水平高质量地建设精品课程、培育教学成果。

4. 坚持育人为本、德育为先，关爱学生成长，建立相互激励、教学相长的师生关系，促进学生全面发展。

二、评选基本原则

教学名师的评选坚持教学与科研相结合的原则；坚持表彰一线教师的原则；坚持公平、公正、公开的原则。

三、评选条件

1. 热爱祖国，忠诚党和人民的教育事业，模范遵守教师职业道德规范，具有强烈的事业心和创新精神，治学严谨、教风端正、诚信育人、为人师表、关爱学生。

2. 长期从事教学和科研工作，未曾获得各级"教学名师"称号、高校教龄在15年以上且受聘为正高级专业技术职务5年以上，在本校累计工作时间5年以上，近3学年面向本科生实际教学工作量不少于96课时/学年。

3. 教育思想先进，符合时代要求，积极开展教学方法研究与应用，科学、合理、有效地使用现代教育技术手段，注重引导学生自主学习。

4. 积极从事科学研究，学术造诣高，取得公认的研究成果，并能够将最新研究成果和学术思想融入课堂教学，科教融合成效显著。

5. 积极开展教学研究与实践，主持过省部级及以上教改项目，或发表多篇高质量的教改教研论文，或出版具有一定影响的教改教研专著，或编写出版高水平教材。

6. 主讲课程在校内外有较大影响，同行专家及学生评价优良，教学效果好，在校内外起到示范作用。

7. 积极指导和帮助青年教师提高授课水平，作为团队负责人，形成了结构合理的教学与学术团队。

中共中国海洋大学委员会关于加强和改进新时代师德师风建设的实施意见

海大党字〔2020〕81号

主要内容

一、总体要求

指导思想：以习近平新时代中国特色社会主义思想为指导，深入学习贯彻习近平总书记关于教育的重要论述和全国教育大会精神，把立德树人的成效作为检验学校一切工作的根本标准，把师德师风作为评价教师队伍素质的第一标准，将社会主义核心价值观贯穿师德师风建设全过程，加强制度建设，强化教育督导，倡导尊师重教，激励广大教师努力成为"四有"好老师，着力培养德智体美劳全面发展的社会主义建设者和可靠接班人。

工作原则：坚持正确方向，坚持尊重规律，坚持聚焦重点，坚持继承创新。

目标任务：聚焦解决师德师风建设中存在的问题和不足，逐步建立起较为完善的师德师风建设制度体系和长效机制，打造一支有理想信念、有道德情操、有扎实学识、有仁爱之心的高素质专业化创新型师资队伍，全面落实立德树人根本任务。

二、主要举措

贯彻"三个坚持"，全面加强教师队伍思想政治工作：坚持思想铸魂，用习近平新时代中国特色社会主义思想武装教师头脑；坚持价值导向，引导教师带头践行社会主义核心价值观；坚持党建引领，充分发挥教师党支部的战斗堡垒作用和党员教师的先锋模范作用。

强化"三个突出"，大力提升教师职业道德素养：突出课堂育德，在教育教学中提升师德素养；突出典型树德，持续开展优秀教师选树宣传；突出规则立德，强化教师法治和纪律教育。

抓好"三个严格"，将师德师风要求贯穿教师管理全过程：严格招聘引进，把好教师队伍入口关；严格考核评价，落实师德师风第一标准；严格监督惩处，治理师德师风突出问题。

做到"三个强化"，着力营造尊师重教氛围：强化权利保护，维护教师职业尊严；强化尊师教育，厚植校园师道文化；强化激励服务，营造尊师重教氛围。

三、组织保障

学校师德师风建设委员会是学校负责师德师风建设的组织、决策、领导机构，贯彻执行党和国家有关政策，组织开展师德师风教育、宣传、考核、监督以及对教职工师德失范行为的调查处理等工作。师德师风建设委员会办公室设在党委教师工作部。各二级党组织是本单位师德师风建设的责任主体，按照学校党委的有关部署和要求，负责本单位的师德师风教育、考核、监督等工作。学校将加强对各单位师德师风建设工作的考核，各单位要将师德师风作为人才引进、岗位聘任、职称评审、年度考核、聘期考核、推优选先、人选推荐、项目申报等各类工作的首要考察内容，出现师德失范行为的一票否决。

中国海洋大学校长特殊奖励实施办法（修订）^①

海大人字〔2021〕57号

主要内容

校长特殊奖励坚持公开公平公正的原则和物质奖励与精神奖励相结合、以精神奖励为主的原则。

奖励对象须为具备下列条件之一的团体或个人：（1）获得国家最高科学技术奖、省市科学技术最高奖。（2）获得国家自然科学奖、技术发明奖、科学技术进步奖。（3）获得国家级教学成果奖。（4）获得何梁何利基金科学与技术成就奖、进步奖和创新奖。（5）获得教育部高等学校科学研究优秀成果奖（人文社会科学）一等奖、二等奖，山东省社会科学优秀成果特等奖、一等奖。（6）在基础理论研究、服务国家重大战略和经济社会发展，特别是在突破前沿技术、解决重大工程技术难题方面做出突出贡献。（7）在学科建设、人才队伍建设、教育教学、重大基础设施和重要平台建设、国际交流与合作等工作做出重要贡献，应当给予奖励的。

奖励金额：（1）国家最高科学技术奖为600万元，山东省科学技术最高奖为200万元，青岛市科学技术最高奖为100万元。（2）国家自然科学奖、技术发明奖、科学技术进步奖特等奖为100万元，一等奖为50万元，二等奖为20万元。（3）国家级教学成果特等奖为100万元，一等奖为50万元，二等奖为20万元。（4）何梁何利基金科学与技术成就奖为100万元，进步奖为20万元，创新奖为20万元。（5）教育部高等学校科学研究优秀成果奖（人文社会科学）著作一等奖为20万元、二等奖为10万元；论文一等奖为10万元、二等奖为5万元。山东省社会科学优秀成果特等奖为10万元，一等奖为5万元。

校长特殊奖励每年奖励一次，在每年教师节期间进行表彰奖励。同一成果获得的奖项，按就高原则奖励，不重复奖励。

中国海洋大学人事档案管理办法

海大人字〔2021〕66号

主要内容

管理机构及职责：人事档案工作坚持"党委统一领导、组织人事部门主管、相关单位各负其责"的领导体制和工作机制。学校党委负责学校人事档案工作的组织领导，党委组织部、人事处负责人事档案的管理。校内各单位负责本单位工作中形成的人事档案材料的收集、整

---

① 学校于2017年制定《中国海洋大学校长特殊奖励实施办法》，2021年进行修订，此处选取2021年版本。

理和报送工作。人事处负责学校人事档案的集中统一管理工作,人事档案室具体负责人事档案的收集、整理、保管、查(借)阅、转递、接收等日常管理工作。学校按照上级有关规定配备人事档案工作人员。

人事档案室的主要职责:(1)认真贯彻执行国家有关人事档案工作的政策和法规,完善学校人事档案管理的相关制度;(2)负责人事档案的建立、接收、保管、转递,档案材料的收集、鉴别、整理、归档等日常管理工作;(3)负责人事档案查(借)阅、档案信息研究等利用工作;(4)负责人事档案的安全、保密、保护工作;(5)负责人事档案相关工作的业务指导和人员培训工作;(6)负责人事档案信息化建设;(7)负责与人事档案管理和使用有关的其他工作。

纪律和监督:在人事档案材料收集归档工作中,人事档案形成单位、人事档案工作人员和教职工须严格遵守工作纪律,对于属于国家秘密、工作秘密的人事档案材料和信息,应当严格保密;对于涉及商业秘密、个人隐私的材料和信息,应当按照国家有关法律规定进行管理。对于违反相关规定和纪律的,依据有关规定予以纠正,根据情节轻重,给予批评教育、组织处理或者党纪政纪处分,并视情追究相关人员责任。涉嫌违法犯罪的,移交司法机关进行处理。

中国海洋大学离退休教职工服务管理办法①
海大党字〔2021〕83号

主要内容

离退休工作以习近平新时代中国特色社会主义思想为指导,坚持"以人为本、重在服务、各方参与、务实创新"的工作方针,实行"两级服务管理"体制,坚持"老有所教、老有所学、老有所乐、老有所为"相统一的原则。

组织机构及工作职责:学校成立离退休工作领导小组,统一领导全校离退休工作。离退休(党委)工作处具体负责全校离退休工作,各二级单位成立离退休工作小组,做好本单位的离退休工作。

离退休工作领导小组主要职责:(1)贯彻落实党和国家及上级部门有关离退休工作政策,提出学校离退休工作的总体要求,审议有关离退休工作的重要决策和规章制度,检查、督导全校各单位履行离退休工作基本职责情况。(2)保障落实离退休教职工各项待遇和离退休工作所需经费、物资、人员编制。(3)每学期召开一次离退休教职工代表座谈会或事业发展情况通报会,并征求离退休教职工对学校工作的意见建议。(4)每年至少召开一次离退休工作领导小组会议,就学校离退休(党委)工作处和二级单位提出的建议或离退休教职工关心的热点、难点问题进行研究并提出意见。(5)每三年召开一次全校离退休工作会议,总结工作,交流情况,表彰先进。(6)指导离退休(党委)工作处、关心下一代工作委员会、

①学校于2015年制定《中国海洋大学离退休教职工服务管理办法(试行)》,2021年进行修订,此处选取2021年版本。

老教育工作者协会、老教授协会做好离退休教职工服务管理工作。

离退休（党委）工作处职责：（1）学习贯彻党和国家关于离退休工作的方针政策，按照学校离退休工作领导小组要求，制定并实施离退休教职工服务管理制度，协调各二级单位离退休工作。（2）加强离退休教职工思想政治教育，注重意识形态工作。（3）加强离退休党建工作。（4）坚持"亲情化、个性化、精准化"服务原则，在电话随访、定期走访、送福利到家、紧急救助和精神慰藉等方面，为离休干部尽心尽力服务。（5）综合利用政府公共服务、社会优待服务、志愿服务和市场化服务，构建与社会各方优势互补、资源共享的工作体系，建立健全特困帮扶机制，助力老龄化社会服务保障体系建设。（6）密切联系离退休教职工，畅通征求意见建议渠道，及时向上级领导和有关部门反映离退休教职工的意见建议，建立信息反馈机制。（7）本着自觉自愿、量力而为、国家和学校需要与本人志趣相结合的原则，组织和引导离退休教职工在教学、科研、管理、服务及关心下一代工作中发挥积极作用。（8）开展有益身心健康的文化活动，推进老年教育文化资源共建共享，加强离退休教职工活动中心建设，做好离退休教职工群众团体的服务管理工作。（9）会同离退休教职工原单位及有关部门，做好节日慰问、生日慰问、患病住院慰问等工作。（10）负责离退休工作经费的日常管理和使用，指导二级单位离退休工作经费的使用。（11）负责离退休教职工信息的采集、管理和统计上报工作。（12）做好离退休教职工来信来访等接待工作。协助组织部门做好离退休教职工出国（境）的审查工作。（13）负责离退休工作人员业务培训和思想政治建设。（14）配合去世离退休教职工家属，协调生前所在单位妥善处理逝者的丧葬事宜。（15）完成学校交办的其他离退休工作任务。

离退休教职工原单位职责：（1）成立由单位党组织书记或行政主要负责人担任组长的离退休工作小组，指定专人承担日常服务管理工作。（2）建立本单位离退休教职工基本信息档案，把离退休工作纳入本单位年度工作计划。（3）负责本单位离退休工作经费的管理使用。（4）教职工退休时，单位主要领导要进行谈话，向离退休党委转移党员组织关系。（5）每年至少召开一次离退休教职工代表座谈会或情况通报会，协助做好本单位离退休教职工信访工作。（6）健全领导干部带头走访慰问制度。（7）发挥离退休教职工在教学、科研、管理及党建与思想政治工作等方面的积极作用。（8）建立本单位党支部、团支部联系离退休教职工制度。（9）协助本单位去世离退休教职工家属，做好逝者的丧葬事宜。

党委办公室、校长办公室，组织、人事部门，宣传、教学、学生工作部门，工会，安全保卫、后勤保障部门，财务、资产管理部门等相关职能部门根据自身职责，积极主动为离退休教职工提供优质高效服务，保障离退休工作顺利开展。

中国海洋大学师德考核办法

海大党字〔2021〕93号

主要内容

师德考核工作坚持实事求是、客观公正、公平公开、规范严谨的原则，教育引导广大教职工以德立身、以德立学、以德施教、以德育德，不断提高自身修养和师德水平。

组织机构：学校师德师风建设委员会负责组织领导全校师德考核工作，审定考核结果。师德师风建设委员会办公室负责师德考核的具体组织实施。各二级党组织成立师德考核工作小组，负责组织本单位教职工的师德考核工作。

考核内容：师德考核主要考察教职工在坚定政治方向、自觉爱国守法、传播优秀文化、潜心教书育人、关心爱护学生、坚持言行雅正、遵守学术规范、秉持公平诚信、坚守廉洁自律、积极奉献社会方面的情况。

师德考核结果分为优秀、合格、基本合格和不合格四个等级。师德考核分日常考察和年度考核。师德日常考察贯穿教职工选聘、人才引进、职务晋升、职称评审、岗位聘用、导师遴选、评优奖励、人选推荐、项目申报等教职工管理服务全过程。

考核结果使用：师德年度考核纳入教职工年度考核工作统一组织。教职工师德考核结果有基本合格或不合格的单位，当年度不能参加有关评奖评优。兼职教师、访问学者等非全职工作人员出现师德考核基本合格或不合格的，取消其在学校从事教学、科研等工作的资格。

监督机制：各单位应高度重视师德考核工作，强化组织领导，建立内部监督机制和常态化风险排查机制，切实落实师德考核的相关要求。师德考核过程中有徇私舞弊、弄虚作假、推诿隐瞒行为的，学校将按照有关规定严肃处理。

中国海洋大学专业技术职务评聘工作实施办法[①]
海大人字〔2022〕16号
主要内容

专业技术职务评聘制度是将专业技术职务评审和专业技术岗位聘任相结合的专业技术人才评价和管理的基本制度。评聘工作按照"总量控制、按需设岗、分类评价、择优聘任"的原则，以品德、能力、业绩为导向，全面评价专业技术人才的师德师风、工作业绩、履职能力和发展潜力。

专业技术职务设置：学校现设置教师、工程技术、实验技术、图书档案、出版编辑、卫生技术、会计（审计）、幼儿教师、思想政治教育与高等教育管理专业技术职务系列，其他专业技术职务系列，根据学校事业发展需要另行设置。学校根据职业属性和岗位特点，分别制定不同系列专业技术职务评聘实施细则。学校在各系列分别设置正高级、副高级、中级和初级专业技术职务。学校全职在岗的教职工根据所聘专业技术岗位、承担的工作职责和任务，申报相应系列的专业技术职务。

评聘机构：学校成立岗位设置管理与聘任工作领导小组，负责组织领导全校各类岗位设置管理与专业技术职务评聘工作。学校成立理工科专业技术职务评聘委员会，负责教师系列（理工科）教授和工程技术、实验技术等系列正高级专业技术职务的评聘工作；成立人文社

[①] 学校于2018年制定《中国海洋大学专业技术职务评聘工作实施办法》，2022年对办法进行修订，此处选取2022年版本。

科专业技术职务评聘委员会,负责教师系列（人文社科）教授和图书档案、出版编辑、会计（审计）、幼儿教师等系列正高级专业技术职务的评聘工作;成立思想政治教育与高等教育管理系列专业技术职务评聘委员会,负责思想政治教育与高等教育管理系列各级专业技术职务（不含专职辅导员、心理健康教育教师副高级及以下专业技术职务）的评聘工作。

学校二级教学科研单位成立专业技术职务评聘委员会。学校成立工程技术、实验技术、图书档案与出版编辑、卫生技术、会计（审计）、幼儿教师等不同系列专业技术职务评聘委员会。各系列评聘委员会由相关领域校内外专家、相关校领导和单位负责人等组成。

评聘程序为个人申报,单位审核、推荐及公示,校外同行专家评审,学校研究确定各单位、各系列晋升指标数,各单位、各系列评聘委员会进行会评,学校评聘委员会进行会评,学校审定评聘结果,合同签订。

中国海洋大学"筑峰人才工程"实施办法 [①]
海大人字〔2022〕24号
主要内容

一、总则

为进一步加强自然科学和工程技术学科高层次人才队伍建设,优化人才资源配置,吸引、遴选和造就一批具有国内外领先水平的学科（学术）带头人,带动一批学科保持或赶超世界先进水平,提高学校自然科学和工程技术学科的学术地位和竞争实力,特制定本办法。

"筑峰人才工程"特聘教授岗位分三个层次设置,主要面向国家重点学科、国家级或部级科研基地、学校重点建设学科及新兴学科和交叉学科设置。坚持"按需设岗、公开招聘、专家评审、择优聘任、合同管理"的原则,实行岗位聘任制,全职在岗工作,聘期五年。

二、岗位职责

1. 组织或参与制订学科建设和学科发展战略规划,带领本学科和相关学科在前沿领域赶超或保持国际先进水平。

2. 提出本学科具有前瞻性、创新性的研究构想,在本学科权威学术刊物上发表高水平科研论文,取得具有国际影响的重要创新性成果。

3. 在申报和完成国家重大、重点科研项目过程中发挥核心作用,主持国际合作或国家重大、重点研究项目,或主持对国民经济发展有重大影响的前沿课题,推动或参与跨学科的重大项目或关键公用学科平台建设。

4. 推动本学科学术梯队建设,积极引进和着力培养青年骨干人才,根据学科特点和发展需要,组建优秀学术梯队,形成具有竞争力的教学、科研创新团队。

5. 结合本学科前沿领域发展最新动向,讲授本科生核心课程和研究生主干课程,开展教材建设、教学研究和教学改革,培养学生,指导博士后,带动专业建设。

---

① 学校于2004年制定《中国海洋大学"筑峰人才工程"实施办法（试行）》,2009年、2017年、2022年先后进行修订,此处选取2022年版本。

6. 加强与世界一流大学的交流与合作,拓展对外交流合作的深度和广度,邀请境外专家到学校开展前沿学术讲座,为团队人员积极创造条件参加国际学术活动,提高学科国际知名度和影响力。

7. 完成学校和设岗单位安排的其他工作。

三、招聘条件

第一层次申请人:学术造诣深厚,在科学技术领域做出系统性、创造性成就和重大贡献或在工程技术领域做出重大的、创造性的成就和贡献,在国内外具有较大影响,能够带领本学科达到国际领先水平。一般应达到所在学科领域国家级领军人才的水平,年龄原则上不超过55周岁。

第二层次申请人:学术造诣深厚,学术思想活跃,对学科发展和学术研究有创新性构想,在国内外有较高知名度,能够带领相关研究方向达到国际先进水平。已在学界公认的本学科最高级别刊物上发表过具有重要影响的学术论文,或在工程技术领域掌握关键技术并取得国内外同行公认的突出业绩。一般应达到所在学科领域国家级领军人才的水平,年龄原则上不超过50周岁。

第三层次申请人:学术思想活跃,在本学科领域中有较高的学术水平,学术成果突出,取得国内外同行公认的重要成就,能够带领相关研究方向达到国内先进水平,能够在学科、专业、公共平台建设中发挥重要作用。已在本学科领域取得高水平研究成果,或在工程技术领域掌握关键技术并取得国内外同行公认的重要业绩。一般应达到所在学科领域国家级青年领军人才的水平,年龄原则上不超过45周岁。

四、条件支持

"筑峰人才工程"特聘教授实行年薪制。学校为新引进的"筑峰人才工程"特聘教授提供安家及购房补贴,提供科研启动经费。设岗单位为"筑峰人才工程"特聘教授提供必要的实验、办公及科研条件。学校协助"筑峰人才工程"特聘教授解决未成年子女入学及配偶工作事宜。

五、考核管理

"筑峰人才工程"特聘教授实行合同管理。设岗单位负责"筑峰人才工程"特聘教授的日常管理和年度考核工作,按学校有关规定执行。设岗单位组织中期考核,考核优秀或合格者,继续完成聘期;考核不合格者,解除聘任合同。学校和设岗单位组织聘期期满考核。同一层次岗位原则上不超过两个聘期,第二聘期结束后,根据考核结果、个人情况和学校需要,考核合格以上且近五年取得的成果达到相应岗位的申报条件和水平的,可转聘至相应专业技术岗位,考核不合格的,学校不再聘任;对于第一层次、第二层次人员,第二聘期期满考核优秀,经学校学术委员会推荐,学校可另按年薪制聘任。

中国海洋大学"繁荣人才工程"实施办法 ①

海大人字〔2022〕25号

主要内容

一、总则

为进一步加强学校人文社会学科高层次人才队伍建设，优化人才资源配置，吸引、遴选和造就一批具有国内外领先水平的学科（学术）带头人，提高学校人文社会学科的学术地位和竞争实力，特制定本办法。

"繁荣人才工程"特聘教授岗位分三个层次设置，主要面向国家、省级重点学科，国家、省级特色或品牌专业，具有博士点的新兴学科和海洋特色人文社会科学学科设置。坚持"按需设岗、公开招聘、专家评审、择优聘任、合同管理"的原则，实行岗位聘任制，全职在岗工作，聘期五年。

二、岗位职责

1. 组织或参与制订学科建设和学科发展战略规划，在博士学位授权学科点申报和组织实施等方面发挥重要作用，带领本学科和相关学科跻身国内领先水平。

2. 提出本学科具有前瞻性、创新性的研究构想，在本学科权威学术刊物上发表高水平科研论文，取得具有重要影响的创新性成果。

3. 在申报和完成国家重大、重点科研项目过程中发挥核心作用，主持国际合作或国家重大、重点研究项目，或主持对国民经济发展有重大影响的前沿课题，推动或参与交叉学科平台建设。

4. 推动本学科学术梯队建设，积极引进和着力培养青年骨干人才，根据学科特点和发展需要，组建优秀学术梯队，形成具有竞争力的教学、科研创新团队。

5. 结合本学科前沿领域发展最新动向，讲授本科生核心课程和研究生主干课程，开展教材建设、教学研究和教学改革，培养学生，指导博士后，带动专业建设。

6. 加强与世界一流大学的交流与合作，拓展对外交流合作的深度和广度，邀请境外专家到学校开展前沿学术讲座，为团队人员积极创造条件参加国际学术活动，提高学科国际知名度和影响力。

7. 完成学校和设岗单位安排的其他工作。

三、招聘条件

第一层次申请人：学术造诣深厚，学术水平在国内处于领先地位并在国际上有较大影响，在本学科领域具有重大学术成就和较高知名度的杰出学者；学科建设上具有前瞻性、战略性眼光，能够带领本学科达到国内领先水平并在国际上产生重要影响。一般应达到所在学

---

① 学校于2004年制定《中国海洋大学"繁荣哲学社会科学人才工程"实施办法（试行）》，2009年、2017年、2022年先后进行修订，此处选取2022年版本。

科领域国家级领军人才的水平,年龄原则上不超过55周岁。

第二层次申请人:学术造诣深厚,学术思想活跃,对学科发展和学术研究有创新性构想,在国内外有较高知名度,能够带领本学科达到国内先进水平并在国际上产生重要影响。一般应达到所在学科领域国家级领军人才的水平,年龄原则上不超过53周岁。

第三层次申请人:学术思想活跃,在本学科领域中有较高的学术水平,学术成果突出,已在本学科权威学术刊物上发表过具有重要影响的学术论文,或在国内外权威出版社作为第一作者出版过具有重要影响的学术专著,取得国内外同行公认的重要成就,能够带领相关研究方向达到国内先进水平,能够在学科专业建设中发挥重要作用。一般应达到所在学科领域国家级青年领军人才的水平,年龄原则上不超过48周岁。

四、条件支持

"繁荣人才工程"特聘教授实行年薪制。学校为新引进的"繁荣人才工程"特聘教授提供安家及购房补贴,提供科研启动经费。设岗单位为"繁荣人才工程"特聘教授提供必要的办公及科研条件。

五、考核管理

"繁荣人才工程"特聘教授实行合同管理。设岗单位负责"繁荣人才工程"特聘教授的日常管理和年度考核工作,按学校有关规定执行。设岗单位组织中期考核,考核优秀或合格者,继续完成聘期;考核不合格者,解除聘任合同。设岗单位和学校组织聘期期满考核。同一层次岗位原则上不超过两个聘期,第二聘期结束后,根据考核结果、个人情况和学校需要,考核合格以上且近五年取得的成果达到相应岗位的申报条件和水平的,可转聘至相应专业技术岗位,考核不合格的,学校不再聘任;对于第一层次、第二层次人员,第二聘期期满考核优秀,经学校学术委员会推荐,学校可另按年薪制聘任。

中国海洋大学"名师工程"实施办法 ①

海大人字〔2022〕26号

主要内容

一、总则

学校"名师工程"教授岗位面向公共基础课程、通识教育课程、专业核心课程,由设岗单位设置,分讲席教授岗位和讲座教授岗位两类。讲席教授岗位为全职岗位,讲座教授岗位为兼职岗位。岗位按照"按需设岗、公开招聘、专家评审、择优聘任、合同管理"的原则,实行岗位聘任制,讲席教授聘期五年,讲座教授聘期根据岗位职责确定。

二、岗位职责

(一)讲席教授岗位职责

1.组织或参与制订学科建设和学科发展规划,推动本学科和相关学科在前沿领域赶超或

---

① 学校于2015年制定《中国海洋大学"名师工程"实施办法》,2019年、2022年先后进行修订,此处选取2022年版本。

保持国际先进水平。

2. 组织开展高水平专业建设、人才培养方案制订、教学质量保障体系建设，在教育教学方面取得重要创新性成果。

3. 积极引进和培养优秀青年人才，组建高水平教学团队，开展高水平教学研究和教材建设，积极培育高水平教学成果。

4. 指导青年教师提高教学水平，开展示范性公开教学和教学方法与教学艺术研讨活动。

5. 承担全校基础课程、通识教育课程和专业核心课程等教学任务。

6. 通过积极开展高水平科研工作推进科教融合，培养拔尖创新人才。

（二）讲座教授岗位职责

1. 为高水平专业建设、人才培养方案制订、教学质量保障体系构建等提供咨询和支持。

2. 协助引进和培养优秀青年人才，协助组建教学团队，开展高水平教学方法研究和高质量教材建设，开展示范性公开教学和教学方法与教学艺术研讨活动，积极培育高水平教学成果。

3. 承担全校公共基础课程、通识教育课程或专业核心课程等教学任务。

三、招聘条件

第一层次岗位讲席教授：应入选国家级教学名师，或为国家级教学成果一等奖及以上获得者（首位），或为海内外高校的资深教授，或在本领域具有相当水平的教学名师。年龄原则上不超过55周岁，人文社科领域可适当放宽。

第二层次岗位讲席教授：应入选国家级教学名师，或为国家级教学成果奖获得者（首位），或为海内外高校的知名教授，或在本领域具有相当水平的教学名师。年龄原则上不超过50周岁，人文社科领域可适当放宽。

第三层次岗位讲席教授：具有正高级专业技术职务并长期主讲通识教育课程、专业核心课程，教学能力突出、教学成果丰硕，应入选省级教学名师或在本领域具有重要影响力的教学名师。年龄原则上不超过45周岁，人文社科领域可适当放宽。

四、聘任程序

聘任程序为先由设岗单位组成专家组确定初步人选后，由党政联席会集体研究，确定推荐人选，相关材料公示无异议后提交人事处。对讲席教授推荐人选，经学校学术委员会教学委员会评议、校长办公会审批后签订聘用合同。对讲座教授推荐人选，由人事处会同相关职能部门和设岗单位进行研究，报校长审批后签订聘用合同。

五、条件支持

讲席教授实行年薪制。学校为讲席教授提供住房补贴。讲座教授的薪酬待遇由人事处会同相关职能部门和设岗单位进行研究，经校长审批后，按聘任合同执行。学校为新聘任的"名师工程"讲席/讲座教授提供课程和教学团队建设经费。

六、考核管理

"名师工程"讲席/讲座教授实行合同管理。设岗单位负责日常管理和年度考核工作，按学校有关规定执行。设岗单位负责组织讲席教授的中期考核，考核优秀或合格者，继续完成聘期；考核不合格者，解除聘用合同。第三层次考核优秀者，经设岗单位推荐、学校学术委员会教学委员会评议、学校审批，可以高聘至相应岗位。学校和设岗单位组织聘期满考核。设岗单位组织专家组对井席/讲座教授履职情况进行考核评议,提出初步考核意见;学校学术委员会教学委员会在单位评议基础上对讲席/讲座教授履职情况进行审议,提出考核和聘任意见。

讲席教授聘期期满,首聘期考核优秀或合格者,可在同层次岗位续聘一个聘期,不合格者不再聘任;第二层次、第三层次考核优秀者,经设岗单位推荐、学校学术委员会教学委员会评议、学校审批,可高聘至相应岗位。同一层次岗位原则上不超过两个聘期,第二聘期结束后,根据考核结果、学校需要和个人情况,考核合格以上且近五年取得的成果达到相应岗位申报条件和水平的,可转聘至相应专业技术岗位,考核不合格的,学校不再聘任;对于第一层次、第二层次人员,第二聘期期满考核优秀,经学校学术委员会教学委员会推荐,学校可另按年薪制聘任。讲座教授聘期期满,考核优秀或合格者,根据考核结果、学校需要和个人情况决定是否继续聘任;考核不合格者,不再聘任。

中国海洋大学"青年英才工程"实施办法 [①]

海大人字〔2022〕27号

主要内容

一、总则

为加强人才队伍建设,吸引、稳定和培养一批具有良好发展潜质,在某一学科方向取得突出成绩的优秀中青年骨干教师,保障和促进学校事业可持续发展,特制定本办法。

"青年英才工程"岗位分第一层次、第二层次和第三层次设置,主要面向国家、省级重点学科,国家、省级特色或品牌专业,具有博士点的新兴学科和海洋特色学科设置。坚持"公开招聘、专家评审、择优聘任、合同管理"的原则,实行岗位聘任制,全职在岗工作,聘期五年。

二、岗位职责

1. 参与制订学科建设和学科发展战略规划,推动本学科相应研究方向达到国际先进或国内领先水平。

2. 跟踪本领域最新进展,提出创新性研究构想,在本学科领域权威学术刊物上发表高水平论文,取得同行专家公认的重要研究成果,赶超或保持国内外先进水平。

3. 在本学科前沿领域积极探索,在申报国家重大、重点科研项目过程中发挥重要作用,能够承担国家级研究项目。

4. 结合本学科前沿领域发展最新动向,讲授本科生、研究生课程,积极开展教材建设、教学研究和教学改革,培养学生,推动专业建设。

5. 积极开展国际交流与合作,跟踪学科国际前沿,提高学科相应研究方向的国际知名度和影响力。

6. 完成学校和设岗单位安排的其他工作。

---

① 学校于2010年制定《中国海洋大学"青年英才工程"实施办法(试行)》,2015年、2017年、2022年先后进行修订,此处选取2022年版本。

三、招聘条件

应聘"青年英才工程"第一层次，一般应达到所在学科领域国家级青年领军人才的水平，年龄原则上不超过40周岁（人文社科类不超过45周岁）。

第一次层次理工农医类应聘条件：国内应聘者应担任副高级以上（"以上"包含本级别或本数，下同）专业技术职务3年以上，具有主持国家级科研项目的经历；海外应聘者取得博士学位后，应具有在海外高校或研究机构从事3年以上科学研究的经历，具有独立承担高水平科研工作的能力。近五年应取得相关学术成果：以第一作者或通讯作者在本学科领域权威学术刊物发表论文8篇以上，其中在顶尖学术刊物发表3篇以上；或作为第一完成人取得重要科技成果转化3项以上并产生显著的经济和社会效益；或在服务社会方面做出显著成绩。

第一层次人文社科类应聘条件：国内应聘者应担任副高级以上专业技术职务3年以上，具有主持国家级科研项目的经历；海外应聘者取得博士学位后，应具有在海外高校或研究机构从事3年以上科学研究的经历，具有独立承担高水平科研工作的能力。近五年应取得相关学术成果：国内应聘者以第一作者或通讯作者在《中国海洋大学人文社科核心期刊目录》所列期刊发表学术论文6篇以上，其中A级1篇以上或B级2篇以上；或获得省（部）哲学社会科学一等奖（首位）1项以上或二等奖（首位）2项以上，或教育部人文社科优秀成果奖1项以上。海外应聘者以第一作者或通讯作者在《中国海洋大学人文社科核心期刊目录》所列期刊发表学术论文A级2篇以上或B级4篇以上。

应聘"青年英才工程"第二层次，应具有较强的科研能力和较大的学术潜力，学术成果突出；年龄原则上不超过35周岁（人文社科类不超过38周岁）。

第二层次理工农医类应聘条件：国内应聘者应获得博士学位满3年并具有副高级以上专业技术职务，具有主持国家级科研项目的经历；海外应聘者应具有在海外高校或研究机构从事1年以上博士后研究的经历，具有独立承担较高水平科研工作的能力。近五年应取得相关学术成果：以第一作者或通讯作者在本学科领域权威学术刊物发表论文6篇以上，其中在顶尖学术刊物发表2篇以上；或作为第一完成人取得重要科技成果转化2项以上并产生显著的经济和社会效益；或在服务社会方面做出显著成绩。

第二层次人文社科类应聘条件：国内应聘者应获得博士学位满3年并具有副高级以上专业技术职务，具有主持国家级科研项目的经历；海外应聘者应具有高校或研究机构博士学位，具有独立承担较高水平科研工作的能力。近五年应取得相关学术成果：国内应聘者以第一作者或通讯作者在《中国海洋大学人文社科核心期刊目录》所列期刊发表学术论文4篇以上，其中B级和C级各1篇以上；或获得省（部）哲学社会科学二等奖（首位）1项以上。海外应聘者以第一作者或通讯作者在《中国海洋大学人文社科核心期刊目录》所列期刊发表学术论文4篇以上，其中A级1篇以上或B级2篇以上。

应聘"青年英才工程"第三层次，应具有较强的科研能力和较大的学术潜力，取得创新性研究成果；年龄原则上不超过35周岁。

第三层次理工农医类应聘条件：具有海内外高校或研究机构从事1年以上博士后研究的经历；国内应聘者具有主持国家级科研项目的经历，海外应聘者具有独立承担科研工作的能力。近五年应取得相关学术成果：以第一作者或通讯作者在本学科领域权威学术刊物发表论文4篇以上，其中在顶尖学术刊物发表1篇以上；或作为第一完成人取得重要科技成果转化2项以上并产生显著的经济和社会效益；或在服务社会方面做出显著成绩。

第三层次人文社科类应聘条件：具有海内外高校或研究机构博士学位；国内应聘者具有主持国家级项目或教育部人文社科项目的经历，海外应聘者具有独立承担科研工作的能力。近五年应取得相关学术成果：国内应聘者以第一作者或通讯作者在《中国海洋大学人文社科核心期刊目录》所列期刊发表学术论文C级3篇以上。海外应聘者以第一作者或通讯作者在《中国海洋大学人文社科核心期刊目录》所列期刊发表学术论文4篇以上，其中B级和C级各1篇以上。

四、条件支持

"青年英才工程"人员实行年薪制。学校为新引进的"青年英才工程"人员提供安家及购房补贴，提供科研启动经费。

五、考核管理

学校"青年英才工程"实行"岗位聘任、合同管理、有进有出、有序流动"的动态管理模式。设岗单位负责"青年英才工程"人员的日常管理和年度考核，按学校有关规定执行。由设岗单位组织中期考核。由学校和设岗单位组织聘期期满考核。聘期考核优秀，取得重大基础研究和前沿技术突破，解决重大工程技术难题，在经济社会发展中做出重大贡献，并达到所在学科领域国家级领军人才水平的，经设岗单位推荐、学校学术委员会评议、学校审批，可聘至"筑峰人才工程"或"繁荣人才工程"相应层次岗位；聘期考核优秀，教学科研工作突出，达到所在学科领域国家级青年领军人才水平，并具有较大发展潜力的，经设岗单位推荐、学校学术委员会评议、学校审批，可聘至"筑峰人才工程"或"繁荣人才工程"第三层次岗位或"青年英才工程"第一层次岗位。

中国海洋大学"绿卡人才工程"实施办法①
海大人字〔2022〕28号

主要内容

一、总则

为进一步加强学校高层次人才队伍建设，吸引汇聚国外优质智力资源，柔性引进一批高水平的学科领军人才或学术带头人，带动学校重点和急需学科的发展，保持或赶超国内外先进水平，提高学校的学术地位和竞争实力，特制定本办法。

"绿卡人才工程"教授岗位设置客座教授岗位和讲座教授岗位。坚持"按需设岗、择优聘任、合同管理"的原则，实行岗位聘任制，聘期一般三年，每年实际来校工作时间原则上不少于两个月。

二、岗位职责

（一）客座教授岗位职责

1. 协助学科引进和培养高层次优秀人才，聚集一批有创新能力的教学科研骨干，形成具

---

① 学校于2004年制定《中国海洋大学"绿卡人才工程"实施办法（试行）》，2007年、2017年、2022年先后进行修订，此处选取2022年版本。

有鲜明研究特色和较强竞争实力的优秀创新团队。

2. 提出或组织策划国际合作或国家重大科研项目，以及对国民经济发展有重大影响的前沿课题，与相关学科教师共同开展前沿性高水平的合作研究，推进学科建设。

3. 引领本学科凝练学术方向，推动重大成果培育，领导学术团队在科学研究上取得具有国际先进水平的成果，以中国海洋大学为第一单位在权威学术刊物上发表高水平论文。

4. 开设本学科前沿领域课程或讲座，联合培养和指导研究生。

5. 提升本学科整体水平和国际影响，积极推动和开展国际学术交流。

（二）讲座教授岗位职责

1. 协助学科引进和培养高层次优秀人才，聚集一批有创新能力的教学科研骨干，构建学术梯队。

2. 讲授本科生、研究生课程，开设本学科前沿领域讲座，联合培养和指导研究生。

3. 与相关学科教师共同开展前沿性高水平合作研究，领导学术团队取得高水平研究成果，以中国海洋大学为第一单位在权威学术刊物上发表高水平论文。

4. 提升本学科整体水平和国际影响，积极推动和开展国际学术交流。

三、招聘条件

1. 客座教授应聘者应在国际知名教学科研机构具有终身正高级职位，为本学科领域具有重大国际影响力的知名学者。

2. 讲座教授应聘者应在国际知名教学科研机构具有终身高级职位，为本学科领域具有重要影响力的知名学者。

3. 与学校相应学科团队开展实质性科研合作。

4. 身心健康，具有良好的思想政治素质和师德师风，有良好学术与科研道德、团结协作精神，有组织和领导学术团队的能力。

四、条件支持

"绿卡人才工程"教授聘期内实行年薪制，年薪由"基础薪酬+绩效薪酬"组成，基础薪酬由学校支付；对受聘人工作业绩突出者，设岗单位或团队可支付绩效薪酬。学校为首次受聘的"绿卡人才工程"客座教授和讲座教授提供科研启动经费。聘期内，根据工作需要，由学校每年报销1~2次往返经济舱国际旅费，在校工作期间可租住学校专家公寓。

五、考核管理

"绿卡人才工程"教授实行聘期合同管理，学校、设岗单位与受聘者签订聘任合同。设岗单位负责"绿卡人才工程"教授的日常管理和年度考核。学校和设岗单位组织"绿卡人才工程"教授聘期期满考核。考核优秀、学科急需者，经设岗单位推荐、学校学术委员会评议、学校审批后予以续聘；其他人员不再聘任。

中国海洋大学博士后管理工作实施细则 ①

海大人字〔2022〕29号

主要内容

为加强青年专职科研队伍建设,进一步规范博士后管理工作,提高博士后培养质量,充分发挥博士后队伍在一流大学建设中的重要作用,根据上级文件精神,结合学校实际,制定本细则。

学校博士后管理工作以学校事业发展目标为导向,以提升博士后培养质量为核心,强化博士后流动站(以下简称流动站)建设依托单位和合作导师在博士后培养中的作用。流动站建设依托单位是承担博士后招收、培养、管理的责任主体。博士后是各单位根据学科发展和科学研究需要,通过流动站招收的聘任制专职青年科研人员。

组织管理:学校成立博士后管理委员会,由主管人事工作校领导担任主任,分管博士后工作,由分管师资队伍建设工作、分管科研工作和分管国有资产工作的校领导担任副主任。博士后管理委员会负责贯彻落实国家、省市关于博士后的相关政策规定,组织制订学校博士后管理的相关办法及博士后发展规划和年度招收计划,协调解决博士后管理工作中的重大问题。博士后管理委员会下设办公室,办公室设在党委教师工作部、人事处,负责博士后的日常管理和服务工作。

博士后管理委员会其他各成员单位根据职责分工负责相关工作,党委组织部负责博士后党员组织关系管理等工作;科学技术处、文科处负责博士后科研项目申报、管理、成果鉴定、专利申请等工作;财务处负责博士后各项经费的收支管理等工作;国际合作与交流处负责外籍博士后工作签证办理等涉外管理服务工作;国有资产与实验室管理处负责博士后实验设备的管理服务工作;保卫处负责博士后及配偶、未成年子女的户口迁入迁出等户籍管理服务工作;房地产办公室负责博士后校内公寓租住等管理服务工作。

流动站依托单位成立博士后管理工作小组,由单位党政主要负责人、相关班子成员和专家组成,负责流动站建设和博士后日常管理工作,具体职责如下:(1)负责流动站的申报、建设、评估和相关管理制度制定等工作。(2)负责本单位博士后工作发展规划和年度招收计划制订、合作导师遴选、博士后招收、进站出站退站审批、培养过程监督、日常考勤、年度考核、出国审批、相关基金(项目)申报等管理和服务工作。(3)负责博士后思想政治工作,引导博士后以德立身、以德立学、以德施教,提高博士后思想政治素质、品德修养水平,成为德才兼备、全面发展的高层次创新型人才。(4)由多个学院(中心、实验室,下同)共同建设的流动站,博士后的招收、管理和服务由博士后合作导师所在单位负责,各学院之间要加强联系与合作,共同承担流动站的建设与管理工作。

合作导师作为博士后在站期间的指导教师,应具备相应的条件,履行相应职责。(1)合

---

① 学校于2020年制定《中国海洋大学博士后管理工作实施细则》,2022年进行修订,此处选取2022年版本。

作导师应为具有博士生指导资格的在职在岗教师或学术水平高、有研究项目、研究经费充足的具有正高级专业技术职务的在职在岗教师，原则上距离法定退休年龄在2年以上。（2）合作导师的职责：根据科学研究需要，向学院提出招收计划和具体要求，并负责对博士后申请人的思想政治素质、品德修养、学术水平和发展潜力等进行综合考察和把关；向博士后提供相应的研究经费支持，指导博士后开展科研项目申报和科学研究工作；负责指导博士后开题、中期考核、出站答辩和日常管理工作。

博士后招收类别：按工作需要、科研水平及发展潜力，全职科研博士后分为重点资助类博士后和一般资助类博士后。

博士后申请条件：（1）遵守国家法律法规和学校规章制度，具有严谨的科学态度，遵守职业道德和学术规范，具有良好的思想政治素质和师德师风，具有较强的团队合作精神。（2）取得博士学位，入站时原则上在博士毕业3年以内。（3）身心健康，年龄一般在35周岁以下，人文社科类可放宽至38周岁。（4）符合流动站制定的其他具体条件和要求。

博士后审批程序：（1）流动站依托单位统筹考虑学科建设和科研工作需要，组织制订博士后年度招收计划，报学校博士后管理委员会审批。（2）学校博士后管理委员会审批并公布博士后年度招收计划。（3）申请人向合作导师及所在单位提交《中国海洋大学博士后入站申请表》及相关证明材料。（4）合作导师对申请人的思想政治素质、身心健康情况、学术水平及发展潜力等进行综合考察并向所在单位推荐。（5）所在单位师德考核小组对推荐人选进行思想政治素质和师德师风考察，所在单位博士后管理工作小组对推荐人选进行综合考察并签署意见。（6）学校博士后管理办公室审核同意后报山东省博士后管理办公室审批。（7）学校为经批准的申请人办理入站和入校手续。

条件支持：博士后实行年薪制，年薪分基础薪酬和绩效奖励两部分，基础薪酬按月发放，绩效奖励根据博士后在站期间取得的重要学术成果情况，经学校综合评定后一次性发放。学校与青岛海洋科学与技术试点国家实验室联合招收、人事关系在学校的博士后，除享受规定待遇外，还可享受海洋试点国家实验室B类博士后的相关待遇。学校招收并派驻三亚海洋研究院工作的博士后，除省市支持经费外，其他经费由三亚海洋研究院承担。

入选国家博士后创新人才支持计划和国家博士后国际交流计划（引进项目）的博士后，在资助期内，除享受国家规定的每年20万元的工作补贴和相应科研经费支持外，可同时享受省市和学校规定的待遇。博士后在站期间可申请学校博士后公寓或教职工单身公寓，学校和所在单位在办公条件、子女入托入学、后勤保障等方面予以支持和协助。

在站管理与服务：博士后在站工作时间为2年，确因工作需要不能按时出站的，经有关程序，可延期出站，原则上不超过2年，对进站后因承担国家重大科技项目申请延期的，根据项目资助期限和承担的任务，最长不超过6年。博士后进站3个月内，合作导师应指导博士后完成开题工作；进站满1年后，所在单位和合作导师应组织专家组，对博士后进行中期考核。各单位和合作导师应强化博士后日常管理和服务工作，支持博士后独立开展科学研究和学术交流，鼓励开展国际合作研究，同时注重品德修养、科研诚信、学术水平与创新能力的培养。

出站与退站：博士后应于期满出站前一个月内，向合作导师及所在单位提出出站申请并提交研究报告和成果清单。博士后出站前须完成工作协议约定的工作内容，并取得经评定认可的重要学术成果,满足下列条件之一:(1)理工农医学科在本领域至少发表本单位权威期刊目录论文2篇,或至少发表本单位顶尖期刊目录论文1篇。(2)人文社会学科在本领域至少发表《中国海洋大学人文社科核心期刊目录》C级及以上论文2篇,或至少发表《中国海洋大学人文社科核心期刊目录》B级及以上论文1篇。(3)主持国家自然科学基金等国家级科研项目(人文社科类可为教育部人文社科项目)1项及以上。(4)获中国博士后科学基金特别资助或面上资助项目资助。(5)获授权国际/国家发明专利2项及以上,且均已实现转让或许可,成效显著;或取得科技成果转化1项及以上,总到校转让费40万元及以上。(6)在省级及以上博士后创新创业大赛取得铜奖及以上奖励。(7)取得其他相当水平的成果。

博士后在站期间,有下列情形之一者予以退站:(1)进站半年内未取得国家承认的博士学位证书的。(2)提供虚假材料获得进站资格的。(3)中期考核、出站考核或年度考核不合格的。(4)被处以刑事处罚的。(5)严重违反学术道德,弄虚作假,影响恶劣的。(6)因旷工等行为违反劳动纪律,符合解除劳动合同的。(7)因患病等原因难以完成研究工作的。(8)出国逾期未归超过30天的。(9)在站协议期满,无正当理由不办理出站或在站时间超过6年的。(10)其他经学校认定应予退站的。

中国海洋大学"青年英才海外培育计划"实施办法 [①]
海大人字〔2022〕30号
主要内容

为加大对优秀青年人才的发现、培育和支持力度,加强学校高层次人才储备与培养,建设一流师资队伍,推进一流大学建设,学校决定实施"青年英才海外培育计划"并制定本办法。

本计划旨在瞄准国际学术前沿,以服务国家海洋强国战略、创新驱动发展战略、"一带一路"倡议、经济社会发展需求和学校一流大学建设为目标,面向海内外高校和科研院所选拔具有突出创新潜力的优秀博士毕业生到海外高水平大学或研究机构从事科学研究工作,与国际顶尖专家开展实质性合作,从事前沿研究,产出重大原创成果,培养和造就一批具有国际一流水平的优秀青年人才。本计划重点支持的学科领域为学校重点建设的海洋科学、水产科学与技术、海洋药物与食品、海洋开发工程与环境保护技术、海洋发展等学科群或新兴学科、前沿领域。坚持注重潜力、突出发展、急需优先、择优支持的原则,按照公开选拔、专家评审、学校审定的程序遴选培育对象,实行合同管理和目标考核,每年选拔资助不超过20人。

遴选条件及要求:年龄原则上不超过32周岁,具有博士学位或派出当年可按期获得博士学位。研究领域应属于学校一流大学重点建设学科群或新兴学科、前沿领域。

申请者进行科学研究工作的海外单位及合作导师应满足下列条件之一:(1)海外单位应为在世界享有盛誉、被社会公认为世界顶尖大学,或该大学所在学科名列全球前列,或是

---

① 学校于2018年制定《中国海洋大学"青年英才海外培育计划"实施办法》,2022年进行修订,此处选取2022年版本。

所研究领域公认的全球最具影响力的研究所；合作导师是上述机构具有终身教职的知名教授。（2）合作导师是所在国家的科学院/工程院院士或诺贝尔奖、图灵奖等国际公认重大奖项获得者。

申请及选拔：学校常年受理申请，并定期组织评审。符合条件的申请人向重点支持学科所在单位提出申请，所在单位组织考察，学校学术委员会组织答辩评议，确定建议入选名单，校长办公会审定。入选者须与学校、保证人签订协议书，保证人须为具有完全民事行为能力且拥有副高级以上专业技术职务的学校在职人员，担保期限内未到达法定退休年龄，并经学校审核同意。

支持与管理：学校为每位入选者每年提供资助不低于30万元人民币（税前）。资助期限原则上为2年，确需延长的，经学校审核批准后，可适当延长，最长不超过3年。因不可抗力等特殊原因暂时无法派出的，派出资格自学校批准之日起保留2年。入选者在派出期间的研究成果，第一署名单位原则上应为中国海洋大学。入选者每年须向所在单位提交年度工作报告。所在单位指定校内合作导师对派出人员进行日常指导，对其年度工作进行综合评价，并对是否继续给予支持提出建议，报学校审批。对于未通过评价考核的，停发经费支持，并追究相应违约责任。

入选者回国时应向所在单位提交研修期满工作总结、海外合作导师鉴定意见等相关材料，所在单位对入选者整个派出期间的工作目标及任务的完成情况进行考核。入选者归国时应达到学校《中国海洋大学"青年英才工程"实施办法》中所规定的"青年英才工程"第一层次水平，通过校学术委员会考核评估，聘至"青年英才工程"第一层次岗位，在学校全职连续工作不得少于十年，并力争入选国家级人才计划。对于经校学术委员会考核评估，未能达到"青年英才工程"第一层次水平，但成果较为突出的，经校长办公会研究，可聘为学校专任教师，对于未获聘学校专任教师的，须承担相应违约责任。

中共中国海洋大学委员会关于完善教师思想政治和师德师风建设工作体制机制的实施意见

海大党字〔2022〕43号

主要内容

目标任务：构建学校党委集中统一领导，党政齐抓共管，教师工作部门统筹协调，相关部门和单位履职尽责、协同配合的大教师工作格局。建立健全学校党委、二级党组织、教师党支部三级联动的教师工作机制。建实建强党委教师工作部，选优配齐专职工作队伍；建立专兼职结合的教师思想政治工作队伍。教育引导广大教师在实现第二个百年奋斗目标新征程上，坚定为党育人、为国育才的初心使命，坚持以德立身、以德立学、以德施教，不断提高自身道德修养，做精于"传道授业解惑"的"经师"和"人师"的统一者，争做"四有"好老师，为培养德智体美劳全面发展的社会主义建设者和接班人做出新的更大贡献。

组织领导：强化党委统一领导，将教师思想政治和师德师风建设作为学校党委重要的基础工作，始终将党的领导贯穿教师队伍建设全过程，以正确的政治方向和价值导向引领教师思想政治素质、师德师风和业务能力全面提升；成立党委教师工作委员会，成立由党委书记和校长任主任，相关校领导任副主任，党委教师工作部及党委组织部、党委宣传部、党委统战部、纪委办公室、监察处、人事处、教务处、研究生院、科学技术处、文科处、校学术委员会办公室、工会等相关部门组成的党委教师工作委员会。

工作机制：充分发挥党委教师工作部作用，负责制定制度规范和工作规划，统筹开展教师思想政治和师德师风教育，组织实施师德考核评价，统筹开展教师激励工作，统筹师德违规惩处工作；强化部门协同，健全协调联动机制，加强部门分工合作，完善协同调查机制；夯实二级单位主体责任，推动教师思想政治建设与业务能力建设相融合，压实二级单位主要负责人责任，强化教师党支部政治功能。

保障机制：健全责任落实机制，强化班子成员"一岗双责"，学校将教师思想政治和师德师风建设工作情况作为中层领导班子和领导干部年度考核的重要内容，作为领导干部选拔任用、培养教育和奖励激励的重要依据，作为评价所在单位年度工作情况的重要参考，作为校内巡察的重要观测点；强化资源支撑保障，优化机构设置，选优配齐党委教师工作部专职工作队伍，各学部、学院（中心、实验室）要明确分管教师工作的负责人和工作人员，建立专兼职结合的教师思想政治工作队伍，切实加强教师思想政治和师德师风工作经费保障。

中国海洋大学教职工年度考核办法

海大人字〔2023〕41号

主要内容

年度考核是以年度为周期对学校教职工总体表现所进行的综合性考核，一般在每年年末或者次年年初进行。

年度考核工作坚持党管干部、党管人才，德才兼备、以德为先，事业为上、公道正派，注重实绩、群众公认，分级分类、简便有效，考用结合、奖惩分明，客观公正、民主公开的原则，通过定性评价与定量评价相结合、组织考核与群众评议相结合的方式进行。

学校成立教职工年度考核工作领导小组（以下简称考核工作领导小组），组长由党委书记、校长担任，副组长由协管组织、人事和教师队伍建设、分管纪检监察工作的校领导担任，成员由党委组织部、党委教师工作部、人事处、工会、教务处、研究生院、科学技术处、文科处、国有资产与实验室管理处等有关部门负责人以及教职工代表组成，负责年度考核工作的指导、监督，考核结果的审核及特殊问题的处理。

考核工作领导小组下设办公室，办公室设在人事处，负责学校教职工年度考核工作的组织实施。

各二级党组织成立年度考核工作小组，负责组织党组织关系隶属的二级单位教职工的年度考核工作，提出教职工年度考核档次建议。考核工作小组成员由单位党政主要负责人、党政领导班子其他成员、二级党组织纪检委员、教职工党支部书记、教职工代表等组成。

　　年度考核以师德师风为第一标准，以教职工岗位职责履行情况和承担的其他重要任务为基本依据，全面考核教职工在年度内德、能、勤、绩、廉等方面的综合表现。按照分类评价原则，根据教职工岗位性质和职责不同，教学科研、党政管理、教学辅助、工勤技能等不同岗位人员的考核要素和侧重点有所不同。涉密人员要同时考核执行保密规定情况。

　　年度考核的结果分为优秀、合格、基本合格和不合格四个档次。年度考核为优秀档次人数，一般不超过本单位应参加年度考核的总人数的20%。

　　坚持考用结合，教职工年度考核结果将与选拔任用、培养教育、管理监督、激励约束、问责追责等相结合，作为调整岗位、职务、职员等级、工资和评定职称、奖励，以及变更、续订、解除、终止聘用（任）合同等的依据。

　　考核结果为基本合格或者不合格档次的教职工，对考核结果如有异议，可在接到考核结果通知之日起30个工作日内向考核工作领导小组书面申请复核，学校应在接到书面复核申请材料之日起30个工作日内作出维持、撤销或者变更原考核结果的复核决定，并书面通知本人。对复核决定仍有异议的，可以按照国家有关规定向上级主管部门提出申诉。

第六章
交流合作

学校坚持开放办学，实施国际化战略，围绕聘请外国专家、开展合作办学和学生国际交流项目、加强出国（境）管理等，制定实施一系列规章制度，不断提升办学国际化水平。围绕国内合作协议管理等制定相关规章制度，积极加强和规范国内合作。

中国海洋大学国际合作与交流基金管理办法（试行）
海大外字〔2003〕46号

主要内容

为支持全校师生积极开展实质性的国际合作与交流，使其为学校的教学、科研、学科建设和科研成果产业化服务，学校设立"中国海洋大学国际合作与交流基金"（以下简称"基金"）。

在主管校长领导下，"基金"管理办公室对"基金"实施管理。"基金"管理办公室设在国际合作与交流处。

"基金"的资金来源为学校拨款，每年人民币100万元。

"基金"主要用于资助学校教师和研究生出国（境）参加重要国际学术会议的国际旅费，聘请国（境）外专家和国（境）外专业教师的国际旅费、国内食宿费和工资，设立优秀国（境）外学历留学生奖学金。

"基金"的经费以项目的形式并经过一定的程序分配使用。

中国海洋大学国际化战略实施意见
海大字〔2012〕1号

主要内容

指导思想和工作思路：以邓小平理论和"三个代表"重要思想为指导，深入贯彻落实科学发展观，以国际视野谋划事业发展，坚持开放办学，充分利用国际资源，把学校的发展融入国际化发展环境中，进一步拓展全球合作空间与领域，以服务高素质拔尖创新人才培养和提升学科水平为核心，以体制机制改革为突破口，以创新能力提升为动力，紧密结合学校"985工程""211工程"及协同创新工程的实施，全面提升学校国际竞争力。根据创新型国家和海洋强国建设需求，按照学校优先发展学科及其学科群布局，着力在学科提升、智力引进、国际合作平台、国际课程及留学生事业发展五个方面部署若干重点项目，进行重点建设，引导支持发展，加强支撑保障，确保建设取得实效，逐步建立"学校统筹、学科导向、分类支持、激励引导、院系主体"的长效工作机制。

基本目标：围绕学校国际知名、特色显著的高水平研究型大学建设目标和"十二五"事业发展规划，争取到2015年实现如下目标。（1）学科建设：主动适应经济社会发展需要，服务国家重大战略需求，紧密跟踪国际学术前沿水平，继续加强海洋科学特色优势学科的建设，着力加强海洋生命科学与技术学科群建设，强化建设海洋工程技术学科，使其整体水平有较大幅度提升；通过国际合作，继续倡导文理交叉，充分发挥人文社会科学学科的支撑作用，继续提升其实力和水平，并夯实基础学科。（2）智力引进：积极引进50名具有海外教育或研究经历的高水平学术领军人才或学术骨干；教师中具有一年以上海外研修经历的比例达到70%以上；进入国际学术组织任职的学者达到30名以上。聘请外籍专家对教职员工进行培训，提升师资整体水平及对外交往能力。（3）国际合作平台建设：在重点学科领域建设5个高水平国际（或跨境）联合实验室、联合研究中心或高层次国际教育平台，推进高水平基础研究和高技术研究。国际科教合作互动发展，以平台引智，扎实助推学科建设与提升。（4）国际课程建设：建设6个国际先进水平的二级学科研究生国际化课程体系，建成1～2个本科专业国际化课程体系；适应国家经济社会对外开放的需求，培养一批具有国际视野、通晓国际规则、能够参与国际事务与国际竞争的国际型人才。（5）留学生发展：提升留学生教育层次和水平，优化留学生结构，留学生总数达到1500人，其中学历生比例不低于35%。

主要任务：（1）强化优质智力引进，加快师资队伍建设多样化的步伐。（2）强力推进国际合作平台建设，提升人才培养和科学研究水平。（3）创新人才培养模式，加快国际化课程建设。（4）创新留学生教育，推动留学生教育上规模、上层次、上水平。

保障措施：（1）组织保障。成立由主要领导任组长的国际化战略实施工作领导小组，规划发展，决策战略实施项目。领导小组下设办公室，办公室设在国际合作与交流处。具体建设项目设项目办公室，根据项目性质和内容，项目办公室设在职能处室或职责学院。物色和组织国际知名专家，设置国际顾问委员会或专家组，就学校（院）相关的教学、科研等工作，提出咨询意见。（2）体制及机制保障。以国际视野、科学管理意识，理顺校内管理机制，建立部门间无边界的工作机制。（3）经费保障。（4）资源保障。（5）环境与宣传保障。

中国海洋大学学生国际交流项目暂行管理办法

海大外字〔2015〕89号

主要内容

学校鼓励各单位开展多种形式的旨在满足学生发展需求、开阔学生国际视野、提高学生学业水平的项目。各单位要悉心谋划学生交流项目，努力提高交流合作水平，推动项目的健康、持续发展。涉及学生交换的项目还应基于交流双方院校人数对等的原则进行。

项目确立前,拟实施单位要将项目报国际合作与交流处审核,其中涉及本科生学分转换、学位授予等内容须先经教务处审核;涉及研究生学分转换、学位授予等内容须先经研究生院审核;涉及接收对方院校学生的须先经国际教育学院、教务处、研究生院会同审核。

项目在审核后要签订协议或备忘录,明确各方的权利与义务。校级协议须经国际合作与交流处报请分管校领导或校长签署。院级协议须经国际合作与交流处及上述相关单位审核后,由项目实施单位负责人签署并报审核单位备案。

项目实施单位须与派出的学生签署协议,明确学生的交流期限、学籍、课程、费用、保险、日常管理及特殊事项处理等有关事项。其中与派出本科生签署的协议内容须经教务处审核批准,与派出研究生签署的协议内容须经研究生院审核批准。

各学院应积极接收外方来校学生。来校学生纳入外国留学生管理。

中国海洋大学国内合作协议管理细则(试行)

海大发规字〔2017〕1号

主要内容

国内合作须坚持"优势互补、资源共享、共赢发展"的原则。

发展规划处在学校统一领导下负责总体协调国内合作协议的审核、签署、跟踪等工作。具体承办单位在开展国内合作期间,应安排专人负责跟踪管理,并在协议有效期内定期向发展规划处通报协议执行情况。

国内合作按照合作方的类型、合作内容涉及领域等,分为重大、重要和普通国内合作。重大和重要国内合作相关的协议原则上由学校签署,普通国内合作相关的协议原则上由学校二级单位签署。

重大国内合作的合作方原则上应为中央部委、省级地方政府、部队、大型企事业单位、著名高校或科研单位,双方合作内容涉及多个领域,对学校发展具有长远、重大影响。

重要国内合作的合作方原则上应为中央部委、省级地方政府的主要职能机构或直属单位,地市级地方政府,上市公司或相当规模的企业,学校或科研院所等,双方合作内容涉及多个领域,对学校发展具有重要影响。

普通国内合作是指双方有明确的实质性合作内容,但不具备重大或重要国内合作的相应条件的合作。

重大和重要国内合作相关的协议名称应包含"中国海洋大学与×××(合作方全称)合作协议"。普通国内合作相关的协议名称一般为"中国海洋大学×××(二级单位全称)与×××(合作方全称)某某(具体合作事项)合作协议",或"中国海洋大学与×××(合作方全称)关于某某(具体合作事项)的协议"。

第七章
服务保障

为确保学校事业顺利发展，围绕采购招标、资产管理、财务、审计、基建、后勤、网络、图书、档案、期刊、基金会、安全稳定、附属学校建设等方面工作，制定实施近300项规章制度，不断提升工作制度化、规范化、科学化水平。

第一节　采购招标、资产管理

中国海洋大学仪器设备损坏、丢失赔偿办法（修订）
海大国资字〔2013〕10号

主要内容

因责任事故造成仪器设备损坏、丢失，均应赔偿。处理仪器设备赔偿事宜时，根据造成事故具体原因、仪器设备类别、损失价值大小、事故责任人态度等区别对待，责令责任人赔偿损坏、丢失仪器设备价值的全部、部分或免予赔偿。

学校各单位发生仪器设备损坏、丢失事故后，应迅速查明情况、明确责任、提出处理意见，根据赔偿处理审批权限办理相应手续。发生被盗或损坏、丢失精密、贵重、稀缺仪器设备和其他重大事故时，应保护好现场，立即向公安机关或学校保卫部门报案，并报告国有资产与实验室管理处，进行专案处理。

收缴的赔偿款由学校按照国家相关规定统一管理。

因责任事故造成仪器设备损坏、丢失，除按规定进行赔偿外，还应视情节轻重给责任人适当的批评教育或依据学校教职工行政纪律处分规定给责任人行政处分，使用单位及责任人应总结经验教训，防止类似事件再次发生。

学校仪器设备采用年限平均法进行折旧。

中国海洋大学材料、低值品、易耗品管理办法
海大国资字〔2013〕11号

主要内容

国有资产与实验室管理处对学校各单位物品计划、购置、入账进行监督管理；学校各单

位作为物品的具体使用和管理单位,负责制订本单位物品的购置计划、制定单位内部物品使用管理细则、建立单位物品账目。

各单位应根据教学、科研、服务工作需要,结合当年经费预算,编制物品年度采购和临时采购购置计划。物品的购置应按照学校采购管理相关规定进行,危险化学物品购置还应按照国家危险化学品有关规定办理相应的审批手续。

购置单价500元以上(含500元)的低值品,经验收合格后,由本单位资产管理员填写《中国海洋大学低值仪器设备入账单》,经单位主管领导签字同意后到国有资产与实验室管理处办理低值品的入账手续,再到财务处办理报销手续。

购置的材料、易耗品以及单价500元以下的低值品,由使用人及本单位资产管理员验收登记后,填写《中国海洋大学材料、低值易耗品验收单》,经单位主管领导签字同意后直接到财务处办理报销手续。

为避免物品积压、浪费,学校原则上不设立物品存放库,各单位可根据本单位实际情况设立物品存放室,对存放的物品应科学、规范管理,便于领取和核查,并切实做好安全管理工作。

各单位应定期与学校资产管理部门进行低值品(单价500元以上)账目核对,做到账账相符。校内人员调动、出国、离退休时,要主动及时办理所领用低值品的交接手续,经本单位资产管理员签字审核和主管领导签字同意后方可办理离岗、离校手续。其中,移交单价500元以上(含500元)的低值品时,移交人须到国有资产与实验室管理处办理审核、登记手续。

中国海洋大学统一采购管理实施细则
海大招标字〔2017〕1号

主要内容

学校统一采购的项目包括政府采购项目,指纳入政府集中采购目录内或目录外采购预算金额在政府采购规定数额标准(2017—2018年度:货物和服务类项目100万元、工程类项目120万元,以下简称"100万/120万元")以上("以上"含本数,下同)的项目;20万元以上非政府采购项目,指政府集中采购目录外,采购预算金额在政府采购规定数额标准("100万/120万元")以下、20万元以上的项目。

政府采购项目采购程序:政府采购项目("100万/120万元"以上)获得立项批准后,由采购人通过采购与招标管理系统向采招中心提出采购申请。采招中心受理采购申请后,审定采购文件、采购方式、供应商资质要求等,编制政府采购计划并上报教育部和财政部。采招中心按照审定的采购方式和工作程序组织采购活动。需要委托代理机构的,由采招中心与采购人会商后委托代理机构组织实施。评审结束后,采购结果以中标(成交)通知书的形式告知采购人和中标人,并在财政部指定媒体和采招中心网站上发布。

非政府采购项目采购程序:政府集中采购目录外,采购预算金额在政府采购规定数额标准("100万/120万元")以下、20万元以上的非政府采购项目一般采用校内招标和校内谈判方式进行。采购人通过采购与招标管理系统向采招中心提出采购申请。采招中心根据采购项目特点，在不损害学校利益、满足有效竞争的情况下，合理选择采购方式。

合同签订：采购人应在中标（成交）通知书发出之日起30日内，按照采购文件、中标（成交）人的响应文件和中标（成交）通知书与中标（成交）人签订书面合同。合同执行过程中，确需变更合同内容的，采购人应按《合同法》和学校合同管理有关规定办理审批手续。

中国海洋大学采购与招标管理办法 ①

海大字〔2017〕11号

主要内容

学校采购分为统一采购和分散采购两种形式。统一采购是指政府集中采购目录以内，或目录外采购预算金额达到20万元以上的货物、工程、服务项目。分散采购是指政府集中采购目录外采购预算金额在20万元以下的货物、工程、服务项目。统一采购由采购与招标管理中心负责组织实施。分散采购由各业务主管部门负责组织实施。

学校成立采购与招标工作领导小组，全面领导学校的采购与招标工作。领导小组下设办公室，作为日常办事机构，设在采购与招标管理中心。

采购与招标管理中心为学校采购的归口管理部门，具体负责学校统一采购的组织和管理，对外代表学校行使采购人职权。业务主管部门是指校内基本建设、修缮、仪器设备、图书、服务等采购项目主管部门。

集中采购目录范围内的采购项目，属政府采购项目，须委托中央国家机关政府采购中心采购；集中采购目录外，采购预算金额在政府采购数额标准（2017—2018年度：货物和服务项目100万元、工程项目120万元，以下简称"100万/120万元"）以上（"以上"含本数，下同）的采购项目，属政府采购项目，以委托组织为主要形式，也可依法自行组织实施；集中采购目录外，采购预算金额在20万元以上、政府采购数额标准（"100万/120万元"）以下的采购项目，属非政府采购项目，以采购与招标管理中心自行组织为主要形式，也可委托组织实施。

政府采购项目采用公开招标、邀请招标、竞争性谈判、竞争性磋商、单一来源采购、询价等方式进行。采用公开招标以外的采购方式的，须按国家规定履行变更政府采购方式报批手续。直接采用单一来源采购方式的，或其他方式采购失败而转为单一来源采购方式的，由采购人提出书面申请，由采购与招标管理中心、业务主管部门、财务处会签审定。

---

① 学校于2006年制定《中国海洋大学招标管理暂行办法》，2009年修订成为《中国海洋大学招标采购管理办法（修订）》，2017年修订成为《中国海洋大学采购与招标管理办法》，此处选取2017年版本。

中国海洋大学大型仪器设备开放共享与有偿使用管理办法
海大国资字〔2017〕11号

主要内容

学校大型仪器设备实行校、院两级管理。国有资产与实验室管理处是学校大型仪器设备的主管部门，负责全校大型仪器设备的统筹管理、效益考核、开放共享平台建设等工作。各学院、教育部重点实验室等二级教学科研单位（以下简称学院）是大型仪器设备的直接管理使用单位，负责本单位大型仪器设备的日常管理、运行维护、开放共享以及收费与分配管理等工作。

学校开发建设基于校园网的"大型仪器设备共享管理系统"，对全校大型仪器设备进行统一的网络化管理。

非涉密、无特殊规定限制的大型仪器设备均须实行开放共享。贵重仪器设备在实现校内共享的基础上，应参加国家、省、市大型仪器设备共享系统与协作平台，积极面向社会开放。对暂时不具备开放共享条件的仪器设备由学院研究确定并报学校审核。

大型仪器设备管理人（资产领用人）是仪器设备开放共享和管理使用的直接责任人。大型仪器设备操作人（机组人员）负责仪器设备的日常运行、维护保养、功能开发、安全环保、档案管理等工作。

学校大型仪器设备开展教学以外的科研、对外服务等活动时，应实行有偿使用。实行有偿使用的仪器设备需加入学校"大型仪器设备共享管理系统"。

大型仪器设备收费金额按照学校20%、学院80%的比例进行分配。

学校每年对大型仪器设备开放共享与管理使用情况进行效益考核。每年向全校公布大型仪器设备使用效益年度考核情况。

中国海洋大学国有资产管理办法
海大国资字〔2018〕5号

主要内容

学校国有资产管理活动，坚持资产管理与预算管理相结合，资产管理与财务管理、实物管理与价值管理相结合，安全完整与注重绩效相结合的原则。

国有资产实行"统一领导、归口管理、分级负责、责任到人"的管理机制。学校设立国有资产管理委员会，由校长任主任、分管校领导任副主任，成员包括各资产归口管理部门和相关职能部门负责人。国有资产管理委员会统一领导学校国有资产管理工作，研究决策国有资产管理的重大事项。办公室设在国有资产与实验室管理处，负责对学校国有资产的统筹管理。

资产归口管理部门应制定本部门国有资产管理实施细则、工作流程，对归口管理的各类国有资产实施具体管理。学校各院（系、中心）、教育部重点实验室、机关部处、直属单位等是学校国有资产的具体使用和直接管理单位，确定一名资产管理负责人，分管本单位资产管理工作，同时设专人作为资产管理员，负责资产的日常管理工作。

国有资产配置应当符合以下条件：现有资产无法满足教学、科研、服务工作需求；难以与其他单位共享、共用相关资产；难以通过市场购买服务方式实现，或者采取市场购买服务方式成本过高。

单位根据发展需求及资产存量和使用情况，提出资产购置计划，经学校各资产归口管理部门审核后报国有资产与实验室管理处审批，编入学校预算。没有履行相关程序的，一律不得购置。

对长期闲置、低效运转的资产，各单位应及时提出调剂申请报资产归口管理部门审核后，由学校进行调剂，提高资产使用效益。

国有资产的使用包括学校自用和对外投资、出租、出借等方式。

利用国有资产对外投资、出租、出借等事项，应履行审批手续。

国有资产处置是指学校对占有、使用的国有资产进行产权转让或者注销产权的行为。处置的范围：报废、淘汰的资产，产权或使用权转移的资产，盘亏、呆账及非正常损失的资产，闲置、拟置换的资产，以及依照国家有关规定需要处置的其他资产。处置方式包括报废报损、出售、出让、转让（含股权减持）、无偿调拨（划转）、对外捐赠、置换、货币性资产损失核销等。

校长办公室、财务处、国有资产与实验室管理处等相关职能部门根据上级主管部门要求，负责组织办理学校国有资产产权登记工作。

资产归口管理部门应加强资产管理信息化建设。

学校对各单位资产管理绩效考核由各资产归口管理部门按职能分工分别组织实施。

中国海洋大学合同管理办法
海大字〔2020〕2号

主要内容

学校合同管理实行统一授权、归口管理、分工负责。学校开发合同管理系统，实施合同线上管理。党委办公室、校长办公室作为学校合同综合管理部门，统筹协调学校合同管理工作。

各职能部门和直属单位为相应类型合同的归口管理部门，根据职责范围对合同进行管理。各二级单位为合同承办单位，实际承担履行合同的权利和义务。

合同内容涉及两个或两个以上部门的，根据合同性质或主要条款协商确定合同归口管理部门，相关合同部门为会签部门。无法确定归口管理部门的，原则上由合同经费管理部门负责。

合同承办单位应当对合同相对方的主体资格、资信状况、履约能力、合作事项的可行性、合法性进行调查核实，对合同相对方提供的法人登记证书、工商营业执照、经营许可证书、银行开户许可证、资产负债表、银行资信证明等有关证照文件进行查验并留存复印件。

合同内容应当合法、完整、明确、具体，如实反映合同各方的意思表示。合同条款一般应包括当事人的名称、住所，法定代表人姓名、职务，委托代理人姓名、职务，联系方式；标的（包括种类、数量、质量等要求）；价款及其支付（包括计算方法、支付进度、结算方式等）；履行期限、进度要求、履行地点和履行方式；验收标准及方法；违约责任（包括违约金或损害赔偿金的计算方法等）；法律适用和解决争议的方法。

学校订立合同时应当采用书面形式，有规范文本、示范文本或者格式合同文本，应当优先采用。确有必要拟定合同文本的，应当由承办单位为主起草。

合同承办单位应根据合同内容和性质履行相应送审程序。

合同归口管理部门应依照职责范围，从合同合法性、可行性、合同标的合理性等方面对承办单位送审的合同进行全面审查，并作出相应结论。

学校法定代表人或其书面授权委托的代理人在授权的范围和期限内，可以代表学校依法签订、变更和解除合同。未经授权，校内单位或校内工作人员一律不得以学校名义对外签署合同，亦不得以本部门名义对外签署合同。

合同一经签订，承办单位应当督促合同相对方积极履行义务，确保合同全面有效履行。

合同变更、解除、签订补充合同和续签合同，须由承办单位按原合同管理程序办理。合同履行过程中如双方发生争议，合同承办单位应积极与对方当事人协商或调解。对未协商一致、需通过合同约定的仲裁或者诉讼等争议解决方式解决争议的，合同承办单位应从争议的起因、履约过程、双方有无违约等方面收集证据，提出争议处理意见，报分管（联系）校领导和归口管理部门批准后，以学校名义申请仲裁或提起诉讼。

合同归口管理部门和合同承办单位应加强合同管理，对合同进行分类编号、登记，定期对合同进行统计和归档，建立合同分类管理台账和总台账。

在签订、履行合同中，有下列情形之一，未给学校造成损失的，对直接责任人及负有领导责任的负责人进行批评教育；给学校造成损失的，学校将依照有关规定追究责任单位及责任人员的行政责任和经济责任；涉嫌犯罪的，移送司法机关追究法律责任：（1）未经授权，违反程序和规定擅自对外签订合同的；（2）超越学校授权权限或者滥用代理权限签订合同的；（3）与合同对方当事人串通，损害学校利益的；（4）签订虚假合同、恶意拆分合同、恶意倒签合同的；（5）未调查对方资信情况、未审查对方主体资格等关键信息的；（6）丢失或者擅自销毁、隐匿合同或合同附件，以及合同履行过程中形成的各种函件、单据等相关材料的；（7）在学校处理合同纠纷的过程中不及时汇报、消极应对或不及时提供必要支持的；（8）违反保密义务，对学校造成损害的；（9）有失职、渎职或以权谋私行为，损害学校利益的；（10）违反法律法规和学校规章制度造成学校利益损失的其他情形。

纪检监察部门负有监督检查职责，对合同违法违规行为及损害学校声誉利益等行为进行监督检查。审计处依照有关规定对合同履行情况进行审计。

中国海洋大学仪器设备和家具管理办法

海大国资字〔2022〕10号

主要内容

学校仪器设备和家具实行"统一领导、归口管理、分级负责、责任到人"的管理体制。

国有资产与实验室管理处（以下简称国资处）是全校仪器设备和家具的归口管理部门，负责对仪器设备和家具的论证、配置、验收、入账、使用、维修、调剂、处置等的全过程管理，建立仪器设备和家具台账，并定期组织开展清查盘点。

学校学部、各学院（中心）、教育部重点实验室、机关部处、直属单位等是仪器设备和家具的具体使用和直接管理单位。

仪器设备和家具的配置应当符合国家规定的配置标准。国家没有规定配置标准的，应当加强论证，从严控制，合理配置。各单位配置仪器设备和家具应根据学校事业和学科发展需要及资产存量和使用情况，进行系统规划、科学论证，充分评估仪器设备和家具的存放空间、安装环境、配套设施等条件保障，严格安全准入，保证管理维护人员配备到位，合理制订购置计划，不得盲目、重复或超标准配置。

仪器设备和家具的采购形式分为统一采购和分散采购。统一采购是指政府集中采购目录以内，或目录外采购预算金额达到20万元（含）以上的项目。统一采购按《中国海洋大学统一采购管理实施细则》（海大招标字〔2017〕1号）执行。分散采购是指政府集中采购目录外且采购预算金额在20万元以下的项目。分散采购包括网上商城、网上竞价和自行采购等方式，其中网上商城及网上竞价适用于采购定型标准（具有明确品牌型号、规格参数）的仪器设备和家具，自行采购适用于采购非定型标准的仪器设备和家具。分散采购需通过学校资产管理与服务平台执行线上流程。

凡属学校的仪器设备和家具，均应在验收完成并取得相关凭据后，及时办理资产入账手续。仪器设备和家具应按其实际成本入账。

学校建立资产管理与服务平台，加强仪器设备和家具的信息化管理，各单位应充分利用资产管理与服务平台，实现仪器设备和家具的规范化管理。

使用保管单位须加强仪器设备和家具的维护保养，定期校验和检修，如发生故障或损坏，领用人需在资产管理与服务平台提交维修申请，审核通过后方可实施维修。

仪器设备和家具处置包括报废报损、转让、划转、对外捐赠等。仪器设备和家具的处置必须报国资处审批，经学校同意后报教育部备案、审核或审批。在海关监管期内的进口免税仪器设备的处置需报海关审核同意。任何单位和个人不得擅自处置学校仪器设备和家具。

国资处定期组织对仪器设备和家具的使用管理情况进行检查，适时开展资产清查盘点，对大型仪器设备使用效益进行评价。

对违反本管理办法的相关规定，因管理不善等行为造成仪器设备损坏、损毁、丢失的，按《中国海洋大学仪器设备损坏、丢失赔偿办法（修订）》（海大国资字〔2013〕10号）相关规定予以赔偿及处理,家具参照该办法执行;对情节恶劣、给学校造成损失的,依照《中国海洋大学教职工行政纪律处分规定(试行)》(海大人字〔2013〕25号)进行处理;触犯刑法的,移送司法机关处理。

第二节　基金会、审计、财务

山东省中国海洋大学教育基金会接受社会捐赠管理办法(试行)
海大基金字〔2011〕1号

主要内容

捐赠方式可分为货币捐赠和实物捐赠,指定用途捐赠和非指定用途捐赠,冠名捐赠和非冠名捐赠等。具体捐赠方式根据捐赠者的意愿,由学校和捐赠者协商确定。

捐赠项目根据捐赠财物的使用用途,包括奖教助学金类,岗位、学科及实验室建设类,科研创新基金类,建筑风景类,经教育基金会批准的由学院或部门提出设立的专门用途的捐赠项目,按照捐赠者意愿进行的有利于发展教育事业、推动学校建设的其他项目。

对学校已设立的捐赠项目,捐赠者同意并遵守其章程及管理办法,并经由教育基金会登记审核通过的可以接受捐赠。对新设立或大额捐赠项目,捐受双方要根据捐赠者的捐赠意愿和学校对捐赠财物的使用需求,充分交流沟通,形成书面文件,报请教育基金会批准后,方可接受捐赠。接受捐赠应签订捐赠协议。

教育基金会是学校接受社会捐赠工作的组织管理机构,对接受社会捐赠工作进行综合协调和统一管理。教育基金会财务工作在理事会的领导下进行,由学校财务处代为管理并配备具有专业资格的会计人员进行会计核算,实行会计监督。社会捐赠资金进入教育基金会专用账户。各项捐赠资金按项目独立设账、核算,专款专用,并定期编制会计报表。

教育基金会会同学校监察、审计部门,对捐赠财物的使用管理或捐赠项目的实施情况进行监督检查和验收,确保捐赠财物的使用效益。学校每年定期向捐赠者反馈捐赠财物的使用管理或捐赠项目的实施情况。

学校定期在校园网、校报上刊登捐赠者的姓名及捐款金额,对大额捐赠做专题宣传。学校将捐赠者姓名编辑成册,存放校档案馆保存。对冠名捐赠项目,按照捐赠人和学校的约定,履行冠名手续。

捐资金额累计在1000万元及以上的单位、团体或500万元及以上的个人,颁发"中国海洋大学捐助教育杰出贡献奖",并可聘为教育基金会名誉理事;捐资金额累计在100万元及以上的单位、团体或50万元及以上的个人,颁发"中国海洋大学捐助教育贡献奖",可聘为教育基金会名誉理事或理事;捐资金额累计在10万元及以上的单位、团体或1万元及以上的个人,颁发中国海洋大学捐赠纪念奖牌;捐资金额累计在1万元及以上的单位、团体或2000元及以上的个人,颁发中国海洋大学捐赠纪念证书。

除教育基金会专职工作人员外,凡提供信息并负责联系筹资的主要人员,为教育基金会筹资成功，教育基金会可以专门为其设立筹资项目并拨给项目拓展费，项目拓展费一般不应超过筹资额的3%，超过该比例的特殊情况须经理事会会议审定。

中国海洋大学预算管理办法（试行）

海大财字〔2017〕15号

主要内容

学校预算管理坚持"统一领导、分级管理、责权结合、收支平衡"的总原则。

学校党委常委会是学校预算管理的最高权力机构。负责审议并批准年度预算方案、重大预算调整方案、年度财务决算报告、监督预算执行。

校长办公会负责审查、讨论和确定学校的预算建议草案；审议、批准非重大的预算调整方案；审查确定需要上报党委常委会的重大预算调整方案；监督执行预算和执行情况。

财务处作为学校预算的专职管理部门，具体负责预算的编制、执行、调整和监督工作等。

各单位要落实本单位的预算收入和支出责任；提报年度预算申请；各职能部门根据分工，对权限范围内的预算申请进行汇总审核，并提出预算建议；组织由主管校领导召集的新增支出以及新增项目的可行性与必要性专家论证会，在预算申报前报校长办公会批准；组织由主管校领导召集的涉及薪酬、津贴、劳务等人员经费的标准变动和范围变化等论证会，在预算申报前报校长办公会批准。

预算编制必须坚持"量入为出、收支平衡、积极稳妥、统筹兼顾、保证重点、效益优先"的原则。根据学校总体事业发展规划和预算年度可能取得的各项收入情况，量力而行，量财办事，统筹安排支出项目，原则上不得编制赤字预算。

预算编制坚持滚动预算原则、"收支两条线"原则、预算编制公开公正原则及绩效性原则。

学校年度预算是根据事业发展规划和任务编制的全口径综合财务收支计划，由收入预算和支出预算组成。

因公出国、公务用车和公务接待等"三公经费"的预算，应在部门支出预算中单独申报。

因国家政策、事业计划和任务发生较大变动引起的预算调整，由经费主管部门提出调整申请，报财务处审核后提交学校审批。预算执行过程中，由于客观情况发生变化或原定预算预估不充分，预算支出明细科目间需调整时，由经费主管部门提出申请，报财务处审批。

学校非财政拨款结转资金按照规定结转下一年度继续使用。

对于日常办公经费年末未执行完的预算，学校继续采取"结余留用、上缴奖励"的管理模式。

已下达尚未执行完的学校自筹经费专项预算（不含非同级财政拨款项目），经主管部门认定后至多可再保留一年。对于学校通过校级财力安排的非同级财政拨款项目，按照拨款单位要求管理。

审计处参与预算编制和调整等环节，列席有关决策会议，对预算依据充分性、预算编制完整性、预算调整规范性、预算执行的真实性、合法性等进行审计。监察处负责对预算资金分配、管理和使用中存在的违规违纪问题进行查处。

中国海洋大学收费管理办法
海大财字〔2017〕25号

主要内容

学校收费管理工作实行"一把手负责制"和责任追究制,各单位分管财务工作的负责人为收费管理工作第一责任人。

各单位收费项目设立必须经学校批准。需要政府有关部门审批、备案的收费项目,统一由财务处负责办理报批、报备手续。收费项目和收费标准经有关主管部门批复或备案后,作为收费依据。收费项目名称、标准、对象和范围需要变更或终止时,校内单位必须及时申请办理收费变更登记或注销手续。

校内收费单位必须按学校批复或报备后确定的收费项目、标准、范围和对象进行收费。全日制本科生学费收取按照《中国海洋大学全日制普通本科生学分制收费管理办法》执行,研究生学费按照《中国海洋大学研究生学费管理暂行办法》执行。

对于家庭困难的学生,不能在规定期限交费或符合减、免政策的,应按照学校关于缓、减、免的有关规定办理相关手续。

学校实行"收支两条线",所有收费收入应及时、全额上缴财务处,纳入学校统一管理、核算,不得截留、隐瞒、挪用、坐收坐支,严禁公款私存和私设"小金库"。

学校实行收费公示制度。根据国家关于教育收费信息公示的相关规定,各收费单位须将所有经审核批准的收费项目和标准向学生和社会进行公示。未经公示,不得收费。

学校审计处、监察处负责对学校收费管理情况进行监督、检查。各单位应自觉接受上级部门和学校的监督检查。

中国海洋大学内部审计工作规定 [①]
海大党字〔2020〕57号

主要内容

学校成立审计委员会,由学校党委书记、校长任主任,分管或协管组织工作的校领导、协管审计工作的校领导、分管纪检工作的校领导、分管财务工作的校领导任副主任,党委办公

---

① 学校于2004年制定《关于贯彻〈教育系统内部审计工作规定〉的实施办法》,2020年修订成为《中国海洋大学内部审计工作规定》,此处选取2020年版本。

室、校长办公室、纪委办公室、监察处、巡察工作办公室、组织部、人事处、财务处、审计处等单位主要负责人为成员。

审计委员会负责部署内部审计工作，审议内部审计规章制度，审议年度审计工作计划，审议年度审计工作报告，审议决策内部审计重大事项等。审计委员会下设办公室，办公室设在审计处，办公室主任由审计处主要负责人兼任。

审计处是学校独立设置的内部审计机构。审计处在学校主要负责人的直接领导下开展内部审计工作，向其负责并报告工作。

审计处按照国家有关规定和学校有关要求，审计：贯彻落实国家重大政策措施情况；发展规划、战略决策、重大措施和年度业务计划执行情况；财政财务收支和预算管理情况；固定资产投资项目情况；内部控制及风险管理情况；资金、资产、资源的管理和效益情况；办学、科研、后勤保障等主要业务活动的管理和效益情况；学校管理的领导人员履行经济责任情况；自然资源资产管理和生态环境保护责任的履行情况；境外机构、境外资产和境外经济活动情况；国家有关规定和学校要求办理的其他事项。

学校主要负责人定期听取内部审计工作汇报，加强对内部审计发展战略、年度审计计划、审计质量控制、审计发现问题整改和审计队伍建设等重要事项的管理。审计处负责人应及时向学校主要负责人报告内部审计结果和重大事项。

根据学校发展目标、治理结构、管理体制、风险状况等，审计处应科学合理地确定内部审计发展战略，综合考虑以往年度审计情况、审计全覆盖等因素制订内部审计计划，经审计委员会审议后上报校长办公会审定。

审计处应加强自身内部控制建设，合理设置审计岗位和职责分工、优化审计业务流程，完善审计全面质量控制，建立健全内部审计工作评价制度，促进提升审计业务与审计管理的专业化水平。

学校实行审计结果报告制度、审计整改结果报告制度、审计整改情况跟踪检查制度、审计整改约谈制度、审计结果及整改情况公开制度。

中国海洋大学审计整改工作办法

海大党字〔2022〕65号

主要内容

审计整改工作在学校党委的领导下进行。学校审计委员会负责对审计发现问题进行分析和评估，确定审计整改重点督查对象和事项，并组织开展审计整改落实情况督查。

被审计对象是审计整改工作的责任主体，负责全面整改审计查出的问题，其现任党政主要负责人为审计整改工作第一责任人，负责领导和组织审计整改工作。

审计处向被审计对象送达审计报告、审计意见、审计决定等审计结果文书的同时送达审计整改通知书。审计处根据审计结果文书反映的问题和提出的意见，逐项分解建立问题清单并实行台账管理。

被审计对象收到审计结果文书后，应严格对照问题清单，明确整改措施、责任人、整改期限等，积极进行整改，并在规定时限内向审计处和其他有关部门提交审计整改结果报告和整改结果清单。

整改工作涉及的有关业务主管部门，根据管理层建议书或相关批示的要求，在规定时间内向审计处报告对被审计对象整改督办情况和本部门相关工作的落实情况。

实行审计整改结果跟踪检查机制。审计处组织开展审计整改跟踪检查，实行"问题清单""整改清单""销号清单"对接机制，将审计发现问题清单与被审计对象整改结果清单对接，根据审计整改结果检查情况对账销号，形成审计整改检查报告及"销号清单"。销号清单实行动态管理，对需要分阶段整改和持续整改的问题，根据时间节点进行跟踪检查，必要时可将审计整改情况纳入以后年度审计项目一并实施。

实行审计整改报告机制和督查联动机制。审计处定期向审计委员会报告审计整改结果，对屡审屡犯、整改不到位、不按时报送整改情况的相关责任单位，经批准后下发督查催办单。

学校实行审计结果整改情况通报机制。对拒绝和拖延整改、整改不到位并造成严重后果的，依据相关规定在一定范围内予以通报批评。

中国海洋大学财务管理办法（修订）

海大财字〔2023〕16号

主要内容

学校财务管理的基本原则：贯彻执行国家有关法律、法规和财务规章制度；坚持勤俭办学的方针；正确处理事业发展需要和资金供给的关系，社会效益和经济效益的关系，国家、学校和个人三者利益的关系。

学校财务管理的主要任务：合理编制学校预算，严格执行预算；完整、准确编制决算报告和财务报告，真实反映学校预算执行情况、财务状况和运行情况；依法多渠道筹集资金，努力节约支出；建立健全财务制度，加强经济核算，全面实施绩效管理，提高资金使用效益；加强资产管理，真实完整反映资产使用状况，合理配置和有效利用资产，防止资产流失；建立健全内部控制体系，加强对经济活动的财务控制和监督，规范校内经济秩序，防范财务风险。

学校的各项经济业务事项按照国家统一的会计制度进行会计核算。

财务管理体制：学校实行"统一领导、集中核算、分级管理"的财务管理体制和运行机制。在统一财经政策和统一预算管理前提下，学校按照事权和财权相结合原则，建立多层级经济责任制。学校财经工作实行党委领导下的校长负责制，党委常委会是学校财经工作的最高决策机构。校长办公会负责研究审议学校重要财经事项，财经工作领导小组是学校财经工作议事协调机构。校长全面负责学校财经工作，并承担相应领导责任。分管财经工作的校领导，协助校长管理学校财务工作，承担相应的领导和管理责任。领导班子其他成员根据分工抓好职责范围内的财经工作，承担相应的领导和管理责任。各单位负责人对本单位的财经工作负直接责任。财务处是学校一级财务机构。

预算管理：学校预算由收入预算和支出预算组成。预算编制坚持以收定支，遵循"量入为出，收支平衡"原则。收入预算编制应积极稳妥。支出预算编制坚持统筹兼顾、保证重点、勤俭节约。预算一经批准应严格执行。预算执行中一般不予调剂，确需调剂的，应按审批程序进行。

收入管理：收入是指学校开展教学、科研及其他活动依法取得的各种非偿还性资金。学校收入包括财政补助收入、事业收入、上级补助收入、附属单位上缴收入、经营收入等。各项收入应全部纳入学校预算，统一核算，统一管理。严格执行"收支两条线"。

支出管理：支出是指学校开展教学、科研及其他活动发生的资金耗费和损失。学校支出包括事业支出、经营支出、对附属单位补助支出、上缴上级支出等。各项支出应全部纳入学校预算，实行项目库管理。项目承担单位应按规定进度执行预算，确保资金使用效益。学校应建立健全财务支出管理制度，加强支出管理，厉行节约，不得虚列虚报。

结转和结余管理：结转和结余是指学校年度收入与支出相抵后的余额。经营收支结转和结余应当单独反映。财政拨款结转和结余的管理，按照国家有关规定执行。学校应加强非财政拨款结余管理，盘活存量，统筹安排，合理使用。

专用基金管理：专用基金指学校按照规定提取或设置的有专门用途的资金。专用基金管理遵循"先提后用、专款专用"原则。专用基金包括职工福利基金、学生奖助基金、其他专用基金等。专用基金纳入学校预算管理，专用基金归口财务处统一管理。

资产管理：资产是指学校依法直接支配的各类经济资源。学校的资产包括流动资产、固定资产、在建工程、无形资产、对外投资、公共基础设施、政府储备物资、文物文化资产、保障性住房等。学校应建立健全资产管理制度，明确资产使用人、管理人岗位责任，按照国家规定设置国有资产台账，加强和规范资产配置、使用和处置管理，维护资产安全完整，提高资产使用效率。

负债管理：负债是指学校所承担的能以货币计量，需要以资产或劳务偿还的债务。学校的负债包括借入款项、应付款项、暂存款项、应缴款项等。学校应对负债进行分类管理，及时清理并按照规定办理结算，保证各项负债在规定期限内归还。

财务清算：经国家有关部门批准，学校发生划转、撤销、合并、分立时，应根据《高等学校财务制度》有关规定办理财务清算。学校内部机构发生划转、撤销、合并、分立时，应进行财务清算。清算结束后，经学校财务、资产等管理部门审核并报主管领导批准，其资产和负债分别按照有关办法处理。

报告和分析：学校按照国家有关规定向财政部、教育部以及其他相关的报告使用者提供财务报告、决算报告，为相关使用者提供满足需要的管理会计报告。学校应加强财务分析，完善预警机制，防范财务风险，推进学校事业健康有序发展。

财务监督：学校的财务监督实行事前监督、事中监督和事后监督相结合，日常监督与专项监督相结合。学校应建立健全内部控制制度、经济责任制度、财务信息披露制度等监督制度，依法公开财务信息，按规定编制和报送内部控制报告。学校应严格遵守财经纪律和财务制度，依法接受监督检查。

第三节 基建、后勤

中国海洋大学基本建设管理办法 ①

海大基建字〔2017〕2号

主要内容

基本建设管理主要内容包括编制校园中长期建设规划、五年基本建设规划、基本建设年度计划,对新建、改建、扩建等基本建设项目进行全过程管理等。

学校设立校园规划与建设委员会(以下简称委员会)。委员会的主要任务:对需要提交学校决策的基建工作重要事项进行综合分析论证,对建设项目的建设标准、投资计划、设计概算等进行评审,形成意见报校长办公会或党委常委会决策。

基建与后勤管理处是学校基本建设管理的职能部门,负责组织基本建设项目的立项、投资计划制订、报批报备和实施等工作。

校园规划是学校开展基本建设的重要依据。编制校园规划要以学校事业发展规划为依据,委托具备相关资质的单位编制。要按照有关规定公开相关信息,充分征求师生员工的意见和建议,经委员会充分论证,学校党委常委会审定,报当地主管部门审批或备案,并报教育部备案。

申请中央预算内基建投资的建设项目,要按照国家有关规定报送教育部或国家发展和改革委员会审批,获得批准后方可实施。

学校利用自有资金的建设项目,需先向教育部申请办理项目备案手续。

编制年度投资计划应当优先安排正常教学科研急需的建设项目,保障急需的基本办学条件和校园基础设施建设项目,积极支持服务国家重大战略建设项目。

建立完善项目建设组织机构,实行法人责任制度。建设项目依法实行招标投标制度。学校对建设项目依法实行工程监理制度。加强建设项目合同管理。依法完善工程质量控制体系,建立健全工程质量责任追究制度,实行工程质量终身负责制度。建立健全建设项目安全责任体系。建立健全档案管理制度。建设项目建成后须及时办理固定资产交付手续。

建设资金依法严格管理,专人负责、专款专用。建立健全建设资金管理办法和审批程序,实行建设项目管理与财务管理分离,工程款的支付按照《中国海洋大学基本建设资金管理办法》执行。

依照国家相关规定,建立健全建设项目的决策、管理、监督、制约机制及其相关制度,加强对建设项目各个环节的监督管理,把廉政建设责任落实到位。

---

① 学校于2009年制定《中国海洋大学基本建设管理办法》,2017年进行修订,此处选取2017年版本。

中国海洋大学深化后勤改革方案

海大党字〔2018〕38号

主要内容

改革目标：通过改革管理体制、转变运行机制、强化监管体系和加强队伍建设，切实解决好当前后勤工作中存在的突出矛盾和问题，建设适应世界一流大学发展需要的"精干高效、保障有力"后勤服务保障体系。

改革思路：紧密围绕学校创建世界一流大学的目标要求，逐步整合学校后勤资源统一管理，提高服务一流大学的后勤保障能力，满足新时代师生对工作、学习、生活多样化的服务需求。建立科学、规范、高效的后勤管理架构，建设一支素质精良、业务精湛、精干高效的后勤骨干队伍，构建学校、后勤和师生广泛参与的监督体系，加强"绿色后勤、科技后勤、质量后勤、平安后勤、文化后勤"建设，切实提高后勤服务效能。

改革措施如下：

1. 管理体制：成立中国海洋大学后勤保障处，在学校党委和行政领导下，履行学校后勤管理与服务职能，负责学校后勤保障服务工作的规划、管理和组织实施，代表学校管理、监督各服务实体。对外继续保留"后勤集团"牌子，主要负责后勤企业化运营相关业务、后勤自聘人员的招聘与管理、各运营实体人员的工资发放等，与后勤保障处一套人马，两块牌子。成立学校后勤保障工作领导小组，研究解决学校后勤工作重大问题。后勤集团党委更名为后勤党委，负责后勤党建和思想政治工作的组织实施，保证党的路线、方针、政策在后勤的贯彻落实。后勤保障处内设综合办公室（含信息中心）、人力资源办公室、运行监管科（含采购供应中心）、能源与修缮管理科、计划财务科5个科室。根据业务特点及工作内容，后勤集团原有的12个服务实体，调整为饮食服务中心、学生社区服务中心、校园服务中心、留学生公寓服务中心4个实体以及校医院、幼儿园2个二级单位。

2. 运行机制：后勤保障处按照"处统筹规划与协调、各实体中心独立核算、强化过程监督与目标考核"的机制运行。

3. 岗位设置：后勤党委设书记岗位1个，副书记岗位1个；后勤保障处设处长岗位1个，副处长岗位3个。

4. 财务资产管理：后勤保障处设立计划财务科，负责后勤保障处财务和资产管理工作。

5. 实施后勤"五项工程"："绿色后勤"工程、"科技后勤"工程、"质量后勤"工程、"平安后勤"工程、"文化后勤"工程。

第四节　网络、图书、档案、期刊

中国海洋大学校园网络安全管理制度
海大网络字〔2004〕3号

主要内容

　　校园网络管理工作领导小组，由分管校领导和党委校长办公室、党委宣传部、公安处、网络中心等部门负责人以及部分专家组成，网络中心在网络管理工作领导小组指导下负责具体的校园网网络系统运行及安全管理工作。

　　校园网系统设备管理维护工作由网络中心负责，任何单位和个人，未经网络中心同意，不得擅自安装、拆卸或改变网络设备。

　　校园网用户必须遵守国家有关法律、法规，遵守《中华人民共和国保守国家秘密法》和《中国海洋大学计算机信息系统国际互联网保密管理规定》。提高维护网络安全的警惕性和自觉性。

　　任何单位和个人不得利用联网计算机从事危害校园网及本地局域网服务器、工作站的活动，不得危害或侵入未授权的服务器、工作站。

　　各单位要明确网络管理负责人和网络管理员，负责本单位网络管理工作和网络安全运行。建立健全网络安全管理制度，建立备案制度。

　　校园内从事施工、建设、装修，不得危害校园网络系统的安全。校园网络主结点及二级结点所在单位必须保证节点设备24小时正常运行，不得以任何理由关闭有关设备或电源。

　　建立信息发布登记审核制度，网站建设要本着有利于教学、科研、管理，有利于对内对外宣传，有利于师生员工的工作生活，有利于节约网络资源的原则，严格履行审批和备案手续。未经审批的网站和个人主页予以取缔。

　　加强对信源单位的信息发布和交互式栏目的信息发布的审核管理工作。杜绝违犯《计算机信息网络国际互联网安全保护管理办法》的内容出现。

　　设有交互式栏目的网站必须有网络管理员24小时值守或有相应技术保障措施，网站管理员应经常检查网络安全保护管理情况，以及技术措施的落实情况。

　　向校外公开的校内站点须经网络管理工作领导小组批准后，在网络中心备案，办理相关手续。

　　任何单位和个人不得利用校园网危害国家安全、泄露国家秘密，不得侵犯国家、社会、集体的利益和公民的合法权益，不得从事任何违法犯罪活动。

　　用户应如实向学校公安处、网络中心提供有关安全保护的信息、资料及数据文件，协助查处通过网络进行违法犯罪的行为。

中国海洋大学档案管理办法

海大档案字〔2012〕3号

主要内容

学校的档案工作由校长直接领导，一位副校长协助校长分管档案工作。校领导的主要职责：贯彻执行国家关于档案管理的法律法规和方针政策，批准建立学校档案工作规章制度；将档案工作纳入学校整体事业发展规划，促进档案信息化建设与学校其他工作同步发展；建立健全与办学规模相适应的学校档案机构，落实人员编制、档案库房、档案事业发展所需的经费及设备条件。

学校各单位由一位负责人分管本单位的档案工作，并纳入业务工作的职责范围。

档案馆是学校档案工作管理的职能部门，是永久保存和提供利用档案的服务机构。根据学校的工作需要，馆内设三部两室，即收整部、利用部、信息部、鱼山室和校史研究室。

学校的各项工作与档案管理工作实行"四同步"，即同步布置、同步检查、同步总结和同步验收，明确各项工作的档案管理职责，强化责任意识，提高档案管理水平。

学校各部门在档案管理工作中做到纸质档案材料和电子档案材料同步收整并归档。文件材料的归档范围是党群类、行政类、教学类、学生类、科研类、人事类、外事类、财会类、基本建设类、仪器设备类、出版类、产品生产类、人物类、声像类、实物类。

建立并完善校内归档制度，并纳入学校的具体教学、科研、管理等工作计划中，做到在教学、科研、管理等项工作年度计划终结或项目结题验收时，有完整、准确、系统的材料归档。

学校实行档案材料形成单位、课题组立卷的归档制度。各单位应当按照归档要求对文件材料进行系统整理和立卷，经档案馆工作人员检查合格后，及时向档案馆办理移交。

学校各单位应认真执行《中国海洋大学归档文件整理规则实施细则》，按相应标准整理归档。在进行纸质档案归档的同时，利用学校档案信息管理系统完成网上数据归档工作。

学校各门类档案的保管期限分为永久、长期、短期三种。档案馆对保管期限已满的档案，经鉴定和确认已失去保存价值后，征得档案形成部门的同意，并报主管校长批准，在销毁人员和监销人员完备手续后，方可销毁。未经鉴定和批准的档案，任何人无权销毁。

个人在学校从事教学、科研、管理等职务活动中形成的有保存价值的各种资料，必须经本单位兼职档案人员移交档案馆，任何人不得据为己有或拒绝归档；对个人在非职务活动中形成的有价值的资料，档案馆可以征集、代管或接受捐赠，并视珍贵程度，由学校给予适当奖励。

档案馆要建立和完善库房管理制度，消除安全隐患，保证档案安全；严格执行保密管理制度，加强档案安全保密管理。

凡持有合法证明的单位或个人，在表明利用档案的目的和范围并履行相关登记手续后，均可以利用已公布的档案。

学校档案馆是学校出具档案证明的唯一机构。除为校内机构和个人提供档案利用外，也为社会利用档案提供便利条件。学校馆藏档案用于公益目的的,不收取费用;用于个人或者商业目的的,按照有关规定收取合理费用。社会组织或个人需要利用自己移交、捐赠的档案,学校档案馆应当无偿和优先提供。

中国海洋大学图书馆电子资源使用管理办法

海大图书字〔2017〕3号

主要内容

中国海洋大学图书馆电子资源(以下简称为电子资源)是指国内外出版商发行的、由学校图书馆购买校园网使用权或被授予校园网试用权、免费使用权(含院系使用权/试用权)的网络正式出版物(包括数据库、电子期刊、电子图书、多媒体资源等)以及学校自建或参建的供校园网范围内用户使用的数字资源等。

中国海洋大学授权用户(以下简称授权用户)是指学校师生员工、访问学者、进修教师以及校、院两级聘任的兼职人员等校园网实名用户。

中国海洋大学图书馆电子资源的使用仅限于授权用户个人学习、教学和科研的目的,授权用户应遵守法律、法规和学校的有关规定,遵循合理使用的原则,维护学校的声誉和图书馆服务工作的正常秩序。

在使用电子资源时,如有下列行为之一,按违规行为处理:连续、系统、集中、批量下载全文,如整卷期下载、超出正常阅读速度的下载和浏览操作等;使用任何自动下载软件或智能爬虫等批量下载工具进行下载。以营利为目的将所获得的电子资源提供给校外人员;未经中国海洋大学图书馆许可,向非授权用户提供代理服务或数据、文献传递;将电子资源的合法使用权限提供给其他非授权用户使用;其他违反法律、法规及学校规章制度的行为。

如发现违规行为,图书馆与网络中心、相关院(系)等组成临时调查小组进行调查及认定,并视其违规情节的轻重,给予违规者相应处理:通知违规者所在单位,违规者于5个工作日内配合图书馆接受调查并提交书面陈述和检查。在图书馆和所在单位相关人员的监督下删除违规下载的电子资源。视违规情节轻重,停止违规者2个月到半年的图书馆图书借阅权及图书馆电子阅览室使用权。违规情节严重的,视严重程度,对违规者在图书馆主页予以通报批评或报请学校相关部门予以纪律处分。违规行为造成学校经济损失的,由违规者赔偿。

中国海洋大学学报编辑委员会章程

海大期刊字〔2019〕5号

主要内容

中国海洋大学学报是指由中华人民共和国教育部主管、由中国海洋大学主办的《中国海洋大学学报》（含自然科学版、社会科学版、自然科学英文版）和《海洋生命科学与技术（英文）》共四个学术理论刊物。其中，《中国海洋大学学报》为综合性学报，《海洋生命科学与技术（英文）》为专业性学报。

中国海洋大学学报管理委员会是代表学校党委和行政对学校学报工作进行宏观管理与业务指导的行政组织，由分管校级领导、学校有关部门负责人和学报主要办刊专家等人员组成。学报管理委员会下设办公室，学报管理委员会办公室设在中国海洋大学期刊社，主要履行学报管理委员会日常行政事务和工作协调职责。期刊社下设四个学报编辑部，分别负责学校四个学报的编辑出版业务。

学校四个学报分别成立学报编辑委员会（以下简称编委会），作为相应学报编辑出版工作的学术指导机构，指导、监督学报编辑部开展编辑出版工作，并对相应编辑业务提供咨询服务，对学报报道内容的学术方向、学术质量、学术水平起把关作用。编委会应自觉接受学报管理委员会的领导和监督。

编委会由主编、常务副主编、副主编及各学科委员若干人组成，设主任1人，副主任1~3名。编委会实行主任负责制，编委会主任一般由主编兼任，副主任一般由常务副主编或副主编兼任。

编委会的职责为贯彻执行国家关于编辑出版工作的方针、政策和法规，审定各学报办刊宗旨和发展规划，确定学报的学术方向与学术体系建设目标，指导、监督学报的编辑出版工作；研究解决学校学报办刊过程中的重大学术问题，结合学科前沿动态和办刊实际，及时调整学报报道内容重点、范围以及出版策略；接受学报编辑部的委托，研究解决学报编辑部和编委会委员提出的问题，审查、评议学报质量，对编辑出版工作的建设与发展提出指导性意见。

编委会委员有权使用本刊及本人作为编委会委员而获得学术荣誉，享受《中国海洋大学学报编委会成员基本待遇实施办法》规定的基本待遇、业绩津贴和工作便利。

各学报编委会全体会议原则上每年召开一次，由编委会主任或其委托的副主任负责召集并主持，参加范围为编委会全体成员、各学报编辑部全体编辑和期刊社相关人员。编委会全体会议亦可根据学校要求或期刊社工作需要，以及主编或三分之一以上编委会委员的提议临时召开，审议有关重大事项。

根据实际工作需要，主编可适时召集相关专业领域部分编委委员召开专题研讨会议，解决办刊中的具体问题。

编委会全体会议应至少提前7天通知有关人员，并告知会议主要议题；编委会会议形成决议时实行民主集中制原则，按照参会人数的三分之二赞成表决通过。

第五节　安全稳定

中国海洋大学和谐校园建设实施意见
海大党字〔2007〕36号

主要内容

指导思想：坚持以邓小平理论和"三个代表"重要思想为指导，全面落实科学发展观，紧紧围绕学校改革发展稳定大局，坚持社会主义办学方向，加强和改进学校党的建设，坚持以人为本，充分调动一切积极因素，以改革促进和谐，以发展巩固和谐，以稳定保障和谐，以公正维护和谐，以党员先进性引领和谐，全面建设和谐校园，促进学校事业全面快速可持续发展。

方针原则：坚持以党内和谐推动校园和谐，把加强和改进学校党的建设放在和谐校园建设的核心地位；坚持以社会主义核心价值体系为根本，把马克思主义理论建设作为和谐校园建设的思想基础；坚持以促进学校科学发展为主题，把实现又好又快发展作为和谐校园建设的出发点和归宿；坚持贴近实际、贴近生活、贴近师生，依靠师生服务师生，着力增强和谐校园建设的实效；坚持育人为本、德育为先，不断加强和改进大学生思想政治教育；坚持建立健全长效机制，知行统一，齐抓共管，形成和谐校园建设合力。

目标要求：立足当前，着眼长远，把握关键，突出重点，循序渐进，逐步建成"学术创新自由，人才培养卓越，社会贡献卓著，管理科学民主，环境优美和谐，校园安定有序"的大学校园。

主要任务如下：

1. 加强和改进思想政治教育，为和谐校园建设筑牢精神支柱。

2. 不断加强队伍建设，为和谐校园建设夯实组织基础。

3. 突出科学发展主题，为和谐校园建设明晰奋斗目标。

4. 积极推进校园文化建设，为和谐校园建设增强内在动力。

5. 建立健全工作机制，为和谐校园建设创设良好条件。

6. 加大依法治校力度，为和谐校园建设提供制度保证。

7. 坚持综合治理，为和谐校园建设奠定坚实基础。

8. 认真履行社会义务，为和谐校园建设营造和谐外部环境。

中国海洋大学消防安全管理规定（修订）①

海大保字〔2022〕1号

主要内容

学校消防安全工作坚持"预防为主、防消结合"的方针，按照"党政同责、一岗双责""谁主管、谁负责""谁使用、谁负责"的原则，逐级落实消防安全责任制。

中国海洋大学消防安全工作领导小组是学校日常消防安全工作的领导机构，负责全校消防安全工作的组织领导，研究决定学校消防安全工作中的重大问题。学校消防安全工作领导小组组长由校长担任，副组长由分管消防安全工作的校领导担任。学校消防安全工作领导小组办公室设在保卫处，负责学校消防安全日常管理工作，办公室主任由保卫处处长担任。各单位成立消防安全工作领导小组，组长由本单位党政主要负责人担任。

校长是学校的消防安全责任人，全面负责学校消防安全工作，履行法律、法规赋予的各项消防安全职责。分管消防安全工作的校领导是学校的消防安全管理人，协助学校消防安全责任人做好消防安全工作。其他校领导在分管工作范围内对消防安全工作负有领导、监督、检查、教育和管理职责。学校保卫处负责学校日常消防安全管理监督工作。

学校消防安全管理工作分别由负有消防安全监督管理职责的相关部门分工负责，具体情况如下：保卫处牵头负责学校机关行政办公楼（崂山校区行远楼、鱼山校区胜利楼、西海岸校区学习综合体机关办公区）的消防安全管理；后勤保障处负责学生公寓、公共教室、食堂、浴室、体育馆等管理使用的场馆及校内相关基础配套设施的消防安全管理；房地产办公室负责由学校直接管理暂时没有分配使用单位的房屋的消防安全管理；基本建设处和西海岸校区建设指挥部负责在建工地及其临时生活区和相关作业区的消防安全管理；学部、各学院（中心、实验室）负责各自使用的办公楼、实验室和实训场所的消防安全管理；租赁或是借用学校房舍的消防安全管理由使用单位和产权管理单位共同负责；家属居民区的消防安全管理由对应居委会和社区街道办事处负责；其他未明确管理单位区域的消防安全管理，按照"谁使用、谁负责""谁主管、谁负责"的原则确定，由学校消防安全工作领导小组研究确定负责单位。

全校各单位党政主要负责人为本单位的消防安全责任人，负责本单位的消防安全工作；各单位分管消防安全工作的负责人为消防安全管理人，协助消防安全责任人做好本单位的消防安全工作。各单位成立本单位的消防安全工作领导小组，明确专（兼）职消防安全管理人员。驻校内其他单位的主要负责人是该单位消防安全责任人，全面负责本单位的消防安全工作。

学校的以下单位（部位）为消防安全重点单位（部位）：学生宿舍、食堂（餐厅）、教学楼、校医院、体育场（馆）、会堂（会议中心）、超市、学术交流中心、幼儿园以及其他文

---

① 学校于2004年制定《中国海洋大学防火安全规定》，2010年、2022年先后对规定进行修订，此处选取2022年版本。

体活动等人员密集场所；学校网络、广播电台等传媒部门和驻校内邮政、通信、金融等单位；车库、油库等部位；图书馆、展览馆、档案馆、博物馆、文物古建筑；供水、供电、供气、供热等系统；易燃易爆等危险化学物品的生产、充装、储存、供应、使用部门；实验室、计算机房、电化教学中心和承担国家重点科研项目或配备有先进精密仪器设备的部位，监控中心、消防控制中心；学校保密要害部门及部位；高层建筑及地下室、半地下室；建设工程的施工现场以及有人员居住的临时性建筑；其他发生火灾可能性较大以及一旦发生火灾可能造成重大人身伤亡或者财产损失的单位（部位）。重点单位和重点部位的主管部门要按照有关法律法规和本规定履行消防安全管理职责，设置防火标志，严格消防安全管理。

学校每季度至少进行一次消防安全检查。各单位每月至少进行一次防火检查。消防安全重点单位（部位）需进行每日防火巡查，公共场所在组织活动、营业期间需每两小时巡查一次。

各单位要将师生员工的消防安全教育和培训纳入本单位年度工作计划。

各单位要按照《社会单位灭火和应急疏散预案编制及实施导则》编制相应的灭火和应急疏散预案，建立应急反应和处置机制，为火灾扑救和应急救援工作提供人员、装备等保障。

学校将消防经费纳入年度经费预算，保证消防经费的投入，保障消防安全工作需要。

学校对各单位消防安全工作开展情况进行评估考核，对在消防安全工作中成绩突出的集体和个人，给予表彰；对未依法履行消防安全职责、违反消防安全管理制度、存在消防安全隐患拒不整改的，学校视情给予通报批评；出现重大责任事故，造成严重影响的，在年度考核评优中"一票否决"，对相关单位责任人，根据情节轻重，严肃处理、处分。涉及民事损失、损害的，相关责任单位和人员需依法承担民事责任。对火灾事故造成人员伤亡或重大财产损失，构成犯罪的，由司法机关追究相关人员的刑事责任。

中国海洋大学实验室安全管理规定

海大国资字〔2022〕3号

主要内容

学校实验室安全工作坚持"以人为本、安全第一、预防为主、综合治理、持续改进、责任到人"的原则，贯彻"党政同责、一岗双责、齐抓共管、失职追责"的总体要求。

学校实验室安全工作实行校、学院、实验室三级管理体制，各职能部门和各学院形成齐抓共管，分工负责责任体系，坚持"管行业必须管安全、管业务必须管安全"，落实"谁使用、谁负责，谁主管、谁负责"的要求，逐级分层落实实验室安全责任制，并签订安全责任书。

学校党政主要负责人是学校实验室安全工作第一责任人；分管实验室工作的校领导是重要领导责任人，协助第一责任人负责实验室安全工作；其他校领导在分管工作范围内对实验室安全工作负有支持、监督和指导职责。学校成立实验室安全工作领导小组，负责领导和统筹全校实验室安全工作；审议学校实验室安全工作规划和相关规章制度；督查和协调解决实验室安全工作中的重要事项；协调、指导有关部门落实相关工作；指导实验室安全事故调查、责任认定等。

学校相关职能部门在领导小组的协调指导下，齐抓共管、分工负责实验室安全管理相关工作。

各学院承担实验室安全工作的主体责任，党政主要负责人是本单位实验室安全工作的第一责任人，各学院应明确一名分管负责人，协助本单位第一责任人负责本单位实验室安全工作。学院应成立实验室安全工作小组，组织实施本单位的实验室安全工作。学院应健全实验室安全责任体系，将安全责任落实到人；根据学科特点制定本单位实验室安全工作实施细则；系统建立本单位实验室安全工作档案；制订本单位的实验室安全工作计划并组织实施；指导、监督、检查本单位各实验室的安全工作；落实开展实验室安全评估、安全准入、安全培训及演练等工作。

实验室是实验室安全工作的执行单位，各实验室负责人是本实验室安全工作的第一责任人，各实验室应指定一名在职在编工作人员担任安全负责人，具体做好本实验室安全工作。各实验室应结合学校有关规定制定符合本实验室实际的各项安全操作规范、注意事项、事故防范措施及应急预案；开展岗位安全教育和专项培训，落实实验室安全准入制度；建立实验室危险源台账，对各类危险品实行全生命周期安全管理；定期进行安全自查，发现事故隐患及时报告与消除；建立本实验室安全档案。

实验人员是实验室安全工作的当事人，必须树立安全第一、预防为主的安全意识，主动学习安全知识，掌握应急技能，遵守安全规定，遵守操作规程，实验过程中做好个人防护，切实保证自身和他人的安全。

实验室安全管理的主要工作内容包括环境设施与内务管理、危险化学品安全管理、危险废物处置管理、生物安全管理、特种设备安全管理、辐射安全管理、仪器设备使用安全管理、消防安全管理、水电安全管理、实验人员劳动保护管理等。

实验室安全管理措施主要包括建立实验室安全教育培训制度，开展实验室安全风险评估，实行实验室分类分级管理，实施实验室安全准入制度，建立实验室安全督导检查制度，建立实验室安全工作归档制度，建立实验室安全年报制度，制定实验室安全应急处置预案，建立实验室安全责任追究机制，加强人员队伍建设，保障实验室安全建设投入，推动实验室安全文化建设。

第六节　附属学校

中国海洋大学附属学校建设管理办法（试行）
海大附校字〔2021〕1号

主要内容

学校成立附属学校建设工作领导小组，统筹协调附属学校建设工作，并就附属学校建设规划布局、新校区开办、冠名授权等重大事项向学校决策会提出决策建议。

附属学校建设工作领导小组下设办公室，主要职责为研究制订附属学校建设项目实施方案、推进计划和工作举措，具体负责督促合作方落实合作办学协议，协调解决项目建设过程中出现的问题，组织项目验收和交接，对附属学校办学进行督导评估与质量监控等。

附属学校品牌类型由学校附属学校建设工作领导小组确定。校内任何单位和个人在开展招生、教学、科研、学生实习实训、教师培训、教育资源服务等工作过程中，未经许可，不得擅自授权相关基础教育学校使用中国海洋大学附属学校相关名称、品牌。

附属学校筹建分为表达意向、初步洽谈、确认条件、考察评估、学校决策五个阶段。附属学校建设工作领导小组对合作共建进行可行性研究和论证，提交学校党委常委会决策。

学校原则上仅与驻在地县区级及以上地方政府开展合作共建。学校与合作方通过签订合作共建附属学校建设协议，明确各方责权利。

合作方应按照共建协议约定提供办学所需资源，负责附属学校的校园建设，提供办学所需配套设施设备，为附属学校提供合作办学经费。

附属学校依法拥有独立的办学自主权。学校在附属学校建设中，原则上不投资、不占股、不分红，不直接作为办学主体。学校对附属学校债务和产权纠纷不承担责任。

附属学校经费管理应符合国家及地方财务管理规定，接受主管单位审计部门的审计监督。学校财务处根据协议约定管理到校账户的各项经费，严格按照财务管理规定使用相关经费。

校园建设用地、地上建筑物等固定资产及设施设备、发展过程中产生的增值均为附属学校法定财产。

学校对附属学校进行常规性督导评估及专项督导评估，督导评估结果作为合作共建是否存续、附属学校改革发展的重要依据。

附属学校督导评估内容包括文化建设、管理队伍和教师队伍建设、课程与教学、学生发展与成就、附属学校品牌成熟度等。

合作共建期内合作各方无违约行为且有继续合作意向，可依相关程序协商续签合作共建协议。

合作方确实无法履行协议，或在合作过程中违反附属学校共建协议致使办学目标无法实现，或造成重大损失，学校有权收回品牌使用权及其他无形资产使用权利，终止合作协议，并要求合作方赔偿合理损失。

后 记

在学校领导和各单位的大力支持下，校史各卷编写团队历经六个寒暑，数易其稿，反复审修，精心打磨，《中国海洋大学史》在百年校庆到来之际面世了。这是编写人员竭尽所能，敬呈于国家、社会、校友和师生的一份答卷。期望它能对中国海大继往开来有所裨益。

《中国海洋大学史·规章卷》以时间为序，根据学校不同办学时期划分为七篇：第一篇，私立青岛大学时期（1924—1925）；第二篇，国立青岛大学时期（1929—1932）；第三篇，国立山东大学时期（1932—1949）；第四篇，山东大学时期（1949—1958）；第五篇，山东海洋学院时期（1959—1987）；第六篇，青岛海洋大学时期（1988—2002）；第七篇，中国海洋大学（2002—　）。

私立青岛大学时期，学校初创，颁行《私立青岛大学暂行大纲》，对办学的各个方面作出规定，是学校历史上第一项规章制度。国立青岛大学、国立山东大学、山东大学时期，学校办学规模不断扩大，制度建设进一步健全，经多方查询档案材料，共搜集整理各方面规章制度80余项，考虑到本书篇幅结构，从中遴选了36项制度入卷。山东海洋学院时期，进一步加强制度建设，制度体系不断完善，经梳理选取55项制度入卷。青岛海洋大学时期，学校逐步发展成为一所学科门类较为齐全的综合性大学，其间积极推进体制改革，大力加强制度建设，形成了较为完善的内部管理制度体系，经梳理选取了62项制度入卷。学校更名为中国海洋大学以来，各项事业蓬勃发展，管理制度进一步丰富，截至2023年年底共计出台800余项规章制度，逐步建立起以大学章程为核心的中国特色现代大学制度体系，为学校事业发展提供了有力的制度保障，经梳理选取了168项制度入卷。青岛海洋大学时期以来，因规章制度丰富而具体，另有一些规章制度根据需要在不同阶段形成了不同版本，在编写的过程中选择了相对重要和最新的版本。

本卷编纂工作的具体分工如下：第一、二、三篇由陶晓玲编纂，第四篇由李康丽编纂，第五篇由林鑫编纂，第六篇由依丽娜编纂，第七篇由闫学聪、李星锐、陶晓玲、李康丽编纂，李星锐、王小峰协助汇总工作。

值此出版之际，向为本卷编写提供指导、支持和帮助的校内外各单位以及广大师生校友表示衷心的感谢。

　　由于历史原因，民国时期的史料散藏于南京、济南、北京、上海等地，收集难度较大；新中国成立尤其是改革开放后，资料卷帙浩繁，甄别取舍亦非易事。2019年年底暴发新冠肺炎疫情致使时间愈加紧张，加之编者水平所限，书中疏漏、失当乃至错误之处在所难免。恳请读者批评指正，方家不吝赐教，殊为欣幸。

本卷编写组

2024年6月